Zhejiang Practice
of First-class Undergraduate
Education Reform in the New Era

新时代一流本科教育改革的浙江实践

浙江省高等教育学会教学管理分会　主编

ZHEJIANG UNIVERSITY PRESS
浙江大学出版社

目录

CONTENTS

三、课程建设与课堂教学创新

四、实践教学改革与创新创业教育

五、评估认证与教学质量管理

导　言

支撑和引领与浙江经济社会高质量发展相适应的高水平本科教育

王国银

浙江省教育厅高教处

根据全国教育大会和新时代全国高等学校本科教育工作会议精神,落实全面实施高等教育强省战略,省教育厅出台了《关于加快建设高水平本科教育的实施意见》《关于加快推进普通高校"互联网＋教学"的指导意见》《关于推进高等学校精品在线开放课程学分认定和转换工作的实施意见》,旨在坚持"以本为本",创新人才培养,引导高校加快建设与浙江经济社会发展水平相适应的高水平本科教育。

一、深刻认识新时代加快建设高水平本科教育的重要性和紧迫性

高等教育进入新时代,面对国家发展、民族复兴的迫切需求,面对新一轮科技革命和产业变革带来的巨大挑战,面对知识获取和传授方式的革命性变化,我们必须以习近平新时代中国特色社会主义思想为指导,准确把握高等教育的新趋势和新变化,全面落实新时代高等学校人才培养的根本任务和根本标准,回归大学之道,高扬人才培养的主旋律,全面提升人才培养能力,造就堪当"两个高水平"建设和民族复兴大任的时代新人。

加快建设高水平本科教育是党和国家新时代推动高等教育内涵发展的迫切要求。党的十九大报告指出,建设教育强国是中华民族伟大复兴的基础工程,必须把教育事业放在优先位置。要加快一流大学和一流学科建设,实现高等教育内涵式发展。习近平总书记在2018年5月2日视察北京大学时强调,高等教育是一个国家发展水平和发展潜力的重要标志。党和国家事业发展对高等教育的需要,对科学知识和优秀人才的需要,比以往任何时候都更为迫切,走内涵式发展道路是我国高等教育发展的必由之路。在全国高校思想政治工作会议上习总书记明确指出,办好我国高校,办出世界一流大学,必须牢牢抓住全面提高人才培养能力这个核心点,并以此来带动高校其他工作。在中国政法大学考察时,习总书记强调要深入研究为谁教、教什么、教给谁、怎样教的问题,不仅要提高学生的知识水平,而且要培养学生的思想道德素养。这些重要论断为我们新时代办好中国特色社会主义高等教育指明了方向。为深入贯彻习近平新时代中国特色社会主义思想、全面部署高校落实立德树人根本任务,教育部召开了新时代全国高等学校本科教育工作会议,会上教育部部长陈宝生同志强调,人才培养是大学的本质职能,本科教育是大学的根和本,在高等教育中是具有战略地位的教育、是纲举目张的教育。高等教育战线要树立"不抓本科教育的高校不是合格的高校"

"不重视本科教育的校长不是合格的校长""不参与本科教育的教授不是合格的教授"的理念,要坚持"以本为本",把本科教育放在人才培养的核心地位、教育教学的基础地位、新时代教育发展的前沿地位。高校领导注意力要首先在本科聚焦,教师精力要首先在本科集中,学校资源要首先在本科配置,教学条件要首先在本科使用,教学方法和激励机制要首先在本科创新,核心竞争力和教学质量要首先在本科显现,发展战略和办学理念要首先在本科实践,核心价值体系要首先在本科确立。这次会议吹响了建设高水平本科教育的集结号,做出了全面提高人才培养能力的总动员,开启了高水平人才培养体系建设的新征程。我们必须提高政治站位,深刻领会学习习总书记关于高等教育的一系列重要论述,深刻领会学习省第十四次党代会和省委十四届二次、三次全会关于高教强省的新战略,深刻领会学习陈宝生部长的讲话精神,研究探讨如何进一步落实落细立德树人根本任务、如何建设高素质教师队伍、如何构建高水平人才培养体系,研究探讨如何落实"以本为本",切实破解本科教育的难点、痛点,研究探讨我省本科教育的短板弱项在哪里、如何对标一流,加快落实高教强省战略,加快建设高水平本科教育。

加快建设高水平本科教育是加快实施创新驱动发展战略的迫切需要。习近平总书记强调指出,创新是引领发展的第一动力,人才是第一资源,强起来靠创新,创新靠人才。创新驱动实质上是人才驱动。党的十九大明确提出要加快建设创新型国家,不断增强我国经济创新力和竞争力,培养造就大批担当民族复兴大任的时代新人。省第十四次党代会也明确指出,要深入实施创新驱动发展战略,特别强调高等教育是制约我省创新发展的突出短板,必须下大决心全面实施高等教育强省战略,努力培养一流人才,发挥好高校在创新驱动中的重要支撑作用。省委十四届二次全会更是强调要以超常规力度建设创新型省份,培养造就一大批具有国际水平的高水平人才。国以才立,业以才兴。近代以来,世界强国崛起的历史和实践表明,国家的强盛都伴随着高等教育的繁荣和昌盛。高等教育作为科技第一生产力和人才第一资源的重要结合点,具有高端引领作用,其发展水平和质量决定人才的创新创造能力,决定着产业在整个价值链中的地位,决定着我们站在什么样的制高点上。本科生是高素质创新人才培养的最大群体,我省高校研究生(含非全日制)、本科、专科招生比例为 1.0 : 5.8 : 5.0;全省高校本专科在校生数 100.23 万人,其中本科在校生 61.63 万人,占比为 61.49%。改革开放以来,我省培养了几百万的本科毕业生,成为各个行业的中坚力量,如果没有这几百万的各类高级专门人才,浙江经济社会发展取得历史性的成就是不可想象的。同时,本科教育也是研究生教育及其他各类高层次创新人才培养的重要基础。没有高水平的本科教育,就不可能给研究生教育提供优质的生源,就很难培养出优秀的高层次人才。本科生培养中,质量直接影响到高层次人才培养质量的高低。因此,我们说创新要靠人才。人才培养中,本科教育是根、是源。我们必须清醒认识到经济社会发展的新的历史方位,抢抓高等教育发展的大好机遇，自觉承担起提高教育质量、建设一流本科教育的崇高使命，加快本科人才培养的思想创新、理念创新、方法技术创新和模式创新，不断提高本科教育质量，努力提升高等教育支撑、引领创新驱动发展的能力和水平。

加快建设高水平本科教育是高等教育内涵式发展的内在需要。从世界高等教育的发展历程看，本科教育始终是高等教育的立命之本、发展之本。从1088年第一所现代大学——意大利的博洛尼亚大学成立，到1810年德国洪堡大学将科学研究列为大学第二职能，再到20世纪初美国威斯康星大学将社会服务作为大学的第三职能。在这长达930年的时间里，无论高等教育职能如何演变，但人才培养的本质始终未变、从未动摇。科学研究、社会服务等都要服务于人才培养这个第一职能和本质职能，已成为世界高等教育发展的规律性认识。从世界高等教育发展趋势看，特别是20世纪后期以来，世界一流大学纷纷将本科教育放在学校发展的重要战略地位，更加重视本科教育，把培养一流本科生、追求卓越教学作为大学的第一任务。而且越是顶尖的大学，越是重视本科教育，如1998年美国卡内基教学促进基金会发布了《重塑本科教育：美国研究型大学发展蓝图》，掀起了以哈佛大学为首的美国研究型大学加强本科教育教学改革的高潮。斯坦福大学校长约翰·亨尼斯在2012年发布的《斯坦福大学本科生教育研究》和2015年发布的《斯坦福大学2025计划》中都提到，"斯坦福是一所伟大的教学与研究型大学，要像对待科研一样重视与支持教学，这不仅可能，而且很重要！新一轮本科教育改革的关注点不应仅仅指向大学应该教什么，也要关注大学应该怎么教，也要关注学生应该怎么学、学得怎么样"。麻省理工学院拉斐尔·莱夫校长在《麻省理工学院教育的未来》(2014)、《高等教育改革的催化剂》(2016)中都提到，"高等教育到达了一个转折点，我们必须要打造以学生为中心的教育"。而哈佛大学本科生院院长哈瑞·刘易斯在《失去灵魂的卓越》中更是强调，"没有一流本科的一流大学是失去了灵魂的卓越！没有一流本科的一流学科是忘记了根本的一流"。2013年6月，欧盟高教现代化高级别小组发表报告，呼吁欧盟高校教学与研究并重，要求各界采取切实措施提高高校本科教学质量。2016年，英国教育部发布的《英国高等教育白皮书》指出，知识经济体的成功体现为教学卓越、社会流动和学生选择。强调高校要以学生为中心提升教学质量，确保每一个学生得到良好的教学体验，教学与研究具有平等地位，优秀教师与优秀研究人员享有同样的专业认可度、职业机会和薪酬待遇。自20世纪90年代以来，日本通过修订《大学设置标准》等一系列高等教育法规，开始了大学本科教育的重建工作，努力构建适应21世纪要求的本科人才培养模式。从国内"双一流"建设高校看，北京大学提出要办世界上最好的本科教育，清华大学提出一流本科是一流大学鲜亮的底色，浙江大学、复旦大学、四川大学等一批高水平大学纷纷出台了建设一流本科教育的行动计划。从本科教育的本质属性看，本科阶段是青年学生成长成才的关键阶段，是学生思想观念、价值取向、精神风貌的成型期，要教育引导他们形成正确的人生观、世界观、价值观,铸就理想信念,锤炼高尚品格,扣好人生的第一粒扣子,打牢成长发展的基础。同时,本科阶段,也是学生知识架构、基础能力的形成期,要教育引导他们夯实知识基础,了解学科前沿,接触社会实际,接受专业训练,练就独立工作能力,成为具有社会责任感、创新精神和实践能力的高级专门人才,为学生成才立业奠定立身之本。所以,从历史、现在和未来看,人才培养是大学的本质职能,本科教育是大学的根和本,在高等教育中具有战略地位。办好高等教育,提高高等教育质量,首先必须办好本科教育,提高本科人才培养质量,努力培养大批有理想、有本领、有担当的高素质专门人才,为全面建成小康社会、基本实现社会主义现代化、建成社会主义现代化强国提供强大的人才支撑和智力支持。

二、精准把握我省本科教育的发展现状

近年来,我省紧紧围绕牢固确立本科教学的基础地位这一主线,坚持问题导向,实施课堂教学创新、青年教师助讲培养、严格学生学业管理以及校(院)长抓教学工作述职、教学巡查、审核评估、分类评价等一系列举措,本科教学中心地位和人才培养工作得到切实加强。

一是校(院)长更加重视教学。从测评结果看,大家认为各高校校(院)长普遍比较重视教学工作,认为"好"和"较好"的合计占93.8%,其中认为"好"的占56.7%,为8项测评指标中认可度最高的项目。

二是专业建设水平不断提高。"十三五"期间:我省立项建设150个优势专业、200个特色专业,50个工程、医学等领域专业通过教育部专业认证;立项国家级实验教学示范中心39个、国家虚拟仿真实验中心15个、国家虚拟仿真实验教学项目8个、国家级大学生校外实践教育基地20个;推进专业综合改革,专业内涵和质量稳步提升。

三是课程建设亮点频出。我省53所本科高校参与在线课程建设与应用,开设线上课程778门,入驻教师4368人,导入学生44.52万人,65门线上课程选课学生超过2000人,立项建设精品在线开放课程604门,认定省级精品在线开放课程165门,其中45门入选国家精品在线开放课程。2019年4月,浙江大学翁恺老师在教育部召开的中国慕课大会上做典型经验交流。

四是课堂教学创新深入推进。从测评结果看,认为课堂教学创新"好"的占33.8%,认为"较好"的占48.5%,合计82.3%,在8项测评指标中的认可度排名第二,小班化教学比例、选修课学分占总学分比例、分层分类课程教学比例明显提高。

五是创新创业教育改革走在前列。我省55所本科高校建立了创业学院,21个被认定为示范性创业学院;开设创新创业课程,开展创业导师培训,建立大学生创新创业实践基地,举办大学生创新创业大赛;2016届本科毕业生创业率达3.42%;大学生科技竞赛综合排名全国第三,其中浙江大学在"互联网+"大学生创新创业大赛中获全国总冠军2次。

六是教学基本条件明显改善。我省各院校能一定程度上重视增加教学投入，保障教学基本条件。从测评结果看，认为"好"的占29.6%，认为"较好"的占48.9%，合计78.5%，在8项测评指标中的认可度排名第五。正如习总书记2018年5月在北京大学师生座谈会上所说："目前，我国大学硬件条件都有很大改善，有的学校的硬件同世界一流大学比没有太大差别了。"

七是教学质量保障制度不断完善。我们对本科高校进行了两轮校（院）长教学述职评议，完成所有本科高校的教学巡回诊断检查，完成26所高校本科教学工作审核评估，完成5所新建本科院校合格评估，创新开展本科高校分类评价，质量意识、质量文化开始深入人心。总的来看，重视教学工作的氛围逐渐浓起来了、课堂教学创新动起来了、教学激励的制度开始建起来了、监督评价硬起来了、人才培养的质量好起来了。我们调查了2016届毕业生毕业一年后的情况，就业率达95.22%、平均起薪水平达4496.55元、毕业生对母校的满意度达85.08%、用人单位对毕业生的满意度达88.84%。这与2012届毕业生毕业一年后的调查数据相比，毕业生对母校的总体满意度提高了3个百分点，其中对教学水平的满意度提高了5个百分点、对实践教学效果的满意度提高了6个百分点。毕业生和用人单位对高校教学工作、人才培养的认同，是一份让人欣慰、鼓舞人心的"成绩单"。

成绩令人欣喜，这也更加坚定了我们抓本科教育的信心。但对照建设一流本科教育的要求，对照高教强省建设的目标，对照先进地区和国家高水平本科教育建设目标，对照办好人民满意的高等教育的要求，我省的本科教育建设还存在很大的差距，本科教育工作仍存在许多不足和问题，主要有以下九个方面。

一是"三全育人"工作还不够深入。不同类型高校、不同学科专业、不同学段思想政治工作存在不平衡、不充分的问题。课程思政建设还不普遍，教师思政建设有待进一步加强，全员、全过程、全方位育人格局还未完全形成。有的学校书记重视育人工作但校（院）长还不够重视；有的学校育人还停留在口头上、纸上，实质环节落实得还不够；有的学校学工线和教学线、科研线、管理线等部门育人工作依然存在"两张皮"现象；有的学校思想政治教育的说服力、亲和力、渗透力还不强；有的学校基层党建质量还不高，存在层层弱化现象。

二是书记、校（院）长亲自抓本科教育精力投入还不足。从教学述职评议看，有的校（院）长亲自部署推进教学改革发展还不具体；有的书记、校（院）长走进课堂和实验室听课看课次数未达到规定的要求；有的学校党委会很少专题研究本科教育工作；有的校（院）长办公会议专题研究本科教育但落实不实、不深，推进和解决本科教育工作的难点与重点问题力度不大。

三是专业布局结构还不够优化。目前，我省本科院校（除部属外）专业布点2295个，校均40个专业。英语、国际经济与贸易、计算机科学与技术等16个本科专业布点数超过30个。管理学类（418个布点，占18.21%）、文学类（277个布点，占12.07%）专业布点相对较多，但人工智能、数字经济等战略性新兴产业专业布点不多。有的学校专业结构与区域产业结构匹配度不高;有的学校专业设置没有学科支撑,成孤岛式发展;有的学校专业的集群效益不高,专业建设求全、贪多,但零散,很难形成优势特色专业群;有的学校缺乏校级层面的专业建设顶层设计,任由二级学院自由发展。

四是课堂教学创新还不够深入。部分教师的授课方式过于传统、单一,照本宣科现象仍很严重,师生互动偏少,课堂气氛不够活跃,对学生的吸引力不大;部分教师制作的课件单调,内容照搬教材,课堂信息量少,深度难度不够;部分教师仍依赖习惯性思维,对经济社会发展和科技进步及学科前沿把握不够,不能及时地调整教学内容、开发教材,导致教材建设和授课内容滞后,在用昨天的知识培养明天的人才;部分学校教学班级规模普遍过大,分类教学、翻转课程、探究式学习等创新课堂还不普遍。

五是教学团队建设还不够重视。有的学校重学科团队建设、轻教学团队建设,重学科带头人培养和引进、轻教学名师、教学能手的培养和选拔;有的学校高层次人才投入教学的精力不足,给本科生授课的比例不高;有的学校还未形成"传帮带"的教师发展机制,忽视基层教学组织建设,特别是一些新建的高校,青年教师较多,没有形成梯队和层级,没有教学工作归属感,缺乏教学交流、教学研讨的气氛与环境;有的学校不重视教师教学发展中心建设,投入少、场地小、没有专职的管理和工作人员,不能有效地提升教师的教学能力。

六是实践教学工作还不够扎实。有的学校实践教学环节的学分(或学时)未达到国家规定的最低标准;有的学校教学实验室的空间、仪器设备台套数、多媒体辅助教学资源等实验设备设施的配备和更新,不能满足学生培养目标以及开放需求,存在实验课"走过场"的现象,特别是有的学校的工科专业,连最基本的金工实训中心都没有。学校普遍存在科研实验室、科研基地没向本科教学开放的现象。各校普遍投入实验实践教学的生均经费缺口较大,尤其是生均实习经费增长缓慢。目前,全省本科院校平均生均实习经费约350元,个别学校生均实习经费仅有100多元。有的学校不重视实习基地建设,学生集中实习少,分散实习多,对实习过程指导、监督少,对实习结果考核评价少。

七是严格学生学业管理和指导的力度还不够大。部分学校学业管理对学生的激励与约束缺乏张力,学生学习动力不足、学习效率不高,许多学生不知道自己的专业要学什么、为什么要学和如何才能学好,不能很好地让自己尽快适应新环境、适应大学生活。从听课情况看,学生讨论发言不积极,同学之间随意讲话、上课迟到、随意进出教室、玩手机甚至睡觉等课堂不正常现象时有发生。从寝室走访来看,学生打游戏、看电影的比例还比较高。从图书馆的走访中发现,图书馆占座率主要是考研学生在支撑,其他学生在图书馆读书学习的氛围还不浓厚。部分学校课程考核标准不够规范,试卷的科学性及难度把关不严,试卷批阅不严谨,过程性评价较少,且评价依据不明确,平时成绩给分较随意,期末一张试卷定成绩的现象仍很普遍。有的学校学生学业预警和帮扶机制不健全,班主任、辅导员、任课教师没有起到及时提醒和帮扶的作用,对学习有困难和学业成绩达不到要求的学生,解决问题的方式方法比较单一和生硬。

八是教学评价和激励机制还不完善。部分学校还未真正落实教学与科研的等效评价,学校对教师的评价重科研、轻教学,教师科研考核压力大,导致教师投入教学的积极性不够高;有的学校职称评审虽然开通了"教学为主型"教授、副教授的申报通道,但设置条件高,不符合学校的具体情况,实际评聘的教学型教授、副教授极少甚至一个都没有;有的学校教师教学业绩考核中学生评教权重较大,且学生评教的区分度普遍不高,不能很好地激发教师对教学改革的热情和投入;有的学校还未建立优课优酬、卓越教师表彰机制,未能强有力地把教师的精力引导到本科教育上来;有的学校对教学管理人员和实验技术人员不重视,导致这两支队伍收入待遇较低、发展空间受限、人员不够稳定,不同程度影响了本科教育质量。

九是质量保障体系还不完善。有的学校对学生中心、产出导向、持续改进的质量保障理念还不强,仍然强调教师中心;有的学校质量保障主体意识还未觉醒,习惯政府监督评估,内部质量保障体系、自我评估制度还未建立或者不健全;有的学校毕业标准、课程标准、教学标准、评价标准还存在宽、松、软的问题,人才培养的过程监管还不严格规范;有的学校还坚持片面的质量观,认为人才培养质量就是教学质量,它只是教务部门的事,还未形成全员质量观;有的学校还不重视过程监督,没有形成动态监测、定期评估、及时反馈、全员参与的新型质量督导评估体系;有的学校还没有充分发挥第三方组织和行业企业在质量评价中的作用。

以上这些问题,都是我们加快建设高水平本科教育、实现高教强省战略过程中所面临的严峻考验和挑战,值得我们每一位高校书记、校长高度重视和深入研究,需要我们进一步解放思想、坚持问题导向,开出良方,对症下药,持续攻坚,彻底整改提高。

三、奋力书写浙江高水平本科教育的新篇章

每一个时代都有一个时代高等教育的时代机遇。实施高教强省战略就是新时代浙江高等教育改革发展最好的历史机遇。"高教强省37条""高水平本科教育18条"是在高等教育提高质量的升级期、变轨超车的机遇期、改革创新的攻坚期和国家"双一流"建设、我省"两个高水平"建设背景下出台的,是今后指导我省高等教育改革发展的重要文件,我们要深入学习领会,勇于担当,把文件的要求落到实处,其具体举措和方案及保障措施如下。

一是要在强化立德树人上下功夫。立德树人是发展中国特色社会主义教育事业的核心所在,是培养德智体美全面发展的社会主义建设者和接班人的本质要求。习总书记强调,古今中外,每个国家都是按照自己的政治要求来培养人的,世界一流大学都是在服务自己国家发展中成长起来的。培养社会发展所需

要的人,就是培养社会发展、知识积累、文化传承、国家存续、制度运行所要求的人。在实现中华民族伟大复兴、开创中国特色社会主义伟大事业的历史进程中,高校必须牢牢抓住培养社会主义建设者和接班人这个根本,必须时时擦亮马克思主义这个最鲜亮的底色。要抓好马克思主义理论教育,深入实施习近平新时代中国特色社会主义思想"五进"行动,持续推进社会主义核心价值观教育,继续打好提高思政课程质量和水平的攻坚战,构建全程全员全方位"三全育人"大格局,切实把立德树人的成效作为检验学校一切工作的根本标准。要旗帜鲜明地推动课程思政建设,高校教师的80%是专业教师,课程的80%是专业课,学生学习时间的80%用于专业学习,要明确所有课程的育人要素和责任,推动每一位专业课老师制订开展"课程思政"的教学设计,做到课程门门有思政,教师人人讲育人。要严格课堂教学纪律,健全课堂教学管理,引导广大教师自觉践行"四有""四个引路人"和"四个相统一"的要求。我们将建设一批"课程思政"示范高校,打造一批"课程思政"示范课堂,推广一批"课程思政"优秀教师,推动形成专业课教学与思政课教学紧密结合、同向同行的育人格局。

二是要在优化专业结构上下功夫。专业既是高校培养专门人才的基本平台,也是面向社会需求的主要窗口。人才培养得好不好,主要看专业建得强不强。首先,要增强专业建设与学校办学定位和人才目标定位的符合度。要树立有限学科专业理念,紧紧围绕学校的办学定位来设置专业、聚集专业,增强专业对办学和人才培养定位的支撑。其次,要增强专业建设与区域经济社会发展的适应度。要坚持需求导向,布局和建设社会需求好和适应未来产业发展的专业。要拓展专业建设的链条和相互之间的支撑度,强化专业群建设,强化专业群与产业链的紧密对接。再次,要强化学科专业一体化建设。要加强学科对专业的支撑和反哺,高校的学科实验室、基地、团队都要首先服务本科教育,都要首先向本科生开放。要把服务本科教育列入省重点建设高校和一流学科建设的评价考核内容,并提高考核比重。学科一流并不代表专业一流,一流学科建设必须要支撑一流人才培养、一流专业建设。最后,要健全专业动态调整机制。按照优化存量、用好增量、精减数量的原则,落实国家专业教学质量标准,加大专业调整力度,及时停招或撤销与发展目标和需求不相适应的专业,主动布局与"八大万亿产业"相关的战略性新兴产业发展和民生急需相关学科专业,加强传统专业的改造升级,大力推进新工科、新医科、新农科、新文科专业建设,不断提高专业建设的质量和水平。

三是要在提高课程建设质量上下功夫。课程是教育思想、教育目标和教育内容的主要载体,是学校教育教学活动的基本依据。课程是人才培养的核心要素,课程建设的质量和水平直接影响人才培养质量。首先,要优化课程体系。全面减少必修课,减少学生上课门数,减少教师授课课时数,合理增加课程难度,拓展课程深度,减少或停开"水课",坚决杜绝"因人设课"。其次,要加强核心课程建设。要整合优质课程资源,建设有深度、有难度、有挑战度的"金课"。重视核心课程建设,是近年来世界一流大学加强本科教育建设的重要举措之一。如美国大学将传统的通识教育逐渐转型为跨学科、跨部门合作的,以培养写作、阅读、沟通、查询和定量分析等五大能力为目标的核心课程,以符合大学生灵活适应时代变化的需求。再比如清华大学校长邱勇宣布,将在2018级新生中开设"写作与沟通"必修课程,计划到2020年,该课程将覆盖所有本科生,并面向研究生提供课程和指导。核心课程是课程体系的关键和基础,对提升人才培养能力具有主导作用。提高人才培养的能力,首先就是要提高核心课程建设的质量和水平。再次,要严把教师开课关,建立课程退出机制、课程质量评估和动态调整机制以及课程信息公开制度。学校应将每门课的课程名称、授课教师、授课时间和地点在校园网上设专栏公开,欢迎校内外师生听课。要组织校内同专业教师互相听课,组织校内名师和优秀教师重点听取青年教师和教学较薄弱教师的授课情况,并进行实时评课,帮助授课教师提高教学水平。最后,要加强基层教学组织建设,充分发挥集体磨课和备课的作用,鼓励高水平教学团队建设优质课程,鼓励跨校、跨学科建设高水平课程。

四是要在持续推进课堂教学创新上下功夫。课堂教学质量是衡量一流本科教育的重要标尺。要以学生发展为中心,持续推进课堂教学创新。首先,要积极推广小班化教学。小班化教学是美国顶尖大学保证本科教育质量的核心手段。而且,越是重视本科教育的大学越强调小班化教学的重要性。在芝加哥大学和哥伦比亚大学的核心课程中,小班化教学的比例甚至达到了70%。小班化教学有利于增强师生互动,有利于教师深度了解和评价学生的学业,有利于促使学生"坐到前排来、把头抬起来、提出问题来",有利于提高课堂育人效果。我们要下决心大力普及小班化教学。原则上到2020年,本科高校的小班化教学比例要不低于70%。其次,要强化教学设计,推进课堂教学内容及时更新。要积极倡导以学生为中心的教学理念,打破"学术型""知识型"课程体系和课程内容占据主导地位的教学模式。要紧扣能力培养,根据课程特点和学生实际,精心设计教学,重构课程体系,重组课程内容,要将实践发展新经验、科技发展新进展、社会需求新变化及时纳入课堂教学,用鲜活的案例、实际的项目、真实的场景等教育学生,提高课堂教学的吸引力。再次,要大力推广"互联网+教学"。要深入贯彻落实"数字高校"建设要求,加强在线课程建设,推广翻转课程、混合式教学,大力推进智慧教室、智慧实验室建设,大力推动互联网、大数据、人工智能、虚拟现实等现代技术在教学中的应用,探索实施网络化、数字化、智能化、个性化的精准教学,建立在线课程学分认定和转换制度,推动优质资源开放共享。

五是要在严格学生学业管理上下功夫。严格学生学业管理是一流本科教育的重要保证。学生的第一任务就是刻苦学习,学校要引导学生求真学问、练真本事。要严格毕业标准,严把出口关,经考核评价未达到培养合格标准的学生,须重修课程或延期毕业，改变轻轻松松就能毕业的情况。要严格过程考核，加大过程考核成绩在课程总成绩中的比重，原则上平时成绩占课程总成绩的比例应不低于40%。高校要制订平时成绩评定的实施细则，要把课堂问答、平时测试、小论文、大作业等列入平时考核评价中，不能简单地以到课情况等某一个方面作为平时成绩。要建立健全学生学习过程检测、评估与反馈机制，推进非标准答案考试，推进基础理论课和专业基础课的教考分离，抓好命题、监考、阅卷、成绩统计等环节的管理，切实防范题量过轻、考试过松现象发生，从严整治监考不严、随意更改学生成绩及泄题等问题。要建立健全考试和毕业设计（论文）抽检制度。建立学生学习困难评估制度、学习困难帮扶制度，帮助学习有困难的学生提高学习能力，按时完成学业。要健全完善学业预警制度和学业服务指导体系，主动关心学生学业修习情况，多形式加强与学生及学生家长的沟通交流，及时向学生通报和提示学业修习情况。尤其是对课程考试不合格的学生，要及时进行提醒，并指导其进行补课或重修。鼓励学生跨学科、跨专业学习，允许学生自主选择专业和课程。鼓励学生尽早参与和融入科研，早进课题、早进实验室、早进团队，激励学生刻苦学习、探究未知。支持有条件的高校为优秀毕业生颁发荣誉学位，增强学生学习的荣誉感和主动性。

六是要在强化协同育人上下功夫。协同育人是新时期高校人才培养的重要途径和实践成果。我们一定要充分利用国家和省深化产教融合的大好时机，创新办学体制机制，深化"引企入教"改革，大力推进混合所有制行业特色学院建设，全面推动高校与实务部门、科研院所、行业企业全流程协同育人，建立健全培养目标协同机制、教师队伍协同机制、资源共享协同机制、管理协同机制，推进人才培养与社会需求的深度融合。要深入推进医教协同、科教协同，加强共建共享的实践育人平台建设。要深化国际合作育人，主动服务国家"一带一路"倡议，推进与国外高水平大学开展联合培养，支持中外高校学生互换、学分互认、学位互授联授，推荐优秀学生到国际组织任职、实习，加快引进国外优质教育资源，培养具有宽广国际视野的新时代人才。

七是要在加大投入上下功夫。对本科教育的投入是一流本科建设的根本保障。首先，高校领导的精力要在本科聚焦。高校党委要把建设高水平本科教育作为全面贯彻习近平新时代中国特色社会主义思想，全面贯彻党的教育方针，落实立德树人根本任务，培养社会主义建设者和接班人的重大战略任务。要组织开展新时代全面提高人才培养能力思想大讨论，增强全体教职员工育人意识和育人本领。高校党委会和校长办公会要定期专题研究本科教育，解决高水平本科建设过程中遇到的难点、重点问题。书记、校长要亲自调研本科教育，统筹协调，制定政策，动员各方面力量支持高水平本科教育建设。其次，教师的主要精力要在本科教育。要大力推动国家级、省级高层次人才走上本科教学一线，让更多优秀教师为本科一年级学生授课，倡导知名教授开设新生研讨课。要完善教授给本科生上课制度，实现教授全员给本科生上课，并切实做到本人授课、课时数量、课程质量三落实。除特殊情况外，如发现有其他教师顶替上课等弄虚作假的行为，则将在相关评优评先上取消评审资格。学校要将给本科生授课作为教师晋升副教授、教授的基本条件。连续两年不给本科生授课的要取消其教授、副教授资格。再次，学校的资源要首先在本科配置。真正重视本科教育，要做到教学资源按需要配置，科研资源按任务配置。学校的人力资源、资金物质资源首先要满足本科的需要，要把本科放在资源配置的第一序列。要统筹财政等各种资金，加大对本科教育的资金投入，逐步提高教学支出占总支出的比例。对获得的国家和省级各类教学项目要按要求予以经费重点保证。要优化教学支出结构，提高用于教学激励、课程建设、课堂创新、教学研究、实习实训等的支出。要强化"以本为本"配置资源的理念和工作机制，加强教务与学工、人事、科研等部门的协同用力，聚焦人才能力培养，形成第一课堂和第二课堂等各类课堂的协同培养、同向同行。

八是要在完善评价和激励机制上下功夫。科学有效的评价和激励政策是一流本科建设的重要导向。首先，要建立多维度评价体系，改革完善教师教学评价。坚持把师德师风作为教师素质评价的第一标准，健全师德考核制度，推动师德建设常态化、长效化。要着眼于提升教师教书育人能力，实施效果评价、诊断评价、过程评价、毕业生满意度调查、教师自评、专家评价等多维评教，不能仅仅把学生评教当作对教师教学评价的最终结果。要完善教学评价反馈机制，加大教学改革、教学创新在教学评价中的比重，引导教师勇于创新，不断提高。要完善教师分类管理和分类评价办法，明确不同类型教师的岗位职责和任职条件，加强对教师育人能力和实践能力的评价与考核，在教师专业技术职务晋升中实行本科教学工作考评一票否决制。其次，要加大教学激励力度。要探索建立高校教师教学荣誉制度，完善教学激励政策体系，加大对教学优秀教师的奖励表彰力度，设立优秀教师、优秀教学团队、优秀教学成果、优秀课堂等奖项，倡导优教优酬、优课优酬，努力形成崇尚教学、追求卓越教学的氛围。要以育人质量作为开展教学激励重要评价指标。要进一步健全符合学校实际的教学类岗位的高级职称评审制度，加大对教学业绩突出教师的激励力度，在专业技术职务评聘、绩效考核和津贴分配中把教学质量和科研水平作为同等重要的依据，对主要从事教学工作的教师提高基础性绩效工资额度，保证合理的工资水平。要建立和完善教学管理和实验管理队伍激励政策，配足配强专职人员，关心他们的成长，为他们在职称评聘、职务晋升方面创造更加有利的政策环境。

九是要在健全持续改进质量保障体系上下功夫。严格、科学的质量保障体系是高水平本科教育的必然选择。要进一步推进管办评分离，构建以高等学校内部质量保障为基础，教育行政部门为引导，学术组织、行业部门和社会机构共同参与，外部和内部有机衔接的高等教育质量保障体系。首先，要立标准。"质量为王、标准先行"。标准是尺度，是要求，是底线。我们要探索建立一流本科教育的标准,要研究一流本科教育的内涵和构成要素,积极借鉴国内外一流大学建设一流本科教育的经验和做法,细化一流本科教育建设的具体标准,切实把要求和任务落实到专业标准、课程标准、课堂标准、教师队伍标准和评价标准等具体的教书育人主体和教学环节,努力形成具有浙江特色的一流本科教育评价标准,实现政府以标准来管理、高校以标准来办学、教师以标准来教学、学生以标准来毕业、社会以标准来监督,用标准加强引导、加强建设、加强监管。高校要强化标准意识,按照经济社会发展需要和国家专业教学质量标准,结合本校实际制定各专业一流本科教育标准,明确人才培养要求,修订人才培养方案。其次,要抓评估。高校要落实全面建设一流本科教育的主体责任,强化自我评估,要紧紧围绕一流本科教育的关键要素,突出学生中心、产出导向、持续改进,加强教学基本状态数据常态监测,加强学科专业评估(专业认证)、课程评估、课堂质量评估、实习实训评估等。要特别注重学生对教学工作的评价,注重学生学习效果和教学资源使用效率的评价,注重用人单位对人才培养质量的评价。要建立有效的校内教学质量监测和调控机制,充分利用互联网和大数据技术,建立教育质量信息监测平台,开展定期或不定期的教学检查,开展对重要教学环节的专项评估和研讨,及时解决人才培养过程中各环节存在的问题与不足,确保基本教学秩序和教学质量,真正使自我评估起到自我激励、自我约束的作用。省教育厅将深入开展本科高校校(院)长述职、教学巡查和分类评价制度,落实对本科教学工作审核评估的整改督查,强化对优势特色专业等本科教学质量提升计划项目的抽检,健全动态调整机制,加强对典型经验、案例的总结宣传。再次,要压责任。高校要层层传导压力,建立健全二级教学单位的质量监控机制,发挥校院(系)两级教学质量监控保障机构在日常教学、教学改革中的指导与监督作用。要建立和完善二级学院院长(系主任)教学述职制度、专业负责人专业建设述职制度和任课教师说课制度以及各职能部门服务本科教育述职制度,压实每一个岗位的工作责任,严格述职要求,完善述职评价考核机制,真正使述职测评成为推动一流本科教育建设的重要抓手。最后,要广监督。现代大学是一个开放的系统,我们要牢固树立开放、共享的发展理念,按照中央和省委、省政府关于高等学校信息公开的要求,始终坚持"以公开为常态、不公开为例外"的原则,全面、客观、及时、准确地公开每项信息,主动接受社会各界的监督。要主动征求和听取党委、人大、政府、政协及其他相关部门、行业企业、新闻媒体、家长等各方面的意见与建议,特别是对我们一流本科教育建设的意见与建议。我们要坚持"开门办学",充分发挥社会第三方机构在质量评价中的作用,充分发挥行业部门在人才培养、需求分析、标准制定和专业认证等方面的作用,形成合理推进高水平本科教育的良好氛围。我们要更加关注人才培养的社会评价,更加关注人才的用户体验,更加关注人才的社会需求导向,把学校的大门向社会敞开得更大一些,切实践行习总书记提出的"四为"要求,更好地服务于经济社会发展。

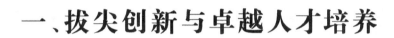

一、拔尖创新与卓越人才培养

基础学科拔尖创新人才培养的探索与实践

章志英　唐晓武

浙江大学

【摘要】浙江大学作为国家基础学科拔尖学生培养计划首批实施高校,于2010年正式成立浙江大学求是科学班。求是科学班采取了"矩阵式"优质生源选拔方式,建设了"高起点、高强度、高难度"的荣誉课程,实行了因材施教、个性化培养的导师制,制定了多元化的综合学业评价机制,开创了"高端引领,学研融合,全员覆盖"的国际交流模式,形成了全方位的荣誉教育体系,已开始为国家输送稀缺的基础学科拔尖创新人才。

【关键词】基础学科　拔尖学生　荣誉学院

竺可桢学院源于1984的原浙江大学(工科)混合班,是我国恢复高考后最早的校级教学改革实验班(正常年龄入学)。作为浙江大学本科生教育改革的试验田、吸引优质生源的"金字招牌"、实施卓越教育的优质平台、进行特殊培养的重要基地,竺可桢学院以其30年教育改革经验为基础,持续优化课程体系,推进研究型学习,搭建国际交流平台,培养家国情怀。浙江大学是国家基础学科拔尖学生培养计划首批实施学校。近10年来,竺可桢学院结合国内外先进经验,根植于浙大,遵循基础学科人才成长规律,丰富和发展了拔尖创新人才培养的内涵,在遴选机制、培养模式、责任教育等方面锐意革新,取得了显著成效。经过1年筹备,浙江大学求是科学班于2010年开始招生,设数学、物理、化学、生物、计算机等5个小班,各班招生不超过20人。求是科学班由竺可桢学院与专业学院共同管理和建设,前两年责任主体在竺可桢学院,后两年责任主体在专业学院。

一、提出了"矩阵式"优质生源选拔方式

科学选才是拔尖创新人才培养的一个重要环节,根据拔尖创新人才培养目标、成长规律和具有的特征,竺可桢学院在多年的选拔经验和实践积累的基础上,实施了多视角、多纬度的"矩阵式"拔尖创新人才选拔方式。采用学生自我陈述、综合能力测试、专家面试和体能测试等方式全面考查学生的综合能力和潜质:自我陈述考查学生远大理想和未来规划;综合能力测试考查学生知识综合运用能力、逻辑分析能力、高度集中力和瞬间记忆力等;专家面试考查学生潜在特质、压力应对能力、领导沟通能力、反应能力、独立精神和主动担当精神等;体能测试考查学生意志力和团队合作精神等。并且在选拔之前,要求参加选拔学生完成7个开放式问题,如:到目前为止对你影响最大的人是谁(仅限1人)? 你对大学学习生活的期望是什么? 你认为一名合格的大学生应具备哪些素质? 你期望通过竺可桢学院培养成为怎样的人? 这些问题实际是让学生思考大学的学习生活及成长目标等,以促进学生更好地适应大学。此外,通过"中学生英才计划"的同学,其学习目的性和欲望,明显要强于别的同学。

竺可桢学院实施开放性办学。由相关教授、任课教师、班主任、辅导员和导师等组成团队,在对学生阶段性学习、科学素养和发展潜力等方面进行全面考察评估后,对于不适应基

础学科拔尖学生培养模式的学生,适时进行分流,并引导其进入普通学生培养模式。同时,吸收部分学业成绩等综合表现优秀的学生滚动进入拔尖学生培养模式。此部分占学院学生数的10%左右,极大激励了全校优秀学生的学习积极性。

求是科学班的5个班级,在不超过各班定员(20人)和充分考察的基础上,可以接受兄弟班级的同学,化学与生物、数学与计算机之间的流动是比较多的;也接受来自混合班具有学科特长的同学,如2010级从混合班转入求是数学班的王六权,他是全国基础学科拔尖学生培养计划毕业的第一位博士。王六权博士已作为引进人才任武汉大学特聘副研究员,并在2018年教育部"基础学科拔尖学生培养计划"学生学术交流会上作为全体毕业生代表发言。

二、建设了"高起点、高强度、高难度"的荣誉课程

课程是决定学校人才培养质量的重要因素。2009年始,竺可桢学院借鉴国际荣誉学院和荣誉项目的做法,建立了26门以"高端化、研究化、国际化"为目标的荣誉课程。着重培养学生具备宽厚的基础知识、高度的逻辑思维能力,激发学生探究知识的兴趣,提升独立思考与价值判断的能力,强化用科学方法解决复杂问题的能力。浙江大学竺可桢学院的荣誉课程为当今国家大力倡导的"金课"提供了样板。

荣誉课程采用"小班化+讨论式"或"大班授课+小班研讨"的研究型教学方式,实施"精、深、通"的教育计划。经实践,基本实现了"以教为主"向"以学为主"的转变,"以课内为主"向"课内外相结合"的转变,"以结果评价为主"向"过程和结果评价相结合"的转变。荣誉课程为全校通识核心课的开设积累了宝贵经验,也为兄弟院校提供了有益借鉴。

在基础学科拔尖学生的培养过程中,荣誉课程多设置于基础部分的通识课程和大类课程中。同时,物理、数学、化学、生物科学、计算机科学与技术等学科也设置类似于荣誉课程的专业课程,俗称"Q课程"(源于求是科学班的拼音首字母),亦参照荣誉课程标准建设,其内容的难度和深度均超越普通专业课程。如物理学类课程,单独开设求是物理班,按力学、电学、光学、量子力学分别开设课程,而其余四个求是班则再开设"普通物理学Ⅰ(H)""普通物理学Ⅱ(H)"或"大学物理(乙)Ⅰ""大学物理(乙)Ⅱ"。

三、实行了因材施教、个性化培养的导师制

导师制是基础学科拔尖人才培养过程中的一个重要环节。在前期加强通识教育的基础上,后期突出多通道、多规格、模块化的专业教育。导师制的实施,有利于发挥高水平教师在本科教学中的主导作用、学生在本科教学中的主体作用,有利于更好地实现基础学科拔尖学生人才培养目标。

师生双向选择,确立导师制关系。导师通过言传身教,教育学生树立正确的人生观和价值观,根据学生兴趣、特长,对其发展方向提出建议,引导学生明确学习目的和成才目标。同时,组织并指导学生开展多种形式的科研训练,培养学生的研究能力,安排学生参加学术活动、研讨班活动,参加实验室项目或课题研究。为避免学生盲目确定导师,生物和化学专业强制要求学生到多个有意向的导师实验室轮转;数学专业则强调基础课程学习,导师制到大二才开始启动。

指导学生完成科研项目,撰写学术论文,也是基础学科拔尖学生培养过程中不可忽视的环节。导师制有利于将课题研究和学生学习有机结合起来,从而提升学生的研究能力。通

过专业导师制的实施,学生发表学术论文数量和质量明显提升,近1/3论文被 *Physical Review*、*J. Phys. Chem.* 等高水平SCI期刊录用。这些严格的科学训练为学生今后科研之路打下了深厚的基础,如2014届求是化学班的张玲、陈嘉骏分别在 *Nature* 和 *Science* 发表了原创性的研究成果。

四、制定了多元化的综合学业评价机制

为促进学生知识、能力的全面提升,加强学生学业考核力度,引导学生良性竞争,形成积极向上的学习氛围,竺可桢学院创立了多元化的综合学业评价机制。

学院采用由学业成绩和研究创新两方面数据构成的排名作为学生综合学业排名的依据。学业成绩计算采用主修专业课程学年(累计)平均绩点、主修专业课程学年(累计)总绩点、所有课程学年(累计)平均绩点、所有课程学年(累计)总绩点、荣誉课程学年(累计)平均绩点和荣誉课程学年(累计)总绩点等6个主干数据。研究创新包括学科竞赛、科研训练、学术研究成果等方面。

多元的评价机制,综合考虑了课程难度(荣誉课程、核心课程、一般课程)、学习深度(平均绩点)和知识宽度(累计绩点),与"宽专交"培养匹配。采用"相对排名"而非"绝对绩点",用数学手段削弱功利性,从而引导学生学习自己真正感兴趣的课程,并努力将其学好。

多元的评价机制,从另一方面来看,也是与课程改革相配套的重要举措。荣誉课程、"Q课程",投入大,绩点低,若不正确对学生进行引导,必然会引起学生对课程改革的不满,使教学改革的引领示范作用显著下降。

与此同时,学院根据学生在学习成绩、科研创新、艰苦奋斗、实践服务等方面的突出表现,特设立卓越奖学金、创新奖学金、励志奖学金和院长奖学金,体现多元的价值观导向。

五、创建了"高端引领、学研融合、全员覆盖"的国际交流模式

学生在世界一流大学的交流和深造,标志着基础学科拔尖学生的培养站在了世界舞台的高度。为使学生能从国际交流中获得实际成效,真正受益,激发学生的创造潜能,竺可桢学院全面推进"高端引领、学研融合、全员覆盖"的国际交流模式。

从2010年起,竺可桢学院首先与哈佛大学、耶鲁大学、莱斯大学、哥伦比亚大学、加州理工大学等多所国际一流大学开展专项国际交流与合作,采用"请进来"的方式邀请国外知名教授/学者(350余人次)来校开设课程和讲座,对于课程采取"校内名师+海内外名师"的教师团队模式,并通过研讨或案例研究、以问题为中心、双语或者全英文授课等教学方式,提高学生的基础知识储备量和创造力以及运用科学方法解决复杂问题的能力,极大地激发了学生对学科专业的研究热情。

求是科学班同学必须具有国际交流经历,如短期课程、会议交流、文化交流等。学院每年选拔约1/4高水平学生到世界一流名校(如哈佛大学、麻省理工学院等)进行"目标学科"课程学习和毕业设计/实习。同时,充分发挥导师的作用,开展学科、实验室之间的交流合作项目,与海外高水平大学开展合作,推进课程学习和科研训练。

另外,建立国际交流奖学金和助学金,兼顾贫困生需求的多形式资助,实现"百分百"交流。竺可桢学院形成了"高端引领、学研融合、全员覆盖"的国际交流模式,为全校本科生国际交流当好开路先锋。虽然由于极为苛刻的考核制度,即"H课程"和"Q课程",竺可桢学院

学生的绩点并不高,但是通过赴哈佛大学、MIT进行为期10个月的毕业设计,能让世界一流大学的学者感受到浙江大学竺可桢学院学生的真正实力,让他们了解竺可桢学院"H课程"和"Q课程"的含金量。2016届学生中获世界顶级名校全额博士生奖学金的人数达到23位,处于全国基础学科拔尖学生培养计划高校前列。

六、建立了全方位的荣誉教育体系

为培养学生的健全人格、家国情怀和社会责任感,竺可桢学院立足社会主义核心价值观教育,引导学生树立家国天下的远大志向,形成爱国、敬业、诚信的社会责任意识。竺可桢学院将思想教育与实践活动相结合,通过仪式教育、荣誉教育等形式全方位、多角度地提升学生的道德情操和综合素质能力。近年来学院将文化实践活动总结为六大品牌——卓越教育、发现浙大、MIX节、学术科技、社团文化、志愿服务,通过活动增加思想教育的覆盖面,通过活动提升思想教育的有效性。

通过新生开学典礼、毕业生荣誉证书授予、预备党员入党宣誓、清明祭扫烈士墓、参观校史馆、参观竺可桢故居、重走"西迁"路、采访抗战老兵等活动来进行仪式教育和荣誉教育,通过组织学生志愿者活动强化学生的社会责任意识和担当意识,"竺院志"志愿者活动已成为学校的重要实践活动品牌,每年有1200人次参与日常志愿服务。

竺可桢学院推出"百分百西部服务计划",力求使每一个学生在假期能深入西部、服务西部,而且避免"走过场",让被支教的学生和学校有收获感是首先要考虑的问题。云南红河县第一中学每年上一本线的同学仅为3名。支教主要目标就是提高被支教学校的一本上线人数。求是科学班同学充分发挥数、理、化、生等学科特长,通过集中支教和远程支教,1年后,该校一本上线人数达10人。此举获得了红河县人民政府的高度认可。

七、总结

"矩阵式"的选拔方式,选拔出了一批又一批具创新潜质和远大理想,并致力于基础学科研究的优秀大学生。求是科学班以"高端化、研究化、国际化"为目标,以名师优教为核心,以基础深厚、教法先进、知识交叉复合为导向的荣誉课程体系,保证了课程质量,为未来的研究和发展打下了扎实的基础。因材施教、个性化培养的导师制,充分发挥了导师在教学和研究中的现身说法作用,同时也给了学生自由发展的学习空间。多元的综合学业评价机制,削弱了学习的功利性,营造了良性竞争的氛围。高端的国际交流,不但开阔了学生的国际视野,而且坚定了学生的学习动力和今后发展方向。全方位的荣誉教育体系,使学生牢记自己初心,将自己的理想和国家的需要紧密结合起来,成为一名真正的"拔尖学生"。竺可桢学院的拔尖创新人才培养模式获得了以杨乐院士为组长的国家教育咨询委员会创新人才培养模式改革专家组的高度认可。

参考文献

[1]国家中长期教育改革和发展规划纲要工作小组办公室.国家中长期教育改革和发展规划纲要(2010—2020年)[EB/OL].(2010-07-29)[2019-03-26].http://old.moe.gov.cn//public-files/business/hemlfiles/moe/info_list/201407/xxgk_171904.heml?authkey=gwbux.

[2]吕成祯,钟蓉戎.基础学科拔尖学生培养实验班思想政治教育困境及对策研究[J].思想理论教育导刊,2014(1):102-105.

[3]沈悦青.推进致远荣誉课程建设[M]//《上海交通大学年鉴》编纂委员会.上海交通大学年鉴2016.上海:上海交通大学出版社,2016:126.

[4]章志英、周永明、唐晓武.科学熏陶、因材施教——浙江大学"中学生英才计划"[J].中国科技教育,2015(11):21-23.

作者简介

章志英:浙江大学竺可桢学院综合办主任。

唐晓武:教授,博士生导师,浙江大学国际教育学院副院长,浙江大学竺可桢学院原副院长。

行业特色地方高校拔尖创新人才培养的探索与实践①

浙江理工大学

【摘要】拔尖创新人才的培养是当前高等院校关注的焦点之一。近年来,一些高水平研究型大学在探索拔尖创新人才培养方面进行了很多很好的尝试。行业特色院校是我国高等教育的重要组成部分,本文通过查阅国内外文献,厘清拔尖创新人才的历史发展脉络,提出行业特色地方高校也是培养拔尖创新人才的一支力量。浙江理工大学作为具有较鲜明特征的行业特色地方高校,开展了拔尖创新人才培养改革与实践,力图为行业特色院校本科拔尖创新人才培养提出可供借鉴的实践策略。

【关键词】行业特色院校　启新学院　创新人才培养

人才培养是高校的根本任务,能否培养出拔尖创新人才是衡量一所高校办学水平的重要标准之一。21世纪高等教育逐步进入了大众化阶段,特别是在浙江、江苏、广东等省份,高考录取率、适龄人员毛入学率等不断攀升,培养的学生"千人一面",特色不明显、能力不强,造成学生就业困难,形成供过于求的局面,而行业、区域经济社会发展对各类拔尖人才的需求难以满足,高端拔尖人才匮乏与普适性人才富余的矛盾突出。从国家人才培养体系的层面看,"985"和"211"高校率先开展了拔尖人才培养模式改革的探索与实践,并取得了一批影响较大的成果。在大众化教育背景下,行业特色地方院校如何发挥自己独特的作用,开展精英教育,为行业和区域经济社会发展培养急需的拔尖人才,这是我们必须要思考的问题。浙江理工大学是中国最早创办的新式纺织教育单位,原隶属纺织部,地处浙江,拥有一批与地方主导产业密切关联的优势特色学科专业,一直在为中国的纺织丝绸服装行业培养拔尖人才,是行业和区域纺织服装、机电及相关行业拔尖人才培养的重要基地。近10年来,学校非常重视大众化教育和精英教育的共存,在人才培养方案、课程体系、教学模式、育人环境、选拔机制等方面进行了一系列的创新与改革,探索实践并总结了一套行之有效的个性化人才培养模式。

一、拔尖创新人才培养的历史发展与内涵

我国的精英人才选拔与培养的历史久远,在汉代,察举专设童子科。从1872年到1875年,清政府从年龄在9岁到15岁的少年中选拔聪颖幼童分批赴美国留学(简称"幼童留学教育计划"),开创了中国近代精英人才培养的先河。改革开放40多年来,我国在拔尖创新人才培养的道路上开展了一系列的探索与实践。最初设立少年班或实验班、人才培养基地,现

①基金项目:浙江省2015年度高等教育教学改革项目《地方院校科教结合协同育人体系构建与实践》(jg2015051)和浙江省2016年高教改革项目《地方院校通识教育课程体系的改革与实践》(jg20160051)研究成果。

在成立精英培养的学院（如北大元培学院、中科大少年班学院、清华的清华学堂、浙大竺可桢学院等），我国拔尖创新人才培养模式一直在不断地演变、发展。近20年来，一批行业特色院校结合自身办学传统与优势，解放思想，积极探索拔尖创新人才多样化培养途径，努力为优秀本科生的成长提供更大的空间和更多可能的选择。从历史演变过程看，培养拔尖创新人才或精英人才是不同时代的共性要求，既遵循共性的教育规律，又镌刻着有多样化特征的历史印记。

拔尖人才既是绝对的，也是相对的，可以是通才，也可以是专才，不仅能适应社会与经济发展的需要，还应该是社会的引领者。在不同历史发展阶段，由于时代背景不同，我们对自身及所处世界的认识程度也会有所不同，对拔尖人才的内涵和特征、具备什么样潜质的人能够培养成为拔尖人才，都秉持着各自观点，因此拔尖创新人才培养类型、规格具有不同的时代特征。一般来说，拔尖创新人才是指那些在某领域具有突出特长或者潜质的杰出人才，或者是指那些在不同领域中有建树、取得突出成就的人。因此，我们认为拔尖创新人才是一个概念模型，并非指某一种特殊的人，他们在社会发展过程中可能做出了杰出贡献，可能奋战于科技攻关的第一线，也可能游走于社会政治经济之间。对于拔尖创新人才的类型，不同学者有不同的观点和分类。经过分析对比，我们认为拔尖创新人才主要包括三类：一是基础理论型拔尖人才，主要是指在数学、物理、化学、生物、计算机等基础学科领域的领军人物；二是技术研发型拔尖人才，主要是指具有充分的技术知识储备，较强的技术创新能力，能将技术理论成果转化为新技术与新工艺的能力的人才，如在技术研发领域的领军人物；三是应用型拔尖人才，主要是指具有扎实的专业知识和技能，较强的知识获取能力，优秀的团队合作精神，能成为某类行业的楷模的人才，如创业引领者等。

二、浙江理工大学拔尖创新人才培养的思路与历程

"高校的本科教育应该是大众化教育和精英教育共存的，不能因为学校招生规模的扩大而按统一规格进行'批量生产'，否则就会淹没相对冒尖的人才。""浙江理工大学是一所百年老校，教学基础厚实，文化底蕴深厚，在人才培养上我们一定要开辟一块自己的'特区'！"在校领导这样的理念倡导下，为使优秀人才脱颖而出，为学生提供更好的学习机会与条件，2004年起浙江理工大学提出了传承并凸显行业特色、面向行业、面向区域培养多样化拔尖人才的改革思路，确定了四类拔尖人才培养整体设计（见图1）。10余年来，浙江理工大学在人才培养方案、课程体系、教学模式、育人环境、选拔机制、教学管理、学生管理等方面进行了一系列的创新与改革。

2004年，浙江理工大学首先在服装学院、材料与纺织学院、艺术与设计学院成立了服装创业实验班、纺织品设计实验班和工业设计实验班，开展创业应用型和创意设计型拔尖人才的培养。2005年，按照"高起点、快进度、大容量"和"淡化专业"的要求，成立"强化班"，对选拔的入校新生开展为期一年的集中强化教学，后三年回到原专业学习。2007年6月，为解决"强化班"实施过程中暴露的培养模式不合理、体制机制滞后、专业过于分散和"拼盘式"培养方案缺乏衔接等问题，组建了启新学院，学生从当年高考录取新生中择优选拔，按大类学科开设了四类实验班——材料化学生物（材化生）、机械电子、电子信息和经济管理，开始培养学术研究型和技术研发型拔尖人才的探索与实践。

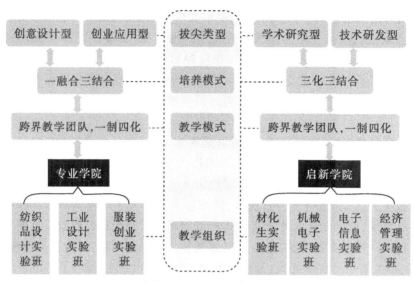

图1 多样化拔尖人才培养的整体设计

三、浙江理工大学拔尖创新人才改革的主要举措

1. 构建多样化人才的培养模式,明确人才培养目标

明确多样化拔尖人才培养目标,为创业应用型和创意设计型两类拔尖人才创立了面向产业需求"一融合三结合"的人才培养模式(见图2),即艺术教育与工程教育融合,知识与能力结合、创意与产品结合、理论与实践结合,培养具有国际视野、商业视角,艺术和人文素养高,责任感强,审美水平与创新设计能力突出,懂经营管理,掌握工程技术,具有较强合作精神和领导能力、产业经营和创业能力的拔尖人才。

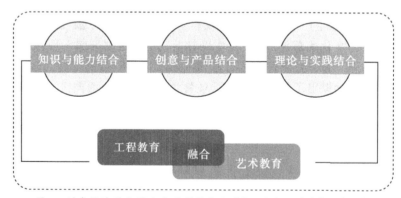

图2 创意设计型和创业应用型拔尖人才"一融合三结合"培养模式

为学术研究型和技术研发型两类拔尖人才创立了"三化三结合"的人才培养模式(见图3),即导师全程化、培养方案个性化、学生培养四年一体化,学校教育与企业和社会实践结合、国内教学与国际合作教学结合、课程学习与项目研究结合,培养基础宽厚、学科知识复合,创造性思维和实践能力强,具有国际视野、本土智慧,学术素养、综合素质较高,深造、发展潜力足,富有团队合作精神的拔尖人才,明确了多样化拔尖人才培养目标。

各类实验班采用四年一贯制,实行竞争选拔和滚动淘汰制。

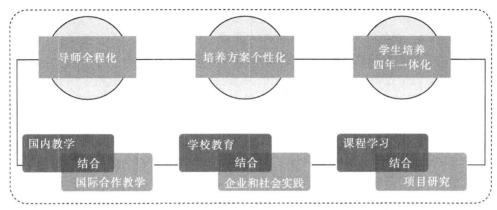

图3　学术研究型和技术研发型拔尖人才"三化三结合"培养模式

2. 制定适应多样化拔尖人才的课程体系,满足学生个性化培养需求

针对不同类型拔尖人才对知识、能力和素质的需求,创业应用型和创意设计型拔尖人才的课程体系中突出以行业需求与目标要求为驱动,建立快速反应式课程体系,课程建设与产业发展良性互动。学术研究型和技术研发型拔尖人才的课程体系设置中突出基础厚实、学科知识复合及个性化培养,加大数学、英语、计算机和信息课程比例,注重大类学科知识和技能的交叉融合,开设个性学分和科研训练课程等(见图4)。

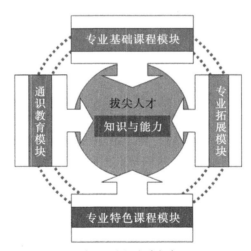

图4　课程体系框架

3. 构建实践教学体系,提升拔尖人才的实践创新能力

构建分层次、开放式的实践教学体系,通过"四进工程"(即进专业实验室、进研究室和设计工作室、进校内创意产业园、进校外实践基地),形成"激发创意、开放实验、行业实践"的实践教学特色。学生在跨界教学团队和导师的指导下参加实践教学活动,进行专业和科研设计训练,提升学生的实践创新能力。①专业实验室:在国家级实验教学中心、省级实验教学中心等地为学生开设基本认知实验、技术培训和学科竞赛训练。②研究室和设计工作室:学生围绕课程教学要求、创新课题研究和设计任务,在教师的指导下参与各项科研活动,它是学生自主开展研究、进行科研训练和设计的平台。③校内创意产业园:通过创意产业园孵化器,使人才培养与行业需求接轨,更好地满足浙江省产业集聚和集群对设计人才的新需求。

④校外实验基地:设计、实践工厂为校外实践基地,使学生能"真刀真枪"地投入到实训中,做到人才培养与市场、企业的无缝对接,有条件的课程也可在设计工厂进行授课。

4. 实施多样化教学模式,推动教学方法与教学内容联动改革

辨证处理知识传授与能力培养系统化的关系,从单纯传授知识的教学模式向关注创新的研究性教学转变,实施导师制,实行小班化教学,实施项目化教学,通过案例式教学、讨论式教学、启发式教学等教学方法,推动教学方法与教学内容联动改革,推动课堂教学从以教师为中心的教向以学生为中心的主动学转移,建设网络课程和数字化资源,探索全天候、立体化、形象生动的教学方法,提高教学效果。实施导师制:选聘水平高、行业产业背景强的学术带头人,教学名师,校外、国外知名教授等担任导师,承担个性化培养任务。实施全程导师持续指导制,导师不仅要把学科领域前沿引入课堂教学、课题研讨,激发学生的求知欲、创造欲,而且要使学生在耳濡目染中养成严谨求实、思辨创新的工作作风和学术态度。

5. 组建跨界教学团队,使之成为学生与产业联系的纽带

组建跨界(跨学科、跨学界业界、跨国内外)教学团队,将跨学科教学内容有机结合,使学生熟知产业和区域发展需求并让社会了解学生。根据教学需求跨界配备师资,打破校内院(部)和学科专业的界限,打破校内外界限,并建立与之相应的教学运行与管理机制。

6. 加强国际合作,拓展学生国际视野

积极与国外相关高水平大学合作,建立联合培养人才平台,聘请国外知名专家为学生讲授专业课程,开设全英文课程。与美国、法国、澳大利亚、日本等19个国家的55所大学建立了国际合作办学平台。每年选派教师赴国外培训,选派交换生赴国外大学学习,拓展学生国际视野。

四、拔尖创新人才培养的成效

经过改革与实践,创建了培养拔尖人才新体系,创立了拔尖人才培养新模式,构建了新教学模式,培养了一批面向产业、区域的拔尖人才,得到社会和纺织服装界的高度认可。

1. 提出了"传承并凸显行业特色、培养与行业和区域需求相匹配的拔尖人才"构想,创建了培养拔尖人才新体系

契合产业转型升级与区域经济社会发展领军人物后备人才培养的需求,传承并凸显学校办学的行业特色和学科专业优势,确定培养创业应用型、创意设计型、学术研究型、技术研发型四类拔尖人才,确立了拔尖人才培养理念,构建了适应四类人才的培养体系,设立了专业学院实验班和启新学院实验班等教学新组织,营造了有利于拔尖人才健康成长的环境,建立了拔尖人才培养工作协调与指导机构,创新了教学管理体制、运行机制,培养了一大批适应产业和区域需求的高质量的拔尖人才。

2. 创立了多样化拔尖人才培养的新模式,即"一融合三结合"和"三化三结合"两种培养模式

为创意设计型和创业应用型拔尖人才创立了面向产业需求的"一融合三结合"培养模式,即艺术教育与工程教育融合,知识与能力结合、创意与产品结合、理论与实践结合;为学术研究型和技术研发型拔尖人才构建了"三化三结合"的人才培养模式,即导师全程化、培养方案个性化、学生培养四年一体化,学校教育与企业和社会实践结合、国内教学与国际合作教学结合、课程学习与项目研究结合。明确拔尖人才培养的知识、能力、素质目标,并落实到人才培养全过程。

3. 构建了跨界教学团队，实施"一制四化"新教学模式

根据拔尖人才培养的教学规律，构建"跨学科、跨学界业界、跨国内外"的跨界协同教学团队，实施"一制四化"教学模式，即通过导师制、小班化、项目化、个性化、国际化培养，由导师在课程学习、科学研究、创新创业等方面给予学生指导，注重小班化培养，采用启发式、讨论式、探究式等研究性教学方法，促进学生的探究性学习，实施项目化课题教学和多课程一体化教学，培养学生的协同创新能力，注重个性化培养，制定个性化培养方案，设立个性化学分和科研训练课程，搭建国际化教学平台，通过引进优秀教学资源，聘请海外教师，拓宽学生的国际视野。

经过近10年的探索实践，已培养四类拔尖人才3000余人。面向产业、区域的拔尖人才的培养已显成效：超过60%的杭派女装品牌由浙江理工大学毕业生创办或担任首席设计师，促进了杭州女装产业的发展；2009级服装实验班尹军因创业经历获2012年中国年度大学生人物入围奖；启新学院实验班培养的学生崭露头角，继续深造的学生有64%进入"985""211"高校，有的实验班的学生继续深造率达68%，获国家发明专利7项；一批相关专业、课程、教材、实验实践中心（基地）列入国家级项目。浙江理工大学拔尖创新人才培养模式得到社会和纺织服装界的高度认可，《中国教育报》以"贡献科技人才，扮靓杭派女装"为题头版报道了该育人成果。《光明日报》《中国服饰报》《中国纺织报》《浙江日报》和新华网等都做了专题报道。2008年、2010年浙江理工大学两次受邀在"中国大学教学论坛"作专题报告。"行业特色地方高校多样化拔尖人才培养的探索与实践"获国家级高等教育教学成果奖二等奖。

五、展望

目前，新高考招生制度改革给拔尖创新人才培养带来新挑战。新高考改革背景下，如何建立选拔机制开展拔尖人才培养，如何进一步优化人才培养方案，如何理顺启新学院与专业学院关系等都是今后值得我们探索与实践的问题。2018年6月，新时代全国高等学校本科教育工作会议已胜利召开，提出要坚持"以本为本"，推进"四个回归"，建设中国特色、世界水平的一流本科教育，人才培养改革迎来新春天，我们坚信拔尖人才培养模式将会百花齐放，不断结出新硕果。

参考文献

[1] 百度百科.童子科[EB/OL].(2011-11-11)[2019-03-10].http://baik.baidu.com/view/1223662.html.

[2] 高晓明.拔尖创新人才概念考[J].中国高教研究,2010(10):65-67.

[3] 李祖超,杨淞月.美日高校拔尖创新人才培养制度比较分析[J].中国高教研究,2011(8):69-72.

[4] 沈蓓绯.荣誉学院:美国高校本科生"拔尖创新人才"培养模式研究[J].高教探索,2010(4):59-91.

[5] 徐晓媛,史代敏.拔尖创新人才培养模式的调研与思考[J].国家教育行政学院学报,2011(4):81-85.

[6] 王亚杰.关于行业特色大学建设的思考和建议[J].中国高等教育,2009(5):23-25.

[7] 中共中央,国务院.国家中长期人才发展规划纲要(2010—2020年)[EB/OL].(2016-09-16)[2019-03-10].http://cpc.people.com.cn/GB/244800/244853/18135323.html.

卓越教师人才培养模式改革与实践

李伟健　葛永海　楼英伟　张振良

浙江师范大学

【摘要】卓越教师培养是国际教师教育改革的价值趋势和国家创新人才培养以及基础教育改革的必然要求。浙江省改革与创新教师教育：坚持以产出导向、模块化设计和强化专业实践能力培养为突破，优化课程体系；坚持以利益攸关主体协同培养为机制，推进教育领域战略对接和一体化发展；坚持以厚植教育情怀、涵育职业道德、教学技能竞赛文化和特色化"节"与"社团"文化等为助力，浓厚教师教育氛围营造；坚持以线上线下混合式教学和全程全面信息化为目标，升级信息化能力培养。

【关键词】卓越教师　课程体系　教师发展学校　特级教师工作流动站　智慧教育

教育大计，教师为本，卓越教师培养是国际教师教育改革的价值趋势和国家创新人才培养以及基础教育改革的必然要求。浙江省认识到发展师范教育、培养卓越教师既是关系下一代成长成才的重要民生工程，也是师范院校责无旁贷的神圣使命，在省教育厅的领导下，全省各师范院校始终以立德树人为根本任务，积极致力于教师教育改革与创新，逐渐探索出一条以课程优化为突破，以协同培养为机制，以氛围营造为助力，以智慧提升为目标的卓越教师人才培养体系，为全国师范教育改革与发展提供浙江经验。

一、课程优化

注重提高实践课程质量，构建教师教育课程新体系。课程是实现人才培养目标、配置教学资源、链接师生活动的核心要素和关键载体，是人才培养过程中的关键环节。教师教育课程设置的门数、时数及师资配置，直接影响到教育专业知识的广度、深度和教师综合素养的养成。

1. 构建"产出导向"的师范人才培养体系

卓越教师人才培养，首先是"培养什么样的师范人才"的办学根本问题。以浙江师范大学为代表的浙江省师范院校，以"学生中心，产出导向，持续改进"的理念在师范类专业中积极宣传专业认证，围绕新时代的"有理想信念、有道德情操、有扎实学识、有仁爱之心"的"四有"好老师标准，在组织人才培养的多样化利益相关主体开展调研，认证专业培养目标和分解细化师范生"一践行三学会"——"践行师德、学会教学、学会育人、学会发展"的毕业要求的基础上，通过专家调查访谈法取得课程与实践活动对毕业要求的支撑矩阵关系，从而精心构建起卓越教师人才培养体系。

2. 建立模块化的教师教育课程体系

以课程统整为理念，以实践为导向，以问题解决、情境分析、项目设计与任务驱动为主线，围绕"教育基本理论、心理教育能力、教育技术能力、教育实践能力和教育研究能力"等五大能力（素养）建立模块化教师教育课程体系。该模块体系中，每个模块必修课和选修课兼顾、理论性课程与实践性课程互嵌,也设计开发有技能类"短课程"与实践教学"短学期",实现了所有教师教育类课程滚动开设,而且结合了四年一贯的教育见习与实习工作,提高师范生课程修学的自主性与针对性,建立了有意义的知识与操作系统,实现理论学习与实践体验的互动式的学与教。

3. 打造以专业实践能力为核心的实践教学体系

要成功实现由师范生向合格教师的角色转变,进而为卓越教师奠定基础,必须强化教学技能训练,积累教育教学经验。在浙江省师范教育指导委员会的大力支持和浙江师范大学的率先实践下,浙江省各师范院校均建立起了行之有效的师范教育实践教学体系:师范生大一完成基本技能训练(三字一画、普通话等);大二完成基础能力训练(课件制作、教学设计、教材分析等);大三完成综合能力训练(模拟上课、即席讲演、班级经营等)。浙江师范大学还在每两个学年中间专门设置"短学期",用于持续强化巩固教学技能,以考核检验成效:第一个短学期以见习为主,体认中学教师各种能力在具体实践场景中的运用;第二个短学期以微格教学等实训为主,掌握各种教学能力;第三个短学期开展教学技能综合训练等。在大四开展教育实习与教育研习,综合检验师范生培养质量。同时,积极推进"国省校院班"五级师范生教学技能竞赛体系建设。在教师教育课程教学中,充分融入优秀中小学教育教学案例和往届师范生教育实习、教育研习的案例,积极充实学科前沿知识、课程改革和教育研究最新成果。由此,形成了以"四年一贯、全程设计、习考并举、赛训结合"的方式促进教师职业实践能力提高的实践教学体系。

二、协同培养

深化教育领域战略对接,构建教师协同培养、一体化发展新模式。培养卓越教师,建立多资源、多要素、多部门的协同体制机制,突破原有的培养方式,创新培养模式。浙江省建成了以服务浙江省教师教育重大战略需求、提高浙江省教师教育质量、全省联动共同培养浙江优质师资为主线的高端协同创新平台,该平台以浙江师范大学为核心,汇聚省教研室、省教科院、省基础教育研究中心、省教师教育质量监控中心、各教师教育基地、各地市政府与教育行政部门、省师范教育教学指导委员会等资源要素,集教师教育学术研究、人才培养、政策咨询、社会服务诸功能为一体。

1. 建设全国唯一的教师教育"2011 协同创新中心"——卓越教师培养协同创新中心

经过多年的建设积累,浙江师范大学卓越教师培养协同创新中心于2016年获浙江省认定。该中心主动对接基础教育改革发展对高水平师资的需求,以"高起点、高水准、有特色""浙江急需、全国领先"为定位,以提升教师教育研究水平、引领浙江省教师教育改革、服务基础教育改革发展为主线,以"教师教育院校间联动、教师教育研究与实践互动、教师教育与基础教育有机联动、教师教育院校与地方教育行政驱动"为动力,重点致力于打造教师教育"理论研究、人才培养、基础教育服务、质量监测"四个高端协同创新平台,推动浙江省教师教育的人才培养、学科建设、研究成果走在全国前列。卓越教师培养协同创新中心的建设,推进了教师教育的多方主体各类资源的协同与整合,推动了教师教育的社会联动,为卓越教师培养工作的持久精准、深入推进提供了动力与保障。

2. 推出教师发展学校建设创举

作为连接基础教育和高等教育的重要平台,教师发展学校(简称 TDS)是在中小学校建制内,由高等学校和中小学校合作建立的旨在促进教师专业培养和培训的教学研合一的共同体,既是高校师范生有效开展教育教学实践的场所,也是高校教师参与基础教育改革实践的平台,更是高校与中小学合作开展基础教育科学研究、促进中小学教育教学改革和教师专业发展的重要阵地。为引领教师发展学校建设工作,浙江省出台了《浙江省教师发展学校建设实施方案》和《浙江省教师发展学校建设标准》,开发了"浙江省TDS支持平台",开展了示范性教师发展学校建设工作,并将教师发展学校建设情况纳入各地教育现代化、教育发展绩效和教师培训绩效考核等发展性评价指标体系,以及高校师范生培养创新绩效考核评价指标体系。至2018年6月,浙江省建立了1020余所TDS,遴选了107所示范性教师发展学校建设学校。浙江省各级教育行政部门、有关高校和中小学校对教师发展学校在中小学教师队伍建设中的重要作用达成共识,积极协同、相互支持。例如,浙江师范大学秉持"协同、担当、共赢"的理念,以"六六六"为核心内涵(即以共同制定培养目标、共同设计课程体系、共同开发优质教材、共同组织教学团队、共同建设实践基地、共同营造校园文化的"六个共同"为抓手,开展课题研究、课程开发、教师发展、景观设计、特色凝练、成果推介等"六项内容",以及需求分析、咨询服务、讲座报告、教研协同、试点实验、互派互聘等"六类形式"),推进近300所教师发展学校的共建工作。

3. 率先成立特级教师工作流动站

2016年初,浙江师范大学在国内率先成立特级教师工作流动站,以"打造浙派名师的孵化基地、浙江基础教育课程改革的助推器、浙江省师范生实践教学质量的提升平台、浙江省职后教师专业发展与学校合作办学的服务基地"为实施目标。浙师大面向全省公开招聘了首批16位名师加盟特级教师工作流动站,其后,省内8所师范院校相继建立特级教师工作流动站。高校建立特级教师工作流动站为浙江省教师教育在国内确立了一个新高点。

三、氛围营造

师范院校因师而立,缘师而兴,依师而荣,教师教育是立校之本、发展之基础,营造浓郁的卓越教育文化氛围,是卓越教师人才培养的软实力建设。

1. 营建师范生高尚师德文化

优良的师德师风是卓越教师的首要素养。为帮助师范生深刻理解师德理论、把握师德规范、强化师德修养,师范院校开设"教师职业道德""师魂"等课程,编印了《教师职业道德简明读本》,邀请功勋教师、特级教师等优秀教师做师德师风与教育情怀等方面的大型专题报告和小型访谈会,开展师范生师德文化征文比赛,给师范生教育实践设定师德调查与师德体验要求等,以及建立师生贯通、氛围浓郁的全员教研机制,让师范生在日常教育教学活动中进行自我学习、自我感悟、自我修行、自我升华,从而促进良好师德的养成和教育情怀的激扬。

2. 营造教学技能竞赛文化

师范生教学技能竞赛赛事,是自下而上的实践的产物。在浙江师范大学近10年探索的基础上,浙江省高等学校师范生教学技能竞赛赛事于2007年建立,是当时国内首个省级师范生教学技能竞赛。在浙江师范大学倡议下,全国地方重点高等师范院校教务处长联席会于2013年发起全国师范院校师范生教学技能竞赛。浙江省各师范院校普遍建立了"国省校院班"五级师范生教学技能竞赛体系:班赛人人参与,院赛班班参与,校赛院院参与,省赛国赛争优。师范生教学技能竞赛平台,成为广大师范生同台竞技、共展风采的重要舞台。正如教育部教师工作司王定华司长所言,这个平台"既是演武场,也是试金石,更是助推器,对于提高高校师范人才培养质量具有重要意义"。

3. 建立"节"与"社团"文化

重点组织"师范技能节""心理活动月""普通话推广节"等活动;精心建设课程与教学研究学会、教师技能协会、现代教育技术协会、心理学会四个学生社团,设置教学技能社团课程学分,把社团活动课程化;为师范生设立教学研究实践项目,组织师范生积极参与提升教学科研能力的项目,保证每一位在校师范生有不少于一次参加教学研究的机会。

四、智慧涵育

引领教学信息化创新,探索卓越教师培养新路径。信息技术的全面渗透深刻影响着教育理念、模式和走向,在"互联网+"大背景下,教育内容、教育方法和教育模式不断更新,学校形态、学习方式和组织方式深刻变革。越来越多的师范院校认识到,只有持续不断地培养出掌握教育技术、具有创新思维、能适应信息化教育环境的未来教师,才能从容面对从小成长于信息化环境的未来学生。卓越教师人才培养,应主动适应信息化时代的新要求,推进以"自主、合作、探究"为主要特征的研究型教学改革,充分消化吸收MOOC、翻转课堂等新型教学模式,利用信息技术变革教师教学方式和师范生学习方式,提升师范生信息素养和利用信息技术促进教学的能力。

1. 成立智慧教育研究院

2016年浙江师范大学成立智慧教育研究院,以教育信息化为对象,聚焦智慧教育的理论与实践研究,努力构建基于"互联网+教育"的智慧教育技术资源、服务体系,产学研合作共赢,引领和服务教师教育和基础教育。

2. 推进混合式学习方式

建立在线学分修习制度,推进采用线上线下结合的混合式学习,跟进相应的评价方法:以MOOC平台为主要线上学习平台,与国内外高校共享共用优质课程资源;线上学习以浏览优选的名家大师视频为主,使学生获得最优质的教学资源;线下学习配备辅导教师,以组织交流讨论活动为主,使学生学有所思、学有所得。

3. 实现卓越教师培养过程的全面信息化

为形成扎实的实践体验,促使师范生深度理解教学信息化,以信息化工具促进教学、创新教学,组织开展信息化环境下的教学设计与教学训练活动;通过设立数字化教学研究实验室,建立教学远程观摩室与教学分析室,以视频会议系统连接附属学校,将中小学课堂实时接入实训中心,支持开展远程见习、远程案例教学、远程教研等活动;实现微格教学训练的数字化和评价的网络化,在倡导现场训练一对一指导的前提下,以网络自评、互评、点评等方式开展非实时多元评价;升级改造的"浙江师范大学智慧教师教育平台",利用现代网络技术和大数据技术,通过与多种信息化平台对接,实现对学生学业活动的跟踪反馈,助力师范生从职前到职后的学习、实训和培训的多维度专业发展,对师范生的日常学习、师范技能训练(含见习、实习)以及入职后专业发展的轨迹进行详细记录、分析和归档,实现师范生学习行为自动化统计与可视化分析,并为学校、省教育厅推进教师教育改革提供全方位数据决策支持。

参考文献

[1] 陈殿兵,杨新晓.卓越教师培养的国际经验与启示[J].当代教师教育,2018(3):67-72.

[2] 何菊玲,杨洁.他山之石:国际卓越教师培养之成功经验[J].陕西师范大学学报(哲学社会科学版),2018(1):162-169.

[3] 林一钢.论"实践反思性"教师教育[J].教师教育研究,2008(6):7-11.

[4] 舒尔曼.实践智慧:论教学、学习与学会教学[M].王艳玲,王凯,毛齐明,译.上海:华东师范大学出版社,2013.

[5] 王定华.关于深入实施卓越教师培养计划的若干思考[J].中国高教研究,2016(11):1-3.

[6] 王璐,李欣蕾.让优质面向全体 让卓越成就未来——英国《卓越教育无处不在》白皮书评介[J].比较教育研究,2017(6):50-57.

作者简介

李伟健:教授,博士生导师,浙江师范大学副校长。

葛永海:教授,博士生导师,浙江师范大学初阳学院院长。

楼英伟:副教授,浙江师范大学本科教学部教师教育科(教师教学发展中心办公室)科长。

张振良:浙江师范大学本科教学部教学研究科副科长。

基于实体荣誉学院实施"一制三化"
的未来卓越教师培养的8年探索与实践

王利琳

杭州师范大学

【摘要】卓越教师培养是一项系统工程,杭州师范大学经过8年多的实践探索,形成了卓越教师培养新样态:荣誉学院,即培养未来卓越教师的运行机制;"一制三化",即培养未来卓越教师的模式内核;文以化人,即培养未来卓越教师的育人路径;课程创生,即培养未来卓越教师的主要渠道。

【关键词】卓越教师 荣誉学院 "一制三化" 文以化人 课程创生

近期,中共中央、国务院和教育部等五部门相继发布《关于全面深化新时代教师队伍建设改革的意见》和《教师教育振兴行动计划(2018—2022年)》,指出"教育大计,教师为本",建设高素质专业化创新型教师队伍是"提升教育质量的动力源泉",并明确提出要"创新教师教育模式,培养未来卓越教师"。"卓越教师"指人格高贵、学养深厚、能力突出、智慧卓著,具有坚定的信念和不断追求卓越的精神,充满创造激情与生命感召力的未来杰出教师。也可以说,卓越教师的理想规格是专业精神朴实高尚、专业知识融会贯通、专业能力卓著出色。卓越教师的培养需要进行有意识、有计划的设计,这个设计包括培养模式设计、课程结构设计和实践能力训练设计等。显然,卓越教师培养是一项系统工程,必须循序渐进、整体推进、重点突破、讲求实效。其遵循的主要原则包括:遵循规律;深化教师教育综合改革;协同创新与深度融合。基于此,需要从体制机制、育人路径、培养模式、课程体系等维度,系统地探寻卓越教师的培养方法,提高培养质量。

一、荣誉学院:培养未来卓越教师的运行机制

在美国高等教育普及化和多样化发展进程中,小型精英文理学院的博雅教育理念和本科教育实践得到了高度认可。杭州师范大学传承近代教育家、首任校长经亨颐先生的"人格为先,五育并举"教育思想,借鉴发达国家"荣誉教育"理念,创办实体性教师教育荣誉学院——经亨颐学院,增强学生从教的荣誉感和使命感。

1. 采用"二次选拔"招生

生源质量是衡量人才培养质量的重要维度,"前期的生源质量与后期的培养质量可谓是源与流的关系,所谓源正则流清"。因此,在卓越教师培养中,师范生生源质量是实现卓越教师培养目标的基础性影响因素。从我国师范专业招生看,近年来师范生生源质量总体上有所下降,从招生环节分析,主要存在部分学生专业思想不稳定、学科基础不扎实、综合素质参差不齐等问题。

基于师范生生源质量情况和招录中存在的问题,选拔乐教、适教的优秀生源是卓越教师培养中亟须解决的问题。为此,杭州师范大学大胆尝试师范生校内二次选拔,每年在全校新生中选拔,将高考总成绩、综合素质测试成绩、面试成绩3项成绩按照比例折算成总分,突出

职业志向和综合素质,择优招录适教、乐教的优秀学生。

2. 构建"三个协同"机制

从国际教师教育改革来看,将大学、学院、中小学以及教育行政机构与专业团体等卓越教师协同培养主体的机制建设纳入整体运作阶段,这样可以发挥整体改革大于部分的卓越教师协同培养效果。大部分美国教师教育改革政策的共性是强化教师绩效评估的卓越取向,开展不同主体合作的教育教学效力的评估,注重调查分析中小学教师聘用与评价制度对卓越教师培养的影响。

为确保教改实验顺利实施和人才培养质量,杭州师范大学创造性地建构"三个协同":一是"大学—荣誉学院"协同,成立以校长为组长的经亨颐学院管委会,建立定期例会制度;二是"荣誉学院—专业学院"协同,双方目标一致、责任分担、共同培养、成果共享;三是"政府主导的U-G-S教师发展学校",即大学、政府和中学组成的教师教育共同体,建设教师发展学校,培养、培训、研究和服务一体化。

3. 贯通职前职后

我国于2001年颁布的《国务院关于基础教育改革与发展的决定》提出,"要完善以现有的师范院校为主体,其他高校共同参与,培养、培训相衔接的开放的教师教育体系"。也就是将教师的职前培养和职后培训连成一体,将教师教育过程视为一个可持续发展的终身教育过程。国际上,加拿大在探讨卓越教师内涵的基础上,以实现优质教学为根本目标,以教师教育一体化为基本路径,针对职前培养和职后发展确定两个关键主题,推行卓越教师计划。

杭州师范大学具有贯通职前职后的独特优势,从机构设置上将经亨颐学院与杭州市师干训中心合署办公,进一步整合校内外资源,搭建助力职后培训和保障职前实践浸润的省市校三级平台:一是省教师教育重点基地、省教师技能实训中心、省示范性教师发展学校;二是杭州市师干训中心、特级教师工作站;三是校学科教育研究中心。

二、"一制三化":培养未来卓越教师的模式内核

1. 实施双导师制

导师制由来已久,早在14世纪,牛津大学就实行了导师制,其最大特点是师生关系密切。建校伊始,学校就实行"双导师(励志导师和学科导师)制"的培养模式,选聘校内外优秀教师作为学生的励志导师和学科导师,结合学生的具体情况,共同为学生制订个性化的培养方案,以此充分彰显学生的主体意识和创新精神,为学生的潜能发掘和个性张扬提供最大的发展空间。具体而言,导师指导主要体现在对学生人生观价值观的确立、身心健康的引导、个人发展的规划、专业方向的确定、个性化教学计划的制订、学术研究和学科竞赛等的指导等方面。

2. 推行教学小班化

小班化教学是围绕学生个体发展,以小班额为课堂教学的组织形式,在提高课堂教学质量和培养创新人才过程中发挥着重要作用。全部推行小班化教学,变"以教为主"为"以学为主",激发学生学习的主动性、创造性和内在潜力,让学生成为主动学习者。教学方式上,大胆探索启发式、探究式、案例·模拟·诊断式等教学方式改革,研讨课学时一般不少于课程总学时的1/3。课程考核上,原则上将学生小班研讨课堂表现以及学生课后参与答疑、阅读和作业等方面的情况,以不低于60%的比例计入课程成绩,并制订详细的课程成绩评定方案。

3．着力素养双强化

扎实的学科基础和较强的教师素养，是师范生未来走向卓越的基础和关键，也是未来卓越教师培养的瓶颈问题。为此，经亨颐学院与专业学院协同，构建由文化涵养、学科底蕴、教育素养、国际视野四大模块课程组成的课程体系（见图1），进行素养双重强化，夯实学科基础，提升教学能力。

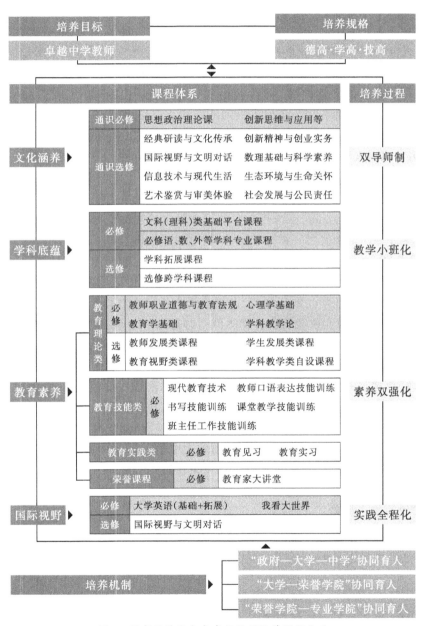

图1　经亨颐学院未来卓越教师培养课程体系

4．推进实践全程化

教育实践是教师教育课程的重要组成部分，是教师培养的必要环节。但是，教育实践依然是教师培养的薄弱环节，很多毕业生的教育教学能力尚不能完全适应中小学的需要。为此,为增强卓越师范生的社会责任感、创新精神和实践能力,我们始终坚持实践取向的教师专业成长,全程实践浸润,具体见后文的实践课程。

三、文以化人:培养未来卓越教师的育人路径

1. 师德养成教育体系

党的十八大以来,习近平总书记从确保党和国家兴旺发达、长治久安的战略高度,多次就落实立德树人根本任务做出重要指示。在当下我国的教育实践中,屡屡存在着教师违背职业道德的现象,加强教师职业道德建设刻不容缓。制度化与教化更偏重师德的外铄,内化更注重师德的内省,这就决定了师德建设必须走制度化、教化与内化三者结合的道路,三者共同构成了师德建设的完整机制。在师范生师德养成教育中:一方面,需要特别强调"言传身教",充分发挥高校教师和中小学优秀教师的榜样示范作用;另一方面,还有必要重视情感的动力作用,让师范生在感动中实现师德品质的提升。基于以上认知,我们融合百年师大的文化精神,为立德树人探索出三条可行路径,形成较为完善的师德养成教育体系。

(1)以艺润德

受孔子"六艺"教育思想影响,我们把卓越师范生师德养成教育与"艺术才能"达标(即"一人一艺")紧密结合在一起,在培养方案中设立限定性二类学分课程,要求每位学生在音乐、美术、文学等方面至少发展一样艺术特长,旨在以艺润德。

(2)践行师德

正如习近平总书记所要求的,"做好老师,要有仁爱之心"。为此,我们创造性地设置"社会公益"二类学分课程,让学生践行师德,以增强学生的仁爱之心和社会责任感。此外,我们还特别重视诚信教育,将慎独考场作为学生践行师德的一个重要抓手,出台了《经亨颐学院"慎独考场"考试规程(试行)》。目前这项改革已在全校范围内实施,引起了较好的社会反响。

(3)以德熏德

法国作家卢梭说过:"榜样!榜样!没有榜样,你永远不能成功地教给儿童以任何东西。"为发挥好榜样的示范作用,充分用好名师资源,我们开设了"教育家大讲堂"作为教育素养模块必修课程,这是一门互动式讲座课程,它是为了弥补课堂教学和理论教学之不足,给学生专门开设的系列讲座,旨在让学生与国内外大中学校长、名师名家、各界精英零距离接触、面对面交流,体悟他们对教育的独特认知和深厚的人文情怀,提升自己的师德水平以及教育素养。

2. "颐"文化育人体系

文化是学校区别于其他社会组织的身份,文化属性是学校永恒的特征不变量。学校内在的不可替代的教育力量就是它的文化影响,文化育人是最高层次的育人。著名教育家杜威曾指出,"教育的目的在文化的陶冶,在人格的发展",他希望"看到学校所施加于它的成员的影响将更为生动,更为持久,含有更多的文化意义"。

经亨颐是一位名副其实的近代著名教育家,他的办学实践是教育家办学的典范。经亨颐在主持浙江第一师范学校期间,积极践行人格教育思想,主要有以下方面:一直强调学校不是"贩卖知识之商店",应以陶冶人格为主旨。"求学何为?学做人而已"。融合经亨颐先生的人格教育思想,着力践行"颐"文化育人(见图2),包括"颐学"(学风建设)、"颐享"(朋辈教育)、"颐居"(文明寝室)、"颐行"(实践成长)、"颐渊"(党团建设)、"颐心"(心理健康)等6个

主题,让学生内化于心、外化于行,涵育卓越师范生的教师气质。

为有追求的学子铸就
成长舞台

为有困惑的学子守护
心灵净土

为有亲情的学子构筑
温馨港湾

为有信仰的学子编织
红色摇篮

为有爱心的学子搭建
服务平台

为有梦想的学子牵线
成长伙伴

颐学　颐渊　颐心　颐行　颐居　颐享

图 2　"颐"文化育人示意图

四、课程创生:培养未来卓越教师的主要渠道

课程是学生成长的有效途径,卓越教师所需具备的五大要素要求课程设置在内容上既要反映人文性、社会性、自然性,又要体现专业性和教育性,在各类内容课程学分比例上要相对合理。只有内容全面、结构合理的课程才有可能让学生掌握扎实的知识基础,优化学生的知识结构。基于此,我们改革传统教师教育课程内容、讲授和考核方式等,着力创新以下五类课程建设。

1. 荣誉课程

正如习近平总书记所讲,"做好老师,要有扎实学识。扎实的知识功底、过硬的教学能力、勤勉的教学态度、科学的教学方法是老师的基本素质,其中知识是根本基础。学生往往可以原谅老师严厉刻板,但不能原谅老师学识浅薄。'水之积也不厚,则其负大舟也无力。'知识储备不足、视野不够,教学中必然捉襟见肘,更谈不上游刃有余"。经亨颐学院人才培养目标之一"学高"定位,就是期望所培养的卓越教师具有精深的学科底蕴、宽厚的文化涵养。相应地,针对专业最为基础的学位课程和部分文化涵养课程,我们将其作为荣誉课程进行建设,由荣誉教师进行授课,重在夯实学科基础,启发学生思考,发展学生审思能力。

2. 双师课程

螺旋交织的课程体系、以实践知识和实践智慧为价值取向的课程内容重构,是我国教师教育课程与教学的发展趋势。综合国内外教师教育课程改革,主要围绕实践取向以及课程模块群进行的课程设置与教学探索,取得了一定成效,为后续教师教育课程改革打下很好的基础。但联系到当前时代背景,发现教师教育课程改革还有亟待完善和改进的地方,如如何立德树人、如何对接国考、如何保障实施等。因此,时代需要多维融合取向的教师教育课程改革,我们选定学科教学论、课堂教学技能训练、班主任工作技能等课程,设为"双师课程",由大学教授和中学名师共同授课,名师授课约占总课时的1/4,重在提升学生教育教学实践能力。

3. 达标课程

相较于传统的学科课程而言,活动课程具有以下优点:第一,重视学生的需要与兴趣,尊重学生的主体性,有利于学生学习主动性、积极性的发挥;第二,强调实践活动,重视学生通过亲身体验获得直接经验,有利于培养学生解决实际问题的能力;第三,重视课程的社会性,主张以社会生活中的现实问题来统合各种知识,有利于学生获得对世界的完整认识。鉴于活动课程的优越性,学校坚持"学工围绕教学、围绕人才培养转"这一育人原则,转变传统团学活动观念,将特色活动课程化或建成达标课程,针对如技能展示、社会公益等活动,实行达标考核或进行课程化管理,纳入人才培养方案并赋学分。

4. 实践课程

随着《教育部关于加强师范生教育实践的意见》(教师〔2016〕2号)的出台,我们进一步完善全程实践浸润体系,将教育见习、实习与研习等教育实践课程结构化建设从以下三方面进行强化:一是拉高实践标准,主要是实施教学技能全员达标、制定高规格质量标准引领教育实践等;二是创新协同育人,创建政府主导的U-G-S教师发展学校,加强名师深度指导;三是丰富实践形式,主要有实习前的"三培训"、实习中的多形式、实习后的"三优展"等,还有"以点带面"的促进教学技能卓越发展的"双师三环"实训模式。

5. 进阶课程

建构"四位一体"的英语能力进阶体系,提高考证考级通过率,鼓励学生境外、海外学习交流,推进教育国际化进程,着力开阔学生的国际化视野和提升学生的跨文化交际能力,促进不同教育文化的交融互鉴。

经过8年多的实践探索,杭州师范大学形成了教师教育新样态,为师范大学培养未来卓越教师探索出一条路径,受到专家、学者的肯定和学生的拥护,引起有关高校、主管部门、新闻媒体和社会的广泛关注,《中国教育报》先后以"一场寻求卓越的师范教育变革""一场延续百年的师范教育变革"为题两度做了专门报道。

参考文献

[1]罗小娟.柏格森生命哲学视野下的卓越教师培养[J].教育发展研究,2016(12):65-72.

[2]COCHRAN M,PIAZZA P,POWER C.The Politics of Accountability:Assessing Teacher Education in the United States[J].The Educational Forum,2017(1):36-38.

[3]曹子建.师德:从"灌输"到"养成"[N].光明日报,2013-01-23(A5).

[4]程光旭.培养卓越教师的思考和实践[J].中国高等教育,2014(17):49-51.

[5]杜威.学校与社会·明日之学校[M].赵祥麟,等译.北京:人民教育出版社,2005.

[6]林天伦,沈文准,熊建文.卓越教师培养的实践探索[J].教育研究,2016(7):156-159.

[7]柳海民,谢桂新.质量工程框架下的卓越教师培养与课程设计[J].课程·教材·教法,2011(11):96-101.

[8]汤振纲.我国教师教育课程与教学研究的现状与趋势[J].课程·教材·教法,2013(11):101-106.

[9]王春春.高等教育普及化时代的精英本科教育[J].教育研究,2017(11):140-146.

[10]谢晓宇.加拿大卓越教师培养计划:目标与路径[J].全球教育展望,2016(10):114-120.

[11]杨启光.多维协同推进我国卓越教师培养的全面改革[J].教育科学研究,2015(12):5-9.

[12]杨思帆,聂嘉.全日制教育硕士生源质量调查分析——以某师范大学"小学教育"专业为例[J].教学研究,2016(6):33-37.

[13]张彬.经亨颐教育论著选[M].北京:人民教育出版社,1993.

[14]张家军.论师德建设的教化、内化和制度化[J].课程·教材·教法,2015(7):108-114.

作者简介

王利琳:博士,教授,杭州师范大学党委副书记。

卓越医师培养改革与实践

——以眼视光医学专业为例

吕　帆　袁一民

温州医科大学

【摘要】温州医科大学立足我国"眼健康"的大需求,确立全新的眼健康人才培养理念,完整定义眼-视觉医疗保健系统的范畴,首创眼视光医学专业。经过30年创新实践,建立了完善的教育教学体系,以国际视野的站位、专业和学科的融合建设有力地支撑了高水平的人才培养,为我国乃至全球眼健康事业培养了一大批骨干人才。眼视光的"中国温州模式"赢得了国内外学术界的赞誉和支持,先后三次获得国家教学成果奖。

【关键词】眼视光　卓越医师　高等教育

温州医科大学"眼视光医学"始于20世纪90年代,是一个在设计上非常有前瞻性、在实践上非常有开拓性、在国内外学术界有重要影响力、对中国医疗卫生事业有重要意义的专业。作为"眼视光"这个"专有名词"的缔造者,在几无现成经验可供借鉴的情况下,我们坚信眼视光医学专业,既是与国际先进视光学教育的接轨,又是具有鲜明中国特色的医学教育模式。

实践雄辩地证明,温州医科大学正是在我国眼视光医学的"白纸"上谋划、绘就了眼视光医学教育的蓝图,迄今培养的3000余名毕业生已占全国眼科医师的1/10,许多成为眼视光领域的骨干和领导者。我们构建医教研一体的"大教育"体系,建成国家级学科平台,为卓越医师培养提供了强有力支撑。30年间,我们在国内国际的地位实现了从"跟跑""并跑"到"领跑"的跃升,得到政府、学术界与教育界的认同,眼视光教育的"中国温州模式"享誉海内外,成为在世界眼视光高等教育领域发声的中国力量。包括北京大学、华西大学、中山大学、天津医科大学、南京医科大学等在内的40余所高校都开展了眼视光本科和研究生教育。全国大型眼科机构已普遍开展眼视光诊疗服务,在国际上被誉为一种新的"大眼科"诊疗范式。

"眼视光医学"模式的快速成长不是偶然的。它着眼于全球眼-视觉健康现状和趋势,着眼于我国医疗卫生事业的使命,着眼于社会民众对高质量医疗的需求,在创立之初就明确定义预防、保健、诊疗、康复的全程全面的眼健康范畴,打破传统藩篱,实施医工交叉,高起点地培养专门人才——这与"健康中国"战略和新医科"生命健康全周期"的理念不谋而合,具有蓬勃发展的强大生命力,这是一个有中国特色、符合中国国情、引领国际趋势的创新实践发展模式。

一、眼视光医学专业建设与改革举措

1. 眼科学＋视光学,基于国际视野并超越国际模式局限,去芜存菁,首创眼视光医学教育模式

(1)确立全新的眼-视觉健康人才培养理念

眼视光医学高等教育从专业设计到专业建设过程都非常有前瞻性。眼-视觉健康问题量大面广,是涉及民生的重大公共卫生问题和社会问题,与心血管病、肿瘤并列为全球三大

严重影响生存质量的疾患（世界卫生组织），因此，必须建立"大眼科"体系，培养复合型人才。温州医科大学在对欧美发达国家视光学科的剖析中，摒弃了欧美"眼科学与视光学割裂"的模式，在国际上首次将"眼科学"与"视光学"有机整合，提出了视觉健康的需求将包括器质性疾病、功能性视觉矫治和视觉康复的理念，将眼科的范畴从单纯治疗扩展到提升视觉健康的领域，进而设计与"全程全面的眼-视觉医疗保健服务"相适应的人才培养模式，命名为"眼视光医学"。

为完整阐释眼-视觉医疗保健的医学属性和社会需求，温州医科大学凝练了眼视光医学的定义：以"眼睛和视觉系统"为工作对象，以提高视力、改善视觉功能为主要目标，通过以光学为特长，综合手术、药物等医学方法，实现"清晰、舒适、持久"的理想视觉状态。这一定义符合社会需求和学科特色，得到了我国教育和卫生管理层的认可，也获得了世界视光学会（WCO）的认同。

眼视光医学归属于临床医学教育范畴，我们要求眼视光医学人才必须在医学院校培养、具有完整临床医学教育背景和执业医师资质，拥有处方权和手术权，是既与发达国家视光学教育水准接轨，又符合我国临床执业医师标准的创新型复合型眼视光医学人才。

（2）实现人才培养模式的大规模推广

"一花独放不是春，百花齐放春满园"，眼视光医学人才培养模式日趋完善，得到了国家和社会的高度关注和认可。20世纪90年代温州医科大学开办眼视光本科专业后，中山大学、四川大学、上海医科大学等10余所高校借鉴和学习其办学经验，相继开展眼视光高等教育。教育部1998年批准眼视光学作为《普通高等学校本科专业目录》外专业；2012年批准眼视光医学专业正式列入《普通高等学校本科专业目录》（100204TK特设专业），归属临床医学类，并开放办学申请。自2015年以来，每年有近10所高校向教育部申请开办眼视光医学专业，其中包括天津医科大学、南京医科大学、中国医科大学等在内的遍及13个省份的15所高校已获批。北京大学于2017年成立眼视光学院，招收眼视光方向研究生，另有开设4年制眼视光专业（医学技术类）高校30余所，年均招生1500余人。

（3）引领人才培养的规范化标准化建设

对于新兴专业而言，建立教学质量标准是保障人才培养质量的关键。随着眼视光医学教育模式的进一步推广、越来越多的院校开办眼视光医学专业，温州医科大学积极推进专业人才培养的规范化和标准化工作。近年来，温州医科大学受教育部委托，牵头编制《高等教育教学质量国家标准——眼视光医学专业标准》，还联合美、澳等国眼视光教育专家，先后3次召集开设眼视光医学专业的高校召开会议，探讨国际国内眼-视觉健康的人才培养需求和毕业生胜任力，商讨细化教学质量标准等工作，为专业认证做准备。

此外，通过教育联盟组织，为共同推进国内眼视光医学教育、共享共建教学资源搭建平台，温州医科大学于2017年联合30余家高校成立全国眼视光高等教育协作组。2018年，教育部在临床医学类专业教学指导委员会下增设"眼视光医学专业教学指导分委员会"，温州医科大学被任命为主任委员单位，并将贯彻教学质量标准和开展专业认证工作列入工作日程。

2. 多元化＋国际化，基于较高行业认同和国际关注，融合优质教育资源，组建中国特色的眼视光医学专业课程和教学资源体系

（1）创建具有中国特色的专业课程体系和规划教材

通过对美国顶级视光院校的调研，结合我国临床医学课程体系，温州医科大学构建了涵盖基础医学、临床医学、眼视光医学的"基础-核心-特色"课程体系。其中,在眼视光医学专业课程体系中,建成六大课程组系统、七大实验教学系统。高度重视优质课程和在线课程建设,建成多门国家级精品课、国家级精品资源共享课、国家级双语教学示范课程、国家精品在线开放课程等。温州医科大学作为眼视光学国家规划教材评审委员会主任委员单位,主持编写了我国第一套眼视光学国家级规划教材,以及"十五""十一五""十二五""十三五"国家级规划教材46部,开发各类数字教材18套,在全国各大高校和医院推广使用。

(2)建成国家级科研和实践教学平台,打造培养高地

温州医科大学构建包括临床和科研系统在内的"大教育"体系:搭建科学研究和学科发展平台,建成国家重点实验室、国家临床医学研究中心、国家工程技术研究中心,促进了优秀师资的集聚和教学水平的提升;创建中国首家眼视光医院,作为主要的临床实践基地,这是我国第一家按照全程全面的眼预防、保健、诊疗、康复一体化理念建设的医院,为国家临床重点专科、全国顶尖的眼科中心之一;建成眼视光学国家级实验教学示范中心、国家级继续医学教育基地、国家首批住院医师规范化培训基地和国家临床教学培训示范中心,这些平台为全面培养医学基础扎实、具有创新意识和能力的卓越眼视光医学人才提供了强有力的支撑。

(3)集聚行业和社会资源,合力眼视光医学人才培养

温州医科大学前瞻性的人才培养理念和完善的课程教学体系得到整个眼视光行业的认同,眼视光行业20余所跨国公司和国内知名公司与温州医科大学共建教学实验室。温州医科大学发起设立的"中国眼视光未来领袖"计划、"明日之星"计划,得到国内国际眼科医院集团、行业企业、海外华侨等长期资助,近5年已资助学生、教师培训和出国进修百余人。行业企业还参与人才培养方案论证、科研平台建设、人才引进、师资培养等工作。

3. 好生源+强师资,打造高质量的师资队伍,保障培养基于优质生源的具有创新能力的眼视光医学人才

(1)高度重视生源质量工作

本专业从教育出发,发展出涵盖教学、医疗、科研、产业、公益和推广六位一体的专业体系,获批国家级特色专业建设点、浙江省"十二五""十三五"优势专业。随着专业和学科影响力的不断提升,温州医科大学高度重视生源质量提升工作,招生区域遍及北京、上海、山东、江苏、广东、四川、台湾等20余个省区市,其中浙江省历年录取分数高于省重点线60~90分,近年来连续位居省属高校第一,录取分数绝大多数在当地重点线以上。

(2)建成高水平师资团队保障教学质量

眼视光医学专业注重多学科交叉、医理工结合,因此,本专业教师团队不仅包括眼科学和临床医学背景的教师,还包括生物医学工程、光学、材料学等理工专业背景教师。专业教师近200人,其中副高职称占26%,正高职称占22%,博士学位占47%,有海外经历者(3个月以上)占48%。师资团队获批国家级教学团队、全国教育系统先进集体、全国高校"黄大年式"教师团队。教师获国家"万人计划"教学名师、全国模范教师、全国师德标兵等省部级以上荣誉20人次,入选国家级人才项目25人次、省级人才项目76人次。3位教授分别被美国新英格兰视光学院和纽约州立大学授予荣誉博士学位,1人被美国视光高等教育学会授予眼视光卓越领导奖。温州医科大学积极探索并建立了"双师型"教师的教学业绩考核体系,涵盖教育教学全过程,明确将教学业绩作为评奖评优、职称评聘的重要指标。

4. 立体化＋多层次,通过深化中外教学交流、融合项目、合作共建,在世界眼视光学领域发声

（1）推进合作交流,强化开放办学与"国际化"理念

建立常态化开放办学机制,每年40余位来自美国、澳大利亚、欧洲等国际知名大学和研究机构的学者来校讲学,温州医科大学每年派出教师赴美国、澳大利亚,以及我国香港地区开展讲学和教学进修项目。与国际知名院校开展教师双聘、互聘制度,温州医科大学5位教授被美国4所视光学院聘为临床教授。建立了多层次多方位的学生国际交流项目,其中"中国眼视光未来领袖计划"每年定期选派近40名学生赴美国、英国、韩国、法国等国家进行访学并获全额资助,同时,每年接受来自美国、韩国、法国、新加坡等国家,以及我国港台地区40余名学生来校访学。

（2）通过项目融合,提升温州医科大学眼视光教育模式影响力

温州医科大学于2000年与美国新英格兰视光学院建立了我国第一个中美合作培养眼视光学博士研究生教育项目。该项目迄今仍是我国层次最高的中外合作办学项目,并于2018年获批国家留学基金委创新型国际人才培养项目。温州医科大学眼视光医学专业本科生报考美国纽约州立大学视光学博士,该校承认温州医科大学专业课学分,可缩短一年修学年限。温州医科大学被美国5所视光学院认定为海外临床实习基地,迄今已有86名美国和澳大利亚的视光学博士生在我校完成临床实习。

（3）基于协作共建,向国际输出中国眼视光医学教育模式

早在20世纪90年代眼视光医学专业创立之初,温州医科大学就联合美国5所视光学院实施中美视光学高等教育人才资源发展计划（CORD）,2017年进一步实施中国眼视光教育发展战略计划（COORD）,成员包括中国开设眼视光医学教育的高校以及美、英、韩、澳等国高校的校长和专家。该计划致力于推进眼视光教育的国际国内协作,已陆续开展专业教学质量标准制定、教师联合培养、共建在线课程等工作。另外,温州医科大学与韩国5所眼视光学院签订协议,拟在韩国设立境外办学项目。温州医科大学还在位于美国纽约曼哈顿的纽约州立大学建立了眼视光专业教育和中国文化教育相结合的孔子学院。

二、思考展望

百年大计,人才为本;高教大计,本科为本。温州医科大学眼视光医学专业设计前瞻、办学起点高、培养质量高,经过30年的探索和实践,构建了以眼视光医学本科教育为主体,包括"5＋3"一体化、硕士教育、博士教育、留学生教育、住院医师规范化培训在内的,涵盖院校教育、毕业后教育、继续医学教育的完整教育体系,赢得了国内外学术界和教育界的认同、赞誉和支持。学生在国家执业医师资格考试、国际眼科医师标准考试、创新创业等方面的显示度指标均居全国前列,为我国眼健康事业培养了一大批骨干力量。

我们深刻体会到,国际视野的站位、人才培养与专业和学科建设的融合是构建卓越医师培养模式的关键。我们要紧紧抓住我国深化教育改革、谋划医教协同的契机,进一步研究眼视光医学专业教育的标准,彰显眼视光教育与医疗卫生事业相结合的"医学"模式的优势,继续推动我国眼视光医学教育的发展,为卓越医师培养改革提供经验和案例。同时,通过国际协作,向海外输出"中国经验"和核心价值,丰富和发展人才培养模式的内涵,成为推进全球眼健康事业、提升眼健康服务的重要的中国力量。

参考文献

[1]陈绮,诸葛晶,瞿佳,等."基础-核心-特色"——眼视光医学教育课程设置的优势和效应[J].温州医学院学报,2013(3):206-208.

[2]黄象好,诸葛晶,曹敏,等.眼视光专业"双师型"教师教学工作业绩考核的探索与实践[J].中国高等医学教育,2012(7):63-64.

[3]吕帆,吕建新,林雷.试论中外合作办学"以我为主,为我所用"的实施策略[J].中国高等医学教育,2004(5):16-17.

[4]瞿佳.结合国情 优势互补 提高中外合作办学成功机率——中美高校联合培养视光学博士项目的启示[J].中国高等教育,2005(6):32-33.

[5]王香媚,徐正惠,瞿佳.创建有中国特色的眼视光教学模式[J].中国高等医学教育,1996(4):17-18.

作者简介

吕　帆:教授,主任医师,博士生导师,温州医科大学党委书记、眼视光中心主任,兼任中华医学会眼科学分会眼视光学组组长、中国医促会视觉健康分委会主任、国际角膜塑形及近视防控学会亚洲分会主席、教育部临床医学类专业教指委副主任委员、浙江省医学会副会长等,发表论文150多篇,获国家科技进步奖二等奖。

袁一民:医学博士,温州药科大学附属眼视光医院教育教学处处长,主持和参与国家和省部级课题多项,参编国家级规划教材等。

传承创新　医教协同
——依托名医名院的卓越中医人才培养探索与实践

张翼宙

浙江中医药大学

【摘要】文章概述了以传承创新为特色的卓越中医人才培养的背景与方法,聚焦兼具医德、医理、医术"三全"中医人才培养的核心要求,从问题、方法和成效等方面系统总结了医教协同培养卓越中医人才的教学实践经验,就依托名医名院培养卓越中医人才的重要性进行了探讨。

【关键词】中医学　名医名院　传承创新　医教协同　人才培养

中医人才是中医事业发展的根基,培养、造就卓越中医人才,是推动中医事业传承创新的内在需求,也是高等中医院校的使命和职责。"传承与创新是中医药发展的永恒主题",在北京召开的首届中医科学大会上,全国人大常委会副委员长陈竺就如何科学认识和发展中医药事业时如是说。为此,浙江中医药大学以传承创新为宗旨,医教协同为路径,依托名医名院,实施传承与创新并举的卓越中医人才培养策略,医教协同深度深入培养全过程,近10年来培养出了一批兼具医德、医理、医术的"三全"中医人才,为中医事业发展构筑了坚实的知识和人才基础。

一、改革背景

卓越中医人才是中医事业传承创新的基石与原动力,卓越中医人才须具备仁厚的中医医德、坚实的中医思维和中医临床能力。然而长期以来,我们过分强调实验教育和科研能力的培养,而忽视了中医临床教学,忽视了中医学术的传承,忽视了中医人文素养的培育,失却了中医教育的本质,造成了卓越中医人才的缺乏。

现代青年受外来文化影响较深,对传统中医药文化没有清晰的认识,甚至有轻视传统的趋势。中医经典著作是奠定中医学理论体系的中医古典著作,是中医学的根源和精髓,是传承与创新中医的主要内容及核心。通过中医经典著作的传授,将经典知识与文化理念保存并传播,以此来帮助学生掌握基础中医理论,了解中医基础知识构成,并培养中医思维。然而,中医经典的传授却在弱化,以致中医临床能力培养的弱化,影响着中医事业的传承创新。浙江中医药大学自2006年开始,以医教协同为路径,依托名医名院,传承名老中医的医德医风,着重培养中医思维与中医临床能力。

二、实施方案

1. 确立"大医精诚"为核心、传承与创新并举的卓越中医人才培养理念,培养"三全"中医人才

医学是至精至微之事业,只有用心精微之人,方可成就其业。唐代孙思邈在《备急千金要方》中提出"大医精诚",其对医德医风的论述,标志着古代医德思想发展的最高峰,高尚的

医德医风、严谨的治学态度往往是名老中医取得成就的必备条件,也是中医卓越人才培养的核心,凡成大医者,必须同时具备精与诚,精以治学、诚以临证,也即医术精湛、医德高尚,凡中医大家或名家既要有精湛的专业技能,又要有诚实待人的品质,与此相对应的培养策略是确立育人教育与专业教育相融合,传承与创新并举的培养目标。

以至精至诚之大医为培养目标,在医德医风、学术理论、临床技能等3个方面不断锤炼,兼具医德、医理、医术,三者相辅相成,缺一不可,方可担当传承与创新之重任。对名老中医经验及学术思维的传承是中医发展的重要方法和主要形式之一,也是培养造就新一代名医的途径之一。

2. 构建"知行合一"的医学人文教育体系,培养大医精诚之医德

以"大医精诚"医学人文教育为主体。中医学向来重视医德教育,强调"医乃仁术",崇尚"仁者爱人",医德高尚、医术精湛的医德医风是中医学术传承的最高境界,指的是"大医精诚"的医德理念,是对行医人的基本要求,也是成为苍生大医的必备条件,是中医药文化的核心价值,是中医传承之"魂"。学校把"大医精诚"作为培养目标的核心价值,在知识层面,加强医学人文课程建设,设置了"国学精粹""中国医学史""中医各家学说"等课程,作为第一课堂,纳入教学计划;同时,让学校的中医药文化碑廊、中医博物馆、远志大讲堂等成为第二课堂,形成了课堂内与课堂外"内外结合"的传承中医学优秀医德教育体系。在能力层面,学生自编、自导、自演的古代名医小品汇演,将古代名医勤奋学医、治病救人等小故事搬上舞台。每年暑假组织学生医疗服务团,深入贫困地区的医院、村镇等,开展义诊、科普宣传,并慰问孤老病人,送医送药,自2006年至今,从未间断,成为品牌项目,屡次受到国家及浙江省的表彰。如是,形成了"知行合一"的医学人文培养体系。

3. 依托名医名院,形成了导师负责制的"群师带群徒"中医教学模式,培养"大医精诚"之医理

推进医教协同,将"群师带群徒"中医师承模式移植到卓越中医人才培养中,采用导师小组与师承模式相结合。名中医的中医经典深厚、医理精湛。因此,学校规定若干导师组成导师小组,一个学生可以跟多个名中医老师抄方、查房,吸收多个名中医、多个中医流派的学术特色,贯通成才,对消除学术偏见、开放中医思维大有裨益,以此达到中医思维培养的全面性。同时,某个导师的经验传承,不仅仅限于一个学生,可对多个学生进行经验传承工作,形成了"群师带群徒"的教学模式。日常教学通过名中医工作室网络平台,开设"名中医工作室在行动"栏目,发布工作室学术活动消息,促进相互交流。"群师带群徒"模式大大促进了名中医学术理论的传承,提高了学生对中医经典知识的理解与掌握。

4. 构建"三位一体"中医临床能力实践平台,培养"大医精诚"之医术

(1)优化以名医馆为主体的素质教育实践平台

由学校首任校长何任创建的浙江名医馆是开展"大医精诚"素质教育的第一场所,由何任老校长手书的"大医精诚"名匾至今仍悬挂在名医馆。至今名医馆分馆已经分布在学校的基础医学院和3所直属附属医院,总面积超过1000平方米,设有中医内外妇儿及针灸推拿等诊室,是学生课间实习和素质教育的主要平台。

(2)优化以名中医研究院为主体的中医学术传承创新实践平台

2007年初,由国医大师葛琳仪担任院长的名中医研究院成立,研究院以浙江名医和中医流派为基础,以国家级和省级名中医为骨干,以促进中医学术经验传承、繁荣中医学术为主要目的,首批聘请省内102位国家级、省级名中医药专家为研究员,并聘请了王永炎、邓铁涛等12位全国名中医药专家为特聘研究员。10年来,研究院有组织、有计划地开展中医药学术研究与传承工作,取得了一系列丰硕成果:培养了学术继承人118人,全国优秀中医临床人才44人,中青年临床名中医27人,推荐并获得国医大师称号1人,获首批全国名中医称号3人。

(3)优化以名中医工作室为主体的中医临床能力培养实践平台

名中医工作室是学生临床能力实践的主要场所,通过临床实践,传承名中医的临床经验,培养特色专长明显的中医临床人才。经过近几年的发展,现有国家级名中医工作室40个、流派传承工作室4个,基层名中医工作室10个,省级名中医工作室45个。

三、工作成效

1. 传承创新,人才培养质量明显提升

(1)促进了中医学术传承创新的教学与科研

教学改革紧紧围绕兼具医德、医理、医术的三全人才培养,取得了一些成果,如主编特色教材《国学精粹》,主编国家级规划教材《金匮要略》《方剂学》,并且成为国家级精品资源共享课。2016年,"中医师承制与见习医生制融合下的中医临床教学创新与实践"获得浙江省高等教育教学成果奖二等奖。

(2)促进了兼具医德、医理、医术的"三全"人才培养

自2006年至今,学生中医经典知识、中医学术水平明显提升,尤其在2015年全国"黄帝内经"知识大赛上获得唯一一个特等奖。2009—2016年学生医疗卫生服务团每年获得浙江省暑期社会实践优秀团队称号。

2. 医教协同,教学基地建设成效显著提升

(1)医教结合,建立"双师型"师资队伍

学校实行医教联动,首重师资培养,主推"双师型"教学队伍。"双师型"师资队伍建设对职称晋升制度进行改革,打破了高级卫技职称直线晋升制度,规定申报主任医师职称者必须先晋升副教授,具备副教授职称成为晋升主任医师的必备条件之一。实施教学改革以来,附属医院院长、教学和医疗业务院长兼评教授的比例增加了50%以上。目前,附属医院院长、教学和医疗业务院长,医院学科带头人及具有教学功能的科室主任即教研室主任全部进入"双师型"队伍培养。"双师型"师资数量明显增加,不仅中医学、临床医学师资得到补充,有丰富临床经验的护理学、医学影像、医学检验等专业的师资也进入教师队伍。同时,学校加强"双师型"师资的培训,出台了《关于医教结合"双师型"教师实行新开课岗前培训的规定》,规定临床医师必须经学校教师教学发展中心的培训,合格者方可进入讲堂,"双师型"师资的素质及教学质量得到进一步的提升。

(2)发挥名科名医优势,提高临床教学效果

实行医教协同,学校与医院之间的医学理论教学与临床实践进行有机衔接,附属医院一批强势学科的教学职能得到充分发挥,名科名医效应在教学中得到体现。学校以名科名医为依托,具有丰富临床经验和教学能力的医务人员承担临床课程教学,将快速发展的医学新知识带进课堂,使临床课程教学效果大大提高,推进特色教学模式开展,依托名中医工作室,发挥医生团队带教功能,促进临床带教水平提高。医教协同的经验得到媒体关注,2016年6

月,央视《新闻联播》报道了浙江中医药大学医教协同机制取得的成效。

（3）以点带面,辐射影响

实行医教协同,附属医院建立和完善了各项制度和实施细则,在临床教学工作的实施中促进了医院的学科建设、人才培养及科学研究,进而提升了临床医师的诊疗水平,扩大了医院社会影响力。学校医教协同模式经过多年的探索和实施,医教双方得到了双赢的结果。这一双赢局面的形成吸引了国内特别是其他非直属附属医院的关注,以此为契机,学校根据专业设置、人才培养需求,扩大非直属临床教学基地规模。2016年,浙江康复医疗中心成为浙江中医药大学附属康复医院,大大拓展了康复治疗学专业的教学资源,康复治疗学专业由此开展床边教学,为康复治疗学专业学生的实践操作技能的强化打下坚实的基础。同年,学校与杭州市第一人民医院签订了合作办学协议,成为浙江中医药大学第四临床医学院,承担临床医学、儿科学2个专业的人才培养,大大丰富了临床医学类专业的教学资源与条件,学校医教结合、医教协同的人才培养模式由此推广到学校非直属附属医院。

四、结语

中医事业的发展和中医临床的提高以中医人才为关键,中医高等教育是中医药事业发展和中医临床提高的保障和推动力,培养具有仁厚医德、中医思维和临床能力的卓越中医人才,是中医高等教育的使命和任务,也是中医事业发展和中医临床提高的关键。新时代中医高等教育,要坚持把"四个回归"作为教育的基本遵循,牢牢记住"大医精诚"的医德修为,牢牢抓住中医经典的精髓,牢牢把握中医整体观的思维,牢牢掌握中医辨证论治的临床特色,培养中医卓越人才不动摇,我们的中医高等教育质量将会有高质量的发展。

参考文献

[1]陈冰,张宇清,胡慧远,等.中医高等教育可持续发展探析[J].亚太传统医药,2013(12): 220-221.

[2]谷晓红,闫永红,林燕,等.坚持传承创新 促进医教协同——北京中医药大学中医人才培养改革与实践[J].中医教育,2016(3):7-11.

[3]司群英,文庠,殷忠勇,等.中医师承教育的知识观解析[J].医学与哲学(人文社会医学版),2015(2):89-91.

[4]万可,郑启玮.高等教育哲学视角下的中医药高等教育传承性研究[J].湖北中医杂志, 2017(9):57-60.

[5]张志国,王慧生,邓晓妍.影响中医高等教育发展质量的因素分析[J].中国高等医学教育,2014(8):22-23.

作者简介

张翼宙:医学博士,教授,硕士生导师。主持教育部、国家中医药管理局卓越医师培养计划,浙江省新世纪长学制中医学人才培养模式改革与实践等教学改革项目;兼任中华中医药学会方剂学分会副主任委员、浙江省医学会医学教育分会委员等。

浙江地方高校卓越法律人才培养的探索与展望

李学兰

宁波大学

【摘要】有效满足新时代提出的法律人才新需求,积极应对法科人才就业的现实压力,肩负国家深化对外开放战略的新使命,是摆在各所高校面前的三大时代使命。浙江省地方本科高校以卓越计划为指导,大力探索人才培养模式改革,积极建立法学实践教学基地,围绕提升法学人才培养质量开展各项教育教学改革,取得初步成效。在强化法律职业导向的前提下,我国亟须建立具有中国特色的法学专业质量评估体系。浙江省应率先探索建立具有中国特色的法学专业质量评估体系,倒逼高校提升质量意识,重新寻找培养定位,加强内部质量监控,同时充分发挥社会的外部监督作用,引导法律人才就业市场良性发展。

【关键词】卓越法律人才　人才培养模式　实践教学　专业质量评估

一、改革背景:卓越法律人才培养计划及其指导意义

针对我国法学人才培养模式相对单一,学生实践能力总体不强,应用型、复合型司法职业人才培养不足等突出问题,2011年12月教育部、中央政法委联合下发《关于实施卓越法律人才教育培养计划的若干意见》(以下简称《意见》),提出我国卓越法律人才培养的总体目标,以及分类培养模式。自2012年以来,教育部已经依托高校在全国范围内建立了59个应用型、复合型法律职业人才教育培养基地,24个涉外法律人才教育培养基地,12个西部基层法律人才教育培养基地。各传统政法院校先后拿出人才培养模式改革整体方案,如中国政法大学"4＋2"融贯式人才培养模式,西南政法大学"实务人才实验班＋学术人才实验班"人才培养模式,华东政法大学"通识教育＋跨学科(专业)教育＋校企联合培养＋科研能力训练"人才培养模式等。与此同时,全国各地方高校也以卓越计划为指导,围绕提升法学人才培养质量积极开展各项教育教学改革,大力探索人才培养模式改革,建立法学实践教学基地,落实高校与司法部门人员双向交流的"双千计划"。同期,中国期刊网上刊出"卓越法律人才"主题的论文增幅明显[①],在一定程度上反映出近年来我国法学教育改革的热度与力度。此项计划的实质性效果到底如何,建立了哪些长效制度和机制,围绕提升法学人才培养质量的核心目标还存在哪些困惑和问题,值此计划施行8年之际,值得进一步考察和反思。

《意见》从理念、体制和培养目标三个方面明确提出:"经过10年左右的努力,形成科学先进、具有中国特色的法学教育理念,形成开放多样、符合中国国情的法律人才培养体制,培养造就一批信念执着、品德优良、知识丰富、本领过硬的高素质法律人才。"卓越法律人才计划旨在培养适应新时期中国特色社会主义法治国家建设需要的高素质法律人才,切实回应经济社会发展给法学教育带来的新要求和毕业生就业给法学教育带来的新挑战。此外,地处

---

① 据不完全统计,2012年52篇,2018年573篇。

对外开放前沿的浙江省肩负着为"一带一路"培养涉外法律人才的时代使命,探索法学人才培养国际化是题中应有之义。因此,对浙江地方本科高校而言,有效满足新时代提出的法律人才新需求,积极应对法科人才就业的现实压力,肩负国家深化对外开放战略的新使命,是摆在各所高校面前的三大时代使命。本文将围绕近年来浙江地方高校本科卓越法律人才培养的改革实践,做一番回顾与探讨。

二、浙江地方本科高校卓越法律人才培养:举措与成效

浙江地方高校(含独立学院)中共有30所设置了本科法学专业,其中普通高校17所,独立学院13所。根据省教育厅提供的数据,2017年法学类专业招生人数3029人,毕业生人数3105人,在校生规模12528人,法学专业在校生规模在全部普通本科生中占比2.1%。法学专业最高人数1181人,最低人数116人,专业平均人数417人,在校生规模超过400人的浙江地方高校有14所,其中独立学院2所。总体上,法学专业发展保持稳定,各校专业规模合理。自2011年教育部卓越法律人才计划推出以来,围绕提升应用型、复合型法律人才培养质量,各校积极推进教育教学改革,在以下几方面积极推进教育教学改革,取得了初步成效。

1. 服务地方,勇于探索多样化的人才培养模式

围绕应用型、复合型、创新型、涉外型法律人才培养目标,各所高校都积极改革与创新人才培养模式。例如:宁波大学通过"平台+模块"课程体系培养强能力、高素质、复合型法律人才,建立"以赛促教、以赛促学"融合式实践育人模式;浙江工商大学通过"法律+X"的双学位课程培养"法律+管理""法律+商贸""法律+金融"的复合型人才;温州大学全面体现区域元素,将温州人精神融入人才培养,建立常态化的"双导师制",形成规范化的实务型企业法务人才培养机制。

2. 协同育人,大力创新实践教学模式

据不完全统计,我省法学专业的实践课程比重一般在15%以上,最高达到30%,各校都建立了一大批校外实践基地,法律实务部门参与培养方案设计、课程教学、实践教学等协同育人机制已初步建立。围绕未来法律人才职业发展需要探索开设了一大批实践实训类课程,如"法律职业观察与体验""法律演讲技能训练""法律辩论技能训练""企业法务综合实践""公证仲裁综合实践""带教实训""司法考试实训",以及民商、刑事、行政等部门法实训课程。各校积极与司法机关、律师事务所等协同建立基地,邀请实务专家参与人才培养方案设计,设立固定的实务课堂,聘请从事实务工作的法官、检察官、律师等法律工作者定期来学校讲课,建立法律诊所接受实际案件,延伸实践课堂。例如,浙大宁波理工学院加大实践教育力度,实践教学学时超过40%,并与宁波市中级人民法院合作设立"市中级人民法院巡回法庭",同时积极开拓课外实践平台,推出"圆桌大讲堂""圆桌法学社""圆桌公益普法团"等系列品牌活动,为学生提供"教学做"一体化的全方位综合性课外实践教学平台。温州大学设立瓯海区劳动仲裁庭高教园区派出庭,在国内首次将仲裁庭引入高校。宁波大学学生深入基层法院实习,形成的《家事调查官在行动——家事纠纷综合治理的"海曙模式"》调研报告荣获国家挑战杯一等奖。

3. 能力导向,建立健全省级法律技能大赛机制

围绕法律意识培养和法律技能训练,各校重视利用第二课堂广泛开展模拟法庭、法律文

书、辩论赛等各种形式的法科学生学科竞赛。2012年11月在省教育厅的指导下,由浙江省法学会、法学教育研究会首次组织浙江省大学生法律职业能力竞赛。目前该赛事已经举办了四届,包含辩论赛、法律征文、模拟法庭、法律演讲等内容,每年组织两项赛事。以第四届大赛为例,分别组织了大学生法律职业能力竞赛征文类比赛和辩论类比赛,征文比赛共有30所高校的325支队伍参加比赛,其中,本科队伍280支,最终产生134个各级奖项。辩论类比赛共有来自31所高校的32支参赛队伍参加比赛,共有16支队伍获得各类奖项。4年来赛事组织日益规范成熟,高校师生参赛热情不断提高,在整体上推动了浙江省法学教育的发展。

4. 多措并举,加强教师队伍建设

积极落实"双千计划",推动建立高校与实务部门人员的双向交流机制,截至2017年,5年中共有来自16所省本科院校的46位教师与来自法律事务部门的46位干部实现了挂职或兼职交流。同时,加强青年教师的教学能力培养,各校均建立青年教师助讲制度,配备经验丰富的老教师担任教学导师,通过言传身教帮助青年教师尽快适应教学。此外,各校加强了教师海外进修的力度,部分高校把海外进修3个月或半年以上作为教师职称晋升的基本条件。

5. 开放办学,推进法律人才培养国际化

通过开展留学生教育、国外境外学生交换、举办国际夏令营、与国外高校联合培养等多种形式,丰富学生涉外法律学习和体验。浙江工商大学开设全英文课程31门,拥有全英文授课项目留学生134人,来自34个国家。宁波大学在校本科法律留学生规模达到37人,开设全英文课程35门。温州大学法律留学生规模49人。浙江师范大学与韩国湖南大学联合培养国内法学本科生31人。

6. 持续改进,建立健全质量保障体系

自2014年启动以来,浙江省高校本科教学审核评估工作接近尾声,各校人才质量意识得到提升,并广泛建立了以学生能力提升为本、可持续改进的质量保障机制。针对法律人才培养,浙江省各高校进行了突破性尝试与实践。浙江万里学院在全国率先进行法学课程标准体系的建设与探索,研制与实施应用型法学课程标准,校地合作编制完成14门法学核心课程的标准,该标准的制定与实施,为课程思政、专业思政建设提供了指引与导向,为法学教学质量保障体系的构建奠定了基础。浙江师范大学健全学生实习管理制度,加强实习过程管理,建立了符合法学专业特点的实习质量评价机制,通过第三方网络平台对学生实习时间和效果进行监控和管理。

浙江省教育评估院针对全省毕业1年学生所做的问卷调查显示,浙江省法学专业2014—2016届毕业生就业率接近90%,专业相关度为70%左右,学生总体满意度为85%左右,令人可喜的是升学率、专业课程课堂教学效果满意度、实践教学效果满意度、教师教学水平满意度等数据呈稳步上升趋势(见表1)。据不完全统计,近年来宁波大学、浙江工商大学、浙江师范大学三所高校,司考通过率稳定保持在60%以上、考研深造率稳定在25%左右。

表1 浙江省教育评估院针对全省毕业1年学生所做的问卷调查情况统计

	就业率	升学率	专业对口率	总体满意度	专业课程课堂教学效果满意度	实践教学效果满意度	教师教学水平满意度
2016届	88.10%	12.29%	73.67%	86.38%	79.53%	77.96%	78.64%
2015届	89.19%	11.40%	75.47%	84.83%	77.24%	75.88%	76.29%
2014届	89.49%	8.78%	69.24%	86.99%	76.20%	73.44%	74.94%

在法律卓越人才培养的改革实践中,浙江省高校大胆创新,积极实践,法律人才培养质量稳步提升,并在以下三方面形成了自己的特色与优势。一是主动服务地方经济,积极凝练人才培养的特色。二是校企政深度合作,协同育人机制健全。三是拓展全球视野,积极探索办学国际化。

三、提升培养质量的展望:转变发展动力,健全市场机制

高校不断提升人才培养质量是高等教育内涵式发展的必由之路,更是当下法学教育应对三大使命的核心任务。已有业内有识之士疾呼法学教育改革的关键应以法律职业导向为突破口,进行"系统集成"式改革。笔者以为,在强化法律职业导向的前提下,我国亟须建立具有中国特色的法学专业质量评估体系。现有的国家卓越法律人才培养计划尽管已经在人才培养模式、课程体系、双师型队伍、实践教学平台等诸多方面取得初步成效,但从性质来说仍是一种基于教育行政管理的自上而下的政策引导,部分先进高校的示范辐射作用相对于中国法学教育整体质量的提升和法律人才市场良性机制的建立,难以产生根本性的推动力量。所谓良性的市场机制就是能够发出有效信号,引导供求平衡,确立优胜劣汰的市场竞争规则。反观我国当下的法学就业市场和招生环节,由于缺乏有效的质量信息,用人单位、考生的选择具有较大的盲目性,政府主管部门对设置法律人才培养层次也存在很大的盲目性。法学专业屡次沦为大学生就业黄牌警示专业,大量法学毕业生无法找到法律类就业岗位,甚至无法就业,大量低端的法律人才产出与社会高端法律人才缺口之间形成巨大反差,造成教育教学资源的极大浪费。因此,建立具有中国特色的法学专业质量评估体系,有利于充分发挥社会的外部监督作用,引导法律人才就业市场良性发展,从而倒逼高校提升质量意识,重新寻找培养定位,加大教学投入,加强内部质量监控。

鉴于开展我国专业认证工作的现状,2007年工程专业和2008年临床医学专业推行自愿认证制度已取得初步成效,以及师范专业认证即将启动,相信法学专业认证不久将提上议事日程。浙江省地处沿海发达地区,市场经济发达,人们的竞争规则意识也较强,法学教育培养质量和基础条件良好,早在2013年就建立了较为健全的毕业生就业情况第三方调查和高校人才培养质量年度报告制度,本科高校教学审核式评估在2018年基本完成,具备推出法学专业认证的试点基础和条件。因此,推进我省法学教育改革应当从建立健全专业质量评估入手,目前有两方面的考虑:一是在教育部全面启动法学专业评估工作之前,在全省范围内先行推动法学专业评估试点,积极作为,勇于尝新,为全国法学专业评估总结和积累评估经验;二是在高校人才培养质量年度报告和就业质量年度报告制度的基础上,进一步细化和深化到专业层面,并完善定期发布或公开全省各法学专业人才培养质量等信息公开制度,为考生、用人单位、高校和管理部门提供有效的质量监管信息。

参考文献

[1]孟涛.美国法学教育模式的反思[J].中国政法大学学报,2017(4):150-157,160.

[2]聂鑫.美国法学教育模式利弊检讨[J].环球法律评论,2011(3):82-91.

[3]申天恩.卓越法律人才培养目标、模式的革新与对策建议[J].高校教育管理,2014(4):87-91.

[4]王利明.卓越法律人才培养的思考[J].中国高等教育,2013(12):27-30.

[5]杨力.中国法学教育的"系统集成"改革[M].上海:上海人民出版社,2016.

[6]朱渝.我国法学院认证制度之建构——比较美国ABA认证标准[J].牡丹江大学学报,2013(11):41-43.

作者简介

李学兰:教授,法学博士,宁波大学原教务处处长,主要研究领域为法理学、高等教育等。

媒介融合背景下卓越新闻传媒人才培养的探索与实践

姚 争

浙江传媒学院

【摘要】 我国传媒高等教育在人才培养上一直落后于行业快速发展的人才需求,媒介融合的新形势使得这一问题更加复杂而紧迫。在媒介融合发展背景下,传媒从业者的专业素养要求大幅提高,应用型、复合型、创新型三型合一成为人才培养基本规格。文章提出,传媒行业院校应该发挥自己的特色和优势,优化专业结构和课程体系,改革教学方法和手段,在突出专业教育的基础上实现宽口径和强能力,培养卓越新闻传播人才。

【关键词】 媒介融合 卓越新闻传播人才 三型合一

"全媒体"和"自媒体"是当下媒介研究话语体系中两个高频词汇,很多学者认同彭兰的观点:社会化媒体的勃兴和媒介融合的大趋势是当前传媒业面临的两大主要挑战。其实,媒介融合不仅仅是不同的播出平台和不同的制作报道方式的融合,它还重新构建了原来的受众和媒介之间新的社会关系,公众越来越多地参与到媒体的议程设置中,由用户创造的内容越来越多地被专业媒体采用。美国密苏里新闻学院媒介融合项目创始人迈克·麦金(Mike Mckean)教授把这3种融合称为媒介融合的"三要素"。中国的高等教育领域尤其是新闻教育界,同样热情企盼着媒介融合能成为我国传媒教育全面改革、卓越新闻传播人才培养模式创新的有力推手。

一、另一种融合:根深蒂固的积习与新问题的叠加

在很长一段时间里,社会各界对以新闻人才培养为代表的传媒高等教育的诟病一直不绝于耳,即便是面对传统的单一媒体,我们培养的学生整体上也难以满足用人单位的需求。据统计,复旦大学新闻学院2007年本科毕业生共207名,去传媒业就业的只占15%,去企业的占50%,2008年的情况也基本相同。而中国人民大学新闻传播学院2008年应届毕业生去传媒业的也只有40%。国内最好的两所新闻院校其毕业生都不那么受欢迎,更何况其他学校!截至2015年年底,我国共有681所高校开设了新闻传播学类相关专业,7个专业布点数达到1244个,在校本科生约23万人。因此,不难理解为什么广播电视编导等这些貌似"很火"的专业会出现在教育部公布的15个难就业专业榜单里,而新闻学、广告学等专业又会进入北京市等的就业红黄牌专业之列。简单地把传媒人才培养的质量问题归结为高等教育大众化是不公允的,只能说这种趋势使得原来培养模式弊端的危害性被呈几何级数地放大了。

媒介融合对传媒人才培养而言,挑战与机遇并存,既有"危"又有"机"。所谓挑战就是产生了"叠加效应",原来存在的问题与新问题叠加和融合:传媒高等教育落后于行业实践、传媒专业一拥而上、理论与实践脱节、"双师型"师资紧缺等问题在媒介融合的背景下集中爆发。所谓机遇,就是新的媒介生态环境下产生了强烈的倒逼机制,迫使中国高校甚至全球大学不得不思考并且做出实实在在的改变,以回应正在发生颠覆性变革的传媒业界对人才的

现实需求:2005年美国卡内基基金会总裁和奈特基金会总裁与加州大学伯克利分校、哥伦比亚大学、哈佛大学等共同宣布启动"卡内基-奈特未来新闻学教育计划",资助有影响力的大学实施新闻人才培养模式改革,推动新闻教学改革不断加大力度;美国亚利桑那州立大学新闻与大众传播学院仿效医学院,采取教学医院模式;汕头大学和南京大学先后建立媒介融合实验室,2012年复旦大学新闻学院推出本科生"2+2"培养模式。这些改革的实际效果如何,可能还需要更多的样本和更长的检验时间。但这些改革的核心点主要在于培养什么样的人和如何培养问题,即人才规格和实现路径。

二、数字化传媒人才规格特征:密苏里的经验

密苏里新闻学院是全美最早开设媒介融合专业和实验室的院校。在论及为什么要开设这个专业时,该校新闻学院高级社会研究中心主任孙志刚博士认为,这是为了适应数字化对人文传播人才知识素养结构变化的需要。在互联网和新媒体的大范围普及之前,美国报业对招聘来的新记者和新编辑是这样要求的:40%的新闻素质,60%的非新闻素质。非新闻素质就是指技术素养、个人素养、领导才能、交际才能等。但有了互联网和新媒体以后,这个比例就倒过来了。现在,美国报业对新的记者、编辑要求是:60%的新闻素质,40%的非新闻素质。也就是说,根据密苏里的经验,媒介融合并不意味着新闻专业门槛的降低,反而是提高了这一门槛。这从逻辑上很容易理解,在自媒体时代,当人人都是记者、人人都是导演时,要求媒介专业者具备更强的专业知识和能力。

中国高校目前培养的传媒人才从培养总体规格看都属于应用型人才,但是不同的学校具体定位区别明显,一般可以分为这样几类:一是以传统的专业教育模式培养的专才(应用型人才),如中国传媒大学培养的播音与主持艺术专业人才,岗位适应能力强,属高技能人才;二是以通识教育模式培养的通才(复合型人才),通识教育模式认为新闻从业人员应当是杂家,不能只学习新闻学本专业的知识和技能,还应了解其他人文社会科学和自然科学方面的知识,因此,在课程体系中除了新闻学专业课程,还专门设置了属于专业教育范畴的通识教育课程,目前为国内大多数综合性院校的新闻专业所采用;三是以交叉培养模式培养的具有跨界和创新能力的专家型人才(创新型人才),通过打破专业之间的藩篱,让学生比较系统地掌握新闻学及另一专业的知识,如复旦大学新闻学院的"2+2"模式,让学生前两年在经济学方向、社会学方向、汉语言文学方向、电子信息科学与技术方向中任选一个方向学习,后两年学完专业课程,达到系统掌握两门学科的本科专业知识的目的。

媒介融合背景下传媒人才培养规格上的特点和难点在于三型合一。原来的高校人才培养类型分为——应用型、复合型、创新型,各个学校根据自身情况和对应的社会与行业需求选择某一种类型。但在数字化技术背景下,60%的专业能力要求三型合一。

一是构建更强更广的应用能力,不仅仅是传统的单一媒体的实践动手能力而是全媒体生态下的实战能力。正如费尔德曼所说的"在单个数字信息环境中将各种数据、文本、声音和图像进行无缝整合"能力,也就是要培养突破传统媒体界限的思维与能力,集采、写、摄、录、编、网络技能运用及现代设备操作等多种能力于一身的"全能型记者"。

二是复合型已经成为新技术环境下传媒人才的基本规格。从原先基于单一媒体内容生产线上的一专多能变为基于跨媒体的集信息收集、管理、统计、制作和发布于一体的多能一专,呼唤既有深厚的人文社科知识功底,又熟悉新闻采编业务,同时还能掌握现代化传播技

能的现代新传播人才。如果说传统的复合型人才,是由相对宽厚的学科基础和专长与特色技能所构成的"T"字形人才的话,那么,媒介融合下的复合型人才更像"士"字形人才,强调基础综合素质和专业核心素质的双重复合。

三是创新是文化内容生产的基本特征。在媒介社会化、媒介融合化已经成为大趋势的时代,信息烟尘化致使思想沙漠化,创意和见解成为稀缺资源,创新已经内化为当下媒介从业者的基本职业素养。创新型人才的培养基于不同专业学科的知识复合,但是关键还是培养跨界思维的能力,即如何突破单一媒介的传统界限,跳出传统媒体的习惯性思维,通过多重视角、多向思维,从系统论的视角整合媒介力量,实现由多到一的融合创新,融多方所长,在一点形成合力,产生聚变效果。

三、寸有所长:行业院校的路径探索

三型合一的人才规格要求在媒介融合背景下具有一定的普适性,然而在培养的路径选择上各个学校一定会各有不同,学校的办学资源、目标定位、区域行业等都是影响培养路径的关键性因素。目前,国内开设传媒专业的院校大致分为这样几类:一是综合性大学;二是专业性院校,如师范、戏剧、音乐、体育等开办传媒专业的专业院校;三是行业性院校,除中国传媒大学之外,还有浙江传媒学院、河北传媒学院和新升本的山西传媒学院、四川传媒学院等。本着缺什么、补什么和差异化、特色化发展的原则,不同类型院校的发展思路和重点各有差异。

综合性院校和专业院校的传媒专业改革的一般思路是,寻找传媒专业与其他学科专业的交叉点,实现跨界与复合。区别在于:综合性院校更强调通识教育基础上的宽口径,如吉林大学新闻学专业强调在选修课的层面上加大其他专业基本课程的学习,从第三学期开始自愿选择跨学科专业方向,实行多学科专业教育分流;而专业院校则侧重与主流优势学科交叉融合,如中南财经政法大学新闻与文化传播学院的新闻学专业设有经济新闻和法制新闻两个特色方向,采取的培养方式是在本院内开设一些经济学和法学方面的课程。

密苏里新闻学院的创始人沃尔特·威廉姆斯(Walter Williams)曾说:"既然将新闻确立为专业,它就既不能不强调通识、整体的文化教育,也不能偏废了实践经验所能赋予的训练。新的教育方式就是将专业课程和一定数量的经过精心选择的学术课程结合起来。"显然,他提倡的是一种有条件的专业主义,以专业能力的培养为主线贯穿相关领域的学习,将专题研究的一般性方法内化为职业素质有机组成部分,而这恰恰是传媒行业院校的长处所在。

传媒行业院校是以传媒业为依托,围绕行业需求,针对行业特点,为传媒行业培养高素质专门人才的高等学府。学科架构、师资队伍、课程体系、教学平台是构成高等教育的四大基础元素,是决定传媒教育质量和教育走向的核心要素。传媒行业院校在这四大基础元素上呈现明显的特色性、应用性、敏捷性和非对称性,其优势在于主体专业强、相关的基础学科全、实验教学条件较好,内部形成相互支持、彼此呼应的专业学科生态群,劣势在于学科门类少、课程体系封闭保守、师资背景类似等。如何在新媒体环境下扬长避短、另辟蹊径?浙江传媒学院在过去的10年里一直在探索实践中。

第一,顺应新时期传媒行业对人才的需求,确立了"应用型、复合型、创新型"三型合一的人才培养目标。即具有复合性知识结构和创新精神与能力的高素质应用型人才,其特征可概括为:基础性、专门性、实践性、适应性、创造性。"基础性"要求本科人才具有扎实的理论基

础,与专科人才区别;"专门性"强调在专门领域内培养专业性人才,与通识性人才区别;"实践性"强调为行业一线培养应用型人才,与研究型人才区别;"适应性"强调在行业内部具备多岗位胜任度,与岗位性人才区别;"创造性"强调所从事工作并非简单重复劳动,而要具备组织管理能力和创意能力,与操作型人才区别。

第二,根据行业院校的特色优势,制定"六个并重、六个更加"的人才培养原则。一是坚持通识教育与专业教育并重,更加突出专业教育的原则;二是坚持专业化与宽口径并重,更加注重宽口径的原则;三是坚持人才培养统一性与多样性并重,更加强调多样性的原则;四是坚持教师主导地位与学生主体地位并重,更加突显学生主体地位的原则;五是坚持知识传授与能力培养并重,更加突出能力培养的原则;六是坚持个性张扬与社会责任感培育并重,更加重视社会责任感培育的原则。

第三,围绕人才培养目标,形成"一条主线、两种资源、三大体系、四个结合"的应用型传媒人才培养模式。一条主线:以专业能力培养为主线,贯穿教育全过程。两种资源:充分利用学校和行业两种教学资源和教学环境,加强产学合作。三大体系:构建理论教学体系、实践教学体系、创新创业教育体系三大培养体系。四个结合:理论与实践相结合、课内与课外相结合、校内与校外相结合、集中与分散相结合的4种教学组织方式。与综合性院校不同,浙江传媒学院的人才培养模式在定位上不仅更加精准,而且充分体现了传媒人才结构性和发展性特征。在人才培养路径选择上并不一味强调复合与交叉,而是突出基于专业教育的宽口径、基于社会责任感的个性化发展,将职业素养和专业能力培养有机结合。在保障体系上特别重视与行业产学合作机制的完善,保证能将学校办学特色转化为人才培养的特色。

第四,浙江传媒学院进一步主动优化专业结构,建立融新闻传播、影视艺术、媒介技术于一体的大传媒专业群,强调传媒类专业的学科交叉和专业生态建设。重构课程体系,进一步完善理论课程、实践课程和创新教育3个体系:理论课程教学体系重在提高系统性(基于全媒体而非单一媒体)和敏捷性(对前沿问题的快速回应);实践教学体系重在递进性和实战性;创新教育体系重在导向性和自主性。在坚持专业主体地位不动摇的基础上实现多种教学资源的交叉融合,包括不同高校之间、高校与行业之间、不同学科和院校之间的交叉融合。改革教学内容和方法,实现课程之间、课程内部的优化整合,提高专业课程对应媒介发展的敏捷性,去除课程之间大量的冗余信息或者过时信息,使得"水课"变为"金课"。在教学方法改革中要注重学习能力、探究方法、交流表达能力等方法的学习和训练,在实现授人以鱼的同时授人以渔。

总体而言,无论是我国还是世界范围,卓越新闻传播人才的培养依然处于改革创新的探索阶段,各类高校都在寻找卓越新闻传播人才培养之"道"。作为传媒人才培养的重要力量之一,传媒行业院校必须勇于探索,找到属于自己的"道"。

参考文献

[1]ENGLISH E. Journalism Education at the University of Missouri-Columbia[M].Marceline: Walsworth Publishing Company,1988:52.

[2]富兰克林,哈默,汉纳,等.新闻学关键概念[M].诸葛蔚东,等译.北京:北京大学出版社,2008.

［3］付晓燕.媒介融合下的美国新闻业和新闻教育变革——访美国密苏里新闻学院媒介融合 项目创始人迈克·麦金教授［J］.新闻与写作,2009(8):25-28.

［4］潘祥辉,孙志刚.务实创新:媒介融合时代的美国新闻教育及其启示［J］.浙江传媒学院学 报,2012(3):43-49.

［5］彭兰.社会化媒体与媒介融合的双重挑战［J］.新闻界,2012(1):3-5.

作者简介

姚争:教授,文学博士,浙江传媒学院党委委员、副院长,电视编辑与导播国家实验教学 示范中心主任。现任教育部戏剧与影视学类专业教学指导委员会委员、中国高校影视教学 委员会常务理事、浙江省电视艺术家协会常务理事、浙江省高校新闻传播专业教指委秘书 长等。

基于协同育人的卓越农林人才培养改革与实践
——以浙江农林大学为例

沈月琴

浙江农林大学

【摘要】实施卓越农林人才教育培养计划是全面提高高等农林教育人才培养质量的重要举措。本文在分析实施背景的基础上,以浙江农林大学为例,阐述了卓越农林人才教育培养方面所采取的措施、方法、成果与成效。总结分析了在分类育人体系、招生—培养—就业联动、本研互助机制等方面的特色与创新,并从培养目标、培养模式、制度保障等方面对未来卓越农林人才计划提出思考与展望。

【关键词】卓越农林　协同育人　拔尖创新型　复合应用型

为进一步深化高等农林教育教学改革,提升高等农林院校服务生态文明、农业现代化和社会主义新农村建设的能力与水平,教育部、农业部、国家林业局于2014年4月下发《关于开展首批卓越农林人才教育培养计划改革试点项目申报工作的通知》(教高厅函〔2014〕7号),提出拔尖创新型、复合应用型、实用技能型三大类人才培养模式的改革试点项目。浙江农林大学获批拔尖创新型、复合应用型人才培养模式改革试点项目,成为进入全国首批卓越农林人才教育培养计划的高校。

一、背景

党的十九大报告提出,农业农村农民问题是关系国计民生的根本性问题,必须始终把解决好"三农"问题作为全党工作的重中之重。要坚持农业农村优先发展,建立健全城乡融合发展体制机制和政策体系,加快推进农业农村现代化。实施乡村振兴战略,是党的十九大作出的重大决策,要按照"以人为本,德育为先,能力为重,全面发展"的总体要求,深化农林教育教学改革,为生态文明、乡村振兴战略和农业农村现代化提供人才支撑、科技贡献和智力支持。

目前高等农林院校的人才培养模式在适应现代农业发展和农村现代化对农林人才的需求和要求方面仍存在着不足之处,主要表现在:人才培养目标与需求的契合度不高,培养模式相对比较单一,学生的创新能力难以适应现代农林业发展的要求,与高等农林类高校相适应的卓越农林教育还未形成成熟的培养体系,学生缺乏创新思维的构建。因此,探索与构建适合地方农林类院校卓越农林人才的培养模式,促进人才培养目标的有效达成是当前亟须解决的问题。

二、措施和方法

浙江农林大学是省重点建设高校和省部共建高校,具有60年的本科人才培养历史。长期以来,坚持高等教育办学方向和发展规律,践行"绿水青山就是金山银山"理念,坚持以农林、生物环境学科专业为特色,着力培养具有生态文明意识、创新精神和创业能力的高素质人才。浙江农林大学结合农林人才需求实际,深入开展基于协同育人的卓越农林人才培养改革与实践,林学、森林保护、木材科学与工程等3个专业和园艺、农学、植物保护和食品科学与工程等4个专业分别成功入选拔尖创新型、复合应用型人才培养模式改革试点项目,并从培养模式、培养项目、支撑平台等方面进行了顶层设计,如图1所示。

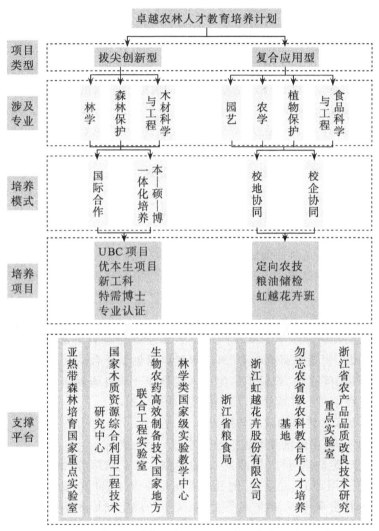

图1　浙江农林大学卓越农林人才教育培养计划总体框架

1. 拔尖创新型人才培养的改革与实践

(1)深化国际合作,培养具有国际视野的创新型人才

国际合作的目的是引进优秀师资队伍,整合利用国际教育资源,有效解决优质教育资源不足的问题。深化国际合作,是拔尖创新型人才培养的基本要求,有利于培养适应全球化趋势、具有全球意识和国际视野的人才。

引进优质资源,提升学校国际化水平。2014年,学校与加拿大不列颠哥伦比亚大学(UBC)合作举办林学专业本科教育项目,培养拔尖创新型林业高级人才,共同制订人才培养方案,UBC教授开设课程6门,外籍教师授课或参与授课课程10门。通过引进先进教学理念、优质教学资源和教学方法,使林学本科生享受到世界一流大学师资和教学资源,推进了学校国际化教育进程,拓展了学生的国际视野,项目影响力不断扩大。目前已招收5届合作办学学生,共149人。

接轨世界名校,拓展学生国际化视野。旨在进一步推动与世界知名大学合作,提高学生创新意识、实践能力和国际竞争力,满足国家急需专业、学科领域高素质国际化人才的培养需求。2014年,学校与美国加州大学戴维斯分校农学学科实施本科生交流项目(国家留学基金优秀林业本科生出国留学资助项目),目前已选拔5批学生赴美学习交流。

开展国际认证,提升专业国际竞争力。国际木材科学与技术学会(Society of Wood Science and Technology,简称SWST)是业内知名的国际性学术组织,具有对木材科学与工程专业及其相关专业的认证资质。为进一步深化专业内涵建设,提升专业人才培养质量,木材科学与工程专业于2018年顺利通过SWST国际认证,扩大了专业在国内外的影响力。同年,美国密西西比州立大学与该专业签订联合培养人才和双方学分互认的协议。

(2)推进"本—硕—博"一体化,培养拔尖创新型人才

以培养拔尖创新型人才和高素质专门人才为目标,整合优质教育教学资源,优化人才培养体系,实现本科和研究生教育的一体化培养模式。以获批"竹资源与高效利用"服务国家特殊需求博士人才培养项目为契机,探索"本—硕—博"一体化培养的人才培养模式。

实施导师制,提早融入科研团队。通过全员全程导师制,让本科生提早进入导师研究团队,采取研究生的科研训练模式,学习科研文献、确定研究选题、开展科研实践、撰写学术论文等,提升大学生的科研素养和动手能力。新生进实验室比例从2004年的5%提升到了2018年的70%,大二学生有80%参与科研训练。

依托科研平台,提升学生学术素养。充分发挥"亚热带森林培育国家重点实验室""国家木质资源综合利用工程技术研究中心"等国家级科研创新平台的优势,通过参与教师科研、本硕联动(导学团队)等途径,鼓励本科生进入实验室开展科研创新训练。自项目实施以来共获得国家级、省级学科竞赛奖励35项,国家发明专利21项。

2. 复合应用型人才培养的改革与实践

(1)实施校地协同,定向培养基层农技人才

服务基层需求,定向培养"一懂两爱"农业科技人才。为培养"懂农业、爱农村、爱农民"和"下得去、留得住、用得上、受欢迎"的基层农业专业人才,自2012年起,省农业厅、省教育厅、省人力资源和社会保障厅、省财政厅发布《关于开展定向培养基层农技人员试点工作的通知》,涉及专业从2012年的4个增加到2019年的7个,其中包括农学、园艺、植物保护3个卓越农林人才培养计划项目专业,已累计招生377人。在招生录取之前,签订定向培养就业协议,学生毕业后,由户籍所在县(市、区)农业部门和乡镇农技推广机构主管部门、人力社保部门根据其在校学业成绩、综合表现等择优确定具体工作单位,并签订事业单位人员聘用合同(事业编制)。

服务地方需求,定向培养粮油储检专门人才。为完善粮油储藏与检测人才的培养机制,实现高校人才培养与地方粮油储检职业岗位对优秀高端技能型专门人才实际需求的无缝对接,经浙江省粮食局、浙江省教育厅和浙江省财政厅批准,浙江农林大学自2015年承担定向培养粮油储检人员工作以来,已为全省11个地区定向培养粮油储检人员,招生专业为食品科学与工程(粮油储检),目前已累计招生260人。招生招聘并轨进行,按照"先填志愿,后签

协议"的原则,按考生户籍实施定向招生(招聘)。实行全过程双导师指导,认知实习、专技实习和综合实习在基层单位完成。

(2)深化校企协同,培养复合交叉型人才

2014年,浙江农林大学与浙江省虹越花卉股份有限公司签订全面合作协议。面向所有专业学生开设"高级经理人"(虹越花卉班),合作培养融合园艺花卉行业全产业链的复合交叉型高级经营管理人才。企业深度参与培养方案制订、课程资源开发、师资队伍建设、实训实践指导等人才培养全过程,采用"学习在校园,锻炼在企业"的特色培养模式,探索行业企业深度参与人才培养机制。企业捐资200万元,在校内共建2000平方米实体运营的虹越·园艺家学生综合实训基地,成为该公司的第11家连锁花卉门店。近年来,学校在木材、家具、园林、园艺等领域先后与10余家行业领军企业进行深度教育合作。

(3)开展校校合作,培养应用型人才

2016年,浙江农林大学与丽水职业技术学院签订合作办学协议,面向基层,定向联合培养本科层次人才。采用"2+2"培养模式,前2年在丽水职业技术学院学习,后2年到浙江农林大学学习。浙江农林大学负责制订人才培养方案、课程教学大纲、教材等工作。学生毕业授予农学学士学位。同年,浙江农林大学与浙江经贸职业技术学院共商"技能型、应用型、复合型与创新型"专业人才培养标准,采用"4+0"培养模式,培养应用型人才。

三、成果与成效

卓越农林人才教育培养计划项目自实施以来,取得了以下实质性效果。

1. 生源质量持续提高,专业归属感不断增强

自项目实施以来,学校办学层次和社会影响力不断提高,招生生源质量稳步提升。从录取分数方面看,从2014年至今,项目涉及专业共录取学生1879人,录取分数呈递增趋势,2014年林学、木材科学与工程纳入理科一批招生,平均分比2013年分别提高67分和61分。从专业满意度方面来看,2018年学生转专业人数与2013年相比降幅达64.7%,学生对专业的认同感越来越强。

2. 人才培养质量明显提升,优秀学生不断涌现

学生通过参与导师科学研究、"本—硕—博"一体化培养和国际化等途径,学术素养和综合素质显著提升,涌现出一批优秀学生典型。如木材科学与工程132班盛成皿在SCI 1区Top期刊 *Journal of Hazardous Materials* 上发表学术论文,期刊影响因子为4.836。2015届园艺专业毕业生单幼霞作为中国唯一一名本科生代表,受邀参加在澳大利亚举行的"2015全球青年农业峰会",充分展示了中国青年大学生的风采。

3. 教学资源不断丰富,教学成果日趋丰硕

学校以项目实施为契机,强化教学资源建设,在课程、师资、实践基地建设方面成果日趋丰硕。建成天目山国家级大学生校外实践教育基地、勿忘农省级教学实践基地、现代农林科技园、翠竹园、果木园和农作园等71个校内外实践教育基地。涌现了首届"全国林业教学名师"汤孟平教授、浙江省优秀教师姜培坤等一批教学名师,建设了"森林经理学""园艺植物栽培学"等一批国家精品资源共享课和省级精品在线开放认定课程。以卓越农林人才培养为目标的"多方联动立体协同——高等农林院校涉农专业创新人才培养探索与实践"获2016浙江省教学成果奖二等奖。

4. 社会影响力不断提升,辐射效应日趋扩大

浙江农林大学通过不断完善协同育人机制,提高项目人才培养质量,得到了兄弟院校的认可和社会各界的一致好评。中国农业大学、北京林业大学、山东农业大学、南京林业大学、浙江工商大学等省内外多所院校到浙江农林大学交流,农业部网站、人民网、新华网、CHINA DAILY等主流媒体纷纷报道。2016年7月4日,《浙江教育报》头版以《省首届定向培养基层农技人员毕业》为题报道了浙江农林大学首届定向生培养情况。天目山国家级大学生校外实践教育基地吸引了包括浙江大学、华东师范大学、南京农业大学等高校在内的华东地区26所学校到基地开展林学类本科教学实习,辐射效应日益增强。

四、特色与创新

浙江农林大学作为第一批"卓越农林人才教育培养计划项目"试点高校之一,近年来在优化培养方案、提高培养质量方面做了有益的探索,实施成效显著,学生受益匪浅,形成了鲜明的特色。

1. 创新人才培养模式,完善分类育人体系

针对拔尖创新型专业,学校利用国家重点实验室、国家级实验教学示范中心等教学科研平台,通过强化国际合作,推进"本—硕—博"一体化培养等手段,培养具有国际学术视野和就业竞争力的创新型人才;针对复合应用型专业,学校通过与浙江省粮食局、浙江虹越花卉股份有限公司、浙江经贸职业技术学院等政府、企业和高校开展深度合作,通过定向人才培养、举办特色班、合作办学等举措,强化校地、校企、校校协同,在合作教育方面走出了一条特色创新之路。

2. "招生—培养—就业"联动,提高学生就业满意度

依托项目,打通"招生—培养—就业"的通道。在招生环节上,学校协同相关政府部门共同制订招生计划、落实用人单位,生源质量和学生对专业的认同感明显提高。在培养环节上,学校与相关企业共同制订培养方案、实行全过程双导师指导,毕业论文选题取材自基层现实问题,有效解决了理论教学与实践教学脱节的矛盾。在就业环节上,入校前与相关政府部门、事业单位签订就业协议,毕业即就业,提高学生就业满意度。

3. 建立"本—硕—博"互助机制,推动本科教育与研究生教育的有效衔接

通过全员全程导师制,让本科生提早融入导师研究团队,在导师-研究生-本科生研究团队的学习、讨论与交流过程中,通过导师的引导和熏陶、研究生的言传身教,使本科生对研究团队产生感情和研究兴趣,吸引本科生报考研究生,留在团队继续学习深造。

五、思考与展望

围绕乡村振兴战略和生态文明建设,服务于浙江经济社会发展,服务于美丽中国建设,高标准建设涉农专业和高水平培养"三农"人才迫在眉睫,学校需要不断更新教育教学理念,加快推进"新农科"建设(卓越农林人才教育培养计划2.0)。展望未来,我们需要在培养目标、培养模式和制度保障等方面进行深化。

1. 培养目标再定位

针对当前农林人才培养模式难以适应社会需求的现状,为培养"一懂两爱"一流农林人才,需对农林科技人才培养目标重新定位。要从偏重服务产业经济向促进学生全面发展转

变,从单学科割裂独立发展向多学科交叉融合发展转变,从专注专业教育向专业教育与通识教育高度融合转变,从专注知识本位向侧重个人本位转变。

2.培养模式再创新

以服务乡村振兴战略和生态文明建设为引领,以"新农科"人才特征为基础,以面向未来的科技革命和产业升级需求为平台,构建"新农科"专业人才培养模式。基于服务全产业链人才培养的视角扩大"卓越农林"类专业的覆盖面,包括产前、产中和产后的关联专业,提高"卓越农林"项目的质量,以产出为导向,提高人才培养质量。

3.制度保障再提升

新时代卓越农林人才培养离不开多方协同育人和合作教育。应统筹推进校地、校企、校所、国际合作等协同育人要素和创新资源共享与互动,鼓励建立国家、省级产教融合基地,扩大农林行业基层定向招生规模,从制度层面完善定向生的招生—培养—就业等各个环节,通过减免税收等政策引导企业在涉农专业开展合作教育。高校需创新合作教育理念和机制,在师资队伍建设、专业建设、课程建设、基地建设等方面不断探索与创新,保障和提升卓越农林人才培养的质量和水平。

参考文献

[1]姜璐,黄维海,戴廷波,等.拔尖创新型卓越农林人才培养模式的探索与构建——基于中美比较研究的视角[J].高等农业教育,2017(6):118-123.

[2]教育部,农业部.国家林业局关于批准第一批卓越农林人才教育培养计划改革试点项目的通知[EB/OL].(2014-09-29)[2019-03-04].http://old.moe.gov.cn//publicfiles/business/html-files/moe/s5972/201410/xxgk_176020.html.

[3]刘竹青."新农科":历史演进、内涵与建设路径[J].中国农业教育,2018(1):15-21,92.

[4]周绪红,李百战.国际化引领新时代高校拔尖创新人才培养[J].中国高等教育,2018(2):28-30.

作者简介

沈月琴:教授,博士生导师,浙江农林大学副校长,浙江省高校中青年学科带头人,主持国家自然科学基金项目和省部级等各类课题20多项,兼任教育部高等学校农业经济管理类专业教学指导委员会委员、浙江省人民政府咨询委员会委员等。

中外合作大学一流人才培养的实践与思考

孙　珂　沈伟其

宁波诺丁汉大学

【摘要】发展一流本科教育不应仅仅局限于少数几所研究型大学,中外合作大学作为一类具有特殊性质的高校也应大力推进一流本科教育,培养一流的国际化人才,具体来说,应改革思想政治教育方式以提升学生领导世界的能力,引进外方大学教育教学模式以推动教育内涵式发展,借鉴国际通行做法以加强中外合作大学质量保障体系的建设等。

【关键词】中外合作大学　一流本科教育　一流人才培养

一、中外合作大学加强一流人才培养的背景

2018年6月,教育部在四川成都召开了新时代全国高等学校本科教育工作会议。会上,教育部部长陈宝生发表了《坚持"以本为本",推进"四个回归",建设中国特色、世界水平的一流本科教育》的讲话,突出了本科教育在高等教育中的基础性地位,并从多个方面阐述了促进一流本科教育建设的举措,如:要把立德树人成效作为检验学校一切工作的根本标准;要将内涵式发展作为我国高等教育发展的基本道路;要建立各部门共同参与的具有中国特色和世界水平的质量保障体系等。为贯彻落实会议精神,浙江省教育厅于2018年10月发布了《浙江省教育厅关于加快建设高水平本科教育的实施意见》,进一步阐释了浙江省高校在建设一流本科教育时应采取的措施,如:要强化立德树人,把培养德智体美劳全面发展的社会主义建设者和接班人作为根本任务;通过提高专业建设水平、提升课程质量、推进课堂教学改革等手段促进高校本科教育的内涵式发展;强化质量保障和持续改进,把人才培养水平和质量作为评价大学的首要指标等。

在建设一流本科教育、培养一流人才的主体方面,相关的高校并不仅仅局限于少数几所研究型大学,而是覆盖到了各级各类高校,正如新时代全国高等学校本科教育工作会议中所强调的"各类高校都要争创一流本科教育"。在我国的高等教育体系中,中外合作大学是一类具有特殊性质的高校,它由中外两所高校合作举办,具有独立法人地位和独立校园,独立开展教育教学活动,是中外合作办学的高级形式。在我国倡导发展"一流本科教育"的背景下,中外合作大学也要思考如何结合这类大学的特点打造一流本科教育,培养一流本科人才。

就我国中外合作大学发展的现实来看,除了昆山杜克大学以外,都是以本科教育起家,并始终将本科教育的发展作为重点。这类大学普遍具有较强的国际化导向,因此,其在人才培养过程中无不突出所培养人才的国际性,并在实践中积累了较为丰富的一流国际化人才培养经验。鉴于此,本文拟以宁波诺丁汉大学为例梳理中外合作大学在一流人才培养中的实践经验,并思考探索其进一步推进一流人才培养的路径。

二、改革思想政治教育方式以提升学生领导世界的能力

中外合作大学普遍将培养国际化人才作为人才培养目标,国际化人才不但要具有世界一流的专业素质,同时也要具有能够适应国际化环境的思想政治素质,因此,中外合作大学普遍结合自身实际对思想政治教育方式进行了创新,以培养学生具备过硬的思想政治素质。例如,宁波诺丁汉大学创新思想政治教育的实践主要表现在以下三个方面:首先,在党建方面,该校针对在海外学习的学生党员较多的情况,设立了海外党小组,通过各种网络手段管理党员,使学生在海外环境中也不放松提高自身的政治素养。其次,在思政课方面,该校构建了"一门课程、两种教材、三条路径"的思政课程体系,将中国文化融入思政课的内容之中,使学生能够在中西方文化的比较中提升民族文化自觉。最后,在学生管理方面,学校允许学生自己成立和管理社团,自主开展活动,学校相关部门只提供必要的支持和指导,从而实现了与国际学生事务管理模式的接轨,有利于培养学生的主体意识和跨文化交际能力。

随着中国逐渐走入世界舞台的中心,中外合作大学的思想政治教育不能仅仅满足于培养学生具备参与全球事务所应具有的政治素养,还要进一步培养学生具备成为世界领袖所应具有的思想政治素质和能力。如要让学生理解和认同我党提出的"人类命运共同体"理论,从"共同体"的视角重新思考我国与世界各国的关系,并能够自觉地将全球正义观、共同利益观、全球治理观和可持续发展观等理念贯彻到未来在国际社会的领导实践中,真正成为符合社会主义现代化建设要求的高素质国际化人才。

三、引进外方大学教育教学模式以推动教育内涵式发展

新时代全国高等学校本科教育工作会议指出,建设一流本科教育关键是要在内涵发展上下功夫,建设高水平教学体系。中外合作大学的一个重要特点是引入了国外的优质高等教育资源,在这些资源中,课程教学体系是核心资源,而建立先进的课程教学体系是提升学校本科教育水平、培养一流本科人才的关键。

1. 中外合作大学通过引入外方合作大学一流专业以提升专业建设水平

苏联学者凯德洛夫研究了学科发展的不平衡规律,认为自然科学各学科的发展并不是齐头并进的,而是总会有一门或一组学科发展较快,并带动其他相关学科的发展。中外合作大学在进行专业建设时有较为明显的优势学科,这是因为这类大学的最大特点是全面引入外方合作大学的优质教育资源,而在所有的优质教育资源中,外方大学的优势专业可谓是其中的重要组成部分,它可使大学在高等教育市场中获得竞争优势。就现有的各所中外合作大学来说,它们在建立和发展过程中普遍注重利用外方合作大学的优势学科,其所引入的专业一方面是外方大学的一流专业,另一方面该专业又能满足学校所在地社会经济发展的需要,可谓是为建设一流本科教育打下了坚实的学科基础。

2. 中外合作大学通过外方课程的本土化以满足学生的实际发展需要

中外合作大学的课程虽然大都是从外方合作大学中引进的,但这种引进并不是照搬照抄,而是结合了当地或学校的实际情况吸收融合了新的本土化因素。以宁波诺丁汉大学的计算机科学与管理专业为例,该专业有12门选修课,其中有10门在课程名称上与英国诺丁汉大学的相应专业一致,但其中的一些选修课在课程目标和内容上结合该校的实际进行了

改造。如其中的一门选修课名为"市场战略",其课程目标中除了包含与英国诺丁汉大学该门课程重合的部分外,还要求学生有较高的自我效能感,即能够批判性地自我认识、自我反思和自我管理,能够进行时间管理,对人员的多样性和不同的情境具有敏感性,能够通过对实践和经验进行反思而继续学习等。另一门选修课名为"技术与组织",其课程目标也包含了新增的内容,即要求学生发展自我意识,以及对人员、文化、商业和管理的多样性、开放性和敏感性。这些选修课的改造是与该校的校情和学情特点相一致的。首先,该校招收的学生以中国学生为主体,中国学生在基础教育阶段往往较为重视对知识的记忆,忽略对知识的批判性思考,因此选修课希望更多地培养学生的批判性精神。其次,该校的课程总目标突出培养学生的国际素养,而国际素养的一个重要方面就是要求学生能够以正确的态度对待人员和环境的多样性,因此,发展对人员和文化的多样性、开放性和敏感性被纳入该课程的课程目标。最后,该校本科阶段的毕业生有80%以上都会继续攻读研究生,因此,该选修课的课程目标要求培养学生继续学习的能力。可见,该校的许多课程都会根据学生的实际情况,以及其课程总目标的特点进行补充或调整,体现了课程本土化的精神。

3. 中外合作大学通过推广小班化教学推动大学教学范式变革

小班化教学是西方大学的特色教学形式,它代表着一种"以学为中心"的教学范式,突破了传统大班教学"以教为中心"的教学范式,实现了学生的探究式、个性化和参与式学习。以宁波诺丁汉大学为例,该校的课程设置突破了传统大学课程类型,开设了讲座课程(lecture)、研讨课程(seminar)、辅导课程(tutorial)和实验课程(lab)等多种类型的课程,其中讲座课程与研讨课程等小班课程的课时比例基本为1:1。小班课程较为重视学生的参与和互动,如研讨课程主要基于讲座课程中的某个具体问题进行开放式的研讨,教学方法以讨论法为主。讨论法有别于单纯的讲授法,它让学生在讨论中成为学习的真正主角。学生可以以问题为出发点进行交流和互动,自主选择和利用与问题有关的内容和方法,自主调控时间和进度,从而提高参与活动的主动性。相反,在讨论中教师只是一个引导者和辅助者,主要负责向学生抛出问题,并在讨论过程中及时为学生解决疑难,当学生的讨论偏离问题时将学生引回原来的话题。总之,小班课程在教学上能够使学生突破单方面对知识的被动接受和记忆,在互动中加深对问题的思考以及对自己学习行为的管理,使学生真正成为学习的主人。

四、借鉴国际通行做法以加强中外合作大学质量保障体系的建设

与国内传统大学的质量保障体系不同,中外合作大学的质量保障体系并非仅可划分为内部质量保障体系和外部质量保障体系两个维度,而是可以划分为宏观层面的质量保障体系、中观层面的质量保障体系和微观层面的质量保障体系三个维度。

1. 宏观层面的质量保障体系强调权威机构的认证评估

这个层面的质量保证体系主要指由中外双方的政府或专门的质量保障机构对中外合作大学进行整体认证和评估的体系。一方面,我国教育部在中外合作大学开办时要对其进行审批,其办学条件、组织管理和教育教学等方面要符合国家的标准才能够获得办学资格。另一方面,学校的外方合作大学所在国专业质量保障机构要定期对学校进行质量评估,如宁波诺丁汉大学要定期接受英国高等教育质量保证署(Quality Assurance Agency of Higher Education,简称QAA)的评估,其评估的原则和程序与其对本国大学的评估是一样的,都是以

同行评审形式进行的,基于证据的评估。在评估开始之前,学校要提供一份简短的文件描述其办学基本情况。具体的评估通过访问的形式进行,并在评估之后发布针对该校的教育质量报告。

2. 中观层面的质量保障体系强调外方合作大学的积极监管

中外合作大学虽然是具有独立法人资格的高等教育机构,但它们与外方合作大学依然保持着密切的联系,特别是由于中外合作大学的宗旨是引入国外优质教育资源,因此,外方合作大学对它的监督力度更大。例如,英国诺丁汉大学对宁波诺丁汉大学的监督职责主要在于各个学院,由英方的学院为宁波诺丁汉大学的相关学院制定质量保障规则。当然,也有一些学院赋予了宁波诺丁汉大学的相关学院一定的自治权,但一些基本的监管权力还是为英方学院所掌控。例如,在教师聘任方面,英方学院保留对宁波诺丁汉大学相关学院的教师聘任权,具体程序由英方与中方协商决定。在课程设置方面,当宁波诺丁汉大学推出新的课程计划或对现有课程进行调整时,必须向英国诺丁汉大学的相关学院提出申请,并根据学校的程序进行审批,以保证宁波诺丁汉大学的教育质量与英国诺丁汉大学一致。

3. 微观层面的质量保障体系强调考试过程的严格把关

这个层面的质量保障体系主要指在教学这个微观层面形成的相关的质量保障制度和措施体系。受外方合作大学教学管理制度的影响,中外合作合作大学普遍注重通过严格的考试管理把严教学质量出口关。例如,中外合作大学普遍利用外方合作大学惯用的校外考官评审制来评审监督各门本科课程的考试评价过程,由外方合作大学聘请的校外考官评审考前教师出的试题、考试程序、考后由教师打过分的试卷,这一方面可以保证中外合作大学的学术标准与外方合作大学一致,另一方面还保证了评分的准确性,杜绝了教师受学生请托而放水的情况,在保证教学质量的同时还使学生的学习风气焕然一新。

相比较于西方发达国家,我国高等教育的质量保障体系不够完善,因此,我们应该借鉴国际经验,加强中外合作大学的质量保障制度和文化建设。首先,建立中外方共同参与的中外合作大学外部质量保障体系,这就要求我国在政府的引导下,参照国外权威评估机构的运作方式,建立专门针对中外合作大学的质量评估、认证制度,打造能不断促进中外合作大学质量提高的外部质量保障体系,形成以人才培养为核心的高教质量文化。其次,将中方质量文化融入中外合作大学的内部质量保障体系,这就要求我国参照针对传统大学的质量保障标准和中外合作大学的实际,制定《中外合作大学本科专业类教学质量国家标准》,并督促相关大学根据该标准健全内部质量标准和程序,从而将中方质量文化融入学校的内部质量保障体系之中。最后,发挥中外合作大学行业组织在质量保障中的作用,如可由中外合作大学联盟牵头组织专门针对中外合作大学的质量保障活动,同时加强对这类组织的培育,加大对其人力、物力和财力的投入,从而使其能够迅速成长,并在针对中外合作大学的质量保障活动中发挥重要作用。

参考文献

[1]University of Nottingham Ningbo China. P12407 Marketing Strategy[EB/OL].(2014-12-01)[2019-04-03].http://modulecatalogue.nottingham.ac.uk/ningbo/asp/ModuleDetails.asp?crs_id=115623&year_id=000114.

[2]University of Nottingham Ningbo China. P12435 Technology and Organisation[EB/OL]. (2014-12-01) [2019-04-03]. http://modulecatalogue. nottingham. ac. uk / ningbo / asp / ModuleDetails.asp?crs_id=115783&year_id=000114.

[3]刘海燕.小班研讨课:一流本科教育的核心要素[J].江苏高教,2018(7):64.

[4]浙江省教育厅.浙江省教育厅关于加快建设高水平本科教育的实施意见[EB/OL].(2018-10-30)[2019-04-03].http://jyt.zj.gov.cn/art/2018/10/30/art_1532972_27484766.html.

[5]赵坤,王振维.学科建设的内涵、动力与竞争优势积累[J].中国高教研究,2008(10):21.

作者简介

孙　珂:宁波诺丁汉大学中外合作大学研究中心科研负责人。

沈伟其:宁波诺丁汉大学副校长。

一流国际警务人才培养的探索与实践

宫　毅

浙江警察学院

【摘要】浙江警察学院围绕经济社会发展需求，服务总体国家安全，创设"国际警务合作班"，开设涉外警务专业，创新国际警务人才培养模式。经10余年改革探索，开辟出了一条公安院校国际警务人才培养新路子，培养了一批公安机关紧缺的国际执法和警务合作人才。

【关键词】国际警务人才　涉外警务　人才培养

公安高等教育既要遵循普通高等教育的规律，又要突出行业办学的特色。浙江警察学院在办学过程中，紧紧围绕浙江经济社会改革发展的需要，致力于满足公安工作和公安队伍建设的需求，深化教育教学改革，创新人才培养模式，率先开展国际警务人才培养。10余年持续探索，不断拓展学校服务总体国家安全的领域，不断提升与世界各国警方联合培养专门人才的能力和国际执法合作能力。从2008年创建我国公安院校第一个"国际警务合作班"，到今天在全国公安院校中首个开展警察专业留学生教育，为全世界100多个国家和地区的警察开展培训，从国际刑警组织中国国家中心局培训基地建设，到对外的警务联络官的选派，12年组合拳，一代代奋斗的接续。学校为国家外交战略和"一带一路"倡议实施，打击跨国犯罪，构建人类命运共同体提供了智力和人才支持，开辟出了一条公安院校国际警务人才培养和国际执法合作的新路子，彰显大国责任，体现使命担当。正所谓，小学校，大情怀。

一、背景与问题

2005年，时任浙江省委书记的习近平提出"突出引进国外优质高等教育资源，开展合作办学，进一步推动浙江教育对外开放"。2006年，习近平强调要开放图强，要求进一步培育和弘扬海纳百川、兼容并蓄的"开放"精神。习总书记当年在浙江的论述，是开展国际警务合作人才培养的指引。

浙江作为改革开放的先行地，有众多的民众在国外经商、学习、居住，亦有越来越多的外国人来浙江经商、留学等。伴随而来的是国（境）外针对华人的犯罪越来越多，在华外国人犯罪率也日渐呈上升趋势。我省警方越来越多地需要开展国际警务合作，而国际警务合作人才紧缺成为浙江对外开放及打击跨国犯罪的短板。

但是，公安高等教育较之普通高等教育起步晚。起初，浙江警察学院传统的培养方向主要是培养侦查、治安、刑事科学技术等传统专业人才，学科体系、专业设置都没有涉及国际执法问题，没有涉外警务专业，课程体系中也没有相应的内容，缺乏外语水平高、教学能力强、公安业务精通的教师，也缺乏国（境）外执法合作、打击跨国犯罪的教育教学经验，更缺乏与他国警方合作培养人才的机制。

二、措施与成效

针对以上实际情况,学校围绕公安院校人才培养的特点,以学科建设为牵引,以专业建设为基础,以课程体系建设为重点,以教师队伍、教官建设为两翼,以校局合作、国际合作为平台,开始了国际警务人才培养的破冰之行。

1. 解放思想,敢为人先,服务国家战略,对接行业需求,创新人才培养模式,构架新型专业平台和课程体系

2007年,学校升本伊始,开始思考人才培养的国际化问题。2007年,学校经公安厅同意,向省教育厅申报了"国际警务合作人才培养模式创新实验区"。同年12月,学校向公安部国际合作局报告了"国际警务合作班"的有关情况,得到了公安部国际合作局的大力支持。2012年,学校设置了"涉外警务专业"。2018年,经公安部批准,涉外警务专业开始面向全国招生。

开办"国际警务合作班",实行专门的强化教育,旨在培养国际执法和国际警务合作方面的复合型、应用型人才。国际警务合作人才的培养,突破了原有的人才培养模式,在教学内容、课程体系、实践环节等方面进行改革,对接国际执法和国际警务合作的大平台,架构高层次、国际化、创新型国际执法和警务应用人才培养新模式。

培养目标和规格。培养的国际警务合作人才应政治立场坚定,忠于党、忠于祖国、忠于人民、忠于法律,有献身人民公安事业的职业素养,能熟练掌握与外国人沟通交流的语言工具,具有较强的语言运用能力,具备欧美等国家的司法制度、警务运作模式、宗教、历史、文化等学识背景,有相对扎实的法学、社会学、汉语言文学、犯罪学、警察学、外交学、民俗学等学科理论基础,同时具有较强的侦查、治安、禁毒、证据等方面的专业知识与警务技能。

培养模式和路径。创新实施"2+1+1"人才培养模式,即2年国内学习,1年选送国外学习,1年回国学习、实习。

师资配备。以本校优秀教师为主,语言课聘请外籍教师,同时聘请国际执法和国际警务合作领域的专业人士及外籍专家担任授课教师。

课程设置。采取了"平台+模块"的架构,建立通识课程、公安业务、警务实战三大课程平台,强化专业模块教学,实施精英化教学管理,注重实践训练,加强综合运用,培养学生的创新能力和国际警务视野。

优秀人才选拔。学校2007年首次派出学生赴国(境)外进行中短期交流学习和参加国际会议,至2018年共派出337人次;2009年首次派出学生赴国外进行长期留学,至2018年共派出350人次。

坚持政治育警。强化忠诚教育、爱国主义教育和警察意识培养,成立留学区队党小组、团支部,做好行前教育培训,明确在外期间管理规定,并与学生签订承诺书。

如今,浙江警察学院已与美国山姆·休斯顿州立大学、韩国顺天乡大学、意大利高级国家警察学院、加拿大蒙特利尔大学、美国马里兰大学等14家国外高水平大学、警察院校和警务机构签订了友好合作交流协议。同时,浙江警察学院于2015年首次获批国家留学基金管理委员会优秀本科生出国交流学习项目,至今已有6名学生获全额资助,分赴美国、韩国进行为期1年的留学。

自2007年招收首届国际警务班至今,已有毕业生355人,这些学生填补了我省国际执法和警务合作领域的人才空白。其中,涌现出一批服务公安外事工作和对外战略,且工作能力突出、工作业绩显著的毕业生。例如:2011届毕业生童天和吴胜淼两位同学分别于2014年、2016年被选拔至公安部国际合作局工作;2012届毕业生王贤元同学被派往英国担任警务联络官;2016届毕业生王奕梦同学参加中意联合执法巡逻(意大利站)工作;2017届毕业生黄丹青、陈如意同学参加中意联合执法巡逻(杭州站)工作;2018届优秀毕业生夏哲宏同学被选拔至公安部国际合作局工作。

2. 构建"教学与实战共同体",开辟联合培养人才新路径,形成"五同"警教融合模式

在培养过程中,学校构建了"教学与实战共同体",开展了全方位、深层次的校局合作,开辟了与国外高校和警方联合培养人才的新路径。

学校与公安部国际合作局、人事训练局、法制局、反恐怖局等密切合作,参与重大国际安保或外事任务;与浙江省公安厅各警种部门建设"教学与实战共同体";与省内16家优秀公安局开展了深度合作,形成了有效的实践教学制度,把课堂搬到现场,开展实战化教学。涉外警务专业与省公安厅出入境管理局等部门共同成立了专业建设指导委员会,与海宁、杭州萧山等公安局共同制订人才培养方案、开发课程,与义乌市公安局签订了"国际警务执法人才培养模式创新实验区"教学研究基地协议。

学校从2010年起在全国公安院校中首先建立"驻校教官"制度,从公安一线聘请优秀骨干到校任教,将最鲜活的公安工作、最典型的案例、最有用的战法带入课堂。构建了全方位、多层次、紧密型的合作格局,打造了厅、局、校三方"公安人才同育、师资队伍同建、理论研发同时、信息资源同享、文化建设同步"的"五同"合作模式。

3. 注重学思结合,加强创新思维培养,搭建国际警务实践平台,建设海外实习基地,持续提高学生警务实践能力

为提高国际警务合作人才的实践能力和创新能力,学校注重实践育人。组织涉外警务专业学生深入义乌市开展调查,完成了《义乌入境外国人管理情况的调查研究》,获得浙江省"挑战杯"奖和公安院校学生科技应用创新成果奖。近5年,涉外警务专业学生获国家创新创业项目立项4项,获省大学生创新创业"新苗"项目14项,公开发表论文3篇,完成校级科技创新43项,先后有29人次获得学科竞赛一、二、三等奖,94人次获得省部级及以上各类竞赛奖项,2名学生获得韩国国家奖学金,3名学生获得国家奖学金,1名学生荣立二等功。涉外警务专业学生已经成为支援各地公安机关的各类外事警务活动的重要力量,先后参加了G20杭州峰会、厦门金砖会议、宁波APEC部长级会议、乌镇互联网大会等高级别大型活动的安全保卫工作。

搭建平台培养人才:自2003年起每年举办一届"警察与科学国际讲坛"(列入杭州西湖博览会的优秀节目)。积极承担外交部、商务部援外培训和公安部外警培训项目,为师生提供锻炼实践机会。同时,在海外建立实习基地,使学生有机会参与访学国际警务实践。例如,在美国德克萨斯州建立了四个"海外警务实习基地",聘请美国资深警察担任见习教官,组织赴美留学生开展体验式警务见习,全方位、零距离地体验美国的警务工作。

4. 率先招收留学生,积极为"一带一路"沿线国家培养警务人才,为成系统地输出中国执法体系、标准和方案做贡献

浙江警察学院自2011年起开始招收留学生,2013年起招收本科学历留学生,2016年获批教育部、公安部留学生专项项目,成为国内目前唯一一个接受国家全额资助培养建制本科留学生的公安院校。学校招收外国留学生着眼"一带一路"沿线国家和执法安全合作重点国家。目前共招收来自美国、意大利、土耳其、韩国、刚果(金)、莫桑比克、老挝、科摩罗等国家的留学生128人,其中44人为本科生。

根据国家的有关要求,学校制订了具有浙江特色、公安特点的留学生人才培养方案。培养方案围绕"一带一路"倡议与海外中国利益保护,以培养懂中国、懂警务、懂汉语的应用型、复合型警务人才为目标,贯穿汉语学习一条主线,构建"通识、专业、拓展、实践"四大平台,在平台基础上设置中国国情、警察技能、法律实务、专业核心等九个模块,创新建设了留学生实战化教学点及实践科目,体现了在留学生培养中学思结合、知行合一的育人理念。

在具体培养过程中,学校专门为本科留学生开设"中国文化导论""中国概况""中国政治制度"等国情教育类课程和文化体验活动,校领导带头向留学生宣讲党的十九大精神,用留学生听得懂、听得进的方式传播中国文化。参照公安院校警务化管理要求,制订了相适应的留学生日常管理规定。

国际警务人才培养也得到了行业和媒体的赞誉,《中国教育报》《中国日报》等均对学校卓越警务人才教育培养工作进行了报道。以"国际化视野下的警察院校教育改革实践与发展愿景"为主题的全国公安院校主要负责人会议等在浙江警察学院召开。"卓越警务人才教育培养工程——国际警务合作人才培养新模式的构建与实践"获得全国公安高等教育部级优秀教学成果奖二等奖。学校国际警务辐射示范效应日益扩大,在全国公安院校中形成了较大的知名度和美誉度。

党的十八大以来,学校以习总书记的总体国家安全观为指导,注重培养政治立场坚定、职业品质优良、专业基础扎实、警务技能过硬、具有创新精神和国际视野的卓越警务人才,特别是为国家和浙江省培养紧缺的国际警务人才,致力于形成国际警务人才培养的浙江模式。党的十九大以来,学校以习近平新时代中国特色社会主义思想为指引,以构建人类命运共同体、服务国家外交、服务国际警务合作、服务浙江对外开放为使命,持续培养高水平国际警务合作和国际执法人才。学校率先在全国公安院校中实现派出学生到海外留学,率先在全国公安院校中实现招收留学生,率先在全国公安院校中实现涉外警务专业全国招生,率先在全国公安院校中建立了集学历教育、留学生教育、外警培训、服务实战、国际交流职能于一体的国际学院综合体,率先成为商务部、外交部、公务部国际事务和警务培训基地。建设了一个国家创新人才培养的实验区,开辟了一条警教融合共育人才的新路子,建立了一套国内外优势互补的教学体系,培育了一支双师双能型的师资队伍,培养了一批公安机关紧缺的国际执法和警务合作人才。

三、思考与展望

改革开放走过40多年,学校将进一步以习近平新时代中国特色社会主义思想为指引,全面贯彻落实立德树人根本任务,紧紧围绕"一带一路"倡议,为构建人类命运共同体,创造普遍安全的国际环境,培养更多国际警务人才。未来,国际反恐、预防和控制跨国犯罪、境外追逃、国际移民、公民境外保护、国际执法合作将成为重要的教学改革方向,学校培养的学生,不仅要到祖国最需要的地方、公安最需要的地方去,还要到世界最需要的地方去。

未来,学校将立足浙江、面向全国、辐射全球,与10所左右的国(境)外高水平高等院校或警察培训机构确立长期友好合作关系,开展师生交流、学科共建、合作研究、教学互联、实验室或实训基地建设等深层次、实质性合作。建成1~2个国际科技合作与学术研究平台;争取高水平国际合作研究项目;每年举办高层次国际学术会议4~5次,促进国际科技合作和学术交流,不断提升学校的国际知名度;支持优秀学生攻读海外高校硕士和博士学位,拓宽学生国际视野;加大海外高水平人才引进力度,继续争取国家级高端外国专家项目计划,将引入高水平引智和文教专家工作与学科专业、人才培养、师资队伍、科学研究、校局合作、国际交流等方面结合起来,加强引智成果的转化,建立国(境)外专家库。

加强涉外警务专业建设,不断完善人才培养方案;以需求为导向,订单式开展小语种警务人才培养;以实战为引导,建设以国际刑警组织I24-7全球警用通讯系统为核心的国际执法合作实验室;不断提高教师队伍水平,提升涉外警务专业教学质量、研究水平及实战能力。

加大留学生招收数量,特别是"一带一路"沿线国家的留学生数量,不断提高培养水平,牵头做好全国公安院校留学生本科教材编写工程。

坚持做好外警培训,全面落实习总书记在国际刑警组织第86届全体大会上的讲话精神,为共同构建普遍安全的人类命运共同体,提供人才和智力支持。

未来,学校将全面实现教育国际化的发展目标:到2020年,全面树立开放办学和国际化意识;教育国际化体系形成规模,国际化运行机制日趋完善;涉外执法培训品牌与特色成型,培训质量不断提高;教育国际化水平显著提升,形成"以开放促进创新,以创新带动质量提升和特色凝练"的新格局,高层次国际化警务人才培养卓有成效,在全国公安院校中处于领先地位。

参考文献

习近平.干在实处走在前列——推进浙江新发展的实践与思考[M].北京:中共中央学校出版社,2006.

作者简介

宫毅:教授,浙江警察学院原党委委员、副院长,被评为全国公安系统模范教师,获得公安二级英雄模范称号,被授予"全国公安系统优秀教育工作者""全国公安系统巾帼建功先进个人""全国三八红旗手"等荣誉称号,荣立个人一等功1次,三等功3次。"刑事证据学"国家级精品课程负责人。

二、专业建设与应用型特色人才培养

地方综合性大学的专业结构优化与动态调整分析
——以双一流建设高校宁波大学为例

邵千钧

宁波大学

【摘要】通过对世界一流大学的专业布局、培养口径、培养理念、课程体系等进行分析,提出从学科基础、社会需求、科技发展等三个维度来设计本科专业,并形成学校的专业结构与布局。以地方综合性大学为例,提出专业调整目标与原则,结合宁波大学的实践给出了专业调整的内容与方案,具有很强的操作性。在专业设置的基础上,提出了专业知识体系与人才培养导向,对成果产出导向、通识教育、专业教育、创新创业教育、学科交叉融合等关系在培养体系中的实践作了进一步阐述。

【关键词】本科教育　人才培养　专业设置　跨学科

人才培养是大学的根本使命,优质的本科教育是立校之本,也是高校学术声誉与社会声誉的重要来源与保障。所以,国内外一流大学都把本科教育作为学校工作的重中之重,把最优秀的教师和最优质的资源投放到本科教育中。本科教育的改革俨然成了高等教育的革命,不论是哈佛大学的"通识教育"还是斯坦福大学的"卓越本科教育运动",抑或是美国政府倡导的"STEM教育改革行动",改革主体都是本科教育。

专业是本科教育的基本元素,是培养人才的先行步骤,专业设置权更是高等学校最重要的办学自主权之一。如何设置专业,设置哪些专业,无疑对高校发展有重要影响,可以说人才培养质量与专业设置之间存在高度相关性。评价教育质量的优劣存在不同的标准,牛津大学前教育系主任理查德·普林在《教育的标准与质量》一文中给出了学术基础、职业需求、学习能力、市场反应等4个维度的评价。因此,高校设置专业的基础是学科基础、行业发展、个体发展、供求关系等4个方面,在行业发展与供求关系里综合考虑了政府与社会对专业人才的需求。

一、世界一流大学的专业设置与布局

"双一流"的建设目标就是建设世界一流大学和一流学科,所以有必要分析一下世界一流大学的本科教育,特别是专业设置与布局、培养理念、培养目标等方面。为了具有代表性,选取了世界大学学术排行榜(ARWU)上2018年排名前50名的10所综合性大学,这些学校分布广泛,分别位于美国、英国、日本、加拿大、澳大利亚、中国、德国等7个国家,相关内容如表1所示。

表1 部分世界一流大学的本科专业设置与培养理念

学校	ARWU排名	专业数/个	本科生数量/名	培养理念或培养目标
哈佛大学	1	50	6700	博雅教育,教育学生成为社会公民和公民领袖
斯坦福大学	2	69	7062	通识教育,使学生获得成功
剑桥大学	3	31	12340	学科广度与深度,批判精神,终身学习能力
加州大学伯克利分校	5	120	30574	为学生提供终身学习与发展的能力
多伦多大学	23	267	43820	平等、自由、公平发展的机会
密歇根大学	27	55	29821	应用知识、艺术与学术,培养挑战现在与未来的领导者与公民
哥本哈根大学	29	71	21764	跨学科研究与学习,使学生有能力应对社会挑战与需求
墨尔本大学	38	151	26400	提供激励、挑战与实现的教育,引领职业与技能发展
清华大学	46	80	15619	兼具卓越品质的领导者与公民,注重知识、能力与品格的融合
海德堡大学	47	30	15289	致力于追求与人类相关的核心问题,专注于基础研究及其应用,面向学科交叉

注:表中数据与培养理念及目标来源于各大学英文版网站,数据采集时间为2018年12月。

世界一流大学的专业与课程体系设置主要是从学科基础性和职业发展性两个方面进行考量的。学科基础性主要是从学术发展的角度考虑学科的系统性与跨学科的交叉性,其颁授的学位是学术性的。职业性是指像医生、律师等专业技术性比较强的一类专业,主要考虑其具备良好的任职资格,其颁授的学位是职业性的,如医学博士、法学博士、工商管理硕士等。而职业性的专业培养更多的是放在硕士或博士学位阶段,所以本科培养总体定位是打好学科基础,并采用以通识教育为主体的人才培养方式。所以,其专业设置总体来看是学科涉及面宽,就是国内所说的宽口径培养,而专业数量比较少。表1中所列的10所大学全部为综合性研究型大学,其各学科的水平都比较高,既有利于学科专业布局,又能促进通识教育和专业交叉培养。

从培养口径来看,各高校存在一定的差异性。例如,剑桥大学和海德堡大学的本科专业数量在30个左右,但它几乎覆盖了所有的学科门类,充分体现了它的宽口径。为了给学生提供更多的选择,不少大学设置了辅修专业或专业方向作为补充。例如,海德堡大学除了30个主修专业外,还有35个辅修专业和14个专业方向。比如它在管理学、金融、市场营销等领域都未设主修专业,但设置了方向,在地质学、网络安全、文学等领域没有设主修专业,但设置了辅修专业。辅修专业和专业方向有效地拓展了专业数量,同时又加强了主修专业的师资力量,便于提高课程的开设质量。

从专业数量上看,表1中加州大学伯克利分校、多伦多大学、墨尔本大学等3所大学的本科专业数量均超过100个,其余高校均少于100个,最少的仅为30个。总体而言,这些高水平大学非常重视通识教育或博雅教育,有些大学在一年级或一、二年级不分专业,进入后续阶段才选择专业性的课程学习。专业通常被认为是课程组合或主修课程集,国内高校从20世纪50年代开始参照苏联模式,更多地考虑职业需求,而较少考虑通识教育或未来职业变换,从20世纪80年代开始已经逐步向国外一流大学的培养模式转型。

学科交叉融合逐渐成为现代科学技术发展的特征,不少专业对知识量的需求已经不能由某一个学科所涵盖,跨学科专业已经成为世界一流大学的专业设置的重要特征。例如:剑桥大学设置了历史与政治学专业,它以历史学、政治科学和国际关系为核心知识领域;牛津大学设置了哲学政治与经济专业,它认为哲学长于批判与逻辑,政治侧重于对现代社会的影响,而经济有助于研究公共政策制定与资源分配,所以跨学科专业有利于学生培养;斯坦福大学则以"计算机+"的形式设计了10余个复合型专业,如"计算机+艺术"(CS+Art Practice)是将高科技的数字和视觉技术融合进了艺术世界,使学生兼具创造性与科学性。设计多学科复合型的专业是世界一流大学在本科人才培养中的新特征。

二、专业设置与布局的主导因素

学科基础通常是专业设置的前提条件之一,良好的学科基础是本科人才培养质量的重要保障。宁波大学作为一所综合性大学,需要布局基础学科群,包括理工科的数学、物理、化学和人文学科的中文、历史等。考虑到原来的师范基础,保留了艺术、体育、音乐等特色学科,作为地方院校又着重发展了应用型学科,包括经济、管理、法学、外语等人文学科和机械、电子、土木、计算机等理工学科,同时还保留了水产、航舶与海洋工程等与海洋相关的特色学科。这基本上代表了整个学校的整体框架,专业优化调整以现有专业优化为主。

从社会需求上看,除了满足国家与浙江省的社会经济发展对人才的需求外,作为地处宁波的地方性大学,还要满足当地经济发展需要。从宁波市的产业发展出发,主要发展与培育三个层级的产业:一是绿色石油化工、汽车制造等万亿级产业;二是高端装备、新材料、电子信息、软件服务、智能家电、纺织服装、生物医药等千亿级产业,所以,学校需要在这些主要领域的专业有所布局,特别是智能制造、微电子等人才紧缺的专业;三是瞄准科学技术的变革与发展的产业,应设置一些面向未来的专业,培养满足未来需求的科学家和工程师,从世界一流大学的经验来看,主要是设置跨学科交叉融合专业或复合型专业,例如,新兴的人工智能领域,主体是计算机技术、大数据、数学工具三者的融合,其在多个领域得到了应用,又如机器人技术,将人工智能、计算机技术融合进机械电子学科。

三、专业调整的目标与原则

专业调整的目标是依据学校办学定位,根据地方经济社会发展需要,考虑现有的学科基础与水平,统筹办学资源,优化整合现有本科专业,提升学科专业竞争力。宁波大学通过整合相近专业、优化整体布局,建立健全招生专业动态调整和预警机制,促进本科专业的内涵建设和特色发展,提升本科人才培养质量,并确定了四个调整原则。

1. 对接需求、优化配置原则

专业设置应满足地方社会经济发展需要,特别是产业结构升级发展的需要,重点面向省市万亿级或千亿级产业,如智能制造、海洋经济、材料科学、医疗健康、高端服务等行业,培养具有社会责任感、创新精神、实践能力的应用型、复合型和研究型创新创业人才。

2. 明确定位、做强做优原则

对于优势学科专业和基础性专业,应加强研究型人才培养的导向,以学科发展推动专业建设,引导基础性专业往小而精发展。应用性强的专业应主动适应社会发展需求,充分考虑就业前景和职业发展,提高毕业生的核心竞争力和社会适应性。

3. 学科支撑、协同培养原则

专业建设应当以学科发展为依托,根据学校的发展规划,鼓励一些专业面向现代海洋科学、电子信息、智能制造、生命健康等优势学科领域,加强顶层设计,破除院系课程壁垒,完善通识教育和创新创业教育体系,构建学科融合、院系协同的人才培养体制机制。

4. 内涵建设、保障质量原则

以师资队伍建设为根本,以课程建设为基础,以学习效果为导向,加强专业内涵建设,拓展国际化视野,建立健全专业质量评估与保障制度。根据人才培养质量、社会满意度、专业建设水平和教学条件等多元评估体系,建立专业预警机制,定期开展全面的基础性专业评估,并把专业评估结果作为专业调整优化的重要参考。

四、专业调整的方案与内容

下面以宁波大学的专业布局与设置调整为例,具体阐述专业调整的内容。首先是根据专业调整基本原则,参考专业评估结果,将专业分为四个类别,分步实施调整到位。专业调整的思想主要体现了整合教学资源和突出办学优势特点,具体包括:

1. 重点发展专业

国家级或省级重点专业或优势专业,人才培养契合社会需求与学校办学定位,有较强的学科支撑,办学条件好,培养质量高。通过评估,金融学、法学、英语、通信工程、临床医学等18个专业评估优秀,列为重点发展专业。

2. 稳定发展专业

市级或校级重点专业或优势专业或特色专业,符合学校办学定位,有良好的学科支持,办学条件较好,培养质量较高。通过评估,经济学、会计学、汉语言文学、生物技术、音乐学等27个专业评估良好,列为稳定发展专业。

3. 优化调整专业

对办学定位或办学特色不明确或办学质量不高,且专业评估结果在良好以下的专业进行为期3年的整改,3年后进行再次评估。列为优化调整的专业有17个,初步计划按评估结果进行淘汰,约一半的专业将暂停招生。

4. 整合撤销专业

对专业相近或学科基础薄弱或专业建设条件不足或办学质量欠佳的专业进行停招,直到撤销相关专业。根据评估结果,拟停止招生的专业有13个,并于次年度开始停止招生。

同时,学校根据自身发展和社会需求设置一些新专业,保持一定的更新与调整力度。教学评估中心对专业进行定期评估,对于办学质量不佳或不适应社会经济发展的专业给予撤销或停招,保持动态调整机制。

五、专业知识体系与导向

专业布局完成后,如何有效实施显得非常重要,其主要依赖于课程体系和培养导向。专业由一组课程(包括实践课程)来表现,所以课程的类型、内容与质量是本科人才培养质量的关键。尊重学生选课自由和通专结合是世界一流大学课程体系的重要特征。综合来看,它主要体现在三个方面:一是重视通识教育,充分表现出基础性、课程深度与广度;二是重视学科交叉,专业的课程体系中注重多学科的融合,很多课程的学科跨度很大;三是教学方法上重视启发与实践,学生自主完成的作业量很大。

学校根据办学目标与当前的阶段特征,在实施各专业的人才培养过程中体现了四个方面的导向。一是注重学生的全面发展,体现学习成果导向。专业培养方案通过系统设计知识结构和课程体系,其学习内容与知识点全面支持对培养目标和毕业要求的达成度,确保课程之间的逻辑性、科学性及合理性。二是注重通识教育与专业教育的有机融合。所有专业的通识教育须覆盖文学与艺术、历史与哲学、人文与社会、政治与法律、科学与技术等通识教育范围,以培养学生跨领域、多角度思考问题的能力,批判性思维能力和包容性理解能力,全面提升学生的科学、人文、艺术等综合素养。三是深化创新创业教育。坚持问题导向,以深化创新创业教育为着力点,将创新创业课程设置融入人才培养方案体系中,鼓励各专业将专业课程、实践环节与创新创业教育相结合,推进产学研合作,全面增强学生的创新精神、创业意识和创新创业能力。四是重视各专业的多学科交叉融合。在各专业的课程体系中,有意识地设计跨学科或多学科融合的课程,每个主修专业同时又设置一个含核心课程的辅修专业,突出学科交叉和专业复合培养,努力实现通识教育、创新创业教育和专业教育的有机融合。

六、结语

高校的专业设置主要依据学科基础、行业发展、个体发展、供求关系等因素,对于办学能力较强的国家"双一流"综合性大学来说,社会需求与行业发展是专业设置的主要因素。本文以宁波大学为例,从学科基础、社会需求、行业发展等方面分析了专业设置的具体因素,并对现有专业的优化调整做了案例分析。文中提出了学校在专业调整优化中采用的主要原则,并对具体实施的内容与结果做了介绍,对成果产出导向、通识教育、专业教育、创新创业教育、学科交叉融合等关系如何在培养计划中实施做了介绍与分析。

参考文献

[1] RICHARD P. Standards and Quality in Education[J]. British Journal of Educational Studies,1992(1):4-22.

[2] 黄维.本科立人 本科立校——构建"中国特色世界一流"本科教育体系初探[J].中国高教研究,2016(8):1-6.

[3] 兰利琼,李茂国.高等学校专业设置管理中的权力制衡研究[J].高等工程教育研究,2011(1):41-50.

[4] 李春玲,肖远军.推进美国STEM教育改革的政府行动:缘由、目标与措施[J].全球教育展望,2018(7):48-56.

[5] 马莉萍,周姝.美国研究型大学本科教育改革举措及其成效评估——以斯坦福大学为例[J].教育科学,2016(3):90-96.

作者简介

邵千钧:教授,宁波大学副校长。

调整专业结构，优化专业布局，强化专业内涵
——建一流专业　办一流本科

王文秀　林　雷　叶　紫　周健民　叶发青

温州医科大学

【摘要】当前，国家提出加强"一流大学""一流学科"建设，其根本是培养一流本科人才，而一流本科人才的培养依赖于一流本科专业的建设，因此，调整优化专业结构，加强专业内涵建设是高等教育发展的核心问题。温州医科大学通过对专业开展"加减乘除"四则运算，即增加紧缺专业、停办停开部分专业、重视各专业间的融合交叉，集中优势资源，发展优势专业，调整和优化学校的专业结构，为建设一流专业、一流学科，办一流大学打好基础。

【关键词】高等教育　医学教育　专业　专业结构

专业结构优化调整和专业建设是高校建设和发展中的一项核心工作，也是我国高等教育今后一段时间内改革和发展的重要任务。从社会发展来看，专业结构优化调整和建设水平直接影响社会产业行业人才供给与发展水平；从我国高等教育整体水平来看，它与高等教育的整体水平和质量密切相关；从高校本身来讲，它是高校发展中重中之重的大事。温州医科大学是一所委部省共建的医学院校，这是我们的发展优势，同时，学校也存在地理位置上的劣势。如何针对学校的优劣势，扬长补短，为学校发展打好专业建设和结构优化的基础，是我们长期思考的问题。

一、不变则退，专业结构优化调整的背景

1. 适应国家高等教育专业目录的调整

专业是高等教育改革的重要内容，高等教育的本质是专业教育，高等学校的教育教学都要围绕学科、专业而展开。专业是高校立学之本、教学之范，关系到教育资源的配置和优化，教育的质量和效益。专业设置和结构优化历来受到教育行政主管部门、高等教育界乃至全社会的关注。基于专业的重要性，教育部针对高等教育专业目录采取了一系列措施。高等教育专业目录自1987年发布至今，共修订4次，专业设置数大幅增加，作为高等教育体系的组成部分，高等医学院校专业设置的发展变化，与我国4次本科专业目录调整密切相关。

2. 适应新高考改革带来的政策转变

适应新高考改革对专业发展带来的压力。浙江省作为第一批新高考改革试点省份，由报考学校转变为报考"专业＋院校"，这一转变必然导致生源竞争从学校综合排名之间的竞争直接转向专业办学水平的竞争。众所周知，每所学校都有优势专业、特色专业，同时也有竞争力较弱的专业。为了争取更优质的生源，必须要适应新高考带来的变化，并针对专业结构做相应调整和优化。

适应不断发展变化的社会需求。专业在《辞海》中的定义是"高等学校或中等专业学校

根据社会专业分工需要所分成的学业门类""从社会的角度来看,专业是为满足从事某类或某种社会职业必须接受的训练需要而设置的"。因此,专业设置和结构优化需适应社会发展需求,新增社会紧缺专业,停办社会需求严重饱和或无市场需求专业,优化特色专业。

3. 适应一流本科、一流专业的新要求

2015年,国务院发文要统筹推进世界一流大学和一流学科建设。2018年教育部高等教育司司长吴岩在成都召开新闻发布会,指出教育部将以建设面向未来、适应需求、引领发展、理念先进、保障有力的一流专业为目标,实施一流专业建设"双万计划",即建设1万个国家级一流专业点和1万个省级一流专业点,其中医学类一流专业有400个。

如何适应政策导向,满足社会需求,如何优化专业内涵,提升专业竞争力,打造国家级、省级一流专业,各种改革诉求以命题的形式下达给高等教育,基于此,高校根据自身发展特色,优化专业布局,加强专业内涵建设势在必行。

二、透析专业,突出特色

依托优势学科,加强专业建设。学校二级学科眼视光学国内排名第一,在国际学术界也颇具影响力,医学检验等也在国内外学术界产生较大影响;一级学科建设也取得了一定成绩,如临床医学、药学被列为浙江省重中之重一级学科,相关成果获得国家科技进步奖二等奖4项、国家技术发明奖二等奖1项、中华医学科技奖一等奖3项。依托学科发展,学校专业发展也取得了一定的成绩。目前临床医学等4个专业通过专业认证,有国家级专业综合改革试点专业1个、国家级特色专业4个、省"十三五"优势专业7个、省"十三五"特色专业7个、市重点专业9个。在中国科学评价研究中心公布的《中国大学及学科专业评价报告(2015—2016)》中,学校有5星级专业2个、4星级专业4个。

三、四则运算,统筹布局专业结构

"在高校专业的建设发展过程中,专业的质量、规模、效益以及发展战略都会成为专业建设和发展的限制因子",学校要做好专业的建设,必须关注人才质量、社会需求、社会适应性、评估与学术声誉以及战略规划等。因此,温州医科大学根据学校定位、发展规划及社会需求,科学合理地调整专业规模、优化专业结构,实现专业内涵式发展,增强专业实力和水平。

1. 确定专业结构优化方向,开展专业"加减乘除"运算

调整、优化结构是新时代我国高等教育发展的核心,调整和优化专业结构是其重要一环,针对学校专业设置及专业发展情况,从社会需求和学校发展的角度,确定了专业结构调整和优化的大方向,即开展专业"加减乘除"运算,实现专业数量更合理、专业设置更适应社会需求、专业结构更优化、专业发展更多元。

2. 增设国家紧缺专业,做好专业运算"加法"

学校遵循教育部有关高校专业设置要求,按照专业建设与发展规划,在控制专业总量的基础上,根据区域经济社会发展、行业需求和学校办学定位增设新专业,现有新专业12个。针对国家紧缺人才需求,积极响应国家政策,开展医学紧缺人才培养,大力推进"儿科振兴"计划,高起点建设精神医学专业,扩大面向农村基层全科医学人才培养规模,制定并不断深入推行全科医学"国标省统、县管乡用"的人才培养模式。

3. 开展校内外专业评估,做好专业运算"减法"

基于学校教学研究型大学的定位,有些专业评价排名靠后(如环境科学、应用心理学、计算机科学与技术、电子信息工程、法学等专业),至今仍无硕士学位点,不符合、不适应教学研究型的定位。这种发展的不平衡性,直接影响了学校的整体管理与发展,针对此类专业,学校通过停招、停办的方式,做相应的专业"减法"运算,保障学校整体专业优化。

基于学校发展现状,在资源总量有限、外部竞争愈加激烈、专业数量过多的情况下,通过专业预警及退出机制和校内外专业评估机制,动态调整专业数量。2013年,学校出台《关于建立本科专业预警及退出机制的意见》;2014年,学校又依据省教育厅《关于落实和扩大普通高等学校专业设置管理的指导意见》,修订完善《专业建设发展规划(2014—2018年)》。2016年,根据专业建设标准,开展专业评估,对现有专业的师资、办学条件、人才培养质量进行评估,对条件差且没有明显市场需求的专业进行撤并,调整与优化专业结构。停办法学、法医学专业;停招社会工作、海洋科学等12个非医学类专业;新增精神医学、儿科学专业;改造运动人体科学为运动康复专业,制药工程为生物制药专业;将38个专业调整为28个本科招生专业,涉及医学、理学、工学、管理学四大学科门类,形成与学校办学定位相适应的基本格局,构建与健康产业紧密相关的专业群和专业链。

4. 加强专业间协同创新,做好专业运算"乘法"

仅仅做好专业数量增减的"加减法",对调整优化专业结构,促进专业发展是远远不够的,还要从体系建设上融汇专业间的交叉点,做好"乘法"运算,发展复合型、交叉型专业。学校从适应国家新工科、新医科导向的角度出发,推进医学、工学、理学、药学等多学科融合发展:将眼视光学和生物医学工程两个专业相结合、临床医学和信息管理与信息系统专业相结合,发展新医科;在药学、临床药学、生物制药等专业开展新工科。

5. 强化优势特色专业,做好专业运算"除法"

集中资源,专注优势特色专业发展,做专业的"除法"运算,所谓"除法"即"高校要聚焦到学校所服务的主要产业链和创新链上来,在资源有限的情况下,做到'压强'足够大"。

学校按照"做精、做强、做特"建设原则,依托学校优势特色学科:做精医学类专业,巩固临床医学、眼视光学、医学检验、药学等国家级特色专业优势地位,扶持和培育一批新的优势专业(麻醉学、护理学、医学影像学、预防医学)发展为国家级特色或综合改革专业;做强医工结合的生物医学工程等专业、医理结合的生物技术等专业;做特与医疗卫生事业相结合的公共事业管理等特色新兴专业。以优势特色专业建设为内核,带动扶持一批相关医学类专业建设,扩大校内特色优势专业影响力与辐射示范作用。积极培育和扶持经济社会发展急需的新兴专业,强化与战略性新兴产业紧密结合的专业建设,逐步形成专业品牌和特色。

四、扩大优势,持续发展

根据2018年武书连各专业排名,温州医科大学在浙江省内有眼视光学、康复治疗学、麻醉学、医学检验技术4个专业被评价为A级及以上,儿科学、护理学、口腔医学、临床药学、临床医学等若干专业排名在第一方阵,具体如表1所示。

表 1　2018年温州医科大学各本科专业在全省的位置

专业	全省布点数	评价等级分布(武书连2018年评价)										
		A++	A+	A	B+	B	C+	C	D+	D	E+	E
儿科学	2				1			1				
公共事业管理	16	1		1	1	3	2	2	2	2	2	
护理(专科)	0											
护理学	9		1		2	2		1	1	1	1	
精神医学专业	1		1									
康复治疗学	5		1		1			1	1			1
口腔医学	6		1				1		1		2	1
劳动与社会保障	4	1			1	1			1			
临床药学	2						1		1			
临床医学	9				1			1			1	3
麻醉学	1		1									
生物技术	12		1		2	2	2	2	2		1	
生物医学工程	3	1				1		1	1			
生物制药	6				1		2	1	1	1		
市场营销	21		2	1	5	3	4	2	2	2		
卫生检验与检疫	2			1				1				
信息管理与信息系统	18	1			2	3	4		3	3	2	
眼视光技术(专科)	0											
眼视光医学	1	1										
药学	9		1		2	1				4	1	
医学检验技术	4		1					1	1	1		
医学影像学	2			1				1				
应用心理学	9	1	1		3	3		1				
预防医学	5			1			3			1		
中药学	5			1		1				3		
中医学	1									1		
(空白)	0											
总计	153	6	7	8	23	20	18	19	18	19	10	5

　　专业是高等院校从事教育教学活动的依托和特定实体,是高校最基本的教学单元,是高校办学水平的一个重要反映。只有专业设置结构合理,医学院校人才的培养才能适应卫生事业发展的需要,专业自身也能获得社会的有力支持,并与社会形成良性互动,和谐发展,同时它也是社会对学校进行评价的一个客观标准。另外,由于专业结构的调整只是对当地社

会环境的一种适应,学校不应只满足于专业结构调整,还应注重专业内涵的建设,通过提高学校专业的教学质量,培养学生的综合素质和能力,使人才培养能够满足当地社会发展的人才需求,从而提高专业结构调整的实际成效。因此,基于已取得的成绩,学校将继续从以下几方面扩大优势,优化专业机构、加强专业内涵建设。其一,继续扩大眼视光医学等4个国家特色专业在省内外的影响力,以国家甚至国际一流专业为标准,加强内涵建设。其二,突显和巩固精神医学、儿科学、临床药学等专业在省内的领军地位。其三,开展分层分类专业建设活动,透析每个专业的优势特色和发展点,找到每个专业发展的突破点,促进专业发展。其四,开展新医科、新工科专业建设,创新融合专业交叉发展,扬长补短,带动学校非医学专业的建设和发展。

参考文献

[1]陈锋.实施"大舰战略":加快建设学科专业集群超级平台[J].中国高等教育,2016(23):27-30.

[2]冯向东.学科、专业建设与人才培养[J].高等教育研究,2002(3):67-71.

[3]郝德永.论我国高等教育的"二次大众化"变革[J].教育研究,2014(12):81-84.

[4]黄荣怀,沙景荣,李茂国.高校学科专业发展的教育生态观[J].中国大学教学,2004(10):25-27.

[5]刘树琪.突出适应社会发展导向 优化调整学科专业结构[J].中国高等教育,2014(10):55-57.

[6]陆丽.论地方综合性大学本科专业结构调整[J].教育评论,2014(1):30-32.

[7]马歆静.生态化与可持续发展——现代教育发展的必然[J].教育理论与实践,1998(5):1-6.

[8]王先俊.论高校专业结构调整与专业建设[J].安徽师范大学学报(人文社会科学版),2002(4):460-464.

[9]张思强,卞继红.论办学定位与地方高校办学特色的耦合[J].河北师范大学学报(教育科学版),2012(2):48-52.

作者简介

王文秀:温州医科大学教务处科员。

林　雷:温州医科大学高等教育研究生副研究员。

叶　紫:温州医科大学第一临床医学院助教。

周健民:教授,温州医科大学高教研究所所长、教学发展中心主任。

叶发青:教授,硕士生导师,温州医科大学教务处处长。

地方农林高校专业集约化建设改革与实践

梅亚明　代向阳　罗士美

浙江农林大学

【摘要】随着高校从扩招到招生规模的持续稳定,专业建设从规模扩张向内涵发展转变,在办学资源相对稳定的背景下,专业办学效益越来越受到高校和社会的关注。本文以浙江农林大学为例,通过分析专业建设存在的问题入手,提出了专业集约化建设改革举措,经过近十年的改革与实践,有效提升了专业建设水平,有一定的示范推广效应。

【关键词】地方农林高校　专业结构优化　集约化建设

近些年来,我国很多地方单科性院校都成功转型为多科性大学,办学规模迅速实现了跨越式发展。伴随着学校的转型和经济社会的发展,政府对学校的办学使命提出了新的要求,社会、市场及产业对高校人才培养的导向作用变得越来越大。浙江农林大学作为一所地方高等农林院校,在短短10多年时间内专业数翻了近10番,但受高考生源下降和教学投入收紧的双重影响,人才培养与社会需求的契合度、专业规模效益的适切度以及教学资源的支撑度等方面的问题开始显现,学校的发展理念与专业的建设理念亟待创新。学校从2008年起开始践行专业集约化建设理念,通过"专业体系聚拢、专业建设协同、教学资源集聚"等方式,历经数年的探索与实践,形成了一套地方农林高校专业集约化建设的特色做法。

一、专业建设存在的问题

在高等教育普及化进程迅速推进的今天,受到高考优质生源竞争与新高考招生制度改革的双重压力,招生规模下降和专业内涵建设需求同时倒逼专业改革。在高等教育扩招政策实施以来,高校的办学规模实现了快速发展,专业布点数量大幅度增长,但也不乏存在一些学科支撑不力、师资数量不足、实践条件不够、目标定位不准的专业,由此产生了严重的专业"同质化"问题,专业的特色、优势彰显不够明显,专业的整体建设水平偏低,进而导致学校的人力资源、财力资源和教学资源浪费严重。

1. 高校尚未建立共享机制,专业建设重复严重、统筹不够

大多数专业在建立之初,并未依循专业群的构建原则与标准进行建设,专业存在重复建设的问题,包括专业师资、实验室、实践教学基地等都存在各自为政的现象,进而直接导致了专业教学资源的整合度不高、实践设施及师资队伍的共享率不高。

2. 高校尚未建立协作机制,专业群公共平台建设难度较大

专业群人才培养体系涵盖了群内各专业一些共同的理论性课程与实验、实习、实训等实践性课程,以及与之相配套的课程资源平台、实验室、实训室、实习基地及实践基地等。从现实情况来看,专业群的实体与运营存在着"各自为政"、内部协作机制尚未建立完善、专业群公共平台建设形势依然严峻等问题。

3. 高校尚未建立柔性组织,专业群建设与管理的水平不高

当前,高校已经认识到专业群建设对于提升学校核心竞争力的重要性,纷纷构建专业群

结构体系,但盲目设置新专业、专业设置重复率高、专业同质化严重等问题普遍存在,进一步稀释了教育资源,深入影响了高校专业建设水平与办学效益。专业群建设停留在传统单一专业建设与管理的模式上,基于专业群协同发展的思维仍然没有树立,柔性化专业建设与管理组织依旧没有建立。

二、专业集约化建设改革举措

1. 构建"内有学科链、外有产业链"专业结构体系

针对专业定位不清晰、育人特色不明显以及"与区域发展需求、学校发展要求存在错位或缺位"等影响专业体系聚拢的关键问题,从学校的学科基础出发,主动回应政府要求与社会需求,确立人才培养定位的总体框架,通过学科的汇聚、融合与产业的遴选、集聚,构建了"农林生产、生物健康、生态环境、园林建筑、机械制造、材料能源、信息计算、经济管理、人文社会、文化创意"十大专业群。在专业群的基础上,为进一步对接全产业链人才需求,凝练了"智慧农业、现代林业、绿色环境、美丽城镇、人居环境、健康时尚"六大全产业链专业体系,有效对接了浙江省推进"生态文明、现代农业、山上浙江、美丽乡村、乡村振兴"等重大战略部署,充分契合学校"生物种业、人居环境规划设计与绿色建筑、农林碳汇与生态环境修复"等十大优先发展的重点学科领域,清晰定位了学校专业发展与人才培养的总体目标框架,专业集群优势凸显,专业链式培养特色鲜明。

该体系既强化了内部学科的融合,又强化了外部产业的集群;既注重了专业与学科、专业与产业的整体对接,又注重了专业在学科群与产业链上的协同、复合。通过专业群与专业链构建实现了专业体系聚拢,清晰界定了专业定位的整体框架,有效摒弃了传统专业结构体系"重本位轻市场、重规划轻集群"的缺点。

2. 构建专业结构持续优化的长效机制

以专业结构体系为框架,促进专业群、专业链的内外部协同,提升专业规模效益,通过"专业评估、专业调整、专业发展"紧密联动,推进专业结构持续优化。针对专业规模效益不高、自身发展动力欠缺等制约专业结构集群的核心问题,以专业建设的质量和效益为导向,建立健全专业评估指标体系和"学校、政府、社会"三位一体专业评估体系,周期性地开展专业评估和专业结构调整,对专业评估排名靠后、专业师资数量不足、一志愿率和就业率较低的专业实施预警,对不符合学校战略发展、游离于专业群和专业链外的专业予以退出处理,对培养目标相近、服务面向窄且社会需求小的专业进行合并,对区域急需且学校必需的空缺专业进行有序增设,并依据专业的学科门类合理调整专业的学科、学院归属,对评估结果好的专业给予绩效奖励,促进专业结构持续优化。以招生调控、生均拨款及绩效奖励等为主要手段,建立健全专业发展驱动机制,促进专业水平持续提升。

该机制既注重专业体系内部结构的平衡性和外部需求的契合度,又注重专业集群效益的发挥与内在发展动力的建立,还注重全过程(招生、培养、就业)及多主体(学校、政府、社会)开展专业评估的必要性。围绕专业群与专业链体系优化专业结构,解决了专业的协同建设与集群发展问题,有效避免了"只求效益不求体系、只顾评估不顾建设"的盲目做法。

3. 构建专业协同建设的集约化发展模式

为落实集约化建设理念,确保专业群和专业链内部培养协同、资源集约,基于专业建设的三个核心要素,通过"培养目标、课程体系、教学资源"等的协同推进专业集约发展。针对

专业培养不协同、教学资源不共享等束缚专业建设集约的根本问题,以专业建设的三个核心要素(培养目标、课程体系、教学资源)为出发点,首先确立三类人才培养类型(拔尖创新型、复合交叉型、高级应用型),清晰界定各专业人才培养类型,有效避免了专业人才培养目标的"同质化"。其次以人才培养方案为抓手,依据十大专业群设立十个专业大类和专业大类公共课程平台,按照专业链要求设置专业方向课程模块,有效确保了课程体系围绕"专业群"协同、围绕"专业链"复合。最后以管理创新为突破口,明确学科是学校的基层教学组织,并承担课程建设与开设的职责,落实课程的学科归属,实行以专业群和专业链为单元开展教学建设,有效推进了人员的协同和资源的集约。

该模式注重从专业建设的三个核心要素入手,通过培养目标与方案的分类、课程平台与模块的协同、资源建设与运行的集约等方式,切实将专业群和专业链的集群体系与优势落脚到了专业的人才培养和教学建设上,有效解决了专业集约化建设的根本问题。

4. 构建"三位一体"专业目标定位

坚持以学生发展为根本,坚持需求导向,确立了专业发展的"三位一体"目标定位,即类型定位、学科定位和需求定位。类型定位:确定以拔尖创新型人才培养为引领、以高级应用型人才培养为主体、以复合交叉型人才培养为特色的"专业类型定位"。学科定位:明确各专业的主干学科归属和学位授予类别,依托主干学科强化专业群建设,彰显专业培养特色。需求定位:注重社会需求与人才培养目标的一致性,主动对接六大全产业链,以需求为导向,科学制订人才培养方案。

各专业按照"三位一体"专业建设理念,确立自身发展的学科定位、需求定位及类型定位,科学选择与之相匹配的人才培养方式;按照专业改革的三条路径(专业综合改革、专业认证、应用型专业改革),积极探索校校、校企、校地、校所以及国际合作的协同育人新机制,不断创新人才培养模式与机制。

三、专业集约化建设成效

通过专业集约化建设,学校在推动专业内涵建设与提升人才培养效益等方面成效显著,应用推广与辐射示范的效应广泛。

1. 专业体系更加清晰,专业人才培养与社会需求的契合度显著增强

有效对接浙江省"现代农业"等战略和学校"生物种业"等十大优先发展的重点领域,人才培养与社会需求的契合度显著增强。自改革实施以来,学生发表高水平论文(含SCI、EI等)220篇,获国家及以上学科竞赛奖352项、发明专利(含外观设计、实用新型等)1150项,涌现出沈慧刚、周利亚、缪金莉、李鑫等一批创新创业学生典型。从浙江省教育评估院的调查数据来看,专业就业相关度稳步上升,近3年累计提升了12个百分点,建筑学、风景园林就业相关度分别达到89.60%、88.00%。从麦可思的调查数据来看,校友推荐度和校友满意度均高出全国非"211"本科高校10个百分点,分别达到了76.00%和98.00%。

2. 专业结构更加合理,专业规模效益与集群效应的显示度明显提高

近年来,学校预警专业9个,合并专业9个,退出专业1个,调整专业的学科、学院归属1个,增设专业4个,建成十大专业群和六大全产业专业链,专业由"以一产为主"向"以二、三产为主"转变,专业结构更加合理;招生专业数缩减至53个,专业平均师资增加4人,专业平均教学经费增加85.73万元,专业平均在校生增加38人,专业规模效益更加显著;调整招生

指标1000余个,专业绩效奖励投入1200万元,专业发展动力更加强劲;以专业群与专业链为单元,建设国家大学生校外实践教学基地1个、国家农科教合作教育基地1个、国家实验教学示范中心1个、省级大学生校外实践教育基地2个、省级重点实验教学示范中心1个、校内综合实践基地7个、本科实验教学中心13个、教学团队50余个、网络在线课程平台1个等,专业集群效应更加凸显。从浙江省教育评估院的调查数据来看,与改革实施前相比,学校招生质量与就业质量提升明显,其中2015年文理科二批最低录取排名分别提升了2位和7位,毕业生就业率排名与考研率分别提升了14位和9.6个百分点。

3. 专业内涵更加丰富,专业改革成果与示范效应的辐射面大幅提升

明确按专业大类和全产业专业链修订人才培养方案,设置大类课程模块和方向课程模块,落实全部课程的学科归属。从专业群、专业链角度挖掘优势与特色,建设国家特色专业4个、国家专业综合改革项目1项、国家新工科项目1项、省级重点专业12个、省级优势专业5个、省级新兴特色专业6个。建设"十三五"省级优势专业建设项目5个、省级特色专业4个。鼓励跨专业群、专业链协同,7个专业获批2项国家卓越农林教育人才培养计划。围绕专业建设与改革,开展省级及以上相关课题研究近20项,发表相关教改论文近20篇。新华社、《中国教育报》、教育部网站等主流媒体进行相关报道30余次,南京林业大学、华中农业大学、上海海洋大学等10多所高校来校学习交流,并对浙江农林大学的做法及取得的成绩表示高度认可。在第六届全国农林院校教育教学改革与创新论坛,以及中国工程院组织的卓越系列人才培养计划实施情况中期评估会议上,获得教育部、兄弟院校和有关专家、领导的一致肯定。

四、专业建设展望

在"双一流"建设背景下,要建设一流本科必须要建好一流专业,加强专业内涵建设、提升专业建设的质量和水平的要求比以往任何时候都更迫切,地方农林高校的专业结构调整与优化、农林类专业的改造升级比其他行业类高校更为艰难。随着专业设置权限下放、财政拨款方式变革和高考招生改革的持续推进等政策相继推出,高校拥有了比以往更大的办学自主权,因此,高校必须趁势而上主动对本校的专业结构与布局重新进行调整和优化,加快专业集约建设,健全适应地方区域经济社会发展的专业动态调整机制,构建农林特色的专业结构和高水平人才培养体系。

参考文献

[1]姜志军,李睿思.论地方经济产业结构与高校专业群建设现状[J].继续教育研究,2015(2):4-7.

[2]梅亚明.高校专业群的集约建设[J].教育发展研究,2006(17):68-69.

[3]孙毅颖.高职专业群建设的基本问题解析[J].中国大学教学,2011(1):36-38.

[4]吴文盛.普通高校特色专业群形成机制研究[J].中国地质教育,2012(2):33-37.

作者简介

梅亚明:研究员,浙江农林大学发展规划处处长,原教务处处长,研究方向为高教管理。

基于"互联网＋"的信息特色地方高校人才培养改革与实践

徐江荣　　陈建华

杭州电子科技大学

【摘要】杭州电子科技大学作为一所电子信息特色明显的高校,近年来紧紧追随浙江打造信息经济大省的浪潮,采用"12134"的教学改革模型(1:"信息科技"内核;2:教学力与学习力提升;1:"互联网＋"主线;3:三个教学问题;4:重点实施"推进与互联网结合的专业建设、强化互联网与教学过程深度融合、聚焦信息特色提升实践创新能力、构建'互联网＋'的制度保障"等4项综合改革),形成了信息时代信息特色创新人才培养的"校本"模式,打造信息人才培养高地。

【关键词】互联网＋　专业建设　深度融合　实践创新　制度保障　成效

杭州电子科技大学作为一所具有60多年办学历史和鲜明学科专业特色的电子信息类高校,是浙江唯一一所重点建设的信息特色高校,在浙江打造信息经济大省的浪潮中,学校紧紧把握机遇期、挑战期和转型期,从大学章程定位、五年发展规划以及专业培养方案改革等的顶层设计开始,采用"12134"的教学改革模型(1:"信息科技"内核;2:教学力与学习力提升;1:"互联网＋"主线;3:3个教学问题;4:重点实施"推进与互联网结合的专业建设、强化互联网与教学过程深度融合、聚焦信息特色提升实践创新能力、构建'互联网＋'的制度保障"等4项综合改革),形成了信息时代信息特色创新人才培养的"校本"模式,打造信息人才培养高地。

一、"互联网＋"时代面临的教学问题

在"互联网＋"时代,作为一所信息特色高校,我们一直在探索如何在人才培养工作中植入"信息科技"内核,如何解决面临的以下教学问题。

①如何立足于创新活力之都,服务信息经济区域战略以及面向突飞猛进的信息时代变革,培养高水平人才？着力破解信息时代,地方特色高校如何面向、对接区域经济发展的需要,主动改革培养模式从而培养造就一大批德才兼备的复合型信息特色人才的问题。

②如何坚持并进一步发展学校信息特色,深度推动教育教学改革,形成信息时代信息特色的人才培养模式？重点解决如何让信息技术深度融合渗透人才培养各环节,运用信息技术推动教学过程和方法的改革、提高培养质量的问题。

③如何进一步以信息技术推动教师教与学生学的深度变革,形成教师教学力和学生学习力持续提升的机制？围绕"互联网＋"时代人才培养与教师自身变革的新需要、新趋势,主动探索引领教师发展新机制、新途径,提升教师教学力;以学生学习为中心,关注学习过程和产出导向,加强创新实践能力培养,持续提高学生学习力。

二、基于"互联网＋"的人才培养改革举措

学校立足办学优势特色,扎根"互联网＋"模式,以深度融合、有机融入为结合点,将信息

技术内置为人才培养改革的理念、动能、内在元素及重要手段。

1. 推进特色专业建设和专业动态调整,夯实人才培养改革的基石

(1)适应信息时代需要,集聚信息特色动态调整专业

建立完善的红黄牌关、并、转专业机制,学校专业规模已由过去的58个优化至42个。运用"互联网＋"技术,改造测控、金融学、会计学等传统专业,促进学科专业的深度交叉融合;进一步促成具有信息时代特征的新专业的形成和成长,新增或完善智能科学与技术、信息安全、网络工程、保密管理等一批专业。

(2)实施专业复合改革计划,促进专业间的交叉融合

充分利用信息特色学科专业群的资源优势,推动学院、专业之间的交叉融合,促进教学资源的优化配置和合理调配。着力培养适应"互联网＋"发展趋势、具有良好的信息素养和相应专业知识与技能的复合型应用人才。"计算机＋会计学"等复合专业提升了"一专多能"复合型人才培养水平,深受师生欢迎,引领"按类招生、跨类转专业、自主选择专业"的高考制度改革新理念。成立卓越学院,实施学科交叉、专业融合、跨界培养,创立多学科专业大复合的人才培养模式。

(3)紧盯信息技术前沿,注入专业"信息科技"内涵

将云计算、大数据、人工智能等新知识、新思维、新技术及时融入各学科专业人才培养全过程,明确优势特色专业的"信息科技"建设方向和内涵,并融入专业人才培养方案修订中。面向非工科类学生,开设两年制计算机信息技术微专业。

2. 强化互联网与教育教学过程深度融合,发力人才培养改革的主战场

(1)利用信息技术重构教与学新形态,提升教学力与学习力

强化顶层设计、政策激励和项目驱动,构建信息化的教学咨询、示范等平台,通过"3培养1竞赛"多层次培养教师运用网络技术深化教学改革的理念和能力。将"互联网＋"元素融入学科导论课、新生研讨课等。通过混合式学习等重塑课堂,落实探究、启发和互动式学习,提高课程兴趣度和生生、师生互动度。

(2)建设网络在线平台,充分开发运用网络教育新资源

切实发挥学校信息类高校的特色,支持建设优秀课程在线教学平台。立项62门基于MOOCs/SPOCs的"翻转课堂"改革项目,上线300多门信息化课程,吸引省内外10万余名学生参与,上线课程门数和学生参与次数均居省属高校首位。自主开发有410门课程、196位教师使用的H-click课堂互动系统,提高了课堂教学效果。自主研发的HDOJ被公认为是性能稳定、功能齐全、比赛丰富的程序类在线学习和测试平台,目前注册用户数量达50多万人,遍布五大洲。此外,改造建成多媒体教室241个,承担了95%的课程教学总量,建成智慧教室20余间。

3. 聚焦信息特色提升实践创新能力,找准人才培养改革的着力点

(1)推进信息技术与实验教学深度融合,构建虚实结合的实践实训路径

建设实验室开放与大型仪器共享信息化平台,运用信息化平台整合虚拟仿真及实体实验资源,与学校4个国家级实验教学中心形成优势互补,为学生提供虚实结合、全时空开放的多元化实验环境和动态实验教学体系。采用新型虚拟仿真实验技术,设计"虚实结合"的实验项目,建设"实验慕课""翻转实验室"等,构建完整的虚拟仿真实验教学体系。

(2)发扬学科竞赛优势特色,推动"互联网＋"创新创业教育向纵深发展

以互联网和信息科技为核心,实施"实践—创新—就业"三位一体的培养模式,近年来培

养方案修订均突出以互联网为特征的实践教学与创新能力,不断提升杭电学生的信息素养。构建"一院一赛"制、"国家/国际、省、校"三级竞赛体系,突出校企、多学科、师生、校院等"四大联动",形成"互联网＋"行业背景的杭电竞赛特色。打造"众创空间项目",支持建立"跨学院、跨学科、跨专业"学生创业团队,大学生创新创业基地、科技创业园以及文化创意园实现"三区联动"。

(3)推进与IT企业的深度合作,构建校内外实践育人体系一体化

面向信息行业,建立企业出技术、出设备、出导师,与学校共建实验室、共同开发教育的联合机制,实现高校与企业、区域的融合发展。与华为、西门子等众多知名企业共建工业4.0实验室、大学生创新实训基地等实践实训学习资源。与互联网企业共建课程,建设"高等数学""大学计算机基础"和"C语言程序设计"等在线课程14门。积极参与工程教育认证、卓越工程师教育培养计划及中外合作办学项目,全面实施"政产学研用"协同创新,增强专业的市场结合度。参与发起成立以信息经济人才为主体的杭州信息经济人才协会(全国首家)。

4. 构建"互联网＋"的制度保障,拓宽人才培养改革的方法和路径

(1)以OBE(outcomes-based education)为主导,形成自主学习与实践创新的育人体系

扎根基于学习产出的教育模式,利用互联网技术,完善通识教育课程、新生研讨课、学科导论课、翻转课堂、学生修读MOOCs等新型课程与研修平台。建立完备的学科竞赛体系、校内外实践教学资源一体化以及促进学生"泛在学习"的支持系统。专门研究制订了创新学分认定、校外通识课在线选修、实验室开放管理等系列制度,推动学生自主学习。

(2)以SCL(student-centered learning)为驱动,构建以智慧教学为特色的教师自主发展体系

落实以学生学习为中心的教学范式,以信息技术的理念与方法推动教师自主发展、促进智慧教学。学校专门出台了MOOCs/SPOCs建设管理、课程教学模式改革等系列新政,以及教师分类发展、职称评聘和绩效考评等关键制度,重点导向并奖励以信息技术推动教育教学改革的各类业绩。

三、学校人才培养成效显著

1. 信息特色人才培养质量不断提升,有效支撑地方信息经济社会发展

学校每年有近50%的毕业生在IT领域就业,成为杭州高新区人才第一大户。近3年,毕业生起薪位于省属本科高校前2位。一批校友成为华为、阿里巴巴等企业的技术骨干,涌现出了"快递分拣机器人"创造者朱建强等一批创业之星,学校成为浙江高素质IT人才培养高地,获"全国高校毕业生就业工作先进集体""全国毕业生就业典型经验高校"等荣誉。在2013—2017年全国普通高校竞赛评估结果(本科)中列全国第17名,其中,2017年列第12名。历年省以上信息类学科竞赛获奖数量位于全国前列、居省首位。2010年以来,在全国顶级学科竞赛中获二等奖以上200余项,5次冲入ACM全球总决赛(20名、28名、31名各1次)。

2. 人才培养"互联网＋"改革成效显著,新型课堂形态辐射面广

互联网＋课程、＋教学、＋学习、＋评价等新思维、新路径被广泛推广。网络教学平台、系统、资源等前所未有地改变着教师的"教"和学生的"学"。在线课程吸引多所高校的百名教师和10多万名学生使用,"C语言程序设计"被58所高校的近2万名学生使用,"大学计算机基础"被30多所高校的近5万名学生使用。尤其是在校生刘隽良等出版了《C/C++》《数据结构》等教材,形成了以自主学习与朋辈教育为特征的"新学霸"群体,校园泛在学习风气浓郁。

3. 人才培养特色进一步凝练提升,沉淀了一批优秀教师和优质教学资源

自2010年以来,在信息特色人才培养方面新增一批国家/省级专业、课程、团队、实验室等。建成优质的程序设计在线学习评测系统(http://acm.hdu.edu.cn)和有410门课程使用的H-click课堂互动系统。通过实施与信息技术结合的教育教学改革,一批教师成为学生欢迎、社会关注的杏坛翘楚,"明星教师"越来越多,在省内外产生了广泛影响。如"互联网+"程序设计竞赛的"金牌教练"刘春英以"一技之长"直升教授,"玩转教育技术"的青年教师石小燕获全国高校青年教师教学竞赛二等奖,韩建平、郭艳华等老师在"玩课网"上开设的翻转课堂吸引6万余名学生参与学习等。

4. 改革实效与经验受广泛关注,成为运用信息技术创新人才培养的典型

近年来学校教师在《教育研究》《高教领导参考》等期刊上发表了一批教改教研论文。在信息技术结合人才培养方面主持了国家社科基金项目4项(重大1项)、省教改课改项目89项。先后有电子科技大学、桂林电子科技大学、浙江师范大学等20多所省内外高校来调研交流。相关经验应邀在国家教育行政学院、电子信息类教指委等进行介绍。虚拟仿真实验教学方面的成果在全国推广,自主研发的"自动化仿真系统"推广运用到新疆、宁夏等地高校,获刘延东同志等的高度评价。《中国教育报》等媒体专版介绍杭州电子科技大学"互联网+"人才培养改革模式,《光明日报》等媒体报道杭州电子科技大学信息化教学改革72篇次。

四、思考与展望

从习近平同志做出"攻坚信息技术、推进信息产业发展"重要论述,到全国最先提出打造信息经济大省、出台《加快发展信息经济的指导意见》、成为全国首个国家信息经济示范区,再到实施"互联网+"行动计划、数字经济"一号工程"等,浙江发展信息经济的大提速、大升级迫切呼唤并倒逼地方高校人才培养改革做出相应的转型和变革。作为一所信息特色明显的省属高校,我们将继续探索用"互联网+"思维,促进信息技术与教育教学深度融合,进行更为深刻的教与学的变革。

参考文献

[1]胡华,贺武华,陈建华,等.以人为本 追求卓越 信息驱动 深化综改——杭州电子科技大学创新"互联网+地方特色"信息技术人才培养纪实[N].中国教育报,2018-03-28(7).

[2]胡华,贺武华,陈建华.以学生为本和以学习为中心:学科导论课的两翼追求[J].教育学术月刊,2014(7):100-104.

作者简介

徐江荣: 杭州电子科技大学副校长,教授,博士生导师。动力工程与工程热物理学科,主要从事流动传热燃烧理论与技术研究,长期致力于教学管理工作,获多项国家和省教学成果奖。

陈建华: 杭州电子科技大学副教授,硕士生导师。工商管理学科,长期致力于教学管理工作,获多项国家和省教学成果奖。

"大商科"人才培养体系构建与实践

厉小军

浙江工商大学

【摘要】随着新时代背景下新经济、新商业模式的快速发展,对商科人才的需求发生了巨大变化。浙江工商大学在传承百年商科办学历史的基础上,针对目前商科人才培养存在的问题,结合学校实际,创新性地提出了"大商科"人才培养理念,构建了特色鲜明、成效显著的"大商科"人才培养体系。该体系以培养应用型、创新型、复合型"大商科"人才为目标,传承浙商精神,在理念、机制、方法等层面进行创新,以教学文化为引领,通过专业教育、通识教育和创新创业教育的深度融合,"一体多元"课堂协同等多种手段,创设了"大商科"人才培养的有效途径。

【关键词】商科人才培养　人才培养体系　浙商精神　多元课堂协同

随着大数据、共享经济等新技术和新业态的出现,传统商业逐渐发展成以数据驱动、知识驱动、智慧驱动为引擎的新商业模式。浙江正在打造全国新经济大省,引领新兴技术创新、商业模式变革与产业经济转型升级。电子商务之都——杭州,基于"互联网＋"的创新创业如火如荼,涌现阿里巴巴、蚂蚁金服等大批著名创新型企业和"独角兽"公司,万众创新、大众创业氛围越来越浓厚。新商业与新经济对人才培养提出了新要求,高校亟须开展商科人才培养的改革与创新。为此,浙江工商大学在传承百年商科办学历史的基础上,充分发挥学校"经、管、法、文、理、工、史、哲、艺"等多学科布局的优势,积极适应时代巨变,主动谋变、率先破局,于2010年正式提出"大商科"人才培养理念。通过近8年探索与实践,构建了特色鲜明、成效显著的"大商科"人才培养体系,创设了"大商科"人才培养的有效途径。

一、商科人才培养存在的问题

伴随我国经济社会快速转型,新商业环境变革日趋加剧,商科人才培养面临全新情境,充满机遇和挑战。因此,理性审视商科人才培养路径与模式,寻找存在的问题、短板,谋求突破口,是高校商科人才培养的必然选择。从目前国内高校商科人才培养的情况看,其在理念、目标定位、培养路径、课堂教学等方面都存在一些问题,主要体现在以下几个方面。

①现有的商科人才培养理念与新时代的要求已不相适应,教学文化明显欠缺,缺乏引领作用。商科人才培养目标也较模糊、特色不明,滞后于快速发展的社会经济,难以满足新商业环境对高层次人才的精准需求。

②现有商科人才培养课程体系与培养目标不相适应。商科类专业与其他专业间,以及专业、通识和创新创业等教育路径之间,相互孤立、融合不够,只是物理叠加、缺乏化学反应,导致商科人才培养整体成效不显著。

③商科人才培养课堂低效、课内外相脱节。传统课堂教学形式单一、重知识传授轻能力与素质培养,学生参与度低。学生参与其他课堂的机会少、类型单一、自主性不高,第一课堂

与其他课堂相脱节,导致课堂教学效果不佳。

二、商科人才培养的主要改革措施

为了解决商科人才培养中存在的问题,浙江工商大学经过多年的探索与实践,构建了"大商科"人才培养体系。该体系确立了"经管为主、工商融合、多科交叉、协调发展"的"大商科"人才培养理念,以培养"具有国际视野、人文情怀、专业素养的应用型、创新型、复合型'大商科'人才"为目标,秉承"诚毅勤朴"的校训,汲取新时代浙商精神,以"学生中心、教师发展、课堂开放"教学文化为引领,通过"经、管、法、文、理、工、史、哲、艺"等的跨学科交叉,专业教育、通识教育和创新创业教育的深度融合,"一体多元"课堂协同等多种手段,创设了"大商科"人才培养的有效途径。

1. 理念转变与文化引领,做好"大商科"人才培养的顶层设计

学校在传承百年商科办学特色基础上,积极适应时代巨变,将"经管理工、多科并举"的人才培养理念转变为"经管为主、工商融合、多科交叉、协调发展"的"大商科"人才培养理念,根植商业文化,汲取新时代浙商精神,倡导"学生中心、教师发展、课堂开放"的教学文化,构建了涵盖理念、文化、目标、路径和方法的"大商科"人才培养体系,如图1所示。

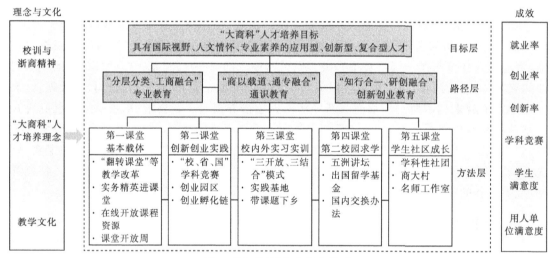

图1　"大商科"人才培养体系

2. 共通互融与机制创新,优化"大商科"人才培养的实施路径

学校聚焦于"大商科"人才培养目标,建立专业教育、通识教育、创新创业教育的融合机制。

（1）深化"分层分类、工商融合"的专业教育

以学生为中心,开展分类分层培养,相同专业制订不同的培养方案,相同课程实行不同难易程度的教学,推行"双专业、双学位"制度,培养复合型多样化人才。从真实市场需求出发,注重不同专业间的交叉融合:工商管理类专业突出培养具有工科或人文艺术背景的创业者和经理人两类"新浙商";财会类专业注重培养具有宏观经济理解、资本运作、财务关系协调等能力的管理型财会人才;食品科学与工程等工科专业把现代商业思想和经管类教育精髓融入人才培养体系中,培养管理型工程师;新闻专业侧重培养财经新闻人才等。

（2）实施"商以载道、通专融合"的通识教育

以浙商精神与商业思维为主线，打造商科特色的通识教育；优化培养方案，将通识教育与专业教育有机结合。学校成立通识教育教学指导委员会，统筹优化通识教育课程体系，形成"文学·历史·哲学""艺术·宗教·文化""经济·管理·法律""写作·认知·表达""自然·工程·技术""创新·创意·创业"六大课程模块，要求学生至少跨专业修读12学分，建设了40门左右的精品通识选修课，引进22门知名高校或社会上的各种优质通识课程资源。

开展"经典阅读·电影赏析"活动，搭建了经典图书、经典电影在线学习平台；定期举办博雅讲堂，邀请包括故宫博物院院长单霁翔在内的校内外知名专家为学生做讲座，强化商业、技术和人文艺术方面的深层次融合，在融合中养成人格。

（3）推进"知行合一、创专融合"的创新创业教育

立足浙商沃土，培育比较优势，将商科知识传授与创新创业实践相结合，并以"校、省、国家"三级创新创业训练项目为载体融入教育全过程。成立了创业学院，开设创业实验班，依托学生原专业，为学生量身定制个性化培养方案。首创创业管理微专业，开发包括"精益创业实务""项目分析与商业计划书"等课程在内的"4211"创业系列在线开放课程群。整合校友、社会企业、地方政府优质资源，打造"浙商大创业园＋校友创投基金＋创客商学院"三位一体的创业孵化链，全面培养学生创新精神、创业意识和创新创业能力。

3. 一体多元与协同推进，丰富"大商科"人才培养的课堂形式

将全新理念引入课堂教学，构建"一体多元"课堂协同机制，实现专业教育、通识教育和双创教育的有效实施，突出新商业思维、卓越商业能力和以诚为本的商业伦理等"大商科"人才素养，全面提升"大商科"人才的知识、能力、素质。"一体"指第一课堂，"多元"指向课外拓展，形成二、三、四、五等多元课堂，即创新创业实践、校内外实习实训、第二校园求学和学生社区成长。

（1）推进第一课堂教学创新

依托教师教学发展中心，转变教师的教学理念，强化教师教学能力的培养；每年投入100万元经费用于"翻转课堂"等"以学生为中心"的教学模式改革；实施"实务精英进课堂"，邀请近900人次商界实务精英为学生上实务专题课，着重讲授实践中面临的现实问题；推进课程资源共享与课堂开放，聘请国内外知名专家为本科生授课；引进优质网络课程资源，建设慕课、视频公开课等网络资源，构建在线学习平台，开展混合式教学；设立面向校内外和学生家长的课堂开放周（每学期第12周）。

（2）丰富多元课堂形式

第二课堂：每年投入200万元用于学生创新创业训练项目；筹资3000多万元打造两大校区创业园；设置100万元创业教育基金，用于学生创业孵化。

第三课堂：加强浙商博物馆、义乌中国小商品城等校内外实践基地的建设；实行"三开放、三结合"的实践教学模式，"三开放"指时间、空间、内容三开放，"三结合"指实习、实训和实战三结合；推行"带课题下乡"的社会实践模式。

第四课堂：每年投入300万元设立出国留学奖学金资助学生参加各类国际交流合作项目，赴国外高水平大学交流学习；与清华大学等多所省外高校签订学生交流协议。

第五课堂：建立社团发展服务平台，形成学生间互助互学的氛围；邀请校友担任学生的"学业实务导师"和建立名师工作室，对学生学业和成长发展进行指导；成立学生公寓管理委

员会"商大村",为学生自主管理提供平台。

（3）强化"一体多元"课堂协同

实施课程考核方式改革,推行课程的过程性评价,将学生参与第一课堂外的活动纳入考核;实施毕业论文替换制度,允许用科技作品替代毕业论文,以鼓励学生在校期间参与各类创新创业活动;实施学分替换制度,学生参与第二、三、四、五课堂等活动都可获得相应学分,并可用来替换第一课堂学分。

经过8年多的探索与实践,已取得了较好成效与影响。学校近年来的毕业生就业率、自主创业率、考研率、毕业生就业满意度、薪酬水平等方面位居省属高校前列。根据ATA测评研究院发布的《中国高校通用就业力白皮书》,近5年学校毕业生通用能力列全国20位左右。学校培养了大批优秀校友:在浙江双创"新四军"中,"阿里系"和"浙商系"中活跃着大量校友,其中阿里巴巴、蚂蚁金服合伙人中,浙江工商大学校友占有多席;杭州创投、风投机构中,作为创始人或合伙人的校友占三分之一。学校在浙江省属本科高校教学业绩考核中始终名列前茅,先后获得"国家级大学生创新创业训练计划实施工作先进单位""全国毕业生就业典型经验50强高校""全国深化创新创业教育改革示范高校""全国创新创业典型经验高校"等荣誉。学生的素质和能力逐年得到提高,学校连续七届获全国"挑战杯"发起单位资格,荣获"优胜杯"。学校代表浙江省参加全国高等教育创新创业教育成果展,并在全省创业学院建设推进会上向兄弟院校做了经验介绍;参加教育部举办的全国实践教学经验交流会,并作为4所高校之一发言,得到了相关部门领导和同行的高度肯定。先后有20多所高校来校交流学习,对其他地方院校人才培养的探索与实践,具有显著的辐射示范作用。

三、商科人才培养的思考与展望

随着人工智能时代的到来,经济社会将迎来变革性发展,商科人才的需求、培养模式、教学组织形式、教学方法和手段、教学评价体系等都将产生很大的变化,学校必须进一步加大本科教育教学改革与创新,围绕培养适应新时代的应用型、复合型、创新型"大商科"人才培养目标,进一步优化"大商科"人才培养体系。在专业教育方面,推进一流专业建设和实施卓越人才培养计划,加强产教融合(如与泰隆银行合作建设小微金融专业),鼓励跨学院、跨学科联合培养复合型人才(如信息学院与统计学院联合建设数据科学与大数据技术专业),成立人工智能学院统筹全校学生人工智能技术应用能力的培养。在创新创业教育方面,进一步优化创新创业教育课程体系和实践体系,开设创新研讨课,落实学科竞赛"一院一赛",增加创新创业实践学分,整合校内创业园、实验中心等各种资源,为学生创新创业实践提供好的平台。在通识教育方面,进一步强化与专业教育、创新创业教育的深度融合,重点建设一批优质通识核心课程,增加体验式教学比例,不断提高通识教育的效果。

商科人才培养的主渠道还是课堂教学,学校要做好"互联网＋"教学工作,通过信息技术与课堂教学的深度融合,促进课堂教学质量的提升,从而实现人才培养目标的达成:加快"互联网＋"教学设施建设,建立移动泛在教学环境,加快教学楼、实验室的智能化改造,保证各种基于"互联网＋"教学模式的改革创新;推进"互联网＋"课堂教学创新,加强在线开放课程和新形态教材建设,积极引进校外优质课程资源,开展翻转课堂、混合式教学;提升"互联网＋"教学能力,教师必须转变观念,接受课程设计、课程录制、课堂组织、学业评价等方面的互联网教学能力的培训。

四、结束语

近年来,浙江工商大学尽管在"大商科"人才培养方面进行了探索与实践,也取得了一定的成效,但还不能完全满足经济社会发展对人才的需求。因此,作为一所省重点建设高校,必须认真贯彻落实全国教育大会精神和新时代高等学校本科教育工作会议精神,以本为本,扎实推进一流本科教育建设。要解放思想、实事求是,以事实为依据,强化对学情数据、教学基本状态数据、教学运行数据、毕业生跟踪调查数据等的分析与挖掘,针对新时代、新商科、新经济背景下对商科人才培养的要求,进一步优化"大商科"人才培养体系,创新专业教育、通识教育和创新创业教育的融合机制,丰富多元课堂教学的具体举措,从而培养满足社会需求的高质量人才。

参考文献

陈寿灿.解构与重建——基于"一体多元"的大商科人才培养模式改革与实践[M].杭州:浙江工商大学出版社,2018.

作者简介

厉小军:教授,博士,浙江工商大学教务处处长,浙江省中青年学科带头人,浙江省高教学会教育技术专业委员会副理事长。在国内外核心期刊上发表论文20余篇,获浙江省教学成果一等奖2项、二等奖1项,全国商业科技进步奖二等奖1项等。

复合型人才培养模式的探索与思考

计伟荣　汤　智

浙江工业大学

【摘要】高校以超越传统的学科、专业观念,培养适应科技和社会发展并有所创新的新时代复合型人才,是高校新工科、新文科、新医科、新农科建设的真正内涵。浙江工业大学在探索一体化双专业复合型人才培养模式中,形成了知识、素质、思维多维复合的培养理念,在培养实践中优化培养目标,推进知识体系的复合,促进专业综合能力的培养,加强培养环节的规范,并就复合型人才培养模式的超越进行了思考。

【关键词】复合型人才　培养模式　模式改革

21世纪以来,自然科学与社会科学之间的相互渗透、交叉和融合正在向深度和广度进军,科学与技术一体化的发展已经逐渐走上科学技术化、技术科学化的道路。新经济、新业态、新技术已经预示着划分传统自然科学、社会科学和"文科""理科"与"工科"的界限已经日渐模糊,高校如何超越传统的学科、专业观念,培养适应科技和社会发展并有所创新的新时代复合型人才,是高校新工科、新文科、新医科、新农科建设的真正内涵。

如何才能培养出复合型的创新人才?长期以来,高校在办学思想上强调培养专门人才,将培养目标定位于某一领域的专家,而不是全面发展的高素质人才,学生缺乏对知识、技术的综合、重组和创造能力,即使是现在的通识教育也大多只是让文科学生增加一些科技知识、让理工科学生增加一些人文社科知识,学生依然还只能在很窄的专业范围内发挥作用,本科教育呈现出很强的职业教育特征。来自美国、英国、加拿大和日本的外国专家参加我国6所一流大学的审核评估之后,不约而同地认为:中国一流大学的本科人才培养与世界一流大学相比,无论是在教育理念、培养模式还是教学手段上,都还存在差距,最为突出的是学生普遍缺乏批判性思维、基础不够厚、口径不够宽、跨学科程度弱、国际视野不足。高校必须突破传统的按学科培养人才的教育观念,树立融人文社科和自然科学、技术科学为一体的"整体教育"的思想。"整体教育"不是进行"知识拼盘"式的教育、扩大学生的知识面,而是将自然界和社会视为一个整体来认识和教育,超越由于人类认知能力局限而将自然界和社会分开来看待、研究的现状,既着眼于让学生获得复合型知识,又强调让学生受到综合思维的训练。

一、复合型人才培养理念:知识、素质、思维的多维复合

虽然目前教育模式的主体仍然是专业教育模式,但经过多年探索,本科复合型人才培养已经大体上形成了以下几种实践模式:辅修/双学位培养模式、个人自主设计专业培养模式、设置跨学科专业培养模式。上述几种模式在促进高校复合型人才培养方面有了显著的探索性进展,但是严格说来,这几种培养模式仅仅是知识复合型人才培养模式,还未达到知识和思维复合型人才培养的深度。浙江工业大学利用日渐发展成为综合性大学的资源优势、学

科优势,整合文理学科不同专业的优质教学资源,结合社会和学生的需求,设计工科背景下文理结合的知识和思维复合型人才培养新模式。

1. 知识的集成性

知识和思维复合型的人才培养与文理交叉学科有着紧密的关联,如"土木工程＋管理"就是由土木工程技术和管理学科以及系统优化学科交叉综合而成。每门参与交叉的学科都有自身独立的学科体系、知识范围和服务对象等。在学科交叉的初期还未对复合内容和方式进行深入研究时,教学内容常常只是各交叉学科知识以课程的形式进行叠加或组合,这实际上不能称为真正的知识复合,"辅修/双学位培养模式"就需要正视这一问题。要解决好这个问题首先应抓准学科的交叉点、知识的复合处。学科的交叉在初期并没有做到不同学科的完全融合,而主要是不同学科的某些知识的相互交叉、相互作用,并共同服务于某项目标。因此,在一体化双专业的人才培养各个环节上,应首先分析各学科有哪些内容参与了交叉、哪些交叉的知识内容又是复合型人才所必备的,以及采用哪些手段可将这些知识复合于被培养者身上,并能发挥出复合后的优势。从目前的实践情况来看,开设跨学科课程、主题式课程是将不同学科知识复合的有效组织方式。只有在交叉点、复合处下了功夫,并取得一定成效后才能称得上在知识上开始了复合。当然,更高层次的思维复合应是在打破学科体系基础上的思维融合。

2. 素质的综合性

前面讨论交叉点和复合处时,主要谈及交叉学科的知识复合,但是单纯知识的复合并不等于培养出了合格的复合型人才。复合型人才的培养需要在多个方面的集成系统中进行规划、设计、管理和创新。这是一项复杂又极具创造性的工作。因此,称得上复合型"人才"的人绝不是因为多学习了一些跨学科的知识,而是应在素质上、知识结构上、思维方式上以及工作方式上都经受培养和熏陶,通过潜移默化而形成具有交叉学科所要求的特殊综合素质的新型人才。

3. 思维的融合性

培养学生综合思维能力、实现科学思维方式与人文思维方式的融合,跨文理学科类别交叉的培养模式是比较理想的选择。科学思维与人文思维交融,有利于形成优秀的思维品质。优秀的思维,一要正确,二要有原创能力。逻辑思维保证思维的正确性,直觉、灵感、顿悟与形象思维保证思维的原创能力。科学方法讲实证,讲严谨、有序,讲"理";人文方法讲体验,讲宽松、活泼,讲"情",合"理"顺"情",自然有效。但是将各自已经定型的思维方式进行真正的融合是很困难的,然而这种思维方式的复合又是非常必要的,因此培养过程中既要注重两种思维方式的学习、掌握,更要注重学生综合思维能力的训练。

二、复合型人才培养实践:"一体化双专业"的新探索

浙江工业大学在以往复合型人才培养模式基础上,着重推出了文理学科交叉的一体化双专业复合型人才培养新模式,先后进行了化学工程与工艺＋计算机、化学工程与工艺＋英语、应用化学＋知识产权、环境类＋法学、土木工程＋管理、药学类＋工商管理、英语＋法学等一系列一体化双专业的探索。

1. 以人才培养方案的制订促进培养目标的优化

培养目标是人才培养的标准和要求,是人才培养模式构建的核心,对人才培养活动具有

调控、规范、导向作用。在组织制订一体化双专业培养方案时,以专业培养目标的优化和培养标准的修订来落实复合型人才培养特征,引领教学体系的建构。环境类＋法学一体化双专业在培养文理融合一体化双专业人才时将培养目标设计为:培养德、智、体、美全面发展,具有创新精神和实践能力,具有比较系统的环境科学与工程理论基础、基本知识和实验技能,具备一定的理论研究、应用研究、科研开发和管理能力以及系统掌握法学知识,熟悉与环境领域相关的法律法规和国际法律知识的高等技术人才;毕业生具有较强的工程、管理能力和解决法律问题的专业能力,具有宽厚的基础知识、较强的实践能力、强烈的创新意识、优良的综合素质,是环境科学与工程和法学知识相互渗透的复合型人才。基本素质要求如下:环境类＋法学复合型人才应具有复合型的知识结构、能力结构和素质结构。首先,要精通环境科学与工程专业知识:必须掌握环境科学与工程专业所必需的自然科学、工程技术基本理论、基本知识和基本技能;掌握水污染控制、大气污染控制等方面的基本原理和设计方法;具有环境监测、环境质量评价、环境规划与管理等基本技能。其次,要具备法学的基本知识和技能:熟悉与环境领域相关的我国主要法律、法规和国家有关方针政策,了解国际法;掌握从事法律实务的基本技能,具有较强的运用法学知识分析和解决环境保护实际问题的能力;了解学科前沿和发展趋势,具有较强的自学能力和创新能力。在前两者的基础上,环境类＋法学复合型人才必须能将两个学科的知识相互交叉、融合并综合地发挥作用,从而形成新的知识,并进一步成为新的思维方法和综合能力的萌发点,以推进本学科、本专业问题的解决。

2. 以课程体系整合推进知识体系的复合

课程体系是人才培养方案的核心内容,课程体系是否科学、合理,对能否实现设定的人才培养目标具有决定性意义。在专业文理交叉的培养方案中通过课程体系的一体化设计,对文理交融的知识体系进行了有机整合。应用化学＋知识产权一体化双专业课程体系,根据培养目标对两个专业的课程进行有机整合形成了新的课程体系。①精简专业基础课程中的传统内容,删除不合时代的陈旧内容,在原有四大化学课程的基础上增加材料科学基础、高分子化学等交叉学科和新兴学科的内容。②应用化学＋知识产权一体化双专业面向整个化学学科培养人才,通过数、理、化、法、外及计算机等基础课程和相关专业课程的学习,加强学生基础知识和实验技能的培养,通过设置双专业、开设跨学科选修课并结合各类课外实践活动,拓宽学生知识面,大力鼓励学生参与科技创新和创业实践,培养学生的理论联系实际的能力和社会活动能力,提高学生的就业竞争力。③加强基础外语教学,注重对语言应用能力的培养。加强文化素质教育,组织和鼓励同学参加形式多样的各类活动,从课内和课外两方面加强学生的人文素质,培养学生的社会活动能力,大力培养复合型、创造型人才。④把科研成果引入课堂,适当增加新知识、新理论和新方法,引导学生涉足活跃的学科前沿。引入真刀真枪的练习题,学生可以利用所学解决实际问题。这样,不仅可以提高学生学习兴趣,而且可以培养和提高学生对知识的综合运用能力和实践能力。⑤突出双专业优势,建立有机结合的双专业课程体系,课程内容重点突出,信息量大。同时改建实验项目,通过实验教学,加深学生对专业课程内容的理解,培养学生理论联系实际和动手的能力。利用应用化学学科的科研优势,在高年级阶段,安排专业大实验和专业技术创新实践,培养学生的工程化意识和工程创新能力。⑥在实践课程中保留了应用化学的实践课程,增加了知识产权实践环节,利用暑假短学期组织学生去知识产权实务部门和单位,尤其是与应用化学相关的部门进行观摩与实习,增加其知识产权专业的应用能力。

3. 以实践教学改革促进专业综合能力的培养

环境类＋法学一体化双专业一体化设计社会实践、课程实习、生产实习、毕业实习、课程实验、专业综合大实验、毕业设计(论文)等环节,增加探索型、研究型、开放型、创新型实验的开设,强化学生综合应用能力和创新能力的训练。在保留原有环境专业实习基地的基础上,增加律师事务所、专利事务所、检察院、法院、环境监察大队等机构,在实践中综合运用环境保护与法学专业知识。大学第四学期末就引入导师制,以导师制为支撑,依托学科的优势,使学生担任教师的科研助手,直接参与导师的科研活动,在课题研究中提高跨学科的训练。毕业环节也相应提前到第六学期末实施,从原来的仅第八学期覆盖至整个第三短学期、第七至八学期,避免了学生考研、考公务员、找工作、就业实习对毕业环节造成的冲击,使学生有充足的时间保质保量地完成毕业设计(论文),为学生综合能力、科研素质和创新能力的培养提供了现实保证。

4. 以管理制度的完善加强培养环节的规范

一是强化指导力量。本科生导师制是学校在2000年开始设立的精英化人才培养制度,教师和学生通过双向选择,建立起一种研究生式的培养模式和师生关系。以导师制为支撑,依托学科的优势,使学生担任教师的科研助手,直接参与导师的科研活动,在课题研究中提高跨学科的训练,尤其是配备相应的交叉专业指导老师。二是制定配套管理制度。学校制定一体化双专业管理办法,对修读条件、学分设置、文凭颁发等鉴于实际情况进行了创新性处理。对修满一体化双专业教学计划规定的全部学分的学生,则在其母体专业毕业证书上注明修读"***第二专业";符合学位证书授予条件的,则在其母体学位证书上注明修读"***第二专业",若两专业分属两个学科门类,则另发一个第二专业学位证书。学生若未能修满一体化双专业教学计划规定的全部学分,但其所获学分已达原母体专业毕业总学分,且未获学分课程非母体专业教学计划规定的必修课程,则颁发母体专业毕业证书。

三、复合型人才培养思考:培养模式的超越

无论是国贸专业3(1)＋1培养模式、艺术设计类"技术＋艺术"培养模式,还是创建的一体化双专业复合新模式,都在专业知识、人才素质、思维方式等多方面突出跨学科、专业的有机整合,构建"知识－能力－素质"新结构,既顺应科学技术发展的学科交叉、综合趋势,又切合学校以工科为基础向综合性大学发展的态势,打破原有复合型人才的四种实践模式,形成更高层次的复合,实现复合型人才培养的模式创新,并且在实践中取得了显著的成效。但是,复合型人才究竟应该怎样"复合"依然是一个值得探讨的话题。

1. 如何基于中华传统文化的思维方式实现复合型人才培养的突破

知识综合化何以渗透进入大学培养过程? 一条途径是促成受教育者的知识结构复合化,另一条途径是促成受教育者的知识理解综合化,或曰促成综合化知识的形成。中华传统文化善于从整体的观点来看待事物、问题,先整体后个别,擅长综合、归纳;而西方文化看待事物、问题,往往从个体、局部推而广之,擅长分析、演绎。中国人属于收敛性思维,思维过程往往具有模糊性,结果常常只有一个,而西方人属于发散性思维,思维过程具有明晰性,结果一般在两个以上。两种方式各有千秋、各有所长,而从培养复合型人才来看,更需要加强发散性思维训练,对同一个问题、现象从多个角度去思考,每个角度得出多种结果。对于不同专业、领域的知识,要善于开放吸取,予以比较,找出异同,确定最优。复合型人才培养中不

同学科思维方式的融合,能够对我们的传统思维方式予以现代思维训练,但是有的思维方式却是根本性的,也是仅靠学科思维方式难以训练的,是大学现有课程体系无能为力的,如何赋予中国传统思维方式现代性,是一个超越高校人才培养模式而又不可回避的课题。

2. 如何在有限的大学学制年限内实现课程体系的创新性复合设计

面向复合型人才培养目标,课程数量、教学内容、训练环节必然增加,不管如何借助大类培养平台进行基础课程的横向整合或者借助专业教育平台推进专业课程的纵向优化,抑或整合文理学科优质实践教学资源、创建新型实践创新平台,促进科研与设计实践相结合、知识深化与思维训练相结合,一方面,如果传统的知识导向的传授方式发生改变,却没有给予学生更多的个性化帮助,没有将整个课程体系与教学过程转移到学生的能力与素质的培养上,那么只是一种换了形式的专业教育模式。另一方面,重新组合后的复合型专业课程体系,必然增加学生的学时,也必然增加学习量,一旦需要完成的上课量、作业量达到一定程度,学生就很难有足够的时间去思考,难以实现不同专业、领域知识的咀嚼、消化和形成思维的跨域联结。

参考文献

[1]邬大光.大学人才培养须走出自己的路[N].光明日报,2018-06-19(13).

[2]徐维祥.创建一体化双专业复合型人才培养模式[J].中国高等教育,2009(7):54-56.

[3]龚怡祖.论大学人才培养模式[M].南京:江苏教育出版社,1999.

作者简介

计伟荣:教授,博士生导师,浙江工业大学教务处处长,主要从事生物质能源转化、高等教育管理研究。

汤　智:浙江工业大学研究员,硕士生导师,主要从事高等教育管理研究。

行业院校办学特色拓展与深化的路径探索及实践
——以中国计量大学为例

潘 岚

中国计量大学

【摘要】一所高校,如果没有自己的办学特色,便难以培养出具有发展和竞争优势的人才。本文针对高校普遍存在的"千校一面"的现状,以中国计量大学为例,探讨了行业性高校在特色保持与发展中面临的问题,并给出了解决方法与实践路径。

【关键词】高校办学特色 行业院校 实施路径

我国的行业院校,在西方国家称之为科技学院或专业院校或城市学院,是工业革命之后为应对社会经济建设需求而建立的。尽管从社会发展需要和理性认识层面上看,世界需要多样化的高等教育,但是对高校"综合性""研究性"的要求一直都存在,我国行业院校发展也一样受其影响。尤其是20世纪末,我国高等教育新一轮的专业调整和教育管理体制改革,使得相当一部分行业院校发展逐渐失去其原来的特色和优势,向着"综合化"方向发展。目前,我国高等教育正值大发展时期,为了纠正20世纪末出现的发展"趋同"现象,各类高校纷纷提出"特色发展"之理念。然而如何保持并发展特色?世界高等教育发展历史表明,高校特色不是假设或者编造出来的,是靠学校在长期的办学实践中,不断积累和努力创新培育出来的。近十几年来,中国计量大学结合自身的历史发展及社会需求,不断探索与实践,走出了一条合适的学校特色发展路径。

一、现状与问题

中国计量大学的前身是隶属于国家计量局的中国计量学院,是我国质量监督检验检疫领域唯一的一所本科院校。在我国部委行业院校下到地方属地管理、教育部专业调整、高教规模扩大的背景下,作为原来归属国家计量局的定位为"为国家计量行业培养人才的小而精"的中国计量学院,面临以下四大问题。

1. 属地管理后的办学定位如何确立

每一所行业院校的设立都有其初衷——为着某一类特殊人才,如财会、钢铁、交通、邮电等行业人才的培养。行业院校初设时,其行业性、独特性很明显。不过,随着社会发展及行业自身的变化,特别是国家教育政策的变化,其独特性会慢慢淡化,甚至会消失。这一变化最大的问题在于,如果这所行业院校还没有成为国家高等教育系统中比较有发展优势和竞争力的院校,很可能在失去独特性的过程中,失去其发展优势和竞争力,并陷于发展的恶性循环当中。

2. 专业调整后的行业元素如何体现

经历20世纪末专业结构调整和高校合并之后,我国高校趋同性已经很高,"行业特色大学积极拓展专业覆盖面,不断扩大招生规模,原有学科结构和专业设置发生了重大变化,优势特色专业招生规模所占比例大幅下降,呈现出'去专业化'和'综合化'趋势"。行业性鲜明的院校,其特色专业在学校全部专业中所占比例越来越小。

3. 规模扩大后的行业特色如何拓展

社会经济的发展,使得新领域、新业态层出不穷,同时,教育规模的不断扩大、大学生数量的增加,使得专业也势必增加,这就导致与行业直接相关的专业比例减少,学校的行业特色弱化。

4. 办学过程中的特色内涵如何深化

高校的校园文化、学校管理规章制度是学校发展的软环境,他们在为师生学习和发展提供基础制度保障的同时,也滋生出一种学校特有的文化气息,熏染着师生的兴趣爱好和价值取向。一所高校的师生应该烙有深深的学校印记,那才是学校真正的特色,否则,学校特色一定会随着时间的流逝而消散。

二、探索与实践

1. 问题1:属地管理后的办学定位如何确立

思考:计量是国家战略和科技创新的基础,与国民经济和日常生活密切相关。我国《国民经济和社会发展规划纲要》提出要加强计量基础研究;《国家中长期科学和技术发展规划纲要》指出要研究制定高精确度和高稳定性的计量基准;《"十一五"国家科技基础条件平台建设实施意见》提出要将国家计量基标准体系列为重点建设内容之一。可见,计量非常重要,而我国计量人才却严重短缺。基于这个认识,学校明确属地管理后仍定位于计量领域的人才培养,坚持办学的行业特色,实现与同类院校的错位发展。在实践中,学校采取了以下举措。

（1）加强与政府机构合作

以"战略合作"的方式加强与国家质检总局等4个部委的合作,与中国计量科学院等4个质检类国家研究院结为战略合作伙伴,与浙江省质监局等15个省级质监局签署战略合作协议。

（2）加强与行业内企业合作

通过共建"产学研中心"的形式加强与质检类企业合作,与企业建立了30个产学研中心。

（3）构筑特色学科平台

充分认识特色学科对于特色人才培养的重要作用,积极开展特色学科建设,努力构建特色学科平台,为特色人才培养提供学科平台支撑。

（4）构筑特色师资队伍

全方位构筑特色师资队伍,为特色人才培养创造师资条件。例如:选调和引进有学科和专业特色背景的师资充实到教师队伍中;选派教师到与特色相关的研究机构和企事业单位进行合作交流;以特色课程为核心组建团队;创造条件让教师到与特色相关的国内外学术机构任职。

2. 问题2:专业调整后的行业元素如何体现

思考:学校原本围绕几何、力学、热工、电磁、光学和无线电6个计量专门化开展教学。专门化教学的行业性和实用性虽强,但专门化不是专业,缺乏专业所应有的知识系统性和边缘性,不适应新形势下本科人才培养的要求,必须将这些专门化改造成专业,且基于学校已定位于计量领域人才的培养,所以改造后的专业又要体现其个性即行业性,故采取将行业元素注入到专业中,形成专业特色。在实践中,学校采用了以下举措。

(1)关注特色于专业改造

将原有的6个计量专门化进行重组、整合和优化,使其与专业接轨。即几何计量专门化整合进"测控技术与仪器"专业,力学计量专门化作为"工程力学"专业的一个方向,热工计量专门化重组为"热能与动力工程"专业,电磁计量专门化整合进"电子科学与技术"专业,光学计量专门化重组为"光信息科学与技术"专业,无线电计量专门化整合进"电子信息工程"专业。

(2)关注特色于通用专业

在所有专业的培养目标中都提出了"具有质量技术监督管理知识、质量和标准意识"的要求。除了以上与计量直接相关的专业外,对其他的通用专业也赋予了计量的内涵,从而打造专业特色,例如:"工商管理"专业侧重于标准化、计量和质量管理;机电类专业侧重于机电行业的产品质量管理和质量检测;"法学"专业侧重于标准化、质量的法律法规;"自动化"专业侧重于计量、控制和管理的一体化;"药学"专业侧重于药品生产、流通的质量检验、安全评估。

(3)融会特色于教学体系

教学是人才培养的龙头,学校在研究分析行业要素和教育教学规律的基础上,创新和优化教育教学体系,改革教育教学方法,创建了由专业、课程、教材、实践教学、科技创新等5要素构成的特色人才教学体系。

(4)融会特色于科技创新

引导学生开展与特色相关的科技创新活动,多种途径为学生进行科技创新活动提供平台;设置创新学分,学生参加科技创新可获3个学分;组织学生以参加各种学科竞赛的方式进行科技创新;学校的学科和科研实验室对学生开放,资助学生科研课题立项,鼓励学生参与教师科研和自由探索,激发创新意识。

3. 问题3:规模扩大后的行业特色如何拓展

思考:狭义计量是指单位统一、量值准确可靠的测量,而计量的依据是标准,目的是质量,可见标准、质量与计量有着密切的关系。世界经济竞争"得标准者得天下",质量则事关国家综合实力,两者非常重要。国家新一轮质量振兴和标准化发展规划纲要对该领域的人才提出了更高要求,因此,可将狭义计量转化为含计量、标准、质量的广义计量,由此即增加特色专业的数量,拓展规模扩大后的行业特色。在实践中,学校采用了以下举措。

(1)创建特色专业

在教育部原来的专业目录中并没有与质量、标准化相关的专业。我校依托以往办学的积累,先后创建了"产品质量工程""标准化工程"专业。同时,还获批了全国首批"知识产权"专业,建立了浙江省属高校首个"食品质量与安全""安全工程"等专业。特色专业的培养计划充分体现行业特色,特色专业的创建拓展了特色人才培养的空间。

(2)创建特色机构

机构具有标明职能和聚拢资源的功能,为厘清专业、学科、机构的归属与衔接,适应拓展后学科专业建设的需求,创建了质量与安全工程学院、标准化学院、知识产权学院、光学与电子科技学院、质量发展研究院,整合了计量测试工程学院,提供了组织机构保障。

（3）建设特色课程

建设"平台＋模块"的特色课程体系：①开出"计量学概论""标准化概论""质量监督检验检疫概论""技术监督法律法规""产品质量工程概论"等16门全校性公共特色课程，学生须修满2学分；②大部分专业开设专业特色课程。

（4）建设特色教材

注重特色教材建设，建立专项资助制度，出版了《计量学基础》等52部特色教材，其中包括国家级规划教材《计量学基础》《误差理论与数据处理》《质检法教程》等。

4. 问题4：办学过程中的特色内涵如何深化

思考：就中国计量大学而言，计量、标准、质量原来是行业领域的词语，但词语本身的含义却远不止如此。计量是实现单位统一、保障量值准确可靠的活动，标准是对重复性事物和概念所做的统一规定，质量是对固有特性满足要求的程度，这些定义可以用于具象和抽象的事物。因此，可以将其迁移到校园文化、个体素质、办学理念以及管理目标与方式中。将计量、标准、质量的概念和定义由行业向素质、文化、管理迁移，使其升华，从而深化特色的内涵，充分发挥特色的作用。在实践中，学校采用了以下举措。

（1）确立学校校训

提出了具有特色、内涵丰富且独一无二的校训"精思国计，细量民生"。这8个字除了将校名巧妙地包含其中外，还有其特殊蕴意，"精思"与"细量"将具体行为与计量的追求目标有机结合，提升了行为的标准。"国计"与"民生"泛指与国家、民众相关之事，通过将行为对象由专业向社会的迁移，升华了行为的立意。"精思国计"为"知"，即精神境界，"细量民生"为"行"，即务实精神，两者结合体现知行合一，代表了高标准的行为方式、对社会的责任感和对事业的使命感。

（2）确立办学理念

提出了融专业、素质、文化于一体的办学理念"计量立校，标准立人，质量立业"。"计量立校"表明因计量建校并依计量立足，要将计量的量化和精确特质用于学校管理和培养计量领域人才；"标准立人"将标准蕴涵的原则与规范用于素质教育，高标准管理标准化领域人才培养；"质量立业"意指强化为人做事的质量意识和从业守则，追求高质量办学目标，培养质量工程领域人才。

（3）构建校园文化

①以计量术语和历史人物命名路、楼，以视觉印象强化意识；②每年组织"世界计量日""世界标准化日""知识产权日""质量文化节"等活动，营造氛围，增强专业意识与素养；③创建国内高校第一个"中国计量史馆"，加强计量文化熏陶。

（4）构建制度体系

引入ISO 9000思想和方法，建立了以下4类教学环节管理的标准和评估体系。①集学科、专业、课程、教材、实验室、实践基地、学风、教学队伍于一体的综合评价标准体系；②集教学计划、运行、质量管理评价于一体的过程控制标准体系；③以教师工作和教学管理工作规范为基础的教学行为标准体系；④体现特色、强调量化、以积点制形式体现、可操作性强的教学状态监控和评估体系。

三、结语

一所高校,如果无视社会和国家发展需求,便无以成为真正有作为的大学,如果没有自己的办学特色,便难以培养出具有发展和竞争优势的人才。高质量院校一定是有特色的院校,正如中国科技大学原党委书记郭传杰所说:"办大学要有特色,犹如诗歌、绘画应各有自己的不同风格一样,本属天经地义理所当然。"从办学角度来说,学校特色保持和发展的第一步是特色凝练和确立。学校特色不是自然而然形成的,哪怕像行业院校这样,创办之初有一定独特性的学校,其特色也需要办学者不断结合社会和学校发展需要,从学校发展的各种战略问题中提炼出来。作为行业院校,提出准确的特色,并使其持续影响学校发展,引领学校保持良好发展势头,才能培养出合格的适应国民经济和社会科技的发展变化的行业人才。

参考文献

[1]郭传杰.大学特色的文化属性[J].中国高等教育,2010(9):12.

[2]林建忠,李海芬.行业院校特色发展的路径探析[J].教育发展研究,2012(13):20-24.

[3]林建忠.现代计量工程教育模式探索[J].高等工程教育研究,2007(6):78-82.

[4]刘献君.论大学办学特色的创建[J].高等教育研究,2012(17):9.

[5]钟秉林,王晓辉,孙进,等.行业特色大学发展的国际比较及启示[J].高等工程教育研究,2011(4):10-15,87.

作者简介

潘岚:教授,中国计量大学图书馆馆长,原教务处处长。主要研究方向为高等教育管理、检测技术。

"四方协同、五环联动"应用型人才培养机制探索与实践

沈忠华

杭州师范大学

【摘要】培养适应地方经济发展需要的高素质应用型人才是高等学校尤其是地方高校的必然选择。为了提高应用型人才培养质量,本文以杭州师范大学应用型人才培养机制10余年探索为研究重点,分析出师资、课程、质量是制约本科应用型人才培养的关键和核心问题,由此提出和实践"四方协同、五环联动"的应用型人才培养产教融合机制,并就进一步提高应用型人才培养质量提出了建议和对策。

【关键词】应用型人才　培养机制　探索与实践

培养适应地方经济社会发展的一流本科人才,既是地方高校自身发展的必由之路,也是其服务地方的必然选择。高等教育是建立在普通教育基础之上、培养具有扎实基础的高级专门人才的教育。随着我国产业结构的转型升级和新旧动能转换,如何培养适应地方产业发展的应用型人才,已成为地方高校面临的一个重要课题,也是新时代高校必须担当的历史使命。为此,杭州师范大学在"创一流"发展过程中,主动适应区域经济社会发展和文化建设需要,敢为人先,大胆探索,创新实践,以应用型专业和人才培养改革为突破口,推进教育教学综合改革,逐步构建了从本科到研究生的应用型人才培养体系。经过10余年的探索实践,走出了一条师范院校应用型人才培养改革的特色新路,为地方现代服务业的发展壮大构筑了坚实的知识和人才基础,成为地方现代服务业发展的"动力源"与"智力库"。

一、问题分析:师资、课程、质量成为制约本科应用型人才培养改革的关键和核心

在应用型人才培养改革实践中,我们发现与地方联系紧密的应用型师资是制约应用型人才培养质量的关键。根据国外经验,培养应用型人才需要特别重视实践环节,一般具有5年以上行业产业经验的人才能做教师。但应用型高校如果要从企业引进师资则困难很大,理论型师资队伍又普遍缺乏实践指导能力,而传统型师资力量应对转型不易,激励机制还尚不明晰等问题,都与应用型人才"强实践"的培养需要形成矛盾,制约着应用型师资建设质量。

杭州师范大学应用型人才培养相关的工科类和经管类专业分别只占到13%左右,尤其是与地方经济能紧密对接、应用性强的专业所占比例很小。有的专业在应用型人才培养质量上问题比较多。比如:培养观念、培养目标不清晰、定位不明确,与产业发展对人才规格的要求不相适应;课程体系和教学内容相对陈旧,与产业技术发展及结构调整不相适应;培养环境封闭、教学方法传统,与应用型人才成长的规律不相适应等。

此外,有的应用型专业在人才培养课程体系设置上还存在偏重理论、局限专业教育、内容与科技发展脱节、缺少实践性等缺陷。不少专业尚未建立根据市场需求灵活自由地制订

课程计划的机制,导致培养出来的学生知识面窄、素质不全面、动手能力差、创新创业能力弱、跟不上时代发展等。

二、改革举措:探索"四方协同、五环联动"的应用型人才培养产教融合机制

近年来,学校主动适应国家教育供给侧改革、应用型人才培养趋势和区域经济社会发展需要,探索实践应用型专业建设和人才培养模式改革,率先提出了"需求导向、开放办学"、变"学科逻辑"为"产业逻辑"、校企共建新型学院培养应用型人才的新思路,建立了以强化政产学研"四方协同"为特点的"招生、课程、实践、师资和评价""五环联动"的应用型人才培养新机制,探索了以"项目驱动—成果孵化—创新引领—产学联动"四层级进阶式"双创教育"为突破口的应用型人才培养质量提升新路径。

1. 需求导向,产业逻辑——创建新型学院,实现培养定位与现代服务业对人才需求的精准对接

(1)"适应需求、分类指导",共建应用型人才培养新型学院

打破以学科命名学院的常规,在电子商务、计算机科学与技术(服务外包)、艺术设计(动漫)等专业及传统学院基础上,围绕区域重点产业,与阿里巴巴集团等世界著名企业合作,率先创立了以企业、产业命名的阿里巴巴商学院、杭州国际服务工程学院和国际动漫学院(2013年拓展外延成立文化创意学院)等面向现代产业的新型学院。建立了应用型学科专业分类建设原则,实现传统办学功能转型。学校在政策上进行分类指导,在经费上实行独立核算,在招生指标上大幅倾斜。同时创建了"理事会+院务委员会"架构下校企共建的学院运行新机制,为地方院校转型发展服务地方提供新思路。

(2)"立足产业、面向行业",构建应用型人才培养专业群

通过整合、改造、扩展、新增等方式,在新学院中分别构建了与文化创意、电子商务、信息技术等新型产业紧密对接的5个应用型专业群。以学科为支撑,以"核心专业"为龙头,既强调专业群内学科共性和专业互融,实现师资、实验室、实践(实训)基地等资源的共享,又适时反映产业发展对各专业人才培养的个性要求和特色,实现专业群建设与产业发展同频共振。

2. 创新机制,开放办学——加强协同育人,实现政产学研在应用型人才培养过程中的深度融合

(1)创新政、产、学、研"四方协同"育人机制

建立了地方政府、企(行)业、学校与科研院所共谋应用型人才培养的沟通协商新机制和以学校资源为基础,企(行)业与科研院所优质资源深度融合、优势互补的资源共享机制。校外资源全程介入学校人才培养,扩展了传统教育中的"师资""课堂""实验室""校园"等概念。引入企业"师资、课程和生产线",制订了独特先进的培养方案。同时,又建立了以满足现代服务业需求为主的知识体系和以产学研平台为主要载体、以各项制度为重要保证的培养模式运行机制,以及"学校+企(行)业+学生"相结合的教学质量评价、保障机制。

(2)推进"招生改革、课程改革、教学组织、师资培养、分类评价"五环联动

阿里等企业高管全程介入"三位一体"招生考试和"数字经济创新试验班"两次选拔工作,共把人才培养"入口"关。学校与企(行)业共同"改革课程体系、开发新课程、编写新教材"。以技能名师工作室为依托推行"百名企业高管进课堂计划",120余位高管进入课堂。以产学研平台为载体实施"百名博士教授进企入园践习工程",目前5个应用型专业群的"双

师型"教师比例已达67.2%。选送22位教师出国接受半年以上浸润式双语教师培训,邀请国际专家,如德国埃尔福特应用科学大学前校长海因里希·赫尔曼·基尔教授等来校授课指导,推进教师队伍国际化。为保证质量,学校以"质量为核心、需求为导向",实施了专业动态监控与分类评价制度,促使专业建设上水平。

3. 产学对接,平台支撑——强化"双创教育",实现培养质量与企业对人才要求的无缝接轨

(1)政产学研共建"双创平台"

在"中国制造2025""杭州硅谷"等国家、浙江省发展战略指引下,学校发挥地域优势,以未来科技城、梦想小镇和学校双创智库为依托,以创业学院、学校科技园、校园梦想街区为基地与区域互融发展。同时,以主持承担科技部创新方法专项"大学生互联网创新创业互动共享平台"为载体,建设了"IT众创空间""淘宝创业实验室"和"动漫创意工作室"等校内实训平台,成立了浙江省高校产学研联盟杭州城西中心等36个产学研平台和电子商务阿里巴巴集团国家级校外实践基地等26个校外实践基地,作为学生实训实践、科研训练的"双创"平台。不断推进产学研合作在人才培养、科学研究和社会服务等方面的有机统一,为培育高素质"双创"人才搭建孵化平台,努力探索以"双创教育"为突破口、课内课外并重、强化实践提升应用型人才培养质量的新路径。

(2)校政协同齐推"双创项目"

"真正的创新创业教育应当着眼于为未来的几代人设立创业遗传代码,并将其作为创业教育的基本价值取向"。因此,只有将创新创业教育纳入学校应用型人才培养体系,系统规划设计,以项目驱动的方式加以推进,"双创教育"才能在应用型人才培养质量提升中发挥独特而积极的作用。2010年,杭州市政府出资12亿元设立学校攀登工程项目,其中在3个新学院中实施了"创业型人才培养体系构建与实际探索"等6个人才培养和教学模式改革专项。学校又同步实施了"教育国际化工程""学生创新创业能力提升计划"和"外语综合能力提升计划"等人才培养专项。2013年起学校与杭州市教育局协同实施了以建设"特需专业、技能名师工作室、实训中心、实践基地、教师进企业"等为重点的"产学对接工程"和"应用型人才提升计划",助推现代服务业人才培养。

(3)区域互融同构"双创体系"

"大学可以鼓励学生加强创新精神的培养,但在创业知识能力方面,学校只能做到一半,另一半还要靠学生到实践中去锻炼,到学校外面的创业实践中去摸爬滚打才能完成"。为了强化实践,我们构建了"课程—案例—项目"双创课程体系,并将其纳入人才培养方案,使"双创教育"贯穿整个培养过程。教学过程的本质是促进学生的发展,实践中我们强化创新,以开展学科竞赛、实施大学生创新创业计划和新苗人才计划为抓手,引导学生进行"与区域互融的体验式学习""让学生在课外忙起来"。利用地处杭州城西科创大走廊中心区域的优势,探索产学研深度合作下的"项目驱动—成果孵化—创新引领—产学联动"四层级进阶式"双创教育"体系,为提升现代服务业人才培养质量创造了有利条件。

4. 能力为本,实践为重——坚持"素质、知识、能力"三维度培养规格,优化人才培养方案、课程结构和教学体系

根据专业定位和行业要求,进一步优化人才培养方案。构建了基于专业群的"学科专业平台课＋主专业核心课＋专业方向特色课"课程体系。将新课程(企业、行业课程)嵌入专业核心课程群,比例达30%以上。对接产业建立专业准入和准出标准,突出专业实践,将实践类学时从20%提升至40%以上。以创新创业教育为切入点,强化学生实践能力,将双创课程纳入人才培养方案,使"双创教育"贯穿整个培养过程。增设专业英语、商务英语和全英文授课课程,实行四年不间断英语综合能力培养,提高学生国际化水平。不断引导教师采取多种教学方法和模式,逐渐摸索出一套由实践教学体系构建、实验教学模块设计和实践教学方法选择构成的"三位一体"实践教学体系。

经过10余年的探索,学校在提升服务地方能力和水平等方面取得了一定的成效。2011年学校被浙江省列入"教学和人才培养模式创新""创业型大学建设"试点高校,2012年被评为全国高等学校创业教育研究与实践先进单位。2015年学校阿里巴巴商学院和国际服务工程学院2个创新创业学院以及电子商务、信息技术、经济管理、应用化学、文化创意等5个专业群被列入浙江省首批应用型建设示范点,是10个省应用型建设示范学校中唯一以二级学院和专业群形式示范建设的高校。应用型人才培养质量也大幅提升,学生创新实践能力逐渐增强,学科竞赛、发明专利等方面成绩喜人。学生起薪率、创业率等指标不断攀升,就业率年均在98.7%左右,在校生创业参与率达21.6%。已孵化创业团队187家,在校生注册企业58家,引入企业资金13700余万元,为学生提供就业岗位600多个。教材与教学研究成果丰硕,与企(行)业联合开发了近30门新课程,出版了《电子商务》和《服务外包》系列教材22部,其中"十二五"国家级规划教材2部,被100余所高校使用。2016年获中国产学研创新成果奖一等奖,2016年被授予"全国创新创业典型经验高校"称号,2017年被授予"全国首批深化创新创业教育改革示范高校"称号,2018年被评为浙江省创新创业示范基地。

三、思考展望:从外延发展转向内涵提升,深化应用型人才培养改革,不断提升应用型人才的核心竞争力

未来,学校应用型人才培养改革将从注重外延发展阶段逐步过渡到内涵提升的新阶段。学校将围绕建立健全"校企、校政、校研"应用型人才协同育人长效机制,构建适应应用型人才培养的全方位、多层次的教育教学结构体系。在现有专业转型升级和加强新专业建设的基础上,强调学科专业互融,大力发展应用型学科,高标准建设完成与金融服务、旅游休闲、信息软件、电子商务、文化创意等地方支柱性产业和新兴战略性产业相对接的、满足智慧经济发展需要的若干应用型专业群,以实现应用型人才培养目标与社会需求的紧密对接,提高学校毕业生的核心竞争力。

在继续实施学校"应用型人才培养提升计划"攀登工程项目的基础上,着力增强应用型人才的核心竞争力。以责任、创新和实践为着力点,树立以社会需求为导向的应用型人才培养观。以能力为本,坚持"素质、知识、能力"三维度应用型人才培养规格,根据专业标准和行业要求不断创新课程体系,努力培养具备"专业+特长"的高素质应用型人才。强调以协同育人为主要途径,加强实验室规划与建设,加强产学对接、校企(行业)合作,重点解决应用型人才培养中的实践教学问题。以试点学院、试点专业(群)为抓手,以项目制推动为组织方式,突破体制机制障碍,强化应用型人才培养的优势和特色。增强跨学科培养力度,不断凝练人才培养特色,强化能力导向,把复合型人才培养和应用型人才培养有机结合起来。

四、结语

理念是实践的先导。"从其内涵建设而言,我们与国外大学的差距,不只是体现在有形的设备、空间、场地建设,还在于条件建设背后所隐藏的理念的落差"。如何真正地落实全国高等学校本科教育工作会议精神,坚持"以本为本",坚持"四个回归",是我们当前高等教育教学改革的出发点和落脚点,更是我们在应用型人才培养实践中的思想导引。"从本质上讲,高等教育质量的基础和核心是人才培养质量"。因此,在应用型人才培养中,只有充分重视质量这个核心,我们的高等教育才能得到高质量的发展。

参考文献

[1]布鲁纳.布鲁纳教育论著选[M].北京:人民教育出版社,1989.

[2]潘懋元,刘丽建,魏晓艳.潘懋元高等教育论述精要[M].福州:福建教育出版社,2015.

[3]潘懋元.新编高等教育学[M].北京:北京师范大学出版社,2009.

[4]翁丽华.现象学视阈下的大学生创业教育[J].中国高教研究,2014(5):85-88.

[5]邬大光,别敦荣,赵婷婷,等.高等学校《本科教育教学质量》透视(笔谈)[J].高等教育研究,2012(2):41-57.

[6]邬大光.重视本科教育:一流大学成熟的标志[J].中国高教研究,2016(6):5-10.

作者简介

沈忠华:杭州师范大学教务处处长,教师教学发展中心主任,招生办主任,主要从事高等教育管理研究。

面向中小企业的地方本科高校人才培养模式改革与实践

余 闯

温州大学

【摘要】温州大学立足地方本科高校办学定位,面向区域中小企业转型发展,树立"重实践、强创新、能创业、懂管理、敢担当"的人才培养理念,确立"培养德智体美全面发展,具有创新精神、创业能力和社会责任感的高级应用型人才"的培养目标,建构了面向中小企业群的分层分类应用型人才培养体系,构筑了基于中小企业岗位素质要求的渐进式实践教育平台,形成了中小企业转型与应用型人才培养"四层联动"的产学深度合作长效机制,显著提升了应用型人才培养质量与效益,既有效解决了中小企业转型发展面临的人才瓶颈,又为地方本科高校改革发展提供了有益借鉴。

【关键词】中小企业 地方本科高校 应用型人才

一、地方本科高校人才培养存在的问题与分析

地方本科高校人才培养与区域产业发展之间的互动一直是我国高等教育教学领域一个亟待解决的问题。浙江省中小企业占全省企业总数的99.0%,温州市中小企业更是占全市企业总数的99.7%。目前,温州乃至全国的中小企业普遍面临人才短缺、技术升级迟滞、自主创新能力不足、融资难、融资贵等问题,地方高校毕业生人才供给与中小企业人才需求之间的结构性矛盾越发凸显,地方高校人才培养与区域产业发展之间的不适应性越发显现,集中表现在三个方面:一是地方高校人才培养目标定位模糊、模式单一,专业课程教学体系与中小企业应用型人才的多岗位能力和素质要求不匹配;二是应用型人才培养缺乏区域产业的强力支撑;三是缺少与岗位教育相适应的实践教育实施平台。

温州大学立足于地方本科高校的办学定位,面向区域产业发展和中小企业转型发展对应用型人才规格的新需求,在学校人才培养与区域产业发展双向互动中,回应中小企业转型发展对人才的新诉求,实施了分层分类的多样化应用型人才培养模式,构建适应岗位需求的应用型人才综合课程教学体系,构筑了面向岗位素质要求的渐进式实践教育平台,形成了"四层联动"、合作共赢的产学深度合作长效机制。经过多年的探索与完善,产生了良好的办学效益和社会效益,既有效解决了中小企业转型发展面临的人才瓶颈,又为地方本科高校改革发展提供了有益的借鉴。

二、温州大学主要的改革、举措及成效

1. 基于区域产业转型升级的背景,重构地方本科高校应用型人才培养框架

通过调研和顶层设计,结合区域产业集群发展状况,温州大学提出了"重实践、强创新、能创业、懂管理、敢担当"的应用型人才培养理念,确立了"培养德智体美全面发展,具有创新精神、创业能力和社会责任感的高级应用型人才"的培养目标。通过专业结构优化调整和教

学创新,构建了面向中小企业群的分层分类人才培养模式和适应岗位群的多样化人才培养体系;通过与区域产业集群建立多层双向互动的产学深度合作长效机制,将区域产业资源转化为教学资源,重构了基于岗位素质要求的渐进式实践教育平台,实施面向中小企业的地方本科高校应用型人才培养模式,如图1所示。

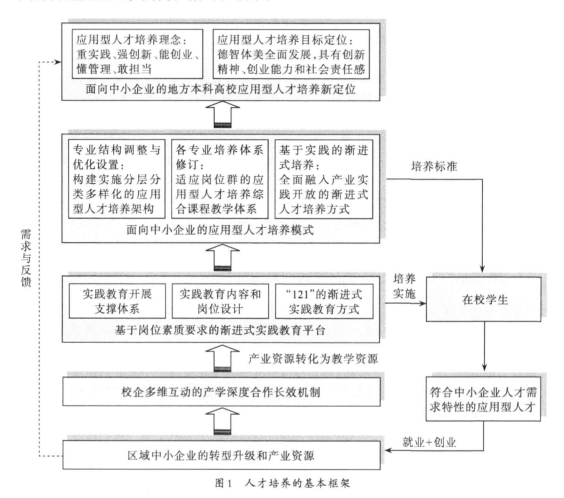

图1　人才培养的基本框架

2. 回应中小企业转型发展对人才的新诉求,建立并实施分层分类的多样化应用型人才培养模式

温州大学的教学与人才培养模式改革始终紧紧围绕区域经济发展状况、产业结构、技术应用水平以及可持续发展对人才的要求,强化顶层设计,突出融入地方元素,强化对学生基于岗位教育的实践创新创业能力的培养,准确定位多元化人才培养目标体系,在专业优化的基础上,建构面向中小企业群的"四层八类"地方本科高校分层分类应用型人才培养体系。以区域产业集群为导向,以人才培养模式创新试验区为依托,全校划分为"四层八类"人才培养模式类群进行同质竞争与协作,促进人才培养之间的融合与复合。

在分类方面,具体包括整合区域中小企业资源的经贸类人才培养模式、面向地方中小企业法律服务类人才培养模式、艺工艺商融合的现代鞋服应用型设计研发类人才培养模式、"科研引领·校企融合"化工类人才培养模式、产学深度联动的电子电气信息类应用型人才培养模式、以工程素质教育为导向的机械类应用型人才培养模式、深度整合校所资源的土建类人才培养模式、以岗位创业为导向的创业教育类人才培养模式等;在分层方面,形成了试点班(本专业)→实验班(跨专业)→试验区→试点专业四个层次的人才培养架构,并开展了多层次多样化的试点工作,已经实施"华峰班、红蜻蜓班、奥康班"等多个人才培养特色班,效果显著,如图2所示。

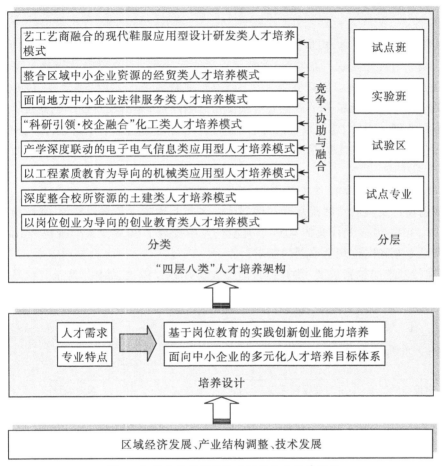

图2 分层分类多样化的应用型人才培养模式

3. 整合中小企业资源,构建适应岗位需求的应用型人才综合课程教学体系

加强应用型人才培养的系统设计,明确各专业"重实践、强创新、能创业、懂管理、敢担当"的人才培养理念,深度融合区域产业特质,构建适应岗位群的应用型人才培养体系。

①实施课程"立地"建设,以专业核心课程为基础,开发并增设了适应地方中小企业岗位群的课程模块,如机械工程及自动化专业设置模具设计方向、汽车服务工程专业增加汽摩配课程模块等,满足了中小企业对复合型人才的需要。

②强调资源"进岗"整合,加强课程的地方资源库建设,增加了能够体现"温州中小企业元素"的教学案例、实验实习素材、毕业设计题目,提高了学生的中小企业岗位意识和行业熟悉度。目前,已在100多门课程或教学环节中建有地方资源库,分布在机械、电气、服装、化工、国际经济与贸易、市场营销、工商管理等20多个专业中。

③提升教学"实务"内涵,以中小企业岗位群的工作过程与实务资源为基础,构建并完善一体化教学模式,实施基于中小企业实务资源的项目制、讨论式和案例式教学,强调生产实习、毕业设计和就业一体化,实现专业教育和岗位教育的有机结合,提高学生的职业发展能力。

④突出"创业"专业融合,强化岗位素质教育,增加了提高学生综合素质的创新创业课程和教学环节,面向全校学生开设"大学生KAB创业基础""温州模式与企业家精神"等公共选修课,在理工类、经管类、艺术类等不同专业设置创业教育课程模块,增强了学生对中小企业岗位的适应性。

4. 融合中小企业特质,构筑面向岗位素质要求的渐进式实践教育平台

整合、提炼和转化区域产业资源,构筑基于岗位素质要求的渐进式实践教育平台。

一是建立了基于"技术创新服务平台-产业行业联盟-企业实践基地"三位一体的实践教育支撑体系,技术创新服务平台主要对接温州区域产业,如浙江省低压电器技术创新服务平台、皮革行业创新平台、建筑设计院等,产业行业联盟以温州市中小企业行业协会为主,通过商会、行业协会等为人才培养提供系统性支持,企业实践基地则是以承担实践教学任务为主的企业学习中心。

二是融合专业和岗位能力培养,构建实践案例库、开放式单元项目库和开放式综合项目库,选择规划项目实施的实践现场和实践岗位。各专业均建立了教学案例、各类教学项目等教学资源库,并在20多个行业的40多个典型企业中设置了50多个教学现场和1000多个实践岗位,满足专业和岗位能力培养的需求。

三是推行基于岗位素质要求的"121"渐进式实践教育模式,如图3所示。"1"是第一学年

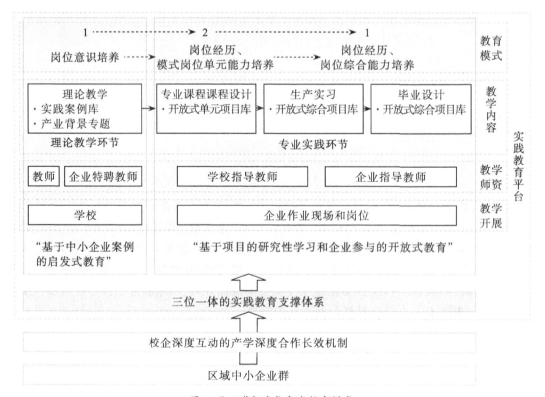

图3 "121"渐进式实践教育模式

在课程教学中开展以实践案例库为基础的启发式教学,增强学生的岗位意识;"2"是第二、三学年开展以开放式单元项目库为基础的研究性教学,培养学生的岗位经历和模式岗位单元能力;"1"是第四学年主要以开放式综合项目库为基础,通过企业参与的开放式学习,培养学生的岗位经历和岗位综合能力。通过实践教育平台,为基于岗位素质的工程教育提供所需的教学内容、教学方式和实践环境,实现学生从学校到产业的无缝过渡。

5. 对接区域产业集群,形成"四层联动"、合作共赢的产学深度合作长效机制

主动对接区域产业,打造校企深度合作多维互动体系,将针对中小企业的社会服务与人才培养相结合,构建基于校企深度互动的产学合作长效机制。

一是产业层面,以产业联盟、行业协会、学科创新平台为支撑,构建校企深度互动平台支持产学合作,目前已经在电子电气、化学化工、建筑设计、服装、机械以及网络工程等行业建立了企业学习平台,在人才培养方案制订、课程设置、实习实践等教学环节进行深度整合。

二是在学校层面,通过"学校—政府(县区政府科技部门)—企业"的对接方式,实施"双百工程",即百名教授进企业、百名企业人才进课堂,实现社会服务与应用型人才培养的互动。近年来,学校与温州市及各县区政府主管部门启动了20多次产学研对接交流会,与区域中小企业建立了良好的互动合作关系,效果显著。

三是在学院层面,建立各个专业团队与区域行业平台的对接,形成优势互补、合作双赢的校外产学研基地和校内企业研发中心,实现区域行业转型升级与应用型人才培养的联动。目前,各学院与企业共建行业平台30个、产学研基地50个、校内企业研发中心10个,以此为基础,创建了创业园和孵化平台,建有学生研发创业工作室60个,运行效果良好。

四是在教师层面,做到一位教师至少对接一个企业,形成稳定的产学研合作关系,实现将产业资源转化为教学资源。学校出台了《温州大学关于专业教师挂职锻炼指导意见》,要求晋升职称的教师必须有在企事业单位挂职半年的经历,并提出了相关的考核要求,有效地保证教师与企业对接。通过多个层次的产学深度合作,为应用型人才的培养提供了强有力的保障。

三、成果的创新点

①地方本科高校人才培养模式的创新:建构了面向中小企业群的分层分类应用型人才培养体系。

②应用型人才实践教育的创新:构筑了基于中小企业岗位素质要求的渐进式实践教育体系。

③产学深度合作机制的创新:创立了"四层联动"、合作共赢的产学深度合作长效机制。

四、成果的推广应用效果

"面向中小企业的地方本科高校应用型人才培养探索与实践"获批2014年度国家级教学成果奖一等奖。

1. 学生的综合应用素质明显提升,中小企业对毕业生的用人满意度普遍提高

①本教研首先在2006级机电学院300名学生中试点,2009年在全校21个专业的6000余名学生中实施。通过在全校布局优化20个重点专业、11个人才培养模式改革实验区和试点专业、9个各类试点班和实验班,积极面向中小企业,培养既熟悉区域产业背景、能适应多个

岗位,又具备较高动手能力和实践经验、具有较强创新创业能力、综合素质较高的应用型人才,提升地方本科高校人才培养质量,总受益人数超过12000人。

②专业学生面向中小企业的岗位实践动手能力、创新创业能力和综合素质得到有效提升:获国家级学科竞赛奖17项,获省级学科竞赛一等奖及以上奖励75项;获国家级科研立项22项,省级科研立项260项;研究成果申请专利60多项,申请软件著作版权30多项,发表论文100多篇。

③专业学生面向中小企业的就业能力、职业能力、岗位适应能力得到极大提升。近4年毕业生平均就业率达到94%以上,其中有67%的毕业生到了中小企业就业,毕业生的岗位素质能力获得用人单位的一致好评。根据对中小企业用人满意度抽样调查数据显示,有85.7%的企业对学校在人才培养方面的总体评价为满意或很满意,100%的企业对学校毕业生的综合素质为满意。例如,2011届工业工程专业毕业生张文进同学,毕业当年就将批量式生产装配线改进为一个流水生产线,使企业生产效率提高了12%,为企业新增产值300多万元,受到用人单位的极大好评。

2. 教学改革研究成果丰富,对地方本科院校教学改革具有积极借鉴意义

①通过多年的探索和实践,项目的理论和实践成果丰富。部分成果经提炼在《教育研究》《高等工程教育》等核心期刊上发表相关教研论文30多篇,取得了较大反响。

②在实践中形成了系列教研教改成果。期间编写出版了国家级规划教材4部、浙江省重点教材18部,出版新形态教材10余部;主持浙江省新世纪校改项目21项;获建国家精品课程2门、国家精品在线开放课程1门;建立教育部"卓越"计划试点专业3个;建立国家创业人才培养模式创新实验区1个;开发了近100门地方课程或者资源库,分布在机械、电气、服装、化工、国际经济与贸易、市场营销、工商管理等20多个专业中;面向全校学生开设"大学生KAB创业基础""温州模式与企业家精神"等30多门公共选修课或者岗位素质教育课程。

③学校的学生培养改革得到区域产业界的广泛认同和支持。近4年在相关中小企业建立了实践教学基地292个,在20多个行业的40多个典型企业中设置了50多个教学现场和1000多个实践岗位,满足专业和岗位能力培养的需求,受益学生达5000余人。学校与温州市及各县区政府主管部门启动了20多次产学研对接交流会,与区域中小企业建立了良好的互动合作关系。各学院与企业共建行业平台30个、产学研基地50个、校内企业研发中心12个,以此为基础,创建了创业园和孵化平台,建有学生研发创业工作室60个,运行效果良好。各实践基地运营良好,校企互惠互利呈现新局面,实现校企双方的互惠互利。

3. 教学成果深受认同,特色鲜明,影响广泛

①学校教学成果经中央电视台、《光明日报》、《中国教育报》、《浙江教育报》、《温州日报》等媒体报道100多次,影响广泛。

《中国教育报》(2012-09-28)以题为《校企深度联动 构建人才培养机制》的文章长篇幅介绍了本成果,认为:温州大学在应用型人才培养过程中,面向中小企业,建立了对接区域产业转型升级,以创新创业能力素质为导向的地方本科高校分层分类应用型人才培养模式,为地方高校应用型人才培养提供路径和方法。

②学生面向中小企业的实践能力及创新创业能力获得行业、社会及中央媒体的高度关注。CCTV-10"我爱发明"栏目以专题片形式播出了温州大学学生团队设计制造的五人娱乐小车,节目时长50分钟,对温州大学学生的实践动手能力、创新能力与科技作品予以肯定,

引起了巨大的社会反响。

　　③温州大学应用型人才培养模式还得到了各级部门、各地方院校的认可与支持。北京市教委、成都市教育局等单位前来指导交流,温州大学在各级研讨会上做交流报告50多次,浙江省内包括宁波大学、浙江师范大学、杭州师范大学等在内的20多所地方院校前来考察,国内80多所地方高校来校交流,影响广泛。

参考文献

[1]蔡袁强,戴海东,翁之秋.地方本科院校办学面临的困惑与对策——以温州大学为研究对象[J].高等工程教育研究,2010(1):96-101.

[2]蔡袁强,戴海东.培养设计研发型创新创业人才 为地方产业转型升级服务的实践与探索——以温州大学为例[J].中国高教研究,2010(4):64-66.

[3]蔡袁强.地方大学的使命:服务区域经济社会发展——以温州大学为例[J].教育研究,2012(2):89-94.

[4]翁细金,胡新根,蔡袁强.新体系建设,提升地方合并院校核心竞争力——以温州大学为例[J].高等工程教育研究,2010(5):92-97.

作者简介

　　余闯:教授,博士生导师,瓯江学者特聘教授,温州大学教务处处长,国家一级注册岩土工程师,入选浙江省"151人才"计划第二层次,荣获多项教学科研成果奖。

中德合作应用型本科人才培养体系改革实践

冯　军　路胜利

浙江科技学院

【摘要】德国应用科学大学具有鲜明的应用型人才培养特色,深受经济学界和社会各界的欢迎,被誉为"培养现代工程师的摇篮"。浙江科技学院学习借鉴德国应用科学大学办学理念及人才培养经验,进行了30余年持之以恒的探索与实践。浙江科技学院在国内率先提出"应用型本科教育"的概念,系统构建适应国情、国际化特色鲜明的应用型本科人才培养体系;面向地方与行业需求,调整、优化专业结构;建立国际合作、校企合作协同育人机制;建设国际化、双师型师资队伍;培养大批高素质应用型人才,为区域经济和社会发展提供了有力的人才支撑,在地方院校转型发展,培养应用型本科人才方面发挥了重要的示范性作用和广泛的辐射效应。

【关键词】应用型　培养模式　中德合作　校企合作　培养体系

20世纪60年代以来,工业化国家大力发展应用型本科教育,推动了高等教育大众化和普及化进程,促进了经济、科技和社会的快速发展。德国应用科学大学就是在这种大背景下发展起来并成为德国第二大高校类型的,其应用型人才培养模式特色鲜明,深受经济学界和社会各界的欢迎,被誉为"培养现代工程师的摇篮",成为德国经济腾飞的"秘密武器"。

针对地方本科高校存在的办学定位不明确,专业设置和人才培养规格与行业及产业需求吻合度不高;课程体系重理论轻实践,实践环节和条件薄弱;师资队伍缺乏企业背景,工程实践能力偏弱、缺少国际化视野等问题,浙江科技学院学习借鉴了德国应用科学大学办学理念及人才培养经验,进行了30余年持之以恒的探索与实践。在国内率先提出"应用型本科教育"概念,系统构建了适应国情、国际化特色鲜明的应用型本科人才培养体系;面向地方与行业需求,调整、优化专业结构;建立国际合作、校企合作协同育人机制;建设国际化、双师型师资队伍;培养了6万余名本科生,为区域经济和社会发展提供了有力的人才支撑,在地方院校转型发展,培养应用型本科人才方面发挥了重要的示范性作用和广泛的辐射效应。学校成为教育部首批"卓越工程师教育培养计划"试点院校和教育部应用技术大学(学院)联盟第一副理事长单位。

一、中德合作人才培养历程

1. 引进吸收阶段(1985—1999年)

浙江科技学院于1985年执行浙江省与下萨克森州教育合作项目,1992年执行中德政府级教育合作项目。通过执行两级教育合作项目,引进德国应用科学大学实践型教学模式,并率先提出了"应用型本科教育"概念。在德国驻校专家组指导下,制订面向地方和行业的应用型人才培养方案及条件保障计划;调整专业设置,引进德国工程教育课程和课程教学管理模式,加快实验室和校内外实习基地建设;实行"两个实践学期",实现人才培养理论与实际、学校与企业、德国经验与中国国情相结合的"三结合";建成了一支理论联系实际的高素质应用型、国际化的教师队伍。

2. 应用推广阶段(2000—2013年)

从2000年开始,与20多所德国高校建立更广泛的校际合作关系,合作开展专业教育与人才培养。合作项目覆盖了机械设计制造、电子信息工程、生物化学工程、建筑工程、设计艺术、经济管理等八大专业群。通过专业合作教育与人才培养,对德国应用科学大学的育人理念、教学模式和管理方式有了更进一步的认识,提出了"学以致用、全面发展"的应用型育人理念。进一步调整优化专业结构,构建了以工科为主体,以理学、文学、艺术学为支撑,以经济学、管理学为拓展的应用型学科专业架构。创立中德两国高校面向应用型人才培养的高端研讨交流平台——"中德论坛",进一步将德国应用型人才培养经验推广到国内其他高校。以中德校际合作为基础,进一步拓展与其他国家高校的合作,80%以上的工科专业与国外高校开展了"双学位""双校园"的合作教育,师生参与面、受益面广,学校国际化程度不断提升。

3. 深化提高阶段(2013—)

2013年,与德国吕贝克应用科技大学、西海岸应用科技大学合作举办浙江省首个本科层次非独立设置的中外合作办学机构——中德工程师学院。学院按照全德国模式教学、全德国方式管理要求,全面吸收德国应用科技大学办学经验,制定模块化课程体系、建立立体化实践体系、实施德国式考核与质量评价。2016年,学校与德国吕贝克应用科技大学、西海岸应用科技大学以及德国石荷州经济技术促进中心中国办公室合作发起中德校企合作联盟,深化产教融合、校企合作。

随着中德校校、校企合作的深入,学校进一步明确人才培养总目标,即培养具有社会责任感、实践能力、创新精神和国际素养的高素质应用型专门人才。围绕人才培养总目标,全面修订优化人才培养方案,按照OBE(outcomes-based education,基于学习产出的教育)教育理念,明确专业培养目标预期,细化毕业要求及与之支撑的课程教学目标,建立课程质量评价、毕业要求达成评价、培养目标合理性评价的持续改进机制,系统构建了以能力培养为核心的全面发展的应用型本科人才培养体系。

二、中德合作应用型人才培养体系构建与改革实践

通过30多年学习借鉴德国应用科学大学办学经验,针对应用型办学和人才培养过程中存在的问题,学校系统构建了目标导向的应用型人才培养体系,包括目标体系、课程体系、实践体系、持续改进体系、保障体系等。即以学校人才培养目标、专业学生毕业5年后培养目标、专业毕业要求、课程教学目标等为基础,构建"通识、基础、专业、拓展复合"四层次课程体系,以及社会实践、课程实践、科技实践、生产实践、技术实践、毕业设计六环节实践教学体系,建立课程质量评价、毕业要求达成评价、培养目标合理性评价的三层次持续改进体系,把"两个实践学期"以及教师应用实践能力、国际交流能力提升和国际合作、校企合作作为实施保障,深入开展应用型人才培养实践。

1. 明确办学定位,强调"两个面向",适应社会需求

始终坚持应用型办学定位,确立"学以致用,全面发展"育人理念。面向地方与行业需求,调整、优化专业结构,提高专业布局与浙江产业发展的吻合度。目前学校共有56个本科专业,按照增量优化、存量调整和余量缩减的原则,"十三五"期末专业总数将控制在45个左

右,重点建设与"十三五"国家战略性新兴产业、"中国制造2025"十大重点领域和浙江省"八大万亿产业"等相融合的8个优势特色专业群。面向学生成长,实行学分制和导师制,广泛开展特色班教学,构建多样化育人模式,实现学生个性化成长,满足社会多样化需求。

2. 创新培养模式,实行"两个实践学期",强化能力培养

按照"优化基础、强化能力、提高素质、发展个性、推进创新"的育人思路,确立应用型本科人才知识、能力、素质培养标准,深化以能力培养为核心的教学改革,广泛开展项目化教学、现场教学和研讨式教学。加强校内、校外实践基地建设,强化实践教学,实践学分占总学分30%以上,全面实施"两个实践学期"和"3+1"实践教学安排。构建创新创业教育体系,设立创新创业学分,积极推进大学生科技创新计划和科技竞赛,提高学生的工程素质、应用实践和创新创业能力。

3. 坚持教育开放,推进"两项合作",夯实基地建设

积极开展国际合作,浙江科技学院的合作院校已达100余所,合作交流项目130余项。积极引进国外优质教育资源,总计引进32门国外优质课程。大力实施学生国际交流学习计划,每年派出500名左右学生出国交流学习,截至2017年年底,全日制在校生中出国(境)交流学习学生达1652人,占在校生总数的9%。积极开展留学生教育,目前全英文授课本科专业达10个,硕士专业达11个,来华留学生1800余人,其中学历生1200余人,占全日制在校生总数的11%。

广泛开展校企合作,健全工作与运行机制,加强校企合作研发、教师进修、学生实习、学生就业四大基地建设,建成国家级工程实践教育中心7个、国家级大学生校外实践教育基地1个、省级大学生校外实践教育基地2个、校外实习基地240多个,有效满足学生企业实习需求。

4. 重视队伍建设,彰显"两个特色",提升教学能力

强化国际化、双师型师资队伍建设,在考核、评价、评优中,向有国外学习工作经历和企业工程实践经历的教师倾斜。从中德省州合作项目开始,每年与德国院校互派师资。近10年来,有德国教授773人次来校教学和指导,占所有外教专家的65%;学校现有3个月以上国外学术经历教师占所有教师的33%。积极引进企业高级工程师,实行新进教师下企业实践进修制度,与合作企业建立教师定期挂职锻炼和顶岗工作机制。目前,有6个月以上企业实践经历教师432人,占专任教师的比例为42%,有效提升了教师的工程实践能力和应用教学能力。

三、人才培养成效

1. 培养质量提升,受益面广

一是办学至2018年年底我校累计培养了6万余名本科生。毕业生就业率一直位于同类院校前列,且就业质量高,许多毕业生就职于在华德资企业;涌现出一批行业精英和技术能手,有"全国劳动模范"、"中国十佳时装设计师"和顶级"手艺人"等各类各级专家。

二是学生创新创业能力明显提高。近年来,每年参加校级及以上各类学科竞赛学生近1万人次,2012—2017年获国际奖85项、国家级奖1245项、省级奖2713项,学校获评浙江省大学生科技竞赛先进单位、浙江省创业教育示范高校、全国KAB(know about business,了解企业)创业教育拓展计划首批试点高校、全国KAB创业教育基地、全国青年创业教育先进集体。据中国高教学会发布的《全国普通高校大学生竞赛白皮书(2012—2017)》,浙江科技学院名列第205位。

三是国际化办学水平位居国内同类高校前列。截至2018年年底,已有16批共1193名学生赴德国合作院校学习,同期各类出国学生占在校生比例达9.33%。赴德学习的学生展现出优秀的素质和能力,多人多次获德国政府奖学金、德国下萨克森州科文部"科学奖"、德国电气工程师协会VDE奖、红点奖、德国学术交流中心(DAAD)外国留学生杰出成绩奖和STIBET项目Matching Fund奖等,大部分学生获德国高校及企业奖学金资助。在校来华留学生及全日制出国(境)交流学生占比,双双在10%左右。学校国际化总体水平位居浙江省高校前列,入选"浙江省国际化特色高校"首批建设单位,是教育部首批来华留学质量试点认证高校。软科2018中国最好大学排名(按学生国际化排名)中,浙江科技学院名列第32位。

2. 研究成果丰硕,辐射力强

学校出版了《应用型本科——借鉴德国经验的跨世纪探索》等论著,在《高等工程教育研究》《中国高教研究》等刊物发表相关论文50余篇。

推动应用型本科人才培养模式在国内外的推广。发起建立教育部对德合作高校应用型人才培养协作组;建立"中德论坛"等高端交流平台;发起应用技术大学(学院)联盟,并成为联盟第一副理事长单位。主办、承办"中德高等应用型人才经验与发展趋势国际研讨会""全国应用型本科院校'卓越工程师教育培养计划'工作研讨会"等高层次应用型人才的学术会议10多次。举办"借鉴德国经验,培养高等应用型人才高级研讨班",近年来学校先后接待国内百余所兄弟院校来校取经和交流。

3. 政府社会认同,美誉度高

教育部原领导张孝文、韦钰、章新胜、吴启迪、杜玉波等先后来校视察,认为浙江科技学院"学习外国先进经验,结合中国具体实际,办出特色,提高素质,为中国培养高层次应用人才创造成功的经验"。

两任德国总统罗曼·赫尔佐克和克里斯蒂安·武尔夫(时任州长)先后访问浙江科技学院,认为"在有针对性地利用德方合作伙伴的经验和知识的同时,学校在短时间内完成了成功的革新"。1995年,根据德国经济合作与发展部的评估,浙江科技学院中德合作项目被评为"样本项目"。《光明日报》《中国教育报》《人民网》等中央和地方众多新闻媒体长期进行跟踪报道。

四、人才培养特色与创新

1. 构建了应用型本科人才培养新体系

学校确立了"学以致用、全面发展"的育人理念以及"优化基础、强化能力、提高素质、发展个性、推进创新"的育人思路,明确了人才培养的知识、能力、素质标准,构建了"通识、基础、专业、拓展复合"四层次课程体系,以及社会实践、课程实践、科技实践、生产实践、技术实践、毕业设计六环节实践教学体系,实施"两个实践学期",有效实现了应用型本科人才培养从注重知识传授向注重能力素质培养的转变。

2. 形成了"一体两翼"的应用型人才培养新机制

学校围绕人才培养目标,不断解放思想,探索形成了中德合作、校企合作"一体两翼"的应用型本科人才培养的有效机制。在多层次多模式中德合作项目开展、中德学院管理体制改革与运行、"中德论坛"以及中德校企合作联盟等高端对话平台构建、国家级工程实践教育中心建设等诸多方面制定并落实了一系列政策、措施,有效保证了应用型本科人才培养模式的全面实施。

3. 探索了国际化、双师型师资队伍建设新途径

大量聘请德国教授来校教学和指导,大量引进企业优秀工程师充实师资队伍,大量派遣教师赴企业和国外大学进修、学习、合作研究。目前,专任教师中有3个月以上国外进修经历的达33%,有6个月以上企业经历的达42%,形成了满足应用型人才培养要求的国际化、双师型师资队伍。

五、思考与展望

德国应用科学大学创建之初便以其区别于传统综合大学的应用性特点而成为德国第二大高等教育类型,被多个国家模仿和借鉴,其办学定位和人才培养目标坚持应用型,其入学学生职业实践要求、学科专业跨学科设置、模块化课程体系、项目式教学、独具特色的实习学期、实用型科研及双师型师资构成等特点保证了高层次应用型人才培养目标的实现。在这种办学理念的指引下,德国应用科学大学没有盲目模仿综合大学而办成二流综合大学,而是成功发展成与综合大学不同但等值的特色鲜明大学。浙江科技学院在与德国应用科学大学合作办学过程中,通过不断学习与借鉴,逐步形成了德国模式中国特色的应用型人才培养新体系,提高了应用型人才培养质量,这些探索与实践对我国地方本科高校转型发展,建设一流应用型本科教育院校具有很好的学习和借鉴意义。

参考文献

[1]杜卫,冯军,王学川.对浙江科技学院办学定位和特色的再思考[J].浙江科技学院学报,2006(4):311-315.

[2]冯军,路胜利,罗朝盛.地方院校专业评估探索与实践[J].中国大学教学,2016(2):64-68.

[3]冯军,路胜利,施建祥,等.地方本科高校新工科专业评估研究与实践探索[J].上海教育评估研究,2018(2):45-49.

[4]冯军.具有国际化背景的高层次应用型人才培养体系的构建与实践[J].浙江科技学院学报,2005(3):230-233.

[5]路胜利,冯军,罗朝盛.对高校课程建设与人才培养的探讨[J].浙江科技学院学报,2015(5):326-331.

[6]孙进.培养高层次应用型人才——德国应用科学大学独具特色的人才培养模式[J].世界教育信息,2012(12):23-26.

[7]徐理勤,杜卫,冯军,等.借鉴德国经验,培养应用型本科人才[J].高等工程教育研究,2008(2):96-99.

[8]赵东福,罗朝盛,路胜利,等.高层次应用型人才培养的教学改革与实践[J].浙江科技学院学报,2015(5):321-325.

作者简介

冯　军:研究员,浙江科技学院副院长。研究专长为高等教育教学管理。

路胜利:教授,浙江科技学院教务处处长。研究专长为新能源材料与高等教育教学管理。

财经类高校大类人才培养模式改革的探索与实践

林亚芳

浙江财经大学

【摘要】浙江财经大学坚持"以学习者为中心"的改革理念,设计大类分流和专业准入准出机制,为学生搭建专业转换的立交桥体系;夯实专业基础,拓宽培养口径,推进通识教育改革;做实短学期,突出个性化培养,强化创新创业教育,力图探索出一条可供财经类高校乃至其他类型高校借鉴的人才培养模式改革之路。

【关键词】财经类高校　人培养模式改革　大类分流　专业准入

近年来,浙江财经大学紧紧围绕"为谁培养人,培养什么人,如何培养人"的问题,根据财经类高校现有的学科专业特点,积极借鉴国内外先进的人才培养模式改革理念,秉持"以学习者为中心"的理念,探索构建了"厚基础、宽口径、强应用、个性化"的财经类高校人才培养模式,设计了一套完整的专业准入准出的机制,从2018级学生开始实施,为学生搭建了可以自主"选就读专业、选兴趣课程、选授课教师、选培养路径、选毕业出口"的人才培养立交桥体系。

一、关于财经类高校人才培养的思考

随着高等教育从精英化向大众化发展再进入普及化阶段,教育的模式和内容都发生了巨大变化,在更高层次上对高等教育提出挑战,同时,社会的发展和科学技术的进步也在对财经类高校的人才培养提出更高的要求。

1. 财经类高校人才培养面临的形势和挑战

(1)财经类院校普遍存在专业划分过细,培养口径较窄的现象

我国高等教育中的专业设置一直受苏联模式的影响,表现出计划经济的明显特征。专业划分过细,专业口径狭窄一直是我国高校专业设置中存在的明显问题,在财经类高校中尤其明显。财经类高校的专业门类较少,院系设置往往以一级学科为主,院系内部的专业划分较细,学院之间的壁垒导致财经类院校难以形成宽口径的人才培养平台,极大地限制了学生的发展,无法满足当前全球化趋势对跨学科人才的培养要求。

(2)经济社会的迅速发展给财经类高校的人才培养提出了新的挑战

随着当前移动互联网、云计算、大数据、物联网等技术在经济社会各领域的迅速发展,对财经类高校的经管类专业人才培养也提出了巨大挑战,传统的经管类专业人才培养模式将受到冲击。因此,财经类高校必须要在目标定位、课程体系、教学模式等方面做出变革,以适应未来社会的变化发展。

(3)多元化、个性化的学生自我发展需要对人才培养提出新的要求

联合国教科文组织在《教育——财富蕴藏其中》一书中指出:在一个以社会和经济改革为主要动力的迅速变革的社会里,可能更重视想象力和创造力,它们是自由的最明显的表现。想象力和创造力的培养恰恰需要重视人的多元化、个性化发展。因此,高等教育必须改

变传统方式,实施个性化培养,尽可能地为受教育者的多元发展提供多种培养路径。

二、"以学习者为中心"的理念是财经类高校人才培养模式改革的逻辑出发点

教育部部长陈宝生在2017年全国教育工作会议报告中指出:为落实《国家中长期教育改革和发展规划纲要(2010—2020年)》中关于人才培养和学生个性全面发展的要求,我国将"加快建立以学习者为中心的人才培养模式"。

"以学习者为中心"是20世纪50年代美国人本主义心理学家卡尔·罗杰斯提出的教育学理论,这一理论的提出在全世界产生了广泛而深远的影响。《国家中长期教育改革和发展规划纲要(2010—2020年)》指出:当前,我国教育改革发展的战略主题是坚持以人为本、全面实施素质教育。"以人为本"作为一种宏观决策理念,指导我国教育改革发展。"以人为本"在学校领域意味着"以学习者为中心",意味着学生是学校一切教育教学活动的主体,高校在实施人才培养模式改革,组织教育教学活动时,要摒弃原有的"以知识传授为中心"的培养模式,必须从学生的成长和发展出发,要充分考虑学生身心发展的需要,尊重不同学生的个性化和独特性,基于这一逻辑出发点去确定人才培养目标、设计人才培养方案、组织课程教学、实施教学管理和教学评价等。

"以学习者为中心"的人才培养模式意味着培养目标必须以学生为本,注重学生自我价值的实现;意味着人才培养标准的多元化和差异性,注重学生的个性化发展;意味着教学模式的灵活性和多样性,教师的"教"要服务于学生的"学",引导学生自主发展。

浙江财经大学在新一轮人才培养模式改革的过程中,正是将"以学习者为中心"这一理念作为改革的逻辑出发点,强调学生在教育活动中的主体地位,所有的教学环节都应该围绕学生的全面发展来设计,充分尊重学生的个性发展,设计分类的人才培养机制,畅通学生的流通渠道,力图使所有学生都能够通过自主选择进入适合他个人发展的培养路径,提高学生的综合素质和实践能力。

三、"厚基础、宽口径、强应用、个性化"的财经类高校人才培养模式改革探索

1. 厚基础、宽口径的专业大类培养

浙江财经大学从2018级本科生开始,将全校专业分成若干个专业大类,除少部分专业大类在一年级分流外,全校经管专业大类在第一学年、第二学年都不分专业,统一培养,在第二学年结束后,通过专业分流,进入专业培养阶段。由于经管类专业占学校专业总数的60%,为进一步拓宽经管类专业的培养口径,夯实大类培养基础,浙江财经大学分别在经济学类专业、管理学类专业中设置了6~7门的学科共同课(见表1)。

表1　浙江财经大学经管类专业学科共同课

专业类别		学科共同课
经济学类		政治经济学、微观经济学、宏观经济学、统计学、金融学、财政学、基础会计
管理学类	工商管理类	微观经济学、宏观经济学、管理学、基础会计、财务管理、营销管理
	公共管理类	经济学原理、管理学、社会学原理、政治学原理、公共管理学、公共经济学
	管理工程类	微观经济学、宏观经济学、管理学、基础会计、管理运筹学、管理信息系统

2. 实施专业准入准出

为了给学生提供更多的专业选择机会,打破原有"在本专业学得好才能转专业"的悖论,浙江财经大学设计了一套全新的专业准入和准出制度。学生在校期间有多次的转专业机会:在大类内的学生可以通过分流机制进入自己的理想专业;大类外的学生,只要达到意愿专业设定的准入条件,就可以进入该专业就读;错过专业准入机会,同时又学有余力的学生可以修读两个以上的专业,毕业时可以选择从其中任意一个专业准出。这一制度的设计,给学生搭建起了一座可以有多个机会自主选择专业的桥梁(见图1),充分体现了"以学习者为中心"的办学理念。每一位学生在校期间努力学习,都有可能通过分流、准入及准出进入自己的理想专业就读。

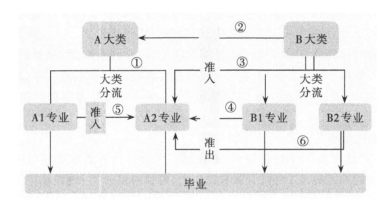

注:例如学生想要修读A2专业,可以通过以下6种路径。路径①——通过大类分流确认到A2专业;路径②③④⑤——通过申请准入到A2专业;路径⑥——在现专业基础上跨类修读A2专业,申请从A2专业准出。

图1 浙江财经大学专业转换的立交桥体系

3. 构建通识教育大框架

现阶段各高校已经越来越认识到通识教育在人才培养中的重要性,在本科阶段如何夯实通识教育的基础,成为培养创新创业型人才的重要前提。浙江财经大学在培养方案中构建了通识教育大框架,设置了通识教育平台,包括通识必修和通识选修模块(见表2)。将通识必修课分为基础必修和分层必修,并对思政类、数学类、计算机类等课程进行专项改革,适应通识教育的需要。同时,将全校的通识选修课程分为社会认知与国际视野、科学精神与技术进步、管理智慧与创新创业、人文素养与审美艺术四大板块,并根据学校总的人才培养目标和培养要求,设置全校的通识核心课程,供学生选修读。为解决财经类高校欠缺自然科学板块通识课程的问题,浙江财经大学与国内多家慕课平台合作,引入多门优质在线开放课程,推进"互联网+"教学,丰富了学生的学习资源。

表 2   浙江财经大学通识教育框架

通识教育平台	通识必修	基础必修：思政类、体育类、心理健康、军事理论、创业基础等
		分层必修：数学类、英语、计算机类
	通识选修	通识核心课程
		四大板块课程：社会认知与国际视野、科学精神与技术进步、管理智慧与创新创业、人文素养与审美艺术

4. 做实短学期

财经类院校的大部分专业应用性较强，需要学生毕业时具备较强的分析问题、解决问题的实践能力，财经类高校在实践教学体系的构建与实施方面往往较为薄弱，虽然在每个暑期设置了短学期，但在操作中并未完全落到实处，未免有些流于形式。浙江财经大学在新版培养方案修订时，在每个短学期中设置了包括综合实验课、学科竞赛课、科研训练课、暑期国际课、创业实践课、专业社会调查等在内的一系列的实践类课程和实践活动，安排了5~6个学分，学生根据不同专业的要求选择实践类课程修读，参与各类专业课程的实践活动，进一步将短学期做实。

5. 突出个性化培养

为了进一步强化学生的个性化培养，浙江财经大学在培养方案中专门设置了个性化教学平台，各专业结合自身特点，设置了学术拔尖类、跨学科复合类、创业就业类三种不同的课程体系，学生可以根据自身的学业规划和发展需要，选择课程修读。在学术拔尖类课程体系中，设置了"本硕贯通课程"，将部分研究生课程前置到本科生高年级，学生毕业后若继续修读本校研究生，可免修该门课程。此外，个性化教学平台中还设置了若干学分的任意选修课，学生可以根据自己的兴趣在全校范围的课程中选择修读。

个性化教学平台的设置极大地扩大了学生选课的自由度和开放度，尊重学生的自我发展权利，学生可以根据自己的需求选择修读路径，扩大学生的个性化发展空间。

6. 强化创新创业教育

"大众创业、万众创新"是国家未来发展的重要战略目标，为实现创新创业型人才培养的目标，浙江财经大学在培养方案中设置了全校的通识必修课程"创业基础"，在个性化教学平台的就业创业类课程中设置"专创融合"类课程，开辟以创新创业活动为主要内容的"第三课堂"，并利用短学期开展创新创业教育，修订出台"创新创业学分的奖励和认定办法"等一系列管理制度，基本形成了"体系完整、点面结合、贯穿始终"的创新创业教育体系。

三、结语

人才培养模式的改革是高校持续性的重要任务。20世纪90年代以来，国外名校就对长期以来忽略本科教育的发展这一现象进行了反思，提出要"回归大学之道"。随着新时代全国高等学校本科教育工作会议的召开，教育部部长陈宝生提出的"坚持以本为本，推进四个回归"已经在全国高教领域达成广泛共识，办好一流本科教育，要在学校的内涵发展上下功夫。浙江财经大学正是基于加快建设高水平本科教育，全面提高人才培养能力的要求，做好了人才培养的顶层设计，形成了本科人才培养的良好开端。学校接下来将进一步加大资源投入，以本科人才培养为中心，制订完善各项配套的管理制度和具体的管理办法，统筹全校资源,强化组织保障,为全国财经类高校乃至其他类型的高校人才培养探索出一条可借鉴的改革道路。

参考文献

[1]博克.回归大学之道[M].上海:华东师范大学出版社,2012.

[2]陈宝生.办好中国特色社会主义教育,以优异成绩迎接党的十九大胜利召开——2017年全国教育工作会议报告[N].中国教育报,2017-02-07(1).

[3]方展画.罗杰斯"以学生为中心"的教学理论述评[M].北京:教育科学出版社,1990.

[4]联合国教科文组织.教育——财富蕴藏其中[M].北京:教育科学出版社,1996.

[5]钱颖一.大学的改革[M].北京:中信出版社,2016.

[6]张旺,杜亚丽,丁薇.人才培养模式的现实反思与当代创新[J].教育研究,2015(1):28-34.

作者简介

林亚芳:副研究员,浙江财经大学教务处副处长。

"三海实践 五维协同"

——海洋类应用型人才培养模式改革探索与实践

谢永和　王健鑫　包　镕

浙江海洋大学

【摘要】探索海洋类应用型人才培养模式,满足国家建设海洋强国战略需要,是新时代背景下地方性涉海高校面临的首要课题。本文基于浙江海洋大学在应用型海洋人才培养中的探索与实践,通过校企、校地、校际、国际等5个维度推进协同培养,结合"爱海、懂海、用海"实践育人体系构建,共同提升学生实践创新能力,为地方高校坚持特色办学之路提供新思路。

【关键词】海洋类　应用型人才　协同培养

本科教育是提高高等教育质量的重要基础,一流的本科教育是一流大学的底色。作为地方本科院校,在国家"双一流"建设背景下,更应该聚焦本科教育,深化产教融合,强调特色发展,紧密对接区域经济发展和产业转型升级,培养更多高素质的应用型本科人才。应用型本科人才的培养,是经济社会转型升级的需要,也是高等院校明确自身办学定位,谋求理性发展的必然,浙江海洋大学作为一所以培养海洋类专业人才为主的地方高校,秉承"海纳百川、自强不息"的校训精神,始终坚持"产学合作、服务地方;强化实践、培养能力"的特色办学之路。进入21世纪以来,学校持续优化"三海实践"教学体系,完善"五维协同"育人模式,经过近20年的探索与实践,形成了特色鲜明的应用型海洋人才培养模式,为地方高校建设一流本科教育体系提供了新思路、新路径和新模式。

一、问题聚焦

与部属综合性大学相比,地方高校在办学过程中所遇到的问题和困难有其独特性,尤其是区域经济发展和产业转型升级给高校人才培养所带来的挑战是永恒的主题,学校在海洋类应用型人才培养模式改革的探索与实践中,也面临以下3个主要矛盾。

1. 办学资源不能完全满足海洋应用人才培养需求

海洋产业是一个对技术要求极高的产业,海洋类学科专业有着显著的多学科交叉特征,海洋科学和海洋工程对实验、试验、调查的要求很高;同时学校又是一个地处海岛的地方性院校,办学经费紧张、办学空间有限、师资数量不足、实践平台欠缺,如何最大化争取多方办学资源为海洋应用型人才培养服务,是学校人才培养面临的首要挑战。

2. 专业结构不能完全适应地方海洋经济发展需要

随着我国经济发展进入新时代,海洋经济发展的特点也发生了新的变化:海洋传统产业面临产能过剩、技术落后的困境,亟待转型升级,海洋新兴产业迫切需要与智能化、信息化、数字化等新技术融合,海洋未来产业的萌芽和颠覆性技术的创新也已出现。而学校的专业结构布局不够合理,专业设置不能随海洋产业的发展快速做出调整,课程体系和内容跟不上技术发展的步伐,这是学校人才培养面临的关键矛盾。

3. 实践能力不能完全胜任海洋类应用型人才职业发展需要

应用型海洋人才的基本特质是学生应具备较好的实践能力,能够在海岛、渔村、大洋等艰苦工作环境下完成工作。然而学校在人才培养方案的顶层设计、实践平台的搭建和教学质量的评价方面,还存在着实践平台建设水平不高、实践环节重视不足、实践教学效果不佳、过程性评价弱化和双师型教师数量较少等问题,这是学校人才培养面临的瓶颈问题。

二、改革举措

1. 坚持服务地方经济,推进产学研合作协同育人,形成海洋类应用型人才的培养合力

①以"三院"(海洋水产研究院、创新应用研究院、东海发展研究院)、"三岛"(长崎海洋科教岛、西轩渔业科技岛、东极岛综合科学试验村)和"三园"(大学引智园、科技园、文化园)为抓手,围绕"一片海、一群鱼、一艘船"开展校地协同创新,精准匹配海洋产业转型升级,创新政校联动发展新机制。

②学校以实施教育质量提升工程为契机,着力推进本科生进团队、进课题、进实验室,强化科教协同育人,提升学生核心竞争力。实施本科生联合培养"蓝色驿站"计划,形成以"一队"(海洋科学调查队)、"二营"(海洋科普知识夏令营、海岛户外拓展营)、"三团"(海岛社会调研团、青年志愿服务团、海洋文化创意团)为代表的品牌活动项目。学校以"一弧、一圈、一带"战略高度拓展和延伸国际化教育,以日本、韩国、俄罗斯为重点的弧形区,延伸至泰国、汤加、美国、加拿大等整个环太平洋圈,拓展至非洲海岸带国家。

③以"创造实战环境、培养实战能力"为宗旨,依托由"三院+三园"(学校)和"百基地+科技市场"(企业)组成的"四位一体"产教融合利益共同体,持续开展"四个一服务工程"(一教师、一企业、一项目、一成果)等活动;推进"双向基地"建设,学校为企业的"培训基地、研发基地",企业为学校的"实习基地、就业基地",实现学生实践技能、创新创业能力、岗位适应力的循环深度培养。

2. 适应行业和产业发展需求,优化专业结构布局,满足社会对海洋类应用型人才的需求

①面向区域海洋产业发展要求,学校主动对接国家新区建设,优化以海、渔、船、港、油、经管六个专业群和海洋资源综合开发利用、海洋工程装备与船舶、现代渔业、临港石化四个产业链为核心的"六群四链"海洋类专业布局,取得了积极的建设成效。

②为服务"一带一路"、浙江海洋经济发展示范区、浙江舟山群岛新区、舟山自由贸易试验区和舟山江海联运服务中心建设发展需要,优化专业结构布局,建立以社会需求强劲和发展前景良好为考量的专业设置调整机制。学校将护理学专业调整到独立学院办学,撤销汽车服务工程专业,主动停招了生物技术等9个专业。

③基于需求导向和产教融合理念,对接"中国制造2025",形成对接海洋经济建设的全产业链专业群。加大优势、特色专业建设投入,加强专业集成整合,积极开展工程教育专业认证工作,快速提升6个专业群的社会认可度,积极打造体现学校海洋优势的品牌专业集群。

3. 对标行业和国家质量标准,优化培养方案和课程体系,提升海洋类应用型人才的核心能力

①应用型海洋专业人才的核心竞争力是实践能力和海洋精神。把学生培养成"爱海、懂

海、用海"的应用型海洋人才,提升人才培养目标的达成度;将教学改革的着力点进一步聚焦于实践教学,狠抓通识教育、专业教育、创新创业教育三环节;以实施"三海课堂"为特色路径,不断提升应用型海洋类专业人才的核心能力。

②学校主动对接国家和区域海洋经济建设,加强人才培养模式改革的顶层设计,推进人才培养模式改革有序有效进行。优化和完善以"三阶段、四模块、五路径"为核心的多元化人才培养体系;结合国家专业质量标准,严格按照专业认证标准要求制订2018级人才培养方案,提升人才培养的核心能力。课程是实现专业培养目标的基本单元,学校要求各专业围绕人才培养目标的达成度,明晰课程、知识点的逻辑关系,构建课程与能力之间的映射关系,确保课程设置的科学性、课程内容的适应性。

③以提升学生核心能力为导向,推进"大类培养、专业培养、多元化培养"相结合的三阶段培养模式改革。充分尊重学生个性化发展需要,加大学生对专业、课程和发展路径的选择权,强化学生自主学习能力;大力推进新工科、新农科、新文科、应用型学院(专业)试点以及卓越计划、拔尖计划(2.0版)的人才培养模式改革。

4. 助力双创平台建设,完善双创教育体系,提高海洋类应用型人才的社会适应力

①科学设计学生发展综合评价体系,推进创新创业教育与专业教育的有机融合,建立健全将课堂教学、自主学习、实践提高、指导帮扶、文化引领融为一体的创新创业教育体系。深入实施"全程化、全员化、专业化、个性化、信息化"的就业指导服务机制,建立创新创业教育与就业指导服务之间的无缝对接。

②搭建以四基地(海洋意识教育基地、海洋科普教育基地、海岛野外生存拓展实验基地、海洋意识与海洋文化实验基地)、一竞赛(全国大学生海洋知识竞赛)、三活动(海洋文化节、海洋运动会、海洋科技节)为核心的通识教育实践平台体系;以一船队(海洋调查船队)、三中心(实验教学中心、工程实训中心、野外实习中心)、百基地(大学生校外实践教育基地)为核心,构筑涉海理工农类专业实践平台体系,促进学生创新创业能力培养。

③以"论文写在海上"为目标,构建由科技报告—学科竞赛—创新训练—创业项目—创业实践五个递进培养环节构成的创新创业实践教学体系。在人才培养方案中设置创新创业学分,自主开发"大数据技术应用与创新""全球化时代的知识产权"等创新创业课程,共同推进创新创业实践。

5. 推进教学管理信息化建设,完善教学质量监控保障体系,确保海洋类应用型人才的培养质量

①构建专业评估机制,加强对专业建设质量的监控。学校根据教学质量标准、工程教育专业认证标准和行业企业标准,开发专业实时评估系统,实现专业的自我评估,实施年度专业质量报告制度,提升专业的建设能力。

②对接本科教学审核评估体系,优化教学基本状态数据采集流程,完善课堂教学质量评价指标体系和教学质量保障制度。深化导师制改革,强化对培养方案、课程体系、课程内容达成度的指导和反馈机制。

③以专业认证理念为指导,完善实践教学质量标准,强化本科实验教学规范。创新性地将ISO9001航海质量管理体系引入实践教学质量监控;开发一体化实验教学网络管理系统,强化实验室开放管理,推进形成性评价。

三、发展思考

随着经济发展方式加快转变、产业结构深度调整、实体经济迅速壮大,社会对人才的规模、类型、质量需求均发生了新的变化。学校要以习近平新时代中国特色社会主义思想为指引,全面贯彻落实全国教育大会精神,以《教育部关于加快建设高水平本科教育,全面提高人才培养能力的意见》为行动指南,紧紧围绕全面提高人才培养能力这个核心点,坚持内涵特色式发展之路,以"十三五"转型发展项目为抓手,继续深化应用型人才培养模式改革,在推进人才培养模式改革、专业竞争力提升、教学质量提升、综合实践能力拓展、新工科研究与实践、教学质量评价与监控体系建设、学生创新创业能力培养等方面精准施策,进一步提升海洋类应用型人才的核心竞争力。

一是加强顶层设计,完善教学管理制度,大力推进专业认证,加强实践育人平台建设,强化科教协同育人,推进人才培养模式改革,打通一二三课堂,优化模块课程体系,促进通识教育、专业教育和创新创业教育的有机融通,拓展学生多元化发展路径。

二是加大对国家特色专业、省优势(特色、国际化)专业建设的支持力度,快速提升优势特色专业的社会认可度;以新工科研究与实践为切入点,重点对传统工科专业进行信息化和跨学科改造升级,积极谋划若干战略新兴产业相关专业,加强应用型学院(专业群)试点建设,探索行业或产业学院的建设机制。

三是实施"互联网+教育"专项行动,大力推进慕课和虚拟仿真实验室建设,推动课堂教学革命,加强对学习过程的管理,重视课程的形成性评价,推进教学过程档案的数字化采集和存储,充分发挥大数据的作用,提升学校教学管理的信息化水平。

四、结语

高等教育质量是一个国家发展水平和发展潜力的重要标志,目前高等教育进入了新时代,新一轮科技革命和产业革命的历史性交汇,经济和产业发展的新形态,对高等教育提出了新要求和新期待,应用型是高等教育发展到一定阶段的必然取向,培养社会主义建设者和接班人是高等教育发展的使命,服务国家战略和区域发展是高校的责任担当,学校将不忘初心,牢记使命,勇于担当,力争在推进产学研合作协同育人,完善专业结构布局,推进教学管理信息化建设,提升海洋类应用型人才的核心能力、社会适应力等方面取得新突破,为建设海洋强国做出应有的贡献。

参考文献

[1]孔繁敏.建设应用型大学之路[M].北京:北京大学出版社,2006.

[2]王建华.高等教育的应用性[J].教育研究,2013(4):51-57.

[3]吴中江,黄成亮.应用型人才内涵及应用型本科人才培养[J].高等工程教育研究,2014(2):66-70.

[4]张大良.把握"学校主体、地方主责"工作定位,积极引导部分地方本科高校转型发展[J].中国高等教育,2015(10):23-29.

作者简介

谢永和：教授，工学博士，教育部海洋工程类专业教学指导委员会委员，浙江省交通运输类与海洋工程类专业教学指导委员会委员，国家级特色专业、省优势专业负责人，船舶与海洋工程学科负责人。浙江省教学名师、浙江省"151人才工程"第二层次、浙江省高校中青年学科带头人；兼任浙江省船舶先进制造技术研发中心主任、国际ITTC观察员、中国船舶力学委员会委员、中国造船工程学会理事。

王健鑫：浙江海洋大学教授，硕士生导师，浙江省高校中青年学科带头人。主持和参与国家大学生校外实践教育基地、教育部产学合作协同育人项目和省级实验教学示范中心等建设；兼任中国高等教育学会教学研究分会理事，全国普通高等学校理学类专业认证标准研制课题组成员，厦门大学海洋环境科学国家级实验教学示范中心和中国海洋大学海洋学国家级实验教学示范中心教指委委员等。

包　镕：硕士，副研究员，浙江海洋大学教务处副处长，从事高等教育管理研究。

融入地方矢志应用面向产业育人才

——以台州学院为例

李银丹　金凌虹　陈光亭

台州学院

【摘要】地方高校与区域经济社会发展的关系是相互依存、相互影响、共同发展的。新常态下,地方产业快速转型升级,地方高校跟不上时代需求,传统办学理念、条件与应用型人才培养要求之间存在诸多矛盾。本文结合新时代全国高等学校本科教育工作会议精神,分析地方高校人才培养工作的新要求。以台州学院为例,详细讲述如何从根植地方文化、面向产业办学、矢志应用育人等方面创新应用型高校办学机制,为地方高校探索产教融合应用型人才培养模式,使人才培养与产业需求相适应,助力地方发展,提供可借鉴的路径和方法。

【关键词】应用型　人才培养　产教融合

我国经济发展新常态对人才的规模、类型、质量需求均发生了新的变化,赋予中国教育新的发展要求,迫切要求高等教育办学凸显特色,推进教育领域供给侧结构性改革。在这种新形势下,台州学院作为地方高校,直面区域经济转型升级对人才数量与质量的迫切需求,瞄准台州主导产业人才培养的关键问题,紧紧依托地方产业,推进产教深度融合,深化教育教学改革,创新人才培养模式,培养适应区域经济发展需求的高素质应用型人才,助力台州发展。

一、地方高校应用型人才培养存在的主要矛盾

在教育部明确了地方院校应用型转型思路和模式后,许多地方本科院校由于受原有的办学定位和条件影响,在人才培养理念、师资配备、课程设置、教学模式等方面与应用型人才培养要求之间存在诸多矛盾。

1. 矛盾之一:"应用型"认识误区与"高层次"办学追求之间的矛盾

受长期的传统观念影响,在社会普遍认识中,研究型或学术型高校代表着"高层次"大学,这也是大多数地方高校骨子里的追求目标,担心转型将意味着放弃"高层次"追求,会降低学校的办学层次,影响学校的发展。近年来,虽然受毕业生就业压力影响,学校逐渐对职业教育的认可度有所提高,但因传统"重学轻术"思想影响,社会大众仍然会对应用型高校产生偏见。因此,地方政府主管部门、高校、社会的这种与国家决策不一致的误区认识势必阻碍高校转型发展的进程,应用型人才培养的资源建设、运行机制、改革实践得不到及时保障和有力支撑。

2. 矛盾之二:大力拓展应用性专业与优化调整学术性专业之间的矛盾

新常态下对复合型创新型高素质人才的需求,要求地方高校不断扩展应用性学科专业,以更好地服务社会发展。然而,有国外著名高等教育学家认为,许多因实用性价值而非知识性价值涌入大学的新生"专业",使得大学变得"廉价、庸俗和机械",或是认为大学的主要目标是探索高深的理论知识而不是帮助学生做好职业准备,这些思想成为行政主导体制下许多地方高校学科专业设置和资源分配的依据,各个学科与专业为了实现自身利益最大化,画

地为牢、自成一派,严重影响了地方高校对已有专业的优化调整。这样的专业设置与社会需求相脱节,缺乏学科交叉融合,导致培养出的人才既没有重点院校学生的扎实功底,又不具备职业技术学院学生的较强实践能力。

3. 矛盾之三:应用型人才培养所需的课程、师资、实践资源与传统办学条件之间的矛盾

课程设计无法摆脱学术型或研究型院校的学科逻辑设计的束缚,抑或是盲目照搬高职高专人才的培养目标和课程体系,导致应用型人才培养"专本"难辨。现有教师对应用型人才培养目标和课程目标知之甚少,有5年以上行业企业实践工作经历的教师微乎其微,不能在实际应用上给学生提供有利的指导。校内实训实验室硬件设施简陋、设备落后,与实际要求脱轨,以至于实验教学无法达到应用型人才培养预期效果。校外实习基地大多数靠非制度性合作关系来维系,缺乏校企合作深度和长效运行机制,难以真正达到资源共享。

4. 矛盾之四:应用性科研能力需求与长期"积贫、积弱"的科研环境之间的矛盾

"应用性科研是应用技术型高校区别于学术型高校和专科层次院校的基本特征之一"。资料显示,欧洲应用技术型大学都十分重视科研,尤其是应用性科研。但从我国大量地方高校科研情况来看,由于办学基础长期的"积贫、积弱",其整体科研实力不容乐观,而有一定成效的科研能力也往往是偏重于基础理论研究,跟风于研究型大学或学术型大学。因此,要建设向应用型转型的地方高校,必须在科研尤其是应用性科研上下功夫。

二、地方高校应用型人才培养工作的新要求

经济结构的变化必然带来人才需求的变化,面对全球化竞争,需要具有开阔的国际视野、全局战略眼光的人才,而经济快速转型发展又需要更多的复合型、创新型高端人才。2018年6月,教育部召开新时代全国高等学校本科教育工作会议,专门研究部署本科教育问题,要求作为人才培养主阵地的高校必须主动调整人才培养方向。在会议精神指导下,地方高校人才培养工作需遵循以下几个方面的新要求。

一是强化价值引导,本科阶段是学生世界观、人生观、价值观形成的关键时期,努力将思政教育与通识教育、专业教育相结合,使学生认识自身价值,自觉践行社会主义核心价值观,自觉承担起社会责任。

二是应用型高校讲特色,紧扣地方发展,对焦应用型高校建设目标,从地方经济发展、产业行业发展和自身特色优势的契合度来精准办学定位。

三是面向需求培养人才,主要服务应当面向地方经济社会发展,为地方主导产业行业培养高素质、复合型、创新型、应用型人才。

四是构建应用型课程体系,以岗位需求为导向、以学生能力发展为中心,将思想政治教育、创新创业教育贯穿人才培养全过程。

五是走产教融合内涵式发展道路,搭建校企合作平台,共同制定人才培养方案,共建课程资源,协同探索学生专业实践能力与岗位胜任力培养机制。

三、台州学院应用型人才培养路径探索与实践

台州学院扎根台州,以服务台州为己任。近几年,学校不断更新办学理念,将立德树人理念植入人才培养全过程,聚焦政府、企业、学校、学生四方需求,自上而下实施"校企协同、双核强化、学做相融"的应用型人才培养模式,在应用型办学机制创新方面走出了一条特色之路。

1. 根植地方文化，更新办学理念

20世纪50年代后期，台州大陈岛老一辈垦荒队员铸就了"艰苦创业、奋发图强、无私奉献、开拓创新"的"大陈岛垦荒精神"。改革开放以来，台州人民传承这种自强不息、勇于探索、敢为人先的红色基因，把台州打造成创新创业的沃土。新时期，台州学院根植这种地方精神文化，将它作为新时期改革与发展的精神动力。

高校本身肩负着文化传承与培养建设社会主义人才的双重使命，高校精神文化建设是高校思想政治工作中的一项重要内容。学校强化价值引领，融合垦荒精神的内核，提炼高素质应用型人才培养的核心特质：忠诚（loyalty）、奉献（dedication）、进取（aggressiveness）、合作（cooperation），简称LDAC。学校把垦荒精神与思想政治教育工作有机融合，像盐一样融入人才培养全过程，让学生自然而然地吸收，达到润物细无声的育人目的，使学生自觉践行社会主义核心价值观，熔铸更高水平的人才培养体系，培养新时代的垦荒者。

作为地方高校，学校与台州发展形成命运共同体、利益共同体、奋斗共同体。学校除为地方发展输送优质应用型人才之外，还把垦荒精神植入科学和学术研究，纳入社会服务范畴，助推台州建设独具魅力的"山海水城、和合圣地、制造之都"。学校成立大陈岛垦荒精神研究中心，多次召开垦荒精神专题理论研讨会，深入提炼地方精神特质，把垦荒精神铸入学校办学理念，将学校建成"台州主城区的大花园、台州人民的大客厅、台州全民终身学习的大书房、台州地方精神和地方文化传承创新的新高地"（简称"三大一新"），为人才培养打造具有广泛影响力的学术高地、红色高地和精神高地。

2. 弘扬垦荒精神，面向产业办学

学校将垦荒精神融入应用型高校建设中来，以"艰苦创业"精神紧贴地方发展需求的专业建设思路，以"奋发图强"精神引领"校兴我幸"的社会服务理念，为应用型人才搭建校内外优质培养平台。

（1）对接产业发展，"艰苦创业"建特色专业平台

"学科专业是为高等教育不断适应和促进社会需求而发展的。""只有市场主导的、面向社会需求的学科专业设置机制才可能打破学科的固有利益，促进学科优化与交叉融合。"学校发扬垦荒的"艰苦创业"精神，克服因长期"两地三校区"办学而资源投入分散、经费紧缺等困难，积极寻找政企"靠山"资源。提出"将学科专业建在产业上"的发展理念，紧跟区域经济社会转型发展需求，及时调整专业结构，大力拓展与地方产业对接的应用型工科专业，工科专业从零起步发展到占比40%以上。如近两年对接台州无人机国际航空小镇建设需要，整合优化校内外资源成立航空工程学院；对接台州小微金融改革试点，设置教育部控制布点的金融学专业等。由于对接的台州主导产业的工科专业普遍办学成本高，为保障工科专业的办学质量，学校分层逐步搭建"地方产业集群＋试点专业＋优势/特色学科专业"专业结构新模式，优化资源配置，树立"垦荒"典范。如将工科专业作为优势、特色专业重点培育对象，启动3个与地方产业结合紧密的二级学院并将其作为应用型整体改造试点等。目前，学校现有47个本科专业，基本形成了医药化工、材料工程、电气信息、机械工程、建筑工程、生物环保、经济管理、教师教育、医学、创意设计等十大专业群，与地方产业链无缝对接，为地方新兴产业发展提供有力的支撑。

（2）服务社会需求，"奋发图强"搭产学研平台

在国家要求高校深化产教融合的若干意见指导下，校企政在共同的战略目标驱动下，各

方优势资源有效地共享,实现高校高素质人才的培养、企业技术的创新和产业更好发展的三方共赢局面。学校鼓励教师"发奋图强",依托原有的学科实验室、实训中心、研发平台和名师工作室等平台基础,创新运行机制,紧贴产业需求搭建多样化产学研合作平台,积极参与社会服务,反哺人才培养。如学校医药化工与材料学院创新建立混合制创新平台——浙江"千人计划"台州生物医化产业研究院,实行"高校+企业+项目负责制+驻院研究"运行机制,吸收海正药业等10多家上市公司、规模企业、资本公司参股,与浙江圣达、恒康等公司签订协议进行合作研究,并依托该平台集聚国内外团队探索双元制协同育人模式,形成了"一平台、双螺旋、三衔接、四同步"的人才培养体系,"一平台"即依托台州生物医化产业研究院资源,"双螺旋"即校内实验实践教学体系与企业实习实训教学体系的交叉共进,"三衔接"即教育链、人才链与产业链之间的有机衔接,"四同步"即企业技术创新需求与学校人才培养模式同步、理论学习与实践操练同步、实习实训与企业工作流程同步、学院培养与企业培训同步。近几年,学校还成立了台州商人、小微金融、和合文化等5个研究院,各类平台在开展应用研究的同时,承担了来自不同专业的8000多名学生的实验教学、科技创新活动以及毕业设计任务,使得平台在满足企业技术需求、提升学校享誉度、提高教师业务能力的同时,还为学生提供了更多的实践平台。

3. 矢志应用育人,助力地方发展

应用型高校要承担应用学科人才培养的功能,课程师资、人才培养模式要求遵循社会服务导向。为此,学校以"无私奉献"的精神引导教师不忘初心的育人使命,以"开拓创新"的精神引导应用型人才培养模式改革,推动应用型高校建设,为区域经济的快速转型与发展提供大量的人才支撑。

(1)着眼岗位适任,"无私奉献"共建课程师资

人才培养质量也是我国工程教育不断改革和探索的目标。一方面,鼓励教师发扬"无私奉献"精神,根据行业企业需求、职业和岗位需求来设计课程,校企共建共施,让学生在"学做相融"中切实提升岗位适应度和创新创业能力。如校企共施课程 "行业特色课程""民营经济研究"等;共同开发的教学辅助教材《公路桥梁典型病害诊断与处治》,被称为"最全桥梁病害诊断与处治的词典";共同开展课程考核评价,如建筑工程学院邀请22名一线工程师共同实施测量、力学、工程图学的专业核心能力考核评价。另一方面,学校鼓励依托校企各类合作平台,教师与企业技术人员"双向兼职""双岗双责",校企共建师资为人才培养提供大量鲜活的实际案例,为学生实习、实验及毕业设计环节提供双导师培养机制。如近3年学生毕业设计(论文)选题源于教师科研和企业生产的"真题真做"比例超过50%;共同创新"虚实结合""项目化""现场教学"等实验教学方法,近3学年开设的综合性、设计性、研究性实验占比分别为28.5%、32.5%、41.5%。教师在指导过程中提升了自己的工程理论和实践水平,学生毕业设计、实验创新的成果优先由企业享有,实现了学生、教师、企业三赢。

(2)紧扣双核培养,"开拓创新"人才培养模式

"人才培养模式创新既是高等教育研究的重大理论和实践问题,也是高等教育发展的综合性改革项目。要按照由理论依据、教育目标、操作程序、实现条件和教学评价等五大构成要素创新人才培养模式"。学校围绕应用型建设目标,多年坚持不懈,点线面结合,不断开拓创新,逐步形成了"校企协同、双核强化、学做相融"的应用型人才培养新模式。在点上探索了"三明治""订单式""联合办班"等人才培养模式,如土木工程专业被誉为台州土建工程技

术人才培养的"蓄水池",华峰班、九州班、伟星新材班等特色班初步开创了校企共赢局面。在线上选择12个专业开展"3＋0.5＋0.5"模式改革试点,各点相连形成改革长线,拉动14个二级学院积极参与,对接"卓越计划"实施"0.5"学年企业实习实训,使得4届共2000多名学生获益。从2015级开始全面实施应用型人才培养方案,局部实施3个产教深度融合的专业综合改革试点。结合"专业培养标准＋企业行业用人标准",紧扣专业核心理论知识和核心实践能力(即"双核"),重点以专业核心能力考核为抓手,引导各二级学院结合专业特点建立了专业核心能力训练、考核机制,实施全面的应用型人才模式改革,"一院一品"改革成果初显。如创新基于"双螺旋"实验课程体系、典型装置的项目、自制教学仪器、社会服务等人才培养模式改革,实现"学做相融",培养了一批行业岗位胜任度强的应用型人才。

四、结束语

事实证明,地方高校只有通过产教融合、协同育人,从供给侧改革入手,才能提高应用型人才培养质量,真正服务于地方经济社会发展需求。近几年,学校顶层设计办学理念和教学改革思路,依托校地合作或产学研平台,在"双师型"教师队伍建设、应用型课程教学改革、学生专业实践创新能力培养等方面成效显著。2015—2017年,学校省级及以上A类竞赛获奖总数增长了22%,一、二等奖获奖总数增长了75%,省排名逐年靠前。据浙江省教育评估院调查数据,学校毕业生就业稳定性好,用人单位满意度高,专业对口相关度高出全省平均值近10个百分点,学生对母校总体满意度稳步上升。学校励精图治取得的改革业绩也得到了省市领导的大力支持和充分肯定,下阶段学校必将继续与台州的发展同频共振,实现跨越发展、高质量发展。

参考文献

[1]弗莱克斯纳.现代大学论[M].徐辉,陈晓菲,译.杭州:浙江教育出版社,2001.
[2]关仲和.关于应用型人才培养模式的思考[J].中国大学教学,2010(6):7-11.
[3]赫钦斯.美国高等教育[M].汪利兵,译.杭州:浙江教育出版社,2001.
[4]何郁冰.产学研协同创新的理论模式[J].科学研究,2012(2):165-174.
[5]李立国."双一流"背景下需求导向的学科专业调整优化[J].大学教育科学,2017(4):4-9.
[6]卢彩晨.地方本科转向应用技术型:难点与突破[N].光明日报,2014-11-11(14).
[7]史金平,徐莹莹,刘吉立.积极适应新常态加快人才工作发展[J].北方经贸,2015(8):253-255.
[8]郑雷.新时代背景下高校文化育人的路径探析[J].绍兴文理学院学报,2018(11):88-93.

作者简介

李银丹:硕士,助理研究员,台州学院教务处副处长。研究方向为教育管理。

金凌虹:硕士,副研究员,台州学院教务处副处长。研究方向为教育管理。

陈光亭:教授,博士,台州学院副院长,中国运筹学会常务理事,数学优化分会副理事长,教育部大学数学课程教学指导委员会委员。研究方向为组合优化、高等教育管理。

行业学院：概念内涵、组织特征与实践路径

——兼论民办本科高校应用型人才培养

徐绪卿　金劲彪　周朝成

浙江树人大学

【摘要】在民办本科高校转型过程中，行业学院成为应用型人才培养的重要模式，引发社会关注。行业学院是本科高校与行业（或行业中的骨干企业、典型企业）紧密融合，以行（企）业生产链、产品链、技术链和服务链为对象，共同开展人才培养和科技服务的应用型专业学院。行业学院的兴起主要受经济转型升级、创新驱动和民办高校转型发展三种因素的影响，其组织特征表现为"六个共同"。本文以浙江树人大学行业学院建设的实践为例，提出行业学院建设应注重扎根地方、加强协同、引入标准、推进融合及发挥优势等对策建议。

【关键词】民办本科高校　发展转型　行业学院　概念内涵　组织特征　实践路径

民办本科高校作为我国新建本科高校的重要组成部分，其培养目标主要是应用型人才，绝大多数高校也已经认识到这一培养类型，明确自身的定位，正在努力加快人才培养模式改革。那么，如何推进该类高校的转型发展呢？从诸多改革实践来看，关键是要抓住产教融合、校企合作这一重要突破口，因为以往"校方一头热、企业不主动"的现象常常导致校企合作难落地、成效不明显。在与企业不断推进合作的过程中，为了紧贴市场和行业发展，一些地方本科高校对内部机构进行调整，设置了行业学院。由于行业学院在应用型人才培养方面显现出许多新动向、新优势，很快引发了很多高校的兴趣和社会的高度关注。

一、行业学院的概念内涵

目前，行业学院的建设与发展还刚刚起步，没有成熟的模式与路径可借鉴，其概念内涵也缺乏学理方面的深入探讨。笔者根据多年的实践与学理逻辑分析，认为行业学院是本科高校与行业（或行业中的骨干企业、典型企业）紧密融合，以行（企）业生产链、产品链、技术链和服务链为对象，共同开展人才培养和科技服务的应用型专业学院。具体而言，主要包含以下4层内涵。

1. 行业学院由本科高校与行业（或行业中的骨干企业、典型企业）合作共建

行业学院可以与行业合作，也可以与行业中的某些骨干企业、典型企业合作；所培养的学生具有行业的广泛适应能力，也具有广泛的行业需求，因为学生的技术应用能力是针对行业需求培养的，这确保了毕业生的应岗能力和就业水平。

2. 行业学院是一种本科高校与行（企）业系统全面且紧密融合的合作新模式

校行（企）在人才培养、科研服务等方面全面合作，双方共同投入，开放和共享设备、场地以及人力等资源，按照一定的行（企）业标准与需求，共同培养行（企）业所急需的应用型人才。学校与行（企）业之间的合作是一种紧密融合的合作，双方的结合度不是物理性质的，而是化学甚至是生物性质的，"你中有我，我中有你"。其中，行业学院是校行（企）之间紧密融合的结合点。

3. 行业学院的人才培养具有明确的对象性和针对性

行业学院人才培养明确以行(企)业的生产链、产品链、技术链和服务链为对象,具有明确的行业标准与规格要求,所培养的学生既具有行业标准的技术与服务等应用能力,又具有行业职业文化素养。因此,行业学院培养的不是泛泛而谈、无的放矢的假应用型人才,而是实实在在符合企业用工需求的真应用型人才。

4. 行业学院是一个以行业产业链为基础、统合相关资源而建设的应用型专业学院

行业学院建设主要以行业产业链、行业典型产品或者生产过程等为基础统合专业资源,打破传统学院以学科知识为基础的专业集群与方向模块布局,从而形成围绕行业、产业的专业集群布局。与传统学术型学院不同,行业学院是一个典型的产业导向的应用型学院。

二、行业学院的组织特征

大学中任何一种组织的创生与再造,均有其特定的内外部影响因素。作为校企紧密合作的组织载体,行业学院的出现既有外部环境变化的因素,也有内在发展需求的因素。

1. 经济转型升级是建设行业学院的政府动因

党中央、国务院一直在推进经济转型升级、优化经济结构,这是行(企)业发展的主方向,也给地方高校与行(企)业合作发展创造了新空间。2014年国家提出"建设混合所有制行业学院"的指导意见,2017年教育部要求将搭建应用型高校校企合作平台作为重点工作之一,许多地方政府近年来也出台了一系列促进校企合作的政策。建设行业学院正是地方本科高校响应国家政策转型发展的重要形式。

2. 创新驱动是建设行业学院的企业动因

企业与高校建立"利益共同体",形成紧密的合作关系,这是企业创新的重要路径。由于社会分工不同,企业在技术应用和产品开发等方面具有很强的优势,但在基础研究和技术创新等方面存在诸多困难,而高校拥有人才优势,科研能力较强。因此,当企业现有技术手段难以满足市场需求时,通过与高校联合组队、优势互补并共同攻克产业技术难题,可有效缩短研发时间、降低研发成本,促进产业的技术创新和优化升级。同时,通过人才"定制化"培养、员工培训等形式,可以让企业获得急需的技能型创新人才,从而使企业持续保持创新竞争力。

3. 民办高校转型发展是建设行业学院的动因

民办本科高校大多定位在"地方性"与"应用型",校行(企)合作是应用型人才培养的重要途径,行业学院更是校行(企)深度融合的"利益共同体"组织载体。通过改革应用型人才培养体系、将行业标准引入课程体系以及行业实景来作为教学场景等举措,行业学院有效地推动了高校的应用型建设。

从校企合作互动与产教融合的视角分析,行业学院呈现出以下6个方面的组织特征。

(1)共同构建治理方式

行业学院是校行(企)双方高度融合的模式,共同治理才能共同建立和共担责任。在实践中,校行(企)双方派遣骨干人员建立共同参与的治理结构,形成共同治理机制,这是行业学院区别于松散校企合作形式的重要特征。在一般的校企合作中,学校是主角、企业是配角,企业作为合作方,其积极性和作用的发挥并不明显,参与度也不高。在行业学院中,行

(企)业作为重要的治理方,对学院的发展方向和人才培养等重大发展战略具有重要的发言权、决策权,并兼有建设学校的责任,直接参与学院的运行管理。在共同治理方式的架构上,民办本科高校具有天然的优势。

(2)共同制订培养方案

行业学院是学校与行(企)业之间紧密融合的教学共同体,既然为行(企)业培养人才,就有必要在人才培养中引入行(企)业标准,紧密结合行(企)业对人才知识、素质和能力的需求,依托学校现有专业(专业群、专业方向),形成凸显行(企)业特色的人才培养模式。在共同制定培养方案的过程中,要将行(企)业标准引入课程体系改革,对专业的培养方向、课程模式和具体的行(企)业课程等进行系统调整,形成全新的适应行(企)业标准与需求的人才培养方案。在遵循教育基本规律的基础上,行业学院的人才培养要大力倡导以行(企)业需求为导向,对理论教学和实践教学体系进行大胆改革。

(3)共同组建教学团队

行业学院的发展必须构建校内外结合、专兼职结合的教学团队。一方面,要开展基础理论教育,没有基础理论教育就不可能开展面向应用的专业教育;另一方面,要着眼于应用型人才的培养,将最新的应用技术成果及时、完整地教授给学生。高校教师一般很少长期处于生产一线,不可能时时追踪技术应用的前沿,而行(企)业的科技人员正好具有这方面的优势,宜将企业导师纳入负责学校专业课程的教学团队。应用型人才培养需将技术应用与课堂教学很好地对接起来,在实习实训、毕业设计等环节,企业导师可以发挥更大的作用。因此,行业学院应建设一支高校教师与业界导师高度融合的教学团队,并让这支队伍的优势在对应用型人才的培养中相得益彰,切实提高人才培养的精准性、针对性、适应性和有效性。

(4)共同推进管理改革

行业学院的管理涉及多方面的内容,从实践来看,面向人才培养是当前行业学院建设的中心任务,教学管理改革是重要的工作之一。与传统学院不同,行业学院在培养计划、内容和目标上发生了变化,需要与相关行(企)业团队一起,共同协商教学管理的相关安排,并对教学管理及其流程等进行创新与改造。如在学期制方面,行业学院应在"三学期制"改革的基础上,尝试多学期、多元化的教学,体现学生在学习时空上的灵活性与交叉性,以便于与行(企)业实践需求在时空上进行对接;在学分修习制方面,鼓励行业学院进行相关的课程置换、学分替代改革;在教学组织形式方面,可以单独建班,也可以打破专业、学院、层次及人数界限,在全校范围内单独招生或设置班级(或虚拟班)等。

(5)共同打造产学研基地

产学研基地建设是应用型人才培养的重要平台。行业学院建设需要一批具有行业产业典型性的实践基地,既服务于人才培养和教学改革的需求,又服务于应用研究与创新的需求。因此,校行(企)双方应积极探索多元化、多层次和多样式的合作,在共建、共用和共管的基础上,实现产学研基地的共同治理,形成复合、开放和共享的基地长效管理机制,保障学校在实践教学、学生就业及教师实践培训等方面的实景场地资源,同时也为行(企)业的人才培养、项目研发提供有力保障。

(6)共同开展项目研发

项目研发包括教学改革项目的研发与科技项目的开发。行业学院整合校行(企)双方力量,共同打造一批校行(企)合作的模块课程、教材,建设资源共享的课程和新型教材;围绕实际应用,发挥技术优势,研发新产品与新工艺,改进管理流程,并带动学生创新创业。同时,以市场需求与行业技术需求为导向,高校发挥人才优势、技术优势和学科优势,与行(企)业骨干一起,围绕生产服务等一线问题,开展技术项目研发与服务咨询,直接服务于行(企)业的技术改造、产品升级和转型发展。目前民办本科高校科研力量相对薄弱,合作项目难寻,而行业学院的建设在某种程度上为民办本科高校的科研工作创造了很好的机会和条件。

三、行业学院发展的实践路径

行业学院已经成为民办本科高校转型发展的一个重要模式。下面以浙江树人大学为例,探索并分析行业学院发展的实践路径。

1. 扎根地方,瞄准地方产业发展需求设置行业学院

2011年,浙江树人大学确立了"教学服务型大学"的办学定位,致力于开放办学,服务社会、服务地方经济转型升级,要求学科和专业充分对接产业发展需求。2015年,学校成为浙江省应用型试点示范建设院校,以此为契机,学校积极探索"以行业学院建设为龙头、紧密对接地方产业发展需求"的实践改革。

2017年1月,在浙江省十二届人大五次会议上,时任浙江省代省长车俊作政府报告,报告提出:"重点打造信息、环保、健康、旅游、时尚、金融、高端装备制造和文化八大万亿级产业。"新兴产业与主干产业的确定与发展,必然带来对产业人才、技术以及资金等方面的旺盛需求。浙江树人大学围绕八大万亿级产业布局,寻求并对接地方核心产业、特色产业发展需求,根据学科和专业资源,抓住地方经济产业转型升级与"双创"发展的重要机遇期,主动出击寻找合作,先后与地方行(企)业共同建立了树兰国际护理学院、浙江省养老与家政产业学院、山屿海商学院以及绍兴黄酒学院等9个行业学院,涉及八大万亿级产业布局中的7个产业。

2. 加强协同,围绕产业需求大力推进学科和专业集聚

行业学院的协同主要包括3个方面:一是学校与行(企)业之间的协同,如治理、运行等,即上述组织特征中所提及的6个"共同",学校与行(企)业协同共建行业学院关系如表1所示;二是行业学院与传统学院之间的协同,学校内部同时存在着以学科、专业为基础的学术型学院和以产业需求为基础的应用型学院两种组织形态,它们共生共存、互补发展;三是学科与专业之间的协调,即围绕行业产业需求所进行的学科和专业调整、集聚。围绕八大万亿级产业,在每一个行业学院创建的过程中都对学科与专业资源进行不同层面和不同程度的调整,如围绕大健康方向,与树兰(杭州)医院合作成立树兰国际护理学院,并专门调整学院、学科和专业资源,成立健康与社会管理学院,统合护理学、老年服务与管理、社会工作以及公共事业管理等专业,纳入现代服务业专业群之中,形成"行业学院—传统学院—学科专业群"之间的对应衔接关系,形成围绕行业发展方向的学科与专业协同。通过实践探索,学校初步实现了学校与行(企)业、行业学院与传统学院、学科专业群落与行业产业等3个层面对接的协同机制,行业产业、专业群落与专业的协同关系如图1所示。

表1 浙江树人大学与行(企)业协同共建行业学院关系

序号	行业学院名称	主要对接学院	主要合作单位
1	树兰国际护理学院	健康与社会管理学院	树兰(杭州)医院
2	山屿海商学院	现代服务业学院	上海山屿海投资集团
3	华为信息与网络技术学院	信息科技学院	华为技术有限公司
4	同花顺金融信息服务学院	现代服务业学院	浙江核新同花顺网络信息股份有限公司
5	绍兴黄酒学院	生物与环境工程学院	会稽山绍兴酒股份有限公司
6	红石梁学院	管理学院	红石梁集团
7	定格梦想创意学院	艺术学院	杭州定格文化创意有限公司
8	浙江省养老与家政产业学院	健康与社会管理学院	浙江省民政厅
9	中白科技学院	生物与环境工程学院	白俄罗斯国立大学

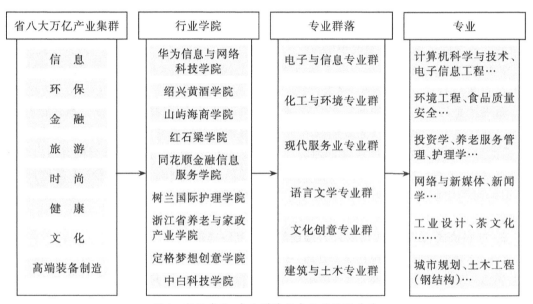

图1 行业产业、专业群落与专业的协同关系

3. 引入标准,面向行业特色需求改造课程培养体系

行业学院培养的人才应当掌握行业标准,符合行业人才标准,因此必须将行业标准引入课程体系和课堂教学,确保学校专业理论知识与行业生产技术实际相对接。各行业学院以行业需求、职业能力需求为导向,着力培养学生的技能和创新创业能力,并完善"平台+模块"的课程体系。如浙江省养老与家政产业学院发挥自身参与(起草)制定国家、地方家政服务,母婴护理和家庭保洁等标准的优势,将这些标准嵌入课程体系之中;同花顺金融信息服务学院根据行业特点和要求,增设互联网金融数据分析、互联网金融产品销售等课程,并通过校企合作团队实施课程教学。近年来,各行业学院通过紧密的校企合作,结合岗位能力培养设计项目化课程教学方案,开发结合企业生产实际的项目化课程教学资源,将企业的实际项目或培训资源、企业文化、岗位责任意识以及真实的职场环境带入课堂,先后开发了20门校企合作课程,初步形成了具有行业特色的课程培养体系。

4. 推进融合,促进校企紧密合作形成科学治理结构

在治理结构上,行业学院实行理事会领导下的院长负责制,由校行(企)双方共建理事会,学院领导班子由校行(企)双方共同委派组建,校方代表成员有校领导、对接学院的领导、学科专业带头人与骨干教师等,企业方代表有企业董事长、总经理、总监以及技术骨干等。同时,双方共同派员组成管理团队,负责行业学院的日常教学运行与人才培养。行业学院院长执行理事会决定并全面负责教育教学和行政管理工作。通过一段时间的运行,行业学院不断完善校行(企)双方的治理结构,初步形成了符合行业学院运行的科学治理机制。

5. 发挥优势,完善行业学院的体制机制建设

民办本科高校面向市场和应用的体制机制,在行业学院建设中具有得天独厚的优势。共同治理本身就是民办本科高校内部治理的要求,在行业学院治理中又得到进一步的发挥。由于与市场有着更加紧密的联系,民办本科高校在与行(企)业共同建设行业学院时具有较好的合作基础。行业学院的建设和行业应用型人才的培养,也将大大提升民办本科高校的自身价值,在服务社会、学生和国家发展战略的过程中不断发展壮大,在行业学院的建设中与行(企)业真正实现融合与双赢。

参考文献

[1]侯长林.应用型大学视域下新建本科院校办学定位选择[J].国内高等教育教学研究动态,2015(23):3.

[2]华小洋,蒋胜永.应用型人才培养相关问题研究[J].高等工程教育研究,2012(1):101-103.

[3]吴中江,黄成亮.应用型人才内涵及应用型本科人才培养[J].高等工程教育研究,2014(2):66-70.

作者简介

徐绪卿:研究员,浙江树人大学校长,教育部本科教学合格评估专家。

金劲彪:教授,浙江树人大学科研(学科)处处长,教育部本科教学审核性评估专家。

周朝成:研究员,浙江树人大学人事组织处处长。

应用型高校"双院制"培养紧缺人才的探索与实践

王云儿

宁波财经学院

【摘要】专业学院和产业学院协同构建"双院制"的模式是近几年来应用型高校开始探索与实践的产教融合型人才培养模式。宁波财经学院面向区域经济新业态紧缺人才培养需求,依托传统专业学院,与知名企业共建特色学院,通过"人才共育、过程共管、成果共享、责任共担"的管理制度建设,形成了"双院制"协同培养新机制,更好地培养和提高了学生的专业应用能力与综合素质,在一定程度上满足了企业对紧缺人才的需求,可为其他高校转型发展提供一些参考与借鉴。

【关键字】应用型高校　双院制　区域经济　人才培养

地方本科高校转型发展已经成为我国高等教育发展的一个基本趋势。教育部、国家发展改革委、财政部于2015年10月联合发布《关于引导部分地方普通本科高校向应用型转变的指导意见》,提出"地方高校要与行业企业、产业集聚区共建共管二级学院,争取地方、行业、企业的经费、项目和资源在学校集聚,合作推动学校转型发展"。浙江省教育厅、浙江省发展和改革委员会、浙江省财政厅联合发布的《关于积极促进更多本科高校加强应用型建设的指导意见》中也提出"探索建立学校和行业企业共建共管二级学院或专业(群)制度,进行二级学院混合所有制试点,创新办学机制"。《教育部关于加快建设高水平本科教育全面提高人才培养能力的意见》中提出"高校要构建全方位全过程深融合的协同育人新机制"。

在国家战略顶层设计与政策部署的指导下,应用型高校"双院制"人才培养模式应势而生,许多高校以产业学院为载体,不断深化产教融合,为区域经济建设培养应用型人才。产教融合背景下,宁波财经学院面向区域经济新业态紧缺人才培养需求,依托传统专业学院,与知名企业共建特色学院,经过7年多的探索与实践,探索出了一套特色学院制度下校企协同育人的人才培养模式,可为其他高校转型发展提供参考。

一、问题分析

地方本科高校转型发展的实质是人才培养模式转型。国家经济发展迅速,随着技术创新、产业融合、产业链整合、区域分工及企业组织方式的变革加剧,催生了一批新的业态,新业态的快速发展对高校人才培养提出了新的要求。地方高校为了更好地立足区域经济建设和满足产业发展需求,着力培养中小企业中高端技术、管理岗位所需要的高素质应用型人才,需重点解决以下问题。

①如何从办学体制机制上创新,促使更多的企业资源进入高校,为高校培养新业态紧缺人才所用。

②如何校企携手改革人才培养模式,促使地方高校的应用型人才培养更好地适应新业态发展对紧缺人才的需求。

③如何集聚传统学院、特色学院和企业资源,建设一支有效支撑新业态紧缺人才培养的师资队伍。

这些问题很难通过"校企合作""订单式"培养、"顶岗实习"和建立"实习实训基地"等普遍化的产教融合路径来解决。为此,宁波财经学院通过构建"双院制"实现学校人才培养供给与新业态紧缺人才需求的有效对接,探索与实践人才培养新模式。

"双院制"院校人才培养模式,是指以转型发展为教育理念,以产教融合为教育路径,通过体制机制、专业建设、教育教学、教师管理等深度革新,构建产业学院和专业学院融合共生的格局,为有效开展应用型紧缺人才培养而形成的一种人才培养模式创新。这种模式,不仅传承了产学研合作教育优势,还彰显了高等教育自觉实践"产教融合"发展战略的基本特征和功能价值,对提高应用型人才培养质量、提升地方高校办学综合实力具有积极的推动作用。

二、改革举措

1. 推进体制机制改革,创建校企深度合作的特色学院,形成"双院制"管理模式

学校面向区域经济建设和产业新业态的快速发展,通过体制机制创新和顶层设计,制定了《"双院制"协同推进新业态紧缺人才培养工作的实施意见》等文件,推动特色学院建设,2011—2017年,学校与企业(联盟)深度合作相继成立了6个特色学院(见表1),并在人才培养目标、组织架构、合作形式、资源配置等方面采取了与传统学院分类的管理办法,给予特色学院更多的办学自主权。

表1 特色学院设立情况

设立年份	传统学院	特色学院	依托专业	主要合作企业及合作形式
2011年	金融贸易学院	大宗商品商学院	国际经济与贸易	宁波市大宗商品产业联盟/项目制
2013年	工商管理学院	国泰安创业学院	工商管理	深圳国泰安信息技术有限公司/混合制
2013年	财富管理学院	家族财富管理研究院	财务管理、会计学	浙江蓝源投资管理有限公司/股份制
2016年	信息工程学院	慧科互联网学院	计算机科学与技术、电子商务	北京慧科教育科技集团有限公司/混合制
2016年	机械与电气工程学院	3D打印学院	工业设计、机械工程等	杭州先临三维科技股份有限公司/项目制
2017年	艺术与传媒学院	VR学院	动画、数字媒体艺术、软件工程	福建网龙计算机网络信息技术有限公司、宁波骏逸科技等公司/项目制

特色学院通过"人才共育、过程共管、成果共享、责任共担"的"四共"运行机制,有效整合企业和传统学院的要素资源,实现两者的双向介入、全程参与,探索并有效实施"双院制"培

养新业态紧缺人才的管理模式(见图1)。

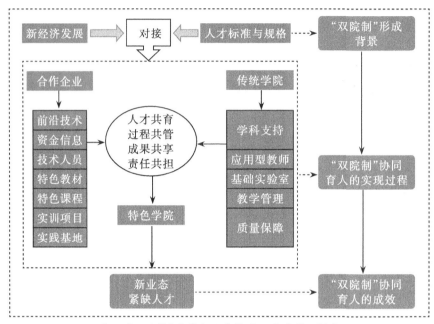

图1 "双院制"培养新业态紧缺人才的管理模式

2. 面向产业发展和新业态需求,根据校企合作不同形式,构建多样化的人才培养模式

学校根据区域中小企业为主体的经济结构特征,以及宁波市提出加快推进智慧城市建设、特色产业建设、先进制造业和现代服务业建设、文化创意产业建设等新产业发展战略,成立理事会领导下的专业建设委员会,人员由传统学院、特色学院、相关企业三方专家组成,明晰人才培养目标,融入企业资源,优化课程体系,积极探索面向新业态的"双院制"人才培养模式改革。

高校主导型双院制:大宗商品商学院、3D打印学院及VR学院采取"项目制"的校企合作形式,依托各类合作项目,将企业需求的前沿知识、流行技术与运营实践融入人才培养过程,大宗商品商学院采用"理论讲授＋专家讲座＋企业实践"的教学模式培养大宗商品产业紧缺人才;3D打印与VR学院采用校企联合开发课程、共编教材、共建实验实训环境等方式,培养增材制造与虚拟现实领域紧缺人才。

企业主导型双院制:国泰安创业学院和慧科互联网学院采取以产权和资金为纽带的"混合制"形式,融合校企双方人才、资金、技术等要素,实现理论教学、实训操作与专业核心能力教学一体化,培养具有创新精神的职业经理人、优秀民营企业接班人,以及从事互联网营销等实战型、外向型电子商务专业人才。

共建共享型双院制:家族财富管理研究院采取"股份制"的形式,校企双方共同组建集研究与教学于一体的实体公司,借助公司资源强化实践教学环节和学生能力培养,探索"学校＋第三方财富管理机构＋家族企业"三方联动的实践教学模式,实施校内教师和业界专业人士共同担任学生导师的"双导师制",培养从事家族财富管理工作的专业化人才。

3. 集聚校企双方资源,推进专业课程改革和实践平台建设,促进学生实践能力培养

各特色学院实行校企共同开发课程和共编教材,联合构建基于专业核心能力与职业发展需求相结合的课程体系。近3年来,累计共同开发特色课程57门,出版应用型特色教材49部;专业核心课程中来自企业的真实项目案例占比80%。

同时,学校与企业共建共管大宗商品实验教学中心、电子商务实战实验中心、商业模式实验室、匠心创客空间等实验实践平台;共同建设创业就业和校内外实习实训基地,为提高学生综合实践能力提供支撑。此外,积极推行能力导向的学生学习评价机制,探索建立人才培养质量的社会评价制度,将毕业生满意度、用人单位认可度、创业成效等纳入学校考核评价体系。

4. 探索"共建、共用、共享"合作机制,建设一支满足新业态紧缺人才培养的师资队伍

通过制定《教师参加社会、企业实践管理办法》《促进教师教学能力若干意见》等文件,校企共建应用型教学团队,坚持教师到企业挂职制度化和企业进校指导常态化,不断提升教师专业实践能力和教学水平,发挥企业中高级管理和技术人员在培养应用型人才中的作用。

同时,学校创新人事管理制度改革,出台《应用型教师资格认定、考核办法》《创新创业导师管理办法》等,制定"应用教学、应用技术和应用研究"3个类型,准入、初级、中级和高级4个层次构成的"三类型、四层次"应用型教师发展体系(见表2)。通过以上措施,各特色学院均建有一批应用型教学团队,50%以上专业骨干教师具有行业企业经历,全校已有300多名教师被认定为应用型教师,应用型教师占任课教师比例达60%以上。

表2 "三类型、四层次"应用型教师发展体系

内涵定义	具备"双师"资格,能够培养学生实践应用能力,能够解决政府、企业的实际问题,产生经济效益或社会效益的教师				
认定条件	"双师"证书、"准入标准+专业标准"11个维度的认定标准				
分层分类及津贴标准	层级设置	津贴标准	类型设置		
			应用教学型	应用技术型	应用研究型
	准入	200元/月	应用教学为主,具备应用型教师的基本标准,且当前和未来从事专业课和专业基础课教学工作的教研岗教师	技术实践为主,具备应用型教师的基本标准,且当前和未来从事实践教学工作和社会服务为主的教辅岗教师	应用研究为主,具备应用型教师的基本标准,且当前和未来从事应用研究、社会服务为主的教研岗教师
	初级	400元/月			
	中级	600元/月			
	高级	1000元/月			
聘期及考核	3年为一个聘期,按照专业知识、专业能力、专业素养、专业发展4个维度,制定科学细化的分类分层考核标准并实行资格津贴				

三、初步成效

目前,学校通过"项目制""混合制""股份制"合作形式,与企业共建共管6个特色学院,基本实现每个传统学院建有一特色学院,并把特色学院作为支撑专业和特色方向建设,建成了一批知名度较高的新型特色学科专业(方向),其中财务管理(家族财富管理方向)被列为省级优势建设专业、市级品牌专业,国际经济与贸易(大宗商品交易方向)、工商管理(创业管理方向)被列入省级新兴特色专业(方向);创业学院成为浙江省示范性创业学院,大宗商品商学院成为宁波市特色学院;"应用型高校'双院制'培养新业态紧缺人才的探索与实践"获

得浙江省2016年教学成果奖二等奖,"创建特色学院 培养应用型紧缺人才"获得宁波市2017年教学成果奖二等奖。

特色学院建设几年来,受益学生达2500余名,近3届毕业生平均就业率达98%以上;学生实践创新能力和岗位适应能力明显提高,毕业生就业竞争力显著增强;根据麦可思调查数据,大宗商品商学院的毕业生与专业相关度达64%,比同类型院校同专业平均水平(50%)高出14个百分点;毕业生对母校满意度高达100%。浙江省教育评估院调查数据表明,学校毕业生创业率名列浙江省高校前茅;用人单位对毕业生综合素质满意度逐年提升。近3年,在校生获得发明专利、实用新型专利、软件著作权等381项,学生发表论文784篇;获得国家级学科竞赛奖816项,省级A类学科竞赛奖425项。特色学院在传统学院和企业支撑下,综合能力不断增强。以大宗商品商学院为例,该院举办了大宗商品论坛、学术会议等60多场;承接了国家发改委、中国物流与采购联合会大宗商品流通市场分会等决策课题,成为宁波市国家职业教育与产业协同创新试验区,制定了浙江省"大宗商品交易分析师"新职业标准等。

学校编写出版了《新建本科院校应用型人才培养的探索与实践》《教学服务型大学理论探析与实践》《应用型人才培养的新探索——基于宁波大红鹰学院的改革实践》等论著和论文集3部;在《中国高等教育》《教育研究》等刊物上发表与本成果直接相关的教学改革研究论文近40篇。

学校"双院制"紧缺人才培养的探索与实践得到了浙江大学陆国栋教授、何钦铭教授、楼程富教授,省教育评估院施建祥教授,上海交通大学江志斌教授,南京大学邵进教授,华东理工大学乐清华教授以及南京理工大学梅锦春教授等省内外专家的关注和肯定。2015年10月,时任教育部部长袁贵仁和教育部教育教学评估中心主任吴岩先后视察学校,对学校特色学院建设和应用型人才培养模式给予了高度评价。学校领导和各特色学院院长多次在全国和全省教学改革研讨会上发言。学校2012年被教育部确立为全国35所应用技术大学试点建设院校之一,2015年获得"浙江省应用型试点示范建设院校",2016年获得"全国民办高校创新创业教育示范学校"。近3年来,学校先后接待国内200多所兄弟院校1000多人次来校交流考察。

《光明日报》《中国教育报》《浙江日报》等10多家中央和地方新闻媒体对该成果进行了报道。2016年宁波市政府出台《关于积极开展创建市级特色学院试点工作的通知》文件,将宁波财经学院"双院制"培养人才的成功做法在全市各高校推广,大宗商品商学院成为宁波市首批特色学院。

四、思考展望

学校通过"双院制"培养新业态紧缺人才,实现了学校、企业、政府、学生多方共赢、资源共享的局面。学校共享企业的软硬件设施、技术及师资等资源,并依托企业资源构建学生实践的真实环境,和企业共同研发、共同决策、共同受益;企业共享学校人才培养成果,可以进行定制化人才培养,可以通过设置订单班以满足企业人才需求,优先选择基地建设,优先落实优秀毕业生就业,共享学校教学和科研资源进行员工培训、业务拓展、策略咨询与制定;政府通过共享策略实现区域经济发展新业态紧缺人才空缺的填补,促进区域经济的健康、稳定发展;学生获得与企业对接的优质资源使用,得到双导师教育与指导,能够更快速、更全面地成长成才。

学校坚持以学生为中心的育人理念,不断扩大开放办学合作主体。2017年学校与象山人民政府合作,创立象山影视学院,培养服务于浙江影视文化产业的专门人才,依托象山影视学院,2018年与北京电影学院合作建立特色学院"北影影视艺术学院",联合培养以影视制作技术人才为主体的紧缺人才,开启了校校合作的"双院制"新模式实践,下一步将走出国门,探索"双院制"国际化人才培养模式。

"双院制"人才培养作为产教融合背景下培养应用型紧缺人才的一种有效模式,具有良好的发展前景。不同的"双院制"模式取决于合作双方的需求、介入程度及培养目标。在构建有效的双院制模式时要注重3个关键问题:一是差异化构建高效的组织架构,二是面向需求导向确立人才培养方式,三是形成校企(校)优势资源互补共赢合作模式。我们将带着这些问题进行改革与实践,不断加强顶层设计,继续探索有效的发展路径。

五、结语

宁波财经学院的"双院制"改革与实践立足地方性、应用型的办学定位,产教融合、协同育人的办学之路,紧密对接区域经济发展格局及新产业、新业态发展需求,科学布局、动态调整学科专业,发挥民办高校体制机制优势,联合地方政府、行业企业、高校院所及其他社会力量,统筹和集聚校内外优质教育资源,探索形成具有宁波财经学院特色的"双院制"合作模式、运行机制及制度体系。我们将深入学习全国本科教育大会精神,全面贯彻落实《教育部关于加快建设高水平本科教育 全面提高人才培养能力的意见》《浙江省教育厅关于加快建设高水平本科教育的实施意见》等文件要求,努力成为全省人才培养模式改革创新的探索者和先行者,逐步建成新业态紧缺人才的蓄水池、中小企业技术创新的试验田以及区域经济增长和产业创新发展的发动机。

参考文献

[1]陈国龙.高校产业学院改革试点的探索[J].中国高校科技,2017(12):44-46.

[2]顾云海,刘明.地方本科高校转型发展与个性化应用型人才培养探索[J].黑龙江高教研究,2018(9):63-66.

[3]王云儿.双元协同 双院联动 培养应用型紧缺人才[J].中国高等教育,2017(2):56-58.

[4]王云儿.深化产教融合背景下"双院制"模式:基本类型与构建策略[J].高教发展与评估,2019(3):82-87.

[5]朱士中.应用型本科人才培养的机制与模式创新[J].江苏高教,2016(5):80-83.

作者简介

王云儿:教授,博士,宁波财经学院副校长,先后主持和参与完成教育部、省、市级科研项目20余项,在《教育研究》《高等教育研究》等期刊上发表学术论文多篇,出版编著3部;主持获得省市级教学成果奖多项。兼任教育部高等学校本科教学工作评估专家、教育部教育综合改革问题研究专家、全国应用型大学联盟第一届专家咨询委员、全国非营利性民办高等学校联盟第一届专家咨询委员、宁波市经济学会副会长。

跨境电子商务人才培养的探索与实践

毛振华　胡　琦

浙江外国语学院

【摘要】随着对外开放及"一带一路"倡议的不断深入,高校在国际化人才培养特别是跨境电子商务人才培养方面也面临着新的挑战。浙江外国语学院主动对接"一带一路",积极服务开放强省,在跨境电子商务人才培养方面做出了诸多有益尝试,并将在拓展专业覆盖面、优化课程体系、深化实践教学内涵、完善创新创业教育等方面进一步创新跨境电子商务人才培养模式,努力把学校建设成为浙江省跨境电子商务人才培养的重点基地。

【关键词】对外开放　"一带一路"　跨境电子商务　人才培养

随着"互联网＋"时代的到来,跨境电子商务作为推动经济一体化、贸易全球化的基础,具有重要的战略意义。随着对外开放及"一带一路"倡议的深入发展,跨境电商的蓬勃繁荣,企业对理论素质高、实践技能强的跨境电商人才的需求也日益迫切。然而,跨境电商人才的稀缺已然成为限制行业发展的关键因素,高校培养和输送高素质的跨境电子商务人才已迫在眉睫。地方外语类高校应顺应时代发展需要,结合企业用人需求,对跨境电商人才培养进行进一步的研究与探索。

一、跨境电子商务人才培养模式构建

近年来,浙江外国语学院主动对接"一带一路",积极服务开放强省,从创新人才培养理念、革新人才培养模式、打造协同育人机制、强化"双师双能型"教师培养、搭建校企协作育人平台、夯实实践教学软硬件基础等方面积极创新跨境电子商务人才培养模式。

1. 创新人才培养理念

学校跨境电子商务学院以中国(杭州)跨境电子商务综合试验区为依托,立足学校创业孵化基地,发挥学校外语优势和特色,通过与阿里巴巴、亚马逊等国内外跨境电商、风投机构合作,引进先进的创业理念和实训、实践模式,打造浙江省一流的跨境电子商务人才培养模式,培养系统掌握电子商务基础知识和基本技能,具有较强创新精神和创业能力,能熟练运用一门以上外语,并能在跨境电商企业等部门从事电子商务跨境贸易与策划,产品设计,电子商务系统的设计、开发、运维等方面工作的国际化应用人才。

2. 革新人才培养模式

跨境电子商务学院创设"跨境电子商务'3＋1'实验班""电子商务(跨境电商)本科班""全校公选课跨境电商模块"三大模式,分别提供"一年制""四年制"、跨境电商通识培养等多样化培养模式。跨境电子商务"3＋1"实验班面向有创业意愿的学生,在完成本科3年专业学习后,经选拔进入跨境电子商务学院集中培养,为未来有意愿从事跨境电商创业就业的学生量身设计"理论＋实践"的跨境电子商务教学模式。实验班通过开设跨境物流与国际支付、跨境电商数据化管理、跨境电商营销、跨境客户服务、创新创业基础等课程,培养学生创业精神和创新思维、锻炼学生跨境电子商务实践技能,采用"校内研究教师＋企业实践导师"产教融合式的学分制模式,邀请校外企业实践导师进校参与课程教学,校内导师与校外导师在课程上一对一对接,深入进行教研讨论,共同完成课程教学。电子商务(跨境电商)4年制本科班在培养方案中设置跨境电商的核心课程、开设西班牙语等小语种辅修课、第七学期对接合作企业进行跨境电商轮岗。跨境电商通识课模块着力于面向全校,培养各专业学生的跨境电商意识和专业复合能力。

3. 打造校企合作协同育人平台

学院组建由校内教授与行业企业专家构成的专业建设委员会,校企在"8个共同"的基础上开展深度合作:共同制定人才培养标准、共同完善人才培养方案、共同构建课程体系、共同开发教材更新教学内容、共同建设实习实训基地、共同组建教学团队、共同实施培养过程、共同评价培养质量,形成了全过程校企合作协同育人新机制。学院与杭州市余杭区商务局主办、华立创客社区承办的西溪跨境书院签署校企合作协议,开展人才培养、实习实训、课程对接、就业创业方面的合作,与深圳国泰安签署合作框架协议,开展跨境电子商务创业学院建设协作。

二、跨境电子商务人才培养保障体系建设

1. 强化"双师双能型"教师培养

学校根据语种、跨境电商相关专业建设及国际化应用人才培养的需要,配足专业建设必需的实践师资,重点引进教学能力、科研能力强的优秀青年博士。同等条件下,优先引进能用全外语教学及"双师双能型"教师。在兼职导师队伍建设上,聘请华立集团、亚马逊等企业导师20余人,开设相关课程10余门;通过出台《"双师双能型"教师培养办法》,鼓励中青年教师获取相关行业或专业特许的资格证,鼓励教师到企业挂职,提升教师指导学生实训实践活动的能力。定期选送校内专业教师到阿里巴巴速卖通大学、亚马逊教师培训营、Wish星青年进行跨境电子商务讲师培训,目前已有10余位教师顺利获得该项讲师资格证书。同时,选派相关教师利用暑假去企业挂职实践锻炼,以便授课教师接受更真实的实践经验,有利于提升授课效果。

2. 搭建校企合作共建共享平台

学校主动对接行业、岗位需求,借助产学研合作渠道,大力推动产教融合,着力搭建协同创新育人平台,为跨境电商人才实践教学的开展提供坚实基础。近两年,学校获教育部产学合作协同育人项目15项。学校加强专业实践教学平台建设,积极与企事业单位合作建设实践教学基地,为学生实践提供条件。截至2018年年底,共建有222个实践教学基地;强化实践师资共享平台建设,积极与行业合作建立人才资源共享的良好机制。近两年,开设弘毅讲坛、博达论坛等一系列包含国际政治、经济、文化等内容的讲座227场,聘请亚马逊等知名行业(企业)高管30余人次来校开讲。此外,学校不断深化创新创业教育平台建设,充分利用多语种特色、优势,与阿里巴巴(中国)有限公司等企业开展创新创业教育合作。

3. 夯实实践教学软硬件基础

跨境电子商务创业学院先后争取到中央财政支持地方高校发展专项、省财政实验室建设项目等各渠道建设资金一千余万元,建设完成"电子商务研究中心""电子商务综合实验室""数理金融实验室""大学生创新创业实验中心""商务大数据和电子商务安全实验室""e-

CROSS创客中心"等实验实训室。

学院充分利用"嵌入式"实践周及暑期创新创业实践周组织实践教学,做实专业实习,通过组织学生参加"国际双十一"实训环节等实践活动提高学生对专业知识的实践应用能力;利用学校国际志愿者服务品牌,通过选派学生服务亚马逊"全球开店"杭州卖家大会等重大电商会议及活动,让学生实地感受电商盛会氛围;建立创新创业教育指导中心和孵化基地,为学生创业团队提供孵化场地;为增强毕业论文的应用性和实践性,引导学生更多地基于地区经济社会发展及行业企业的实际问题进行设计,实验班所有学生均采用创新创业计划书的形式替代传统毕业论文。

2018届实验班毕业生就业创业成绩颇为亮眼,90%以上毕业生进入跨境电商及进出口单位,其中10%自主创业。涌现出一批企业月营业额数百万的跨境电商弄潮儿。自主创业学生月营业额最高纪录达200万元/月。2016年,学校跨境电商人才培养获"全球跨境电商峰会"跨境电商人才培育奖。学校跨境电商人才培养模式相关经验在2018年全国新建本科院校联席会议分论坛上做了交流发言,得到广泛认同。

三、不断拓展跨境电子商务人才培养模式

学校未来将坚持"以本为本""德育为先",以"六个一"本科教育工程[一份坚定的理想信念、一本高水平的英语证书、一段跨专业学习经历、一次国际交流机会、一张高含金量文凭、一个满意的工作(创业)]为抓手,构建培养具有通识素养、外语特长、专业能力、多元发展潜能跨境电商人才的"3+X"教学体系,进一步创新跨境电子商务人才培养。

1. 拓展专业覆盖面,创新跨境电商人才培养

学校根据办学定位与区域战略需求,科学合理地设置、调整本科专业布局,优化专业结构,积极探索人才培养新模式,拓展校企、国际合作的专业覆盖面,探索建立资源共享机制,推进协同创新,促进各专业的深度融合。继续完善跨境电子商务"3+1"模式创业班、跨境电商商务执御定向班、亚马逊全球开店、101时代青年计划项目、Wish星青年项目等培养模式,拓展与其他专业的复合培养模式。同时,进一步探索跨境电商专业与小语种专业的结合,试点建设如"小语种电商人才实验班"等复合型语种人才培养实验班,探索"2+2"或"3+1"的国际合作培养模式,有针对性地培养服务"一带一路"的人才。

东语学院与跨境电子商务学院联合打造阿拉伯语专业(执御跨境电子商务方向)订单班,面向中东市场对跨境贸易人才的需求,共同培养四年制跨境电商人才("5+3"模式),通过构建包含通识教育、英语、阿拉伯语、跨境电子商务四大部分的课程体系,培养懂阿拉伯语的跨境电商人才;西语学院将与宁波凯越国际贸易有限公司、海亮教育集团等多家500强公司开展校企合作,推进小语种人才"订单式"培养,实现国际化贸易人才、国际化教育人才联合培养。

2. 优化课程体系,强化外语应用能力培养

优化课程模块。不断拓展满足学生个性化发展需求的课程模块,为跨境电商相关专业设计两个及以上的方向模块课程,方向模块根据社会需求乃至直接面向行业企业的实际需求,打造专业特色。积极开设校企合作类课程,由校企双方共同协商课程类型、教学方法与学习方式,相关专业方向可依据生产、服务的真实业务流程设计教学空间和课程模块。

建设核心课程。以点带面,逐步对学科基础课程模块中的核心课程进行整合。在传统

外贸核心课程的基础上,加强电商类课程的设置,使学生充分理解和掌握目前主要的电子商务模式和流程,了解主要跨境电商平台的运营操作。支持用人单位直接参与核心课程设计、教学和评价,推动教学内容改革,形成具有鲜明特色的专业核心课程群。

强化外语应用能力。除通过学校"大外语"平台强化学生外语应用能力外,增设网络、贸易、电商类专业英文课程,加大专业外语教学力度。为学生专设小语种课程并提供二外辅修、选修机会,培养跨境电商人才的语言应用能力和跨文化交往能力,并有效提高与"一带一路"沿线国家经济贸易合作水平。教学模式上,采用全英文教学、双语教学、小班化教学、分层分类教学,重视学生语言应用能力、专业实践能力的培养。

四、不断丰富跨境电子商务人才实践体系

1. 夯实实践基础,深化实践教学内涵建设

加强实习实践硬件条件建设。围绕学科专业与人才培养定位,统筹资源,统一规划,提升实验室建设、管理的科学化水平。优化公共实验教学平台加专业实验室的架构体系,以及"真实—模拟—虚拟"相结合的实验室功能体系。强化实验室智能化管理信息平台建设,创新实验室开放管理与实验教学新模式,鼓励积极开展实验教学改革。

深化实践教学内涵建设。进一步巩固优化"专业实践+国际志愿+创新创业"的"三位一体"实践教学体系。实践活动上,结合学校外语语言特色,大力扶持语言类专业社团发展,支持创设电子商务类专业社团,培养学生专业实践能力。紧紧围绕专业特点做实嵌入式实践周及创新创业实践周安排,建设特色校企合作实践课程模块,提高学生对专业知识的实践应用能力与创新能力。进一步扩大国际志愿者服务品牌效应,形成"一本教材、一门在线课程、一次相关实践活动、两个学分认定"的"1112"国际志愿者服务教育体系。

2. 注重"引培结合",强化双师双能型教师队伍建设

学校将通过多种举措,加大"双师双能型"教师的培育力度。一是实施"中青年教师下企业工程",选派一批中青年教师深入企业,通过顶岗实习、实训等多种方式,完善教师知识结构,提高青年教师自身的实践技能,拓宽研究领域,使学术研究能更紧密地与产业、实践的发展相结合,以提高教师实践教学能力和服务地方经济社会发展的能力;二是实施"行业导师"计划,邀请社会行业人士定期来校为学生授课、讲学,并安排青年教师听课、协同授课;同时,邀请社会行业专家定期、不定期来校与青年教师开展座谈、交流活动,帮助教师了解社会发展动态、企业对人才的要求,共同合作开发应用型课程。通过努力,培养一批将学术研究与产业发展相结合的双师双能型教师。

3. 健全体制机制,完善创新创业教育体系

健全创新创业教育体系。发挥实验教学对学生创新能力培养的重要作用,实施"基于项目的学习计划",推动课堂学习与项目学习有机结合,通过创新实验培养创新意识。加快建设新型创新创业教育服务平台,将课堂教学、创新实验、创业项目进行整合,推进创新创业教育常态化。构建依次递进、有机衔接的创新创业教育课程体系和课程群。

搭建创新创业实践平台。推进校院两级创新创业实践教育平台建设。积极与行业合作建立人才资源共享的良好机制。发挥"双师双能型"教师的作用,强化对学生实验实训理论及实践环节的指导作用。聘请行业一线专家担任见习、实习学生的指导教师,探索毕业论文(设计、作品)校内校外双指导教师的模式。完善优秀创新创业成果代替毕业论文(设计、作

品)等制度,提升学生创新能力,营造学校创新创业文化氛围。

　　总之,浙江外国语学院将充分发挥学校"外语+""+外语"的国际化应用型人才培养优势,主动对接"一带一路",积极服务开放强省,围绕"国内知名,外语特色鲜明、教育品质一流的应用型高校"的办学目标,不断创新跨境电子商务人才培养模式与培育内涵,着力培养一批我省急需、紧缺、高端的跨境电子商务未来领军人才和骨干人才,真正成为省内国际化人才的重要输出单位和人才储备机构。

参考文献

[1]阿里研究院.中国跨境电子商务人才研究报告[EB/OL].(2015-06-02)[2018-08-02]
　　http://www.360doc.com/content/16/0825/06/33774963_585728265.shtml.
[2]陈长英.浙江省跨境电商人才需求分析及培养路径研究[J].中国商论,2015(2):184-187.
[3]邓志超.互联网+环境下的跨境电子商务人才核心素养培养策略[J].电子商务,2017
　　(6):71-72,83.
[4]唐维萍.厦门市跨境电子商务人才培养探究[J].电子商务,2015(6):70-71.
[5]中国电子商务研究中心.中国跨境电商人才标准[EB/OL].(2016-12-26)[2018-08-02]
　　http://www.100ec.cn.

作者简介

毛振华:教授,文学博士。研究方向为域外汉学、高等教育管理。

胡　琦:教育学硕士。研究方向为人才培养模式构建、培养质量评价。

浙闽赣皖跨省域边际地方高校联盟的创建逻辑与实践探索

谢志远

衢州学院

【摘要】充分发挥比较优势,突破所处偏僻地区带来的发展困境,是各省域边际、地方性、应用型本科院校实现教育现代化和内涵发展的必由之路。而围绕发展新思路、紧跟时代新形势,通过开拓与自身特色和区域发展方向相符合的新道路,充分发挥区域优势、搭建"开放、融通、互利、共赢"的合作平台,以浙闽赣皖四省边际应用型大学联盟为依托,推进同类型地方高校本科教育教学高质量发展,衢州学院走出了打破区位劣势、突破发展藩篱,实现高质量建设的创新之路。

【关键词】跨省域边际　地方性　应用型　高校联盟

一、引言

党的十九大明确提出,我国社会主要矛盾已经转化为人民日益增长的美好生活需要和不平衡不充分的发展之间的矛盾。投射到高等教育领域,反映出当前我国高等教育发展不均衡、不充分的问题,尤其是办学同质化、区域发展不均衡、资源投入产出不匹配、区域结构性人才供给需求矛盾等问题,成为我国从"教育大国"迈向"教育强国"的"卡脖子"问题。主动作为、路径突破、内涵发展、深化改革,立足于高校办学定位和发展战略,尤其是地方性的应用型本科院校,要以对接区域高质量发展需要、产业转型升级和人才结构需求为重点,以质量求生存、以创新激活力,凸显办学特色和专业优势为特色发展的必由之路。

二、理念逻辑:充分发挥比较优势

经过新中国成立以来70年的发展和改革开放40余年来的积淀,尤其是历经世纪之交以来近20年的突飞猛进,我国高等教育形成了多集群、多差异、多层次的分布格局。总体说来,以由东至西呈梯度分布为基础,以区域内社会经济资源集聚为核心、以城市现代化集群发展为驱动推动了我国高等教育资源的广泛化分布,但是也造成了优势高教资源分布不均、知名高校向发达地区聚集的形势。相对于部属和省属院校,地方高校,尤其是处于省域边际的地方高校,建校历史较短、经费来源相对单一、师资力量薄弱、人才吸引力相对较差、科学研究层次较低,因此在资源禀赋以及获取资源的能力上缺乏绝对优势。

从比较优势的角度来看,地方高校,尤其是应用型本科院校是其所在区域的人才聚集地、科技创新桥头堡、成果转化中心,其在区域内能够以"低于其他生产者的机会成本生产一种物品",即能够迅速对接区域经济社会发展需要,以较低的成本在人才培养、科学研究和社会服务方面与产业需求进行高效对接,形成扎根区域发展、融入区域发展、引领区域发展的态势。这就需要地方高校,尤其是处于省域边际城市的高校在有限的资源中进行取舍,秉承"有所为有所不为"和"集中力量办大事"的方针,将优势资源集中于区域发展需要的学科专业,培养与区域产业结构转型升级适配的人才,着力进行针对企业突破性创新及应用型成果产生的科学研究,形成差异化竞争优势和具备"扎根区域环境,依托于资源、历史文化、经济产业等土壤成长起来的不可替代性"。

但是,为了避免人才培养结构相对单一、学科发展相对不平衡、专业建设缺乏合力、科研团队知识断层、学术"近亲繁殖"等地方高校发展中面临的"孤岛"问题,需要对比较优势进行外部延伸,通过与高水平的院校进行纵向联合提升发展水平,通过与同类型的院校进行横向联合进行优势互补,将比较优势打造成"秉持—提升—拓展"的发展态势,尤其是横向联合,对于同类型的高校内部资源共享和互换,形成区域间的知识"集聚–溢出效应",协调区域间高等教育资源的均衡发展,提升高等教育"部分整体"质量的提升大有裨益。

三、发展逻辑:以新发展理念促合作共赢

高等教育布局的变动、战略的转变往往伴随着国家政策和战略体系的调整。中国特色社会主义进入了新时代,新的历史方位决定了高等教育新的历史使命,"党和国家事业发展对高等教育的需要,对科学知识和优秀人才的需要,比以往任何时候都更为迫切"。各级各类高等教育机构应在时代使命的感召下,对标新发展理念,对接国家战略区域化实践需要,立足区域经济社会发展和科技创新、进步的深厚土壤,通过创造性转化和创新性发展,破解现实发展问题。

习近平总书记在主政浙江期间,对衢州的发展提出战略性的指引"衢州虽然没有沿海的区位条件,但有四省通衢的地理优势。要充分发挥好这一优势,进一步增强开放意识,实施开放战略,构筑开放平台,发展开放经济"。这一定位既为衢州的发展定下了基调,也为应地方发展而生、依地方需求而兴、领地方繁荣而为的衢州学院确立了建设方位,即扎根衢州实际、坚持开放原则、广开大门办学、构建合作平台。一是要利用"后发优势",发挥新建地方本科院校应对经济社会变革反应快、人才队伍年轻、体制机制灵活等优势,眼睛向外看,学习兄弟院校和国外同类院校的好经验、好做法,通过立足自身特点、衢州地方实际、服务地方产业发展实践,形成引领区域新技术应用、产业变革的"先发优势",通过科学研究和人才培养,为区域创新驱动发展战略的实施和实践提供直接支持;二是要以创新的思维向外突围,发挥知识生产和创新需要在空间维度、产业结构维度、高等教育职能维度、体制机制改革维度形成各要素的聚合效应,通过一定的组织形式发挥创新不同阶段各要素的最优配置和产出,形成最终成果跨组织的横向合作和分形知识创新生态系统。通过建立多种形式的联盟成为解决产业、社会、文化、环境中复杂问题的最优途径,大学在联盟中通过知识的交叉、叠加、创造产生融合性成果,既能够促进新知识生产范式的形成,又能够打破原有学科建制、科研教学团队构成、人才培养体系,形成兼有新目标、新形式、新内容的组织。

四、特色与创新:创新联盟内涵,以合作促发展

1. 将地缘弱势转化为合作优势:地方院校有聚合潜力

处于省域边际的地方边缘本科由于其"地方性"的出身,办学条件相对薄弱,教育经费来源单一;地方边缘本科转型面临困境,其多由本科和专科共同组成,本科教育历史较短、经验较少;学科理念薄弱、优势学科竞争力弱,学科设置单一。就其教育资源禀赋来说,位于各省域边际的地方性、应用型本科有着先天的不足,同时,受到边缘地区经济结构的影响,其难以

在短时间内突破自身发展藩篱。依靠外部输血和自我造血,构建创新发展之路,就成为必然的方向和选择。

衢州地处浙闽赣皖的交界,是浙江省内经济欠发达的地区。衢州学院单靠自身的力量是无法在短期内摆脱发展竞争的劣势的。与衢州比邻的省域边际高校有武夷学院、黄山学院和上饶师范学院。这四所院校地处各省边缘地带、办学条件相对落后;而四校区域相近,高铁车程在半小时至一小时;四校办学定位相近,均为地方性、应用型本科院校;各校优势学科、特色专业互补性强,联合发展的潜力巨大。于是,为了"抱团取暖",衢州学院主动联系各校,倡导创建"四省边际应用型大学联盟",得到了各校的积极回应,从而为"四校"发展突破瓶颈、寻求整体合作,开启了各自比较优势合力之下的发展新图景。

2. 将分散发展转化为聚沙成塔:应用型本科可构建合力

跨省域的高校联盟,打破了省际的行政化壁垒,更有利于实现大学的地域性联合发展。创建跨省域边际地方性大学联盟,有利于实施高等教育先导的发展战略,带动四省教育资源联动,优化区域发展思路,构建起"区域高等教育合作发展"—"区域社会经济共同发展"—"区域一体化发展"的新路径。

联盟合作院校加快自主改革,通过"互认学分,多区域学习;互用基地,多区域实习;互通信息,多区域就业;互享待遇,多区域创业;互派教师,多区域工作;互享设备,多区域使用;互融团队,多区域研究;互享经验,多区域研讨"的工作形式,实现跨区域、跨专业的多元合作,建立实质性的交互共享机制,在各校之间落实细化了工作机制。

通过搭建"应用型大学联盟产教融合示范区",面向地方产业和区域发展需求,创新教育组织形态,建立紧密对接地方产业链、创新链的学科专业体系,促进教育和地方产业联动发展,逐步形成教育和地方产业统筹融合、良性互动的发展格局,可以基本解决各地区域性的人才教育供给与地方产业需求重大结构性矛盾。浙闽赣皖四省边际应用型大学联盟的四所高校所打出的"产教对接、产教合作、产教引领、产教互促"组合拳,正是立足于促进"四校"与"四地"的产教融合互通。

地方本科院校的合作创新,带来了产业界的关注和投入。亚龙智能装备集团股份有限公司已经承诺成立教育发展基金,支持有关院校在"一带一路"沿线国家设立境外教学点,帮助联盟内四所院校以创新的中国应用型本科发展模式,给"一带一路"沿线国家树立高等教育发展新标杆,从而将具有中国区域特色的办学理念、人才培养模式与当地发展需求相结合,凸显中国地方本科高校"深入挖潜,脱颖而出"的创新合力。

3. 将理念引导转化为行动先导:边远地方本科院校有发展动力

跨省域成立地方本科"应用型大学联盟",有利于跨省域地方高校实现共同发展。这也是地方高校"扎文化之根,扎发展之根,扎人民之根"的具体体现,有利于通过高校联合发展,实现"推动城市发展,实现乡村振兴"。通过"深化合作,探索形成紧密协同、联动发展、领先实验、成果共享的应用型高校创新发展共同体"这一具体实践,也有利于鼓励相应的地方本科院校探索应用型大学建设的各地有效模式。

其实,"补齐区域发展短板,充分发挥高等教育抱团发展产生的知识'集聚-溢出效应',引领带动高等教育集群整体发展",是我国高等教育长期以来面对的现实任务。成立四省边际城市应用型大学联盟,正顺应了中国高等教育内涵发展这一新趋势,有利于边缘化地方高校实现集群整体发展。地方本科院校通过组织联盟成员的合作交流、协同创新、转型改革,足以探索跨省地方本科应用型高校合作的办学模式、人才培养、社会服务、文化传承的创新，以整体优势参与各地发展，弥补以往单一主体参与竞争的短板，更有利于为联盟高校赢得战略性发展机遇，创设更优的外部发展环境。

这种跨省域合作也回应了区域性发展的战略部署，能够促进和带动地方大合作。目前，浙江正在全力推进大湾区、大花园、大通道、大都市区建设，衢州致力于打造杭州湾和粤港澳两大湾区的战略节点、北上南下西进的跨区域大通道的浙西门户，浙闽赣皖的发展联系更趋紧密也更加重要。成立四省边际城市应用型大学联盟，在实现校际大联盟的基础上，提升了高校联盟服务区域经济社会发展的能力和水平，也势必促进了各高校所在区域间实现优势互补、资源共享，从而为区域经济社会发展提供了更有力的人才智力支撑。这对于跨省地方性应用型本科院校的合作发展，无疑具有积极实在的启发意义。

五、思考与展望

四省边际城市应用型大学联盟的成立是实现区域高等教育高质量发展和内涵建设的先手棋，是体现新发展理念的创新一招，在未来的建设和联盟的运行过程中，要继续发挥首创精神，将"有没有"转向"好不好"。深化创新、协调、开放、互利的发展观，将联盟做实、做深，夯实联盟各项行动计划、落地各项举措，畅通各要素流动渠道；践行共赢、共商、共建、共享的合作观，打造四校共同治理体系下、多方参与的新技术研发联盟、新产业支持联盟、新时代人才培养联盟、新成果应用联盟；坚持可持续、可借鉴、可学习、可推广的实践观，高举应用型大旗，全方位、多领域、深层次建设应用型大学联盟命运共同体，扎实推进应用型道路，共同助力区域高等教育事业发展。

参考文献

[1]褚照锋.地方政府推进一流大学与一流学科建设的策略与反思——基于24个地区"双一流"政策文本的分析[J].中国高教研究,2017(8):50-55,67.

[2]黄瑶,王铭."三螺旋"到"四螺旋":知识生产模式的动力机制演变[J].教育发展研究,2018(1):69-75.

[3]蒋文昭.基于模式3的大学知识生产方式变革[J].黑龙江高教研究,2017(4):34-37.

[4]曼昆.经济学原理[M].梁小民,译.北京:北京大学出版社,2006.

作者简介

谢志远：教授，法学硕士，硕士生导师，衢州学院院长，党委副书记。

基于产教融合的应用型本科计算机类专业人才培养探索与实践

颜　晖　张　泳　吴明晖　黄　召

浙江大学城市学院

【摘要】本文针对体制机制、师资队伍、实践体系制约计算机类应用型人才培养等问题，以浙江大学城市学院计算机类专业建设为实践基础，提出了一套基于产教融合的应用型本科计算机类专业人才培养体系，包括多重驱动的人才培养机制、OBE（outcomes-based education，基于学习产出的教育模式）产出导向的培养方案和课程体系、双向互动的教学团队以及多维一体的实践教学体系，介绍了"移动互联网应用开发"特色专业方向产学协同育人实践方案，并对新工科建设进行了展望。

【关键词】产教融合　计算机类专业　人才培养　实践

应用型本科教育以应用工程师和职业工程师为培养目标，是学历教育与职业素能养成的科学统一与有机结合，适应经济社会发展，为地方服务，是其基本目标与要求。计算机类专业是一个比较年轻的专业类，2012年，教育部颁布了《普通高等学校本科专业目录（2012）》，正式确定了计算机作为一个专业类。随着我国产业结构的转型升级，特别是与计算机技术相关的新兴战略性产业的崛起和快速发展，迫使应用型本科计算机类专业人才培养机制进行改革，从而提高人才培养质量，适应社会经济与产业发展的需求。

应用型本科高校从定位和人才培养目标就决定了其必然从办学机制和人才培养模式上高度重视与企业的深层联合。1996年颁布的《中华人民共和国职业教育法》首次提出产教结合的概念，2013年通过的《中共中央关于全面深化改革若干重大问题的决定》开始使用产教融合这一新概念，产教结合向产教融合的转变是对中国为了向价值链高端迈进而进行的产业结构转型升级所带来的高素质技能型劳动力需求上升所做出的一种适应性改变。

浙江大学城市学院作为一所地方应用型本科院校，主动适应区域经济社会发展，以计算机类专业人才培养改革为突破口，在新工科建设过程中，大胆探索，创新实践，逐步构建了以产教融合为基础的应用型人才培养体系，走出了一条应用型人才培养改革的特色新路。

一、问题分析：体制机制、师资队伍、实践体系制约计算机类应用型人才培养

随着社会需求及产业技术的飞速发展与变化，计算机类专业应用型人才培养改革实践，普遍受到传统教育体制机制、师资队伍、实践教学体系等短板的制约，导致人才培养与社会实际需求不能有效对接。

1. 体制机制不灵活不完善，人才培养与社会需求错位

受传统教育理念和体制机制的影响，应用型人才培养模式改革不够深入，人才培养模式相对单一，以理论教学为主、实践教学为辅，导致学生实践能力不强，创新能力不足。专业人才培养与业界对应用型人才的要求还存在一定差距。

2. 师资队伍结构不尽合理,应用能力培养欠缺

高校在聘用教师的时候,存在着过于追求高学历的情况,教师考核又过于强调科研能力,而非应用水平,这使得大部分高校专职教师缺乏企业实践经验,而小部分有相关实践经验的教师,迫于考核等压力,无暇顾及对学生实践能力的培养。这与应用型人才"强实践"的培养需要形成矛盾。

3. 专业实践教学体系不完善,应用能力培养效果不明显

实践教学环节的组织缺乏系统性、连续性和衔接性,缺乏专门的实践教学规划、管理、研究、评价机制。实践教学内容相对陈旧、形式简单,实验内容多以演示型和理论验证型为主,缺乏设计型、综合型、应用型和创新型实验。

4. 校企合作存在一定困难

尽管教育界对产教融合的重要性已经达成一致,但由于相关政策落实不到位、行业协调指导作用没有很好发挥、企业参与动力不足、所需经费难以保障等诸多因素,产教融合平台建设缓慢,效果不甚理想。

二、改革举措:探索以产学融合为基础的计算机类专业人才培养体系

在第四届产教融合发展战略国际论坛上,教育部副部长孙尧强调,推动产教融合、深化转型发展,是供给侧结构性改革的迫切需要,是落实创新驱动发展战略的迫切需要,是迎接技术革命和产业革命的迫切需要,更是高等教育发展方式变革的迫切需要。

近年来,学院的计算机科学与技术、软件工程专业面向社会需求,携手行业领军企业,建立与行业企业、产业园区"优势互补、合作共赢"的合作关系,积极探索以产教融合为基础的多重驱动人才培养机制,设计需求逆推、产出导向的培养方案和课程体系,建设双向互动的教学团队,构建多维一体的实践教学体系,共建共享优质教学资源,着力打造特色专业方向,探索和实践了一套以产学融合为基础的计算机类专业人才培养体系,提升了应用型专业人才培养质量。

1. 创新多重驱动的人才培养机制

面向社会需求,以学科建设、产学深度合作、师资队伍完善、教学资源与条件、教学管理与服务等为保障,以需求驱动课程设置,以应用驱动实践能力培养,以行业驱动职业素养提升,实现满足行业企业需求的课程体系、实践体系、培养模式和培养方案等的设计和优化,最终达到为地方输送急需的计算机领域应用型人才的培养目标。在此过程中,通过校企之间的内涵对接寻求利益契合点,建立与行业企业、产业园区"优势互补、合作共赢"的合作关系和长效机制,引入由用人单位、学校教育和工作实践相结合的CO-OP(cooperative education)本科培养模式,积极探索产教融合的人才培养机制。

2. 设计需求逆推、产出导向的培养方案和课程体系

从更新理念入手,以工程教育专业认证的基本原则和标准为参照,按照OBE产出导向的思路,根据学科与产业的发展、市场需求和自身特色,优化应用型人才培养方案,建立符合社会需求的课程体系,从实际应用出发,切实加强学生的实践创新能力培养,注重与产业互动,提升学生的职业素养,以保证人才培养的质量。

(1)与行业企业共同制定专业培养方案

聘请行业企业的一线专家,共同设计专业培养计划,兼顾市场需求和学科基础,妥善处

理好稳定与灵活的关系,使课程体系具有"核心稳定、方向灵活、复合多样"的特点。同时,敏锐感知新兴产业的特色需求,结合移动互联网的最新发展,与谷歌等企业合作,共同建设"移动互联网应用开发"专业方向;以和杭州市民卡有限公司联合成立"大数据与电子服务研发中心"为契机,重点推进"云计算与大数据"专业方向的建设。

(2)遵循OBE产出导向原则,设计教学实施方案

考虑学生的自我发展能力和职业技能,分析各专业方向毕业生应具备和掌握的能力与知识,建立符合应用型人才培养要求的知识体系和课程体系,逐级分解目标,分段实施推进,分类建设课程,形成多级项目联动的教学实施方案。教学实施方案中设置4个一级项目、4个二级项目和10多个三级项目,贯穿本科四年的专业教育阶段。一级项目包括专业导论项目、基础技术项目、综合实践项目和毕业设计项目;二级项目包括程序设计综合实践项目、数据库系统应用开发综合实践项目、移动应用开发综合实践项目、云计算与大数据综合实践项目;三级项目包括程序设计、数据库系统设计与开发、移动应用开发、大数据计算技术等核心课程。

3. 建设双向互动的教学团队

教学团队是专业建设的重要保障,围绕专业建设需要,一方面落实教师对接企业的制度,加大专业教师的实践能力培养;另一方面,建立一支来自行业和企业一线的兼职教师队伍,承担一定比例的专业课程授课和实践环节指导。

(1)制定教师与企业的对接制度,选派优秀中青年教师进企业服务

积极创造条件,探索学校与社会联合培养教师的新途径,鼓励和支持本专业骨干教师与相关产业领域进行合作、交流和学习,每年选派2名以上的优秀中青年教师进知名企业实践服务,提高教师的教学水平和科研能力,提升专业教师的实践能力。

(2)引进相关行业领域的知名专家,合作成立技能名师工作室

充分利用杭州市钱江特聘专家和学院特聘教师的相关政策,柔性引进"大数据与电子服务"领域的知名专家,指导专业建设和学科建设,成立数据分析建模工作室、金融量化投资名师工作室等技能名师工作室,建立由校外专家领衔、校内教师共同参与的工作室运行管理机制,带动更多企业资源参与技术技能人才培养。

(3)聘用行业企业兼职教师承担课程教学与实习实训环节指导

聘用相关行业企业的优秀专家、资深人士到学校兼职授课,承担专业实践类课程或多样化选修模块课程的教学,将行业与产业形成的新知识、新成果、新技术引入教学内容,提升学生的工程实践能力。

4. 构建多维一体的实践教学体系

根据行业产业的新要求,加强与相关企业的产学对接合作,改革教学内容和教学方法,完善和实施适用于计算机类应用型人才培养的多维一体的实践教学体系,达到"培养基础、训练技能、激活创新"的目的,培养学生的工程方法、团队精神、职业技能和发展素质。

(1)增加以社会需求为导向的实验环节

实验环节建设的思路是从社会需求出发倒推必备的知识点,根据课程的类别采取不同的措施,增加实验教学的比重。

(2)强化以项目实战演练为特征的实训环节

通过企业项目引入、教师引导组织、学生动手合作、师生互动交流进行实训,建设实训项

目库,以"强化技能,边讲边练"为特色,强化"项目驱动、小组合作",使学生把以前所学的知识融会贯通,提高分析问题和动手解决问题的能力,并在项目开发过程中培养团队合作精神。

(3)推进以提高创新能力为目标的专业技能竞赛环节

以创新能力和工程能力培养为目标,建立学生科研创新和学科竞赛基地,充分调动学生参与科研和竞赛的积极性,通过专业技能竞赛、学生创新实践项目等丰富多彩的实践活动,加深对课程知识的理解和综合素质的训练。

(4)突出以产学研结合为特色的毕业实习/毕业设计环节

毕业实习/毕业设计是高等教育的重要环节,也是实践教学体系中的关键。积极与社会、行业以及企事业单位共建实习实训基地,要求专业所有学生在对口单位实习3个月以上,推进学生赴相关企业和实训基地参与前沿研发项目,完成毕业设计(论文),增加大学生接触社会的机会。

三、产学协同育人实践:"移动互联网应用开发"特色专业方向建设

"移动互联网应用开发"是计算机专业近年来着力建设的省级新兴特色专业方向,面向新兴产业,携手领军企业谷歌等公司,拓展校企、校地、校校合作,构建产学协同育人机制,移动互联网+应用型人才培养特色鲜明,成果突出,在国内从率先探索到示范推广,具有一定的影响力。

1."1+4"协同建设专业方向

在专业方向建设中,按照"一方向、一团队、一伙伴、一平台、一竞赛"的设计,即教师团队以浙江省重点科技创新团队"新一代移动互联网软件服务"成员为主体,携手谷歌中国作为合作伙伴,以省重点学科"计算机应用技术"和市重中之重实验室"电子服务与智慧工厂"为科研平台,以谷歌Android大学生挑战赛为学科竞赛平台,构建产学协同育人机制,合力培养移动互联网应用型人才。

2. 以实践项目驱动的未来工业服务应用人才培养实践模式

实践项目由浅入深贯穿整个教学计划,即入门级机器人与人工智能科技体验营—课程训练(基础互动编程实践训练项目、移动互联网与物联网小型开发项目)—长学期CapStone项目—拓展实践与交流(全校性交叉学科科研与创新实践平台项目、校际学生科研交流、创新成长营、开放社区)—社会实践(暑期实验室智慧改造社会实践项目)—科研实训(人工智能与工业大数据应用、智能应用)—就业指导—企业科研服务。通过谷歌等国际知名企业产学合作项目的支持,形成自主项目驱动,全程项目过程监督。体系结构如图1所示。

这是一个以学生为主体,通过技术分享,强化学生、学校、企业三方合作关系,形成持续推进科技创新的人才、技术、项目、团队发展的运行模式,并能够不断创新、持续改进。

3. 名企引领,产学合作不断深化,成果突出

近几年来,专业教师共主持教育部产学合作协同育人项目40项,其中与谷歌公司合作的项目有26项,建设谷歌精品课程3门,谷歌创新(研究)课题2项,3名教师获谷歌奖教金和"谷歌中国教育合作部最佳合作奖",近年来在国内持续开展6期谷歌师资培训,起到一定的示范推广作用,此外,专业学生获得7项国家级大学生创新创业训练项目。在谷歌公司的引

领示范作用下,近几年不断拓展合作伙伴,包括西门子工业软件公司、美国参数技术公司、赛灵思电子技术有限公司等,逐步发展成为聚集国外工业物联网、智能制造、新智造领域的产业聚集和教育平台,形成了以谷歌技术为中心,多家高级技术企业共同合作的独特发展模式。

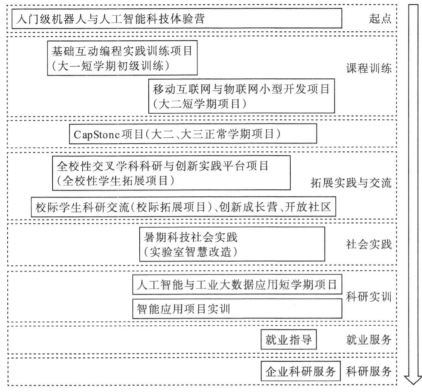

图1　实践项目体系结构

四、思考展望:面向新兴产业,深化以产教融合为基础的专业人才培养改革,探索新工科建设道路

为应对新一轮科技革命与产业变革,支撑服务创新驱动发展,自2017年以来,教育部积极推进新工科建设。新工科建设是应对新经济的挑战,从服务国家战略、满足产业需求和面向未来发展的高度提出的一项持续深化工程教育改革的重大行动计划。新工科建设具有反映时代特征、内涵新且丰富、多学科交融、多主体参与、涉及面广等特点。

学校计算机类相关专业将以省特色专业建设为契机,进一步深化校企协同、多重驱动的计算机专业应用型人才培养体系的内涵建设,打造移动互联网应用开发人才培养特色品牌并重视成果的辐射推广,加强大数据与人工智能专业方向的建设,为浙江省面向全球经济的中小企业提供产品创新与集成创新技术服务和人才服务,为新工科建设探索一条产学合作创新的发展道路。

五、结语

2017年12月,国务院办公厅印发了《关于深化产教融合的若干意见》,为中国教育现代化的强国之路进一步指明了发展方向。政府再次强调产教融合政策的深化,这既充分体现了国家对于新时代国家经济形势与教育发展的准确判断,也体现了政府对教育强国战略的顶层设计。当前,深入推进产教融合,国家政策提供了先导条件,但是内在活力机制的构建,依然问题重重,这就需要通过不断深化教育体制机制的改革来实现产教融合的可持续发展。深化当前中国教育的产教融合,是一项系统化的教育改革工程,只要坚持改革,相信相关问题都是可以解决的,新时代中国的应用型人才培养前景必然是美好的。

参考文献

[1]陈小虎."应用型本科教育":内涵解析及其人才培养体系建构[J].江苏高教研究,2008(1):86-88.

[2]蒋宗礼.新工科建设背景下的计算机类专业改革[J].中国大学教学,2017(8):34-39.

[3]林健.引领高等教育改革的新工科建设[J].中国高等教育,2017(13):40-43.

[4]邱晖,樊千.推进产教深度融合的动力机制及策略[J].黑龙江高教研究,2016(12):102-105.

[5]司淑梅.应用型本科教育实践教学体系研究[D].长春:东北师范大学,2006.

[6]夏霖.主动聚焦人才培养跨界推动深度融合——第四届产教融合发展战略国际论坛综述[J].职业技术教育,2017(21):44-47.

[7]杨克瑞.产教融合:问题、政策与战略路径[J].黑龙江高教研究,2018(5):35-37.

作者简介

颜　晖:教授,浙江大学城市学院计算机与计算科学学院院长。

张　泳:副教授,浙江大学城市学院软件工程专业负责人。

吴明晖:教授,浙江大学城市学院计算机科学与技术专业负责人。

黄　召:助理研究员,浙江大学城市学院教务部副部长。

基于产教融合的应用型人才培养模式创新与实践

吴以莉　周建强

衢州学院

【摘要】本文针对地方应用型本科院校发展中存在的专业人才培养与产业需求脱节、教学资源不足、服务地方产业发展能力不强等问题，提出以协同创新为理念，创新体制、机制，密切与地方行业、企业合作。将"互惠互利"的双赢理念作为产教融合的基础，在与政府、企业对接的过程中，探索实践校—政—企多主体应用型人才培养新模式，建立多层次、立体化、差异性的人才培养体系。扎实推进科技创新服务平台建设工作，努力集聚创新优质资源，进行合作育人、合作办学、合作发展的产教融合新范式。多年的实践表明，扎根地方，对接产业，深化产教融合，是实现地方应用型本科院校特色发展的必由之路。

【关键词】产教融合　协同创新　协同育人　博士工作站

一、引言

长期以来，我国人才供需"两张皮"的矛盾较为突出，随着我国经济高速发展，产业结构调整、发展模式转型升级，社会对高素质应用型人才的需求日益增大，倒逼高校不断改进办学思路，提升内涵建设，创新发展模式。近10年来，高等教育改革与发展的实践经验表明，必须遵循开放办学的基本思路，走产教融合、校企合作的道路。《国务院办公厅关于深化产教融合的若干意见》的发布，将产教融合上升为国家教育改革和人才资源开发的基本制度安排。服务地方经济社会发展、为区域产业转型升级提供智力支持，是地方应用型本科院校的重要使命。当前，经济转型加速，新业态、新技术层出不穷，高校要想在产教融合中更好地发挥作用，提升创新能力，需要在工作路径上有所倚重、认准关键问题。

二、深化产教融合面临的问题分析

深化产教融合是促使大学与产业界形成"你中有我，我中有你"，产教双方各种资源要素相互转化、互相支撑的人才培养体系。这是事关发展理念、制度体系、人才培养模式的重大变革，但在目前的地方应用型本科院校发展中，还存在一些不容忽视的挑战与困难。

1. 体制机制方面

一是学校与地方政府、行业企业间的合作体制机制还未完全形成。在企业人才储备问题不突出、企业转型升级压力不大时，企业参与合作的积极性不高，合作中"学校热、企业冷"，行业、企业参与办学的主体地位还未得以确立，共同设计培养方案、构建课程体系、参与教学过程的深度合作、协同育人的体制机制还未完全建立。二是学校内部体制机制还没有完全理顺。产教融合、校企合作不仅涉及政府、企业、学校和社会组织等宏观层面各主体之间利益关系的协调，还涉及学校内部各部门、学院、学生、教师等微观层面的利益平衡、公办院校固有分配体制的局限，但就目前来看，学校内部，学校与二级学院、教学与科研、人才培养、科学研究与服务社会等内部体制机制也未完全理顺,学校教师、企业指导教师等相关主体的利益机制也不完善。

2. 人才培养方面

一是人才培养模式单一。虽然学校与行业企业合作开设各类特色班,采用"订单式""定制式""企业专班"等形式培养人才,但由于体制机制等多种因素影响,行业企业参与人才培养的广度和深度不够,"校热企冷"的现象依然存在,校企合作培养人才的模式还没有完全形成,个性化培养不够,不能满足社会的多样化需求。二是教师工程实践能力弱化。博士教师从学校到学校,实践经验及实践教学资源不足,实践流于形式,案例教学、模拟仿真教学、现场教学、校企合作等现代化教学模式也难以进入教学实践,理论知识的考核在学生学业评价中的比重偏高,缺少对学生实践动手能力的评价。

3. 学科和专业建设方面

一是学科凝练和交叉不够,能够反映地方特点和行业特色的学科优势不突出,缺乏具有较大影响力的学术带头人和学科团队,缺乏高层次的科研项目和科研成果,承接重大科研项目的能力明显偏弱,服务地方经济社会发展的水平不高。二是服务合作办学、贴近产业需求、紧跟科技发展、支撑地方急需应用型人才培养的高质量课程资源数量偏少,尤其是合作开发课程资源所取得的成果不多。

要破解这些深层次的困难和问题,就需要走好地方应用型本科院校的特色发展之路,统筹做好地方性、应用型、开放性的文章,坚定以协同创新为理念,密切与地方行业企业合作,理顺体制机制,扎实推进引进大院名校联合共建创新研究院工作,努力集聚创新优质资源,进行合作育人、合作办学、合作发展。

三、基于产教融合的应用型人才培养探索

要实现核心技术突破,必须走自主创新之路,要加强科技创新与经济、产业的统筹衔接,深化产教融合,就是要打造产教融合的高地,促进教育链、人才链与产业链、创新链的精准对接、有机衔接。

1. 加强体制机制改革,打造立地式研发服务的新高地

(1)融入地方,校企地共建博士工作站

主动对接地方政府、企业,开启学校、地方政府、企业共建博士工作站的探索实践。一是给平台,由学校、地方政府和相关企业三方共建博士工作站,签订协议,搭建起高端人才施展才华的新平台。二是给任务,建站期间,博士工作站至少承担一项具有研发前瞻性,能推动企业转型升级的合作项目,每年承担8名以上相关专业学生的实训指导任务,为企业培养3名以上技术人员等任务。三是给政策,地方政府、学校分别为博士工作站提供每年3万~10万元的运行经费,企业给科研团队成员提供必要的软、硬件建站基础性支撑,并提供不少于20万元的项目研发经费,学生在博士工作站的实践活动,可纳入学校第二课堂学分考核。

通过给平台、给任务、给政策,补强了企业与博士松散合作的短板,保证了博士工作站建得起、干得好、出成效,有效促进校企地三方长效合作。机制运行1年多来,已与相关企业合作共建博士工作站27个,参与学生400多名。其中与浙江常山科润新材料有限公司联合开发的紫外线吸收剂UV-P偶氮中间体连续化合成工艺项目,在7000吨新建生产线设计上采用,投产后产值超过5亿元。

（2）扎根地方，推进地方文化进校园、进课堂、进课题

地方特色文化活动进校园，即学校每两年举办一届为期一个月的南孔文化节，开展《大宗南渡》南孔文化话剧表演，在衢州孔氏南宗家庙建立大学生人文素质教育基地，组织新生祭孔活动。特色文化教育进课堂，面向全校开设"论语导读"等近10门人文素质通识教育课程，其中"中国传统文化概论"成为师范类专业通识必修课，创办"学而"文化网站，以"互联网＋"传播儒风雅韵。地方特色文化进课题，作为工科院校，学校注重地方特色文化研究。由学校编纂出版的《衢州文献集成》，共有200册，4000多万字，已被英国大英博物馆等海内外重要图书馆收藏，并荣获浙江省第19届哲学社会科学优秀成果一等奖。

（3）研创结合，打造全省"双创"示范基地

面对大众创业、万众创新战略，学校加强创新创业教育工作，基于"师研生随、师导生创、师生共创"的建设理念，构建了"实训—研发—创新创业"一体化的双创教育体系。实施"闯关式"课堂教学模式创新，推动教师科研成果向课程资源与教学内容的及时转化，引导学生将课外创新实践活动与社会实践、社会调查、毕业论文（设计）和学术科研活动紧密结合起来，营造学生自由探索、敢于实践、勇于创新的氛围。2018年，学校创业学院被省教育厅评为示范性创业学院，被省发改委评为"双创"示范基地。

2. 发挥现有区域优势，探索校—企—校多主体协同育人新模式

学校将"互惠互利"的双赢理念作为产教融合的基础，在与政府、企业对接的过程中，探索实践"校—企—校"多主体协同育人新模式，建立了多层次、立体化、差异性的人才培养体系。

（1）立足地方，探索校企"全程交互式"应用型人才培养新模式

以服务学生的多元发展为出发点，在机械设计制造及其自动化、化学工程与工艺、土木工程、电气工程及其自动化等四个专业实施卓越工程师计划，与红五环集团、浙江歌瑞新材料有限公司等地方行业龙头企业联合开设"全程交互式"应用型人才培养个性化订单班，创新校企多主体协同育人机制，校企"全程交互式"应用型人才培养模式如图1所示。

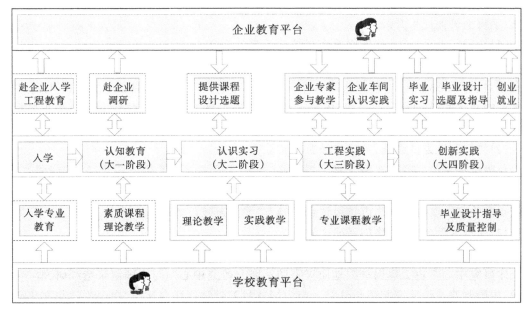

图1 校企"全程交互式"应用型人才培养模式

学校与红五环集团、西安交通大学联合开设的"红五环2＋1＋1卓越工程师班",自2012年开始至今,已连续开设了4届。其培养模式是前两学年在校内进行专业大类培养,学习通识类基础课及专业基础课程,第三学年由企业出资派往西安交通大学能源与动力学院,学习相关专业核心课,第四学年进入红五环集团,由集团设计院工程师和学校教师共同指导专业综合实践。其人才培养方案由企业与学校联合定制,过程管理中,校企联合开展面向家长和学生的专业教育交流会,建立教师、家长、工程师联动群,推动校企"全程交互式"应用型人才培养模式的持续创新和良性发展。

(2)联合浙江大学,共建浙江大学工程师学院衢州分院

工程师学院衢州分院落地衢州学院,以浙江大学化学工程与生物工程学院、衢州学院化学与材料工程学院、巨化集团等单位为主体,联合共建。主要面向全日制和非全日制专业学位研究生培养,也开展工程师培训、高层次在职非学历教育。衢州分院开设的专业课供衢州学院学生共享修读。

(3)依托四省边际应用型大学联盟,探索应用型人才培养新机制

由衢州学院牵头,武夷学院、上饶师范学院、黄山学院等四所高校共同成立浙闽赣皖四省边际应用型大学联盟,变省际边缘为区域中心,为区域高等院校协同发展开辟了新路径。依托该联盟,建立"八互八多"应用型人才培养共享机制,开展互认学分,多区域学习;互用基地,多区域实习;互通信息,多区域就业;互享待遇,多区域创业;互派教师,多区域工作;互享设备,多区域使用;互融团队,多区域研究;互享经验,多区域研讨等方面合作,优势互补、抱团发展。该联盟的成立得到了新华社、《人民日报》的报道,新华社的报道浏览量超51万人次。

3. 依托优势学科专业,搭建产学研服务新平台

依托重点学科、重点实验室、研究院(中心)、科技创新服务平台,以区域新兴产业、支柱产业、重点发展产业和高新技术产业为发展方向,发挥学科交叉优势、突出学科综合实力、创建集学科优势为核心、融跨学科(学院)特色为一体的高水平科研平台,以平台提升促科研发展、以学科交叉促成果升级。

(1)协同行业企业,共建省级重大科技创新服务平台

作为牵头单位,学校联合开山集团等5家单位共建浙江省衢州空气动力装备技术创新服务平台;作为核心单位,参与共建浙江省衢州氟硅新材料等省级科技创新服务平台3个。依托省级重大科技创新服务平台,围绕产业关键、共性问题,校企共建研发中心和实践教学基地,让企业主动地、全程地参与人才培养全过程。

(2)协同行业龙头企业,共建省级重点实验室

作为牵头单位,依托"机械工程""控制科学与工程"两个浙江省"十三五"一流学科和"浙江省衢州空气动力装备技术创新服务平台",与开山集团联合共建"浙江省空气动力装备技术重点实验室",实现了衢州市省级重点实验室"零的突破"。

(3)引进大院名校,共建创新研究院

学校分别与机械科学研究总院、中科院页岩气与地质工程重点实验室共建"衢州智能制造技术研究中心""古工程保护与地质灾害防治联合研究中心";与中国制浆造纸研究院合作建设"中国制浆造纸研究院衢州分院"、与中国社科院哲学所联合建设"中国哲学与文化研究中心"等。引进浙江大学化学工程与生物工程学院共建浙江大学工程师学院衢州分院,实现

共建、共享、共发展,同吃、同住、同学习。三年来,依托共建的研发中心平台,共有院士、知名专家、教授来衢州服务300余次,共同解决企业技术难题50余项,2018上半年科技成果转化拍卖近800万元。

四、特色与创新

通过构筑产教融合平台,加强博士工作站的建设,整合校内外工程教育资源,实现专业群与产业链的有效对接,形成"校—政—企"协同育人、合作发展新模式。紧紧围绕"专业、学科、科研、教师、课程、资源库"等人才培养核心要素,构筑"优势特色专业、重点学科、科技创新平台"人才培养综合平台,培育"教科团队、精品资源课程和开放资源库"人才培养核心资源,大力推进学科、专业群、产业链间交叉融合,解决了教师缺乏产业经验、地方高校人才培养资源相对不足等问题。

通过构筑产教融合平台,探索实践"校—企—校"多主体应用型人才培养新模式。制定卓越工程师教育、企业个性化定制、国内交换生等多元化协同人才培养方案,与国内高校、大型企业合作,实施"2+1+1"联合培养,形成"校—企—校"合作多主体协同培养机制。企业通过校企合作获得高素质技术人才,借助高校的智力和科技优势,激发企业全程参与人才培养过程的主动性,解决了校企合作模式单一、合作内容不深入的问题。

五、思考与展望

衢州学院作为浙江省应用型建设试点示范学校,要做好产教融合,培养应用型创新人才,需要统筹做好地方性、应用型、开放性的文章,坚定实施学校"固基础、强应用、重协同"的发展战略。"固基础",就是要发挥学科优势,大力推进产教融合,在推进教师发展尤其是职称评审、岗位定级的政策时,充分考虑教学工作的重要性。"强应用",就是要打出"产教对接、产教合作、产教引领"的组合拳,专业建设要以产业发展为导向,区域有什么样的支柱产业,就设置什么样的专业,要以企业需求为导向进行产教合作,为企业发展提供技术支持、产品开发、成果转化、项目策划等服务,要根据产业发展需求,及时调整学校学科建设方向,帮助解决产业升级的核心问题,实现产教引领。"重协同",就是要构建培养层次、培养过程、学科建设、专业建设、"双创"教育、资源整合的一体化体系。在地方应用型本科院校特色发展中,要综合分析学校基础、学科特色与优势、区域经济社会发展需求等内外因素,加强顶层设计、整合优势资源,才能更好地推进校企深度融合,走好地方应用型本科院校特色发展之路。

参考文献

[1]江作军.应用型大学深化产教融合面临的问题与实践探索[J].常熟理工学院学报,2018(5):8-13.
[2]刘士祺.校企合作与产教融合异同论[J].中国高教研究,2018(10):191-193.
[3]谢志远.以新技术应用为导向深化产教融合[N].中国教育报,2018-03-06(10).
[4]张志群,陈琳琳.应用型本科高校深化产教融合探析[J].洛阳师范学院学报,2018(3):69-71.

作者简介

吴以莉：教授，衢州学院教务处处长。主要研究方向为混凝土结构。主要担任"砌体结构""混凝土结构""建筑力学与结构"等课程教学。浙江省精品课程"建筑力学与结构"负责人。主持或承担浙江省自然科学基金、浙江省建设厅、浙江省教育厅项目和衢州市科研项目10余项。发表科研论文20余篇，其中SCI、EI收录近10篇。作为主要获奖者，曾获浙江省第七届教学成果二等奖1项。

周建强：教授，工学博士，衢州学院教务处副处长。从事数字化设计与制造、可持续设计制造等方面的教科研工作，具体包括机械产品创新设计、数控技术及应用、复杂机电装备创新设计的低碳化、智能化和集成化研究等。主持或承担省级及以上教科研课题10余项，发表教科研论文20余篇。作为主要获奖者，曾获浙江省第七届教学成果二等奖1项、浙江省科技进步二等奖1项、吴文俊人工智能科学技术进步三等奖1项。

三、课程建设与课堂教学创新

基于"课程思政"探索的全员育人模式改革与实践

陈伟鸿

绍兴文理学院

【摘要】在每一门课程中有机融入思想政治教育元素,切实将育人具体落实到各个教学环节之中,形成专业课教学与思想政治理论课教学紧密结合、同向同行的育人格局,是高校落实立德树人根本任务的要求,是高校全员深入推进育人工作的重要内容。绍兴文理学院通过"三个百分百"的落细落小工作安排,实现了"课程思政"全覆盖,初步达到了"课程门门有思政,教师人人讲育人"的全员育人良好局面。

【关键词】立德树人 课程思政 全员育人 社会主义核心价值观

习近平总书记在全国高校思想政治工作会议上指出,要用好课堂教学这个主渠道,满足学生成长发展需求和期待,其他各门课都要守好一段渠、种好责任田,使各类课程与思政课同向同行,形成协同效应。教育部《关于加快建设高水平本科教育全面提高人才培养能力的意见》明确规定,把思想政治教育贯穿高水平本科教育全过程,强化课程思政和专业思政。在构建全员、全过程、全方位"三全育人"大格局的过程中,着力推动高校全面加强课程思政建设,做好整体设计,根据不同专业人才培养特点和专业能力素质要求,科学合理设计思想政治教育内容。为此,绍兴文理学院坚持立德树人中心环节,聚焦社会主义核心价值观凝练德育元素,通过"三个百分百"落细落小工作安排,实现了"课程思政"全覆盖,形成了"见机行事""借题发挥""春风化雨"的工作方法,初步形成了"课程门门有思政,教师人人讲育人"的氛围,实现了全员育人工作的深度推进。

一、实施背景:坚持立德树人为根本,把思想政治工作贯穿教育教学全过程

绍兴文理学院党委认真贯彻落实习近平总书记在全国高校思想政治工作会议上的重要讲话精神,深入挖掘拓展学校各门课程思政元素,充分发挥各门课程的思想政治教育功能,把"课程思政"工作作为加强和改进新形势下学校思想政治教育的重要举措。

1. 不忘初心,让教师回归教书育人,让高校回归立德树人

教育的本质意蕴是立德树人。没有一位教师能够说他只承担专业课教学任务、不承担育人职责。这是扎实推进"课程思政"工作的逻辑起点。高校教学中80%以上的教师是在从事专业课的教学,80%以上的课程是专业课程,学生80%以上的学习时间是在专业学习中度过的,这就要求各学科的教师不仅要作为知识技能的传道者,更要成为学生品格养成、品行塑造、品味提升的"大先生"。学科理念、学科认同、学科能力、学科体验,是学生为人处世、求真悟道的终身财富,是高校思想政治教育不可或缺的传导因素。只有每一位教师把知识传授、能力培养、思想引领教育有机融入每一门学科课程的教学之中,充分发挥各门课程的思政功能,才能真正把教书育人、立德树人落到实处。

2. 保持定力,以社会主义核心价值观引领育人导向

中国特色社会主义大学的本质,决定了作为大学最重要功能的课程教学具有鲜明的价值取向和意识形态属性。"课程思政"是践行立德树人这一根本使命的必然要求。社会主义核心价值观是最具有直接现实性的理论,围绕社会主义核心价值观建构育人体系,是合目的性与合规律性的统一,既符合高校培养目标,又是在原有工作基础上对思想政治工作与时俱进的强化、显性化。思政课作为主渠道,是对大学生进行思想政治教育的主要方式,肩负着系统学习研究宣传马克思主义科学理论的重要使命。专业课程,挖掘用好各学科融入的思想政治教育元素,充分发挥各门课程的思政功能,对加深学科理解、提升教学质量、提高人才培养水平,确保社会主义办学方向不偏移,具有十分重要的意义。

3. 落细落小,通过"课程思政"全覆盖实现"三全育人"

高校专业具有其特有的学科属性与知识体系,随着知识更新越来越快,特别是"互联网＋"教育时代的到来,要求"课程思政"工作要落细落小,抓好落实。各门课程都有育人功能,每位教师参与其中,挖掘好、拓展好、传承好各门课程的思政元素,把思想政治教育有机融入每门课程,抓住每个细节,落实每项工作,做到不留死角,达到全覆盖,实现全员育人、全程育人、全方位育人,才能更好地促进立德树人转化为全员育人的现实行动。

二、改革举措:遵循规律,把握重点,扎实推进"课程思政"全覆盖

绍兴文理学院结合学校实际,遵循规律,统一部署,精心设计,层层发动,精准实施,做细做实"课程思政"工作。

1. 围绕"三个一",明确工作目标

构建"大思政"格局。全面统筹办学治校各领域的育人资源和育人力量,推动思想政治工作融入教育教学各环节。专任教师履行教书育人职责,思政课教师落实思想政治教育主体责任,哲学社会科学教师发挥文化育人作用,马克思主义学院强化基础支持功能,从而构建全方位大思政工作格局。

构架"课程思政"育人体系,"三个一"实现"三个百分百全覆盖"。"三个一"即明确每一门课程的思政功能,落实每一位教师的育人职责,达到每一门专业课程的"课程思政"效果,打造专业教育与思政教育的协同效应,使得专业课程与思政课程形成同心同向的育人格局,从而实现全部课程、全体教师、育人效果"三个百分百全覆盖",探索行之有效的工作方法载体。通过建立思政课、专业课、通识课"三位一体"思政教学体系,形成"课程思政"教学案例库,共建马克思主义学院,"时政进校园",探索"课程思政"的方法载体。

2. 实施"三步骤",优化工作方法

试点起步。学校确定两个学院开展先期试点,同时理论研究同步,在《人民日报》、新华网等推出了一系列理论研讨文章,召开了一系列专题研讨会,探索形成了"五个一"的工作经验:一场"课程门门有思政,教师人人讲育人"大讨论活动、一次社会主义核心价值观学习会、一张"课程思政"教学设计表、一次"课程思政"教研活动、一场"课程思政"主题研讨会。

"六项行动"全面推进。开展"课程门门有思政,教师人人讲育人"大讨论活动;举行"课程思政"教学设计活动;实施"思政课教学质量提升计划";建设一批思政功能明显的重点示范课程;建立一套"课程思政"育人评价体系;推动"第二课堂""第三课堂"建设,发挥育人功能等六项行动。

进一步深化提升。学校设置微信小程序,让优秀教师将课程育人中形成的教学感悟和体会及时归纳总结,上传至教学随记案例库;让学生按照教师课堂讲授的"思政元素",结合自己感悟,上传心得体会至学习随感案例库,以检验"课程思政"教育的效果。此外,还通过设置教学电脑屏保画面、建立网上学习园地,强化工作要求,营造浓厚氛围,多措并举深化提升工作效果。

3. 建立"三张表单",形成工作特色

一是聚焦社会主义核心价值观,认真凝练各专业课程的"思政元素"。学校精心组织马克思主义学院和相关领域专家,围绕"社会主义核心价值观",深入挖掘提炼各门专业课程所蕴含的思政元素和承载的思政功能,共梳理出了106条与"课程思政"相关的思政元素,精心编制成《"课程思政"教学设计编制指南》。

二是填写教学设计表,明确课程与思政元素的结合点,明确教师的育人使命,提升课程育人的成效。授课教师结合专业课程特点,梳理出3~5条所授课程的思政元素,填写《"课程思政"教学设计表》,作为教材讲义必要章节、课堂讲授重要内容和学生考核关键知识。

三是基于微信小程序,教师撰写"教学案例随记"、学生填写《"课程思政"学生课堂随感——老师课堂上的一句良言》,建立教师教学随记和学生学习随感案例库,起到相互学习、相互启发、共同提高的作用。

4. 开展"三项行动",凝聚思政合力

"一项计划"提升思政课质量。学校与中共绍兴市委宣传部共建马克思主义学院,加强马克思主义学科建设。开展"时政进校园"系列学习教育活动推动思政课改革,依托"浙江新闻客户端"APP手机学习平台,观看"时政进校园"视频,把学生学习时事的情况作为思政课(形势政策课)实践教学的内容。

"一项建设"提高课程育人成效。开展"课程思政"示范课程建设工作,评选出47门课程为示范课程建设项目。

"一批通识教育课程"发挥示范引领作用。利用绍兴深厚的历史文化底蕴和名人辈出的资源,开设"越地名人 家国情怀"系列通识课程。围绕鲁迅、秋瑾、王阳明等越地名人,遴选并开设一批思政功能明显的通识教育课程。

三、工作成效:发挥各门课程的思想政治教育功能,有力推进全员育人工作实效

绍兴文理学院"课程思政"工作实施以来,聚焦社会主义核心价值观,引领课堂教学德育元素切入,探索改进工作方法载体,工作取得实效,产生了辐射带动效应。

1. 营造了"课程思政"浓厚氛围

"课程思政"使得每一位教师厘清了对教书育人完整使命的认知与理解,进一步明确了社会主义核心价值观在育人中的地位和作用,加强了对社会主义核心价值观的理解和践行,把握了社会主义核心价值观与工作的结合点,加强了教职工思想政治工作的有效性,"课程思政"成为每一位教师的自觉行动;使得社会主义核心价值观深入所有的课程,加深了学生对社会主义核心价值观的认知认同,在推动"思政课程"向"课程思政"转变的过程中实现了"双提升"。

2. 形成了"课程思政"工作格局

"课程门门有思政,教师人人讲育人",每一门课程都蕴含思想政治教育的内容,每一位

教师都承担育人的责任,把思想价值引领贯穿教育教学全过程和各环节,极大提升了思想政治教育的亲和力和针对性,满足了学生成长发展的需求和期待。2017—2018学年第一学期,全校有1900门课程、1060名教师完成"课程思政"教学设计表;第二学期,全校有1923门课程、1048名教师完成"课程思政"教学设计表,对"课程思政"履职做出承诺,实现了"三个百分百"全覆盖,全部课程都明确育人要素,全体教师都明确课程育人职责,所有课程都体现育人效果。

3. 提升了"课程思政"能力水平

学校"课程思政"工作形成了"见机行事"(一有机会就切入思政元素)、"借题发挥"(以一句话、一段故事、一个道理适当解读)、"春风化雨"(教师教学过程中在专业学科知识体系寻找与思政知识体系的"触点",顺其自然而不是牵强附会、生搬硬套,用学生喜闻乐见的方式,润物无声地开展思政教育)的工作方法。师生积极参与案例库建设,截至2019年3月,共有1.5万名师生参与注册,共计填写教学随记和学习随感5万余条,"课程思政"水平和效果整体提升。

4. 丰富了"课程思政"工作抓手

建立思政课、专业课、通识课"三位一体"思政教学体系。评选出47门课程为示范课程建设项目。与绍兴市委宣传部共建马克思主义学院,依托"浙江新闻客户端"APP手机学习平台观看"时政进校园"视频,引入了社会力量参与思政课改革。"时政进校园"受到了学生的广泛欢迎,截至2019年3月,时事播报和时事讲堂共播出197期,累计阅读量达到4470万,点赞188万个,评论70万条,平均每篇阅读量达22.6万。

5. 产生了一定的社会影响

绍兴文理学院"课程思政"工作受到了社会媒体的高度关注。2018年3月29日,《人民日报》刊发校党委副书记沈赤的署名文章《找到从"思政课程"到"课程思政"的密钥》,人民网、新华网、中国社会科学网等转发。2018年1月14日,中央电视台《新闻联播》报道浙江高校思政工作"组合拳",指出绍兴文理学院创新思政教学模式引广泛关注和热议。2017年6月30日,新华网报道绍兴文理学院"课程思政"工作。教育部门户网站、中国日报网、中国青年网、环球网、新浪网、《浙江日报》、浙江新闻联播、浙江省教育厅官网、浙江新闻客户端等媒体也纷纷予以报道。

绍兴文理学院率先提出的"课程门门有思政,教师人人讲育人"更是得到有关领导的肯定。浙江省副省长成岳冲批示:"课程思政如何有效落地,绍兴文理学院作了有益探索,很有意义,请省委教育工委跟踪调研,并将其成功做法向各高校予以推广。"

目前,多所兄弟高校领导率团来学校考察交流"课程思政"工作。学校领导被邀请到多所兄弟高校进行"课程思政"工作经验交流。

四、思考展望:坚持"一个中心",理顺"三个关系",做好"五个结合"

"课程思政"是一项系统工程,在推进实施中,需要坚持"一个中心",理顺"三个关系",做好"五个结合",才能抓实抓好这项工作。

1. 坚持"一个中心"

立德树人是高校的立身之本,"课程思政"工作紧紧围绕高校这一中心任务进行设计和实施。坚持以马克思主义理论为指导,遵循教书育人规律,强化育人导向,把价值引领有机融入教学全过程,充分发挥"课程思政"的育人功能,不断提高"课程思政"育人质量,培养中国特色社会主义的合格建设者和可靠接班人。

2. 理顺"三个关系"

一是处理好"课程思政"与"思政课程"的关系。思政课程是学校思想政治工作的主渠道,要把思政课程作为"课程思政"的重要支撑,两者齐抓并重,不可割裂。二是处理好"课程思政"与学科专业的关系。根据学科专业的特点,找到每门课程最能打动学生、感化学生的"思政元素"和思政载体,春风化雨、润物无声和潜移默化地渗透于课程教育的环节中,实现专业思政。三是处理好工作推进和研究深化的关系。学校"课程思政"工作由试点起步,也取得了一定的经验;为走向深入,需同步开展理论研究,全面推进"课程思政"工作。

3. 做好"五个结合"

一是结合习近平新时代中国特色社会主义思想和党的十九大精神的学习贯彻,重点抓好全国高校思想政治工作会议精神的贯彻落实,这是夯实理论基础。二是结合立德树人这一根本任务,构建思政课、通识课、专业课"三位一体"的大思政格局,提升思政课程主渠道作用,发挥通识课程和第二课堂的育人功能,做实"课程思政"工作,这是抓住核心关键。三是结合教职工思想政治工作,将"课程思政"实施情况作为听课、学生评教和教师考核的重要内容,同时将"课程思政"的内涵融入人才培养方案、授课计划等,落细落小落实,这是落实责任。四是结合办学特点和教育规律,依托地域文化,结合大学生成长成才需要,做好教学实施工作,这是遵循规律。五是结合德育和思政工作能力提升,加强理论研究,加强队伍建设,全方位打造有理想信念、道德情操、扎实知识和仁爱之心的教师队伍,这是建好主力军队伍。

五、结语

"课程思政"是一项长期工程。下一步学校的工作重点,一是加强分析研判。加强大学生思想政治状况年度报告机制建设,加强校风学风、师德师风监控机制建设,及时反馈,分析研判,检验"课程思政"工作效果,促进工作改进与完善。二是强化理论研究。在工作推进的同时,加强经验总结,强化理论研究,夯实理论基础,加快形成研究成果,打造工作品牌,强化示范引领。三是建立长效机制。进一步做好"五个结合",形成"大思政"格局,完善"课程思政"育人体系,协调办学治校各领域、教育教学各环节、人才培养各方面的育人资源和育人力量,继续探索"课程思政"行之有效的工作方法载体,协同育人、整体育人、发展育人,建立健全"课程思政"常态化工作机制,从而更进一步推进全员育人工作。

参考文献

[1]沈赤.找到从"思政课程"到"课程思政"的密钥[N].人民日报,2018-03-29(17).

[2]习近平在全国高校思想政治工作会议上强调:把思想政治工作贯穿教育教学全过程开创我国高等教育事业发展新局面[N].人民日报,2016-12-09(1).

作者简介

陈伟鸿:教授,绍兴文理学院教务处处长,主要从事区域经济发展与高等教育教学研究。

推动学生自主性研究性学习的大学物理教学改革与实践

施建青

浙江工业大学

【摘要】针对在大学物理课程教学中新生自主学习能力差、主动探究问题的意识薄弱、创新欲望不强等问题,本文从学生学习的视角,围绕着学生自主性、研究性学习这个中心,以唤起学生好奇心和激发兴趣为改革的出发点,从学习兴趣、学习方法、学习内容和课外创新四个维度着手,构建一套地方工科院校大学物理教学突出学生自主性、研究性学习能力培养的方法,激发学生学习的活力,提高学生的自主性、研究性学习能力。

【关键词】大学物理　自主性学习　研究性学习　探索

长期以来,以应试教育为主导的基础教学,导致大学新生主动探究问题意识薄弱、自主学习能力差、创新欲望不强。因此,如何提高当代大学生对物理学习的兴趣,培养学生自主学习能力与主动探究的意识,引导学生向自主研究性学习方式转变,具有极其重要的现实意义。

一、问题的提出

浙江工业大学对学习"大学物理实验"课程的新生做过一次调查,结果表明,一方面学生对传统实验教学内容不感兴趣,另一方面学生学习的主动性和自主性严重缺失。对中等难度的普通物理实验,如"静态拉伸法测金属丝的杨氏模量"实验,在教师不讲解实验步骤的情况下,让学生自主实验,结果有82%的学生难以独立完成,其中47%的学生需要教师指导一至两次,35%的学生需要教师指导三次及以上。对电学实验,在请求教师帮助排除实验故障的学生中,平均有37%的学生是因为电源没打开或接头松动就不知所措。面对设计性实验教学,积极接受挑战的学生不足25%;从学生上交的实验方案来分析,不论想法是否正确,也鲜有学生有自己的想法,绝大多数同学还是沿袭传统实验的老路,习惯于模仿而缺少自己的思路。大学物理理论课程的教学也存在类似的问题,课堂教学学生互动意愿不强,学生主动拓展性学习的积极性不高,教学内容缺乏吸引力。所有这些问题都表明,当前学生普遍存在自主学习能力差,主动探求问题的意识薄弱,缺少研究性学习的欲望等问题。如果大学基础物理的教学延续这种传统教学,那么只能囿于知识的传授和技能的训练,而缺失学生自主探究问题的意识和能力的培养。

在传统的教学理念中,教师是教学的主角,以"我说你听"的单向灌输的方式,进行有条理地讲解或示范,学生则是以"有耳无嘴"的方式学习老师传授的知识,或重复老师的实验步骤。特别是近年来,大学基础物理受学时限制,教师讲、学生听的"填鸭式"教学被大多数高校普遍采用。在许多教师的教学观念中,大学基础物理教育就是传授各种物理概念、规律和一些解题技巧。教师将知识以系统的理论讲授给学生,学生满足于听懂、记牢知识和方法,并能套用已有的套路去解题。很多教师陶醉在自己逻辑缜密、高度抽象、表达精确的教学中,导致物理教学给学生的印象是抽象、不可捉摸和难以理解的,物理已被分割为一个又一个符号、公式、定理、习题,学习物理等同于做一大堆题目。这种教育理念,则进一步强化了大学新生中学化的学习模式,束缚了学生的思维发展,不利于学生能力的培养。此外,长期以来,我国的理工科教学受到教学资源、教学平台等诸多因素的限制,操作步骤刻板的命题实验,教学资源和教学平台相对不足,客观上引导学生向形式化、记忆型方式学习,难以为学生进行自主研究性学习提供支撑。

因此,在大学物理教学中,如何提高学生对物理的兴趣,突出学生在学习中的主体地位,激发学生的学习活力,培养学生自主学习能力与主动探究问题的意识,引导学生向自主性学习、研究性学习方式转变,使学生真正学会学习,学会创新,是当前大学物理改革的迫切任务。

二、改革举措与成效

针对存在的教学问题,我们提出了大学物理教学要突出学生自主性、研究性学习,引导学生向自主性学习、研究性学习方式转变。要实现这种转变,我们认为,必须树立两个教学新理念。一是从知识导向的课程观向能力导向的研究性课程观转变,构建新的课程观;二是从以教师为中心的传授知识观向以学生为中心的知识建构观转变,构建新的教学观。

基于这种新的课程观和教学观,我们提出的大学物理改革思路是:基于大学物理教学现状,从学生学习的视角,围绕着学生自主性、研究性学习这个中心,以唤起好奇心和激发兴趣为改革的出发点,从学习兴趣、学习方法、学习内容和课外创新4个维度着手,构建一套地方工科院校大学物理教学突出学生自主性、研究性学习能力培养的方法,破解地方工科院校学生以接受式学习为主、主动探究问题的意识薄弱、研究性学习能力差的难题,激发学生主动性、研究性学习的活力,实现培养学生自主性、研究性学习能力这一改革目标,具体如图1所示。

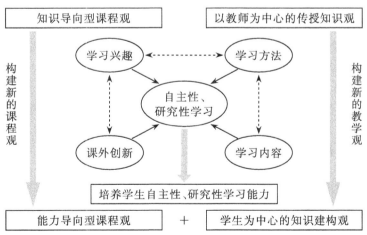

图1　大学物理教学改革思路

1. 学习兴趣的激发策略

打造物理文化走廊、举办校物理文化节和校"格致杯"物理创新大赛、开设物理博学堂名家讲座,营造学习物理的氛围。

开发门禁系统和物理实验选课系统,构建管理新体制,搭建探究性实验平台、设计性实验平台和研究性实验平台,使物理可以被"触摸",融动手实践与理论学习于一体,唤起学生的好奇心。开发课程学件23个、实验导学软件22个、在线学习系统2套、自测题库3套、精品课程网站3门,建设仿真实验软件1套,引入趣味物理,使物理学变得有趣、易学。

2. 学习模式的转变策略

注重过程性评价,期末统考比重降至50%以下,引导学生向研究性学习方式转变。理论课采用互评型课程论文答辩、超级题解、原始文献阅读、读书笔记和课堂讨论等能体现学生学习能力的多维化评价模式;实验课采用设计性实验和课题性实验的评价模式。

在此基础上,通过体制机制改革,推动小班教学;提出和全面实施了基于网络、仿真和导学实验软件、实验项目设计等3种自主学习模式和基于问题、合作互助、互联网拓展、课题研究、学科竞赛等5种研究性学习模式。

3. 学习内容的更新策略

构建"主干+拓展"的新体系,更新教学内容。通过自主开发和优化组合,建设100多个探索性、设计性和研究性实验新项目。开发以能力为导向的"演示与探究物理""设计性物理实验"和"课题研究性物理实验"等3门新的研究性课程。在此基础上,固化改革成果,编著大学物理与实验系列化教材10余部,其中包括2部"十二五"国家级规划教材和6部省重点建设教材。

4. 课外创新的激励策略

通过三个结合("学、研、做"相结合、学科竞赛与教学相结合、科技立项与教学相结合),创建课外教学新舞台和新机制,设置创新学分,实现课内课外融合,让学生手动起来,脑子用起来,时间忙起来,激发创新活力。例如:让学生做教师科研助手,参与研发40多个新实验和30多种新仪器,被全国100多所高校使用并远销欧美和东南亚,部分仪器填补国内实验教学空白,表面等离子共振实验仪获全国高校物理实验教学仪器二等奖。

通过多年的改革与实践,极大地激发了学生学习大学物理的积极性,提高了学生创新能力。学生每年参加浙江省大学生物理创新竞赛人数占上课学生的一半以上,全校本科生每年获得省部级以上物理类大学生学科竞赛奖励500人次以上。在全国首届大学物理实验竞赛中学校获研究性实验项目一等奖,该项目只有浙江工业大学和清华大学、北京大学等6所高校的6个团队获得;在物理创新基地每年都有一批学生申请各种发明专利,并多数达到授权。许多学生认为"物理课颠覆了我的学习观"。此外,学校施建青教授主编的《大学物理》教材是"十一五""十二五"国家级规划教材,成为全国6种大学物理类第一批"十二五"国家级规划教材之一;学校隋成华教授主编的近代物理实验教材是全国唯一的一种近代物理实验类第一批"十二五"国家级规划教材。在全国所有(26种)物理类"十二五"国家级规划教材中浙江工业大学教材占2种,占全国物理类第一批"十二五"国家级规划教材的1/13;成为全国教材入选最多的4所高校之一。设计性研究性物理实验等6部教材入选省重点教材,编写的10余部大学物理系列教材累计发行30万册左右。

推动学生自主性、研究性学习的大学物理教学改革与实践,还使学校基础物理系列课程教学团队被评为国家级教学团队,物理实验中心被评为国家级实验教学示范中心,"大学物理""大学物理实验""普通物理实验"被评为省级精品课程。

三、特色与创新

1. 提出了解决地方工科院校大学物理教学困境的新方法

从学生学习的角度,以学生为中心,在理论上提出了以能力为导向的课程观和以学生为中心的教学观,在实践上围绕着自主性、研究性学习这个中心,从学生的学习兴趣激发、学习方式转变、学习内容更新和课外创新激励四个维度着手,构建了一套突出学生自主性、研究性学习的大学物理教学的新方法,破解了地方工科院校学生以接受式学习为主、主动探究问题的意识薄弱、研究性学习能力差的难题,使学生想学、乐学。

2. 开发了突出学生自主性、研究性学习的新内容

从知识建构的角度,以能力培养为导向,重构课程体系。强化物理原理与工程技术的结合,物理课程与后续课程的对接,开发了集现象观察、问题探究与总结提升为一体的"演示与探究物理"、集自主设计与自主实验研究为一体的"设计性物理实验"和以做科研的方式完成教学实验的"课题研究性物理实验"3门能力培养目标逐步递进研究性新课程,研制一批新的教学软件、自测题库等数字化网络教学资源,研发40多个新实验,开设100多个探索性、设计性和研究性实验项目,编著10余部教材,形成3种自主学习和5种研究性学习方式。通过这些改革,研究性学习的教育理念和学习方式逐步渗透到大学物理教学中,学生渐渐转变学习方式,从单一的接受式学习中走出来,养成主动探索的习惯。

3. 构建了提高学生学习能力和激发学生创新活力的新途径

从能力培养的角度,以创新教学为突破口,让学生走进实验室,创建"学、研、做"相结合的创新教学基地;设置创新学分,建立导师制,融科技立项与教学于一体;倡导竞赛性学习,把学科竞赛整合到教学中去。建立了课内课外教学相融合的新途径,激发了学生创新活力。学生参与研发的40多个新实验和37种新实验仪器被国内100多所高校广泛使用并远销欧美和东南亚,学生每年获得一大批浙江省物理创新竞赛奖项、国际学科竞赛奖项和挑战杯等全国科技竞赛奖项。

四、思考与展望

如何提高当代大学生对基础物理学习的兴趣,培养学生自主学习能力与主动探究的意识,引导学生向自主研究性学习方式转变,是大学物理教育工作者所面临的一项长期的任务,也是一项复杂的、系统性的、综合性的改革任务。

要进一步研究物理基础课程教学内容中经典物理内容现代化的问题;要进一步研究物理教材在保持原有科学性、严谨性的同时,应增加趣味性和可读性,成为吸引学生的研读物理课本。教材应增加物理学前沿知识,拓展学生的知识面,补充物理学知识的实际案例,使学生理解到物理学不是空洞的理论,而是与实际生产、生活实际有密切的联系。

要进一步积极开展研究式、讨论式教学方式,引导学生的学习兴趣。教师讲课的方式要在教师主讲的同时,应鼓励学生积极参与到教学活动中,可留有一定的时间或创造机会让学生提问、讨论,促进相互的交流。教师应把握好教学重点和教学难点,改变教学方法和教学手段帮助学生理解课程教学的内容;加强案例教学,强调知识的运用;提高答疑的质量,使学生通过答疑,准确理解和掌握物理知识;积极开展课堂演示实验,活跃课堂气氛,提高学生学习物理的兴趣,帮助学生理解和掌握物理概念和物理规律。

　　要进一步研究物理基础课程教学中如何更有效地应用互联网、计算机多媒体技术、MOOCs(慕课)、翻转课堂、混合式教学模式等。尝试开放性教学,增加物理类应用性、技术性、综合性的选修课程,增加课程小论文撰写,实现教与学互动,改变基础课程考核方法。要让科研一线的骨干教师主讲基础物理课程,将科学技术研究思维和科学精神传递给本科生。要每年安排尽可能多的知名教授做交叉学科的学术讲座,激发学生的学习兴趣,拓宽学生的知识面。要按学术规范组织学生的论文报告会,不断提高学生的学术交流能力。

　　要进一步重视学生的物理创新教育活动,将第一课堂和第二课堂有机结合起来,以实验室开放和科研立项为主线,搭建创新教学新渠道和新载体,积极开展主题鲜明、内容丰富、形式多样的科技创新活动。要积极开设学术讲座,帮助学生了解物理学科发展前沿。要组织好物理科技创新竞赛,提升竞赛级别,调动学生的学习积极性。

参考文献

[1]徐志君.大学物理课程研究性学习模式的构建[J].中国大学教学,2016(4):36-39.

[2]徐志君,魏高尧,隋成华.改革大学物理实验教学培养自主实验能力[J].实验室研究与探索,2011(6):285-287.

作者简介

　　施建青:教授,浙江工业大学理学院党委书记,基础物理系列课程国家级教学团队负责人,教育部大学物理课程教学指导委员会副主任。主编国家级规划教材和浙江省重点建设教材多部;获国家级教学成果二等奖,浙江省教学成果一等奖、二等奖等多项。

大学数学课程中"概念教学模式"的构建与实践

高雪芬

浙江理工大学

【摘要】针对大学数学课程中的困难,构建了"概念教学模式",运用直观教学法、概念图教学法、发生教学法、现实数学教学法进行教学。经实践,该模式不仅在传统教学中,而且在混合式教学、翻转课堂教学中都发挥了重要作用。

【关键词】大学数学　概念教学模式　教学实验　混合式教学

一、背景及问题分析

数学类课程是各高等院校的重要基础课与工具课,一方面,它不仅为学生学习后继课程和解决实际问题提供了必不可少的数学基础知识和数学思想与方法,而且也为培养学生思维能力、分析解决问题的能力和自学能力,以及为学生形成良好的学习方法提供了不可多得的素材。另一方面,人工智能及大数据时代,无处不在的计算建模、呈指数增长的数据使得数学学科覆盖面与应用范围不断扩大,新时代要求学生对数学核心思想具有深刻的认识,并具有建模和计算能力。然而由于课程难度大,学生存在概念理解及应用困难,影响教学效果。

大学生学习大学数学课程的困难,体现在以下几方面。

①形式化语言问题:从初等数学到高等数学,抽象层次提高,学生无法掌握形式化语言。

②概念理解问题:高中高强度的解题训练使学生专注于解题,忽视概念理解,很多学生虽会解题,但概念理解片面,甚至错误。

③迁移能力问题:学生利用数学解决实际问题的能力不足。

上述学生所面临的大学数学课程中的问题可以归结为教师教学中的概念表述问题、概念剖析问题及概念应用问题。

二、主要改革举措

针对大学数学课程中的抽象语言关、概念理解关、迁移应用关,我们依托全国教育科学规划课题"大学与高中衔接中的学习困难及解决策略研究"、"十一五"国家课题数学类子课题"应用型人才培养加强数学素养,培养创新意识的研究与实践"等项目,对大学生进行了深入的调查、访谈、实验与跟踪研究,提出了"四方法一核心"的"概念教学模式"(concept-based teaching)。研究成果首先于2011年秋季在实验班、理工类、经管类学生高等数学课程中应用,然后在线性代数、运筹学等课程中推广应用,至2018年已有6届12000余名学生受益。

"概念教学模式"是针对目前大学数学教学的问题,以心理学家韬尔的"高等数学思维理论"、数学史家克莱因的"数学史与数学教育理论"、数学教育家弗赖登塔尔的"现实数学教育理论"为基础,以概念教学为核心,融合建模与计算思想,解构概念、剖析思想,运用直观教学法、概念图教学法、发生教学法、现实数学教学法的教学模式,具体如图1所示。

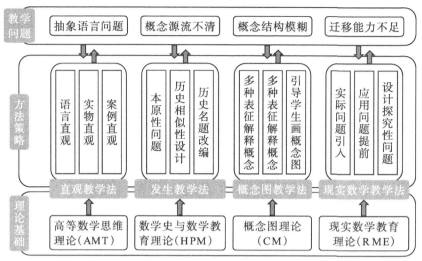

图1 概念教学模式的理论基础与方法

1. 针对形式化语言问题,采用直观教学法,通过可视化概念、实物教具、直观案例,培养学生形象思维、抽象思维

①语言直观:直观语言描述、多种形式表征、借助软件制作三维动画和图形,实现数学概念过程的可视化。

②实物直观:通过教师自制和引导学生制作实物教具,如极限的 ε -带、双曲抛物面模型、全微分模型等帮助学生理解概念。

③案例直观:通过实例解释概念,如由交通工具速度显示器来介绍导数概念。

2. 针对概念理解中概念源流不清的问题,采用发生教学法,在教学中融入数学史,使学生明晰概念的源与流,培养学生逻辑思维

①从历史上的本原性问题引入数学概念,如由光的反射问题引入导数。

②借助历史发展阐述数学概念,将历史上的概念、定理原型与教科书中进行对比,让学生了解数学发展历程从而学会思考、创新的方法;分析历史上数学家的错误,纠正学生的概念误解。

③改编历史名题,通过真实的历史名题让学生体会到数学的强大威力,如将折射率问题改编为行车问题。

3. 针对概念理解中概念结构模糊的问题,采用概念图教学法,注重结构与关系的阐述,帮助学生建构知识网络,培养类比、关联思维

①用变式教学法阐释概念内部结构,如在线性相关问题中,由魔毯和滑板的两种运动,经过概念变式,设计一系列问题,从二维空间拓展到三维空间乃至N维空间,慢慢深入到线性相关性。

②引导学生绘制概念图、掌握概念网络,例如,微分是历史上一个非常重要的概念,也是微积分概念网络中一个重要的节点,它与其他的概念有着广泛的联系。微分概念的教学设计重点在于突出概念间的联系,帮助学生在头脑中形成概念图。

③在考核中设计概念图问题,概念图试题比传统试题更能检测学生对知识的掌握及应用程度,促进学生自觉地建立概念联系。我们在练习和考试中设计概念图题目,通过学生画出的联结数目考核学生对概念的理解。

4. 针对迁移能力不足,采用现实数学教学法,设计探究性问题,培养解决实际问题的能力

①由实际问题引入概念,从生活中的引例抽象出概念结构。

②将应用问题提前,改变以往的"概念—性质—计算—应用"顺序为"概念—应用—性质—计算",将某些实际问题的建模提至计算之前,学生可以马上应用概念结构,强化概念理解。

③设计探究性问题,根据学生的层次、学生的特点设计探究性问题,引导学生探究数学在新技术、新学科中的应用。

概念教学模式相对于传统教学模式,强化学生概念理解,相对于传统教学,概念教学时间比重增加20%,考核中也加大了概念理解及建模内容,比重增加15%。引导教师进行教学反思,提高教学水平,实现教学相长,更好地进行概念教学设计。

三、具体实施过程

我们从2011年起在基地班、理工类、经管类的"高等数学"课程进行概念教学模式改革实验,在入学成绩没有显著差异的前提下,概念教学班的成绩比常规教学班均有显著提高(见表1),2012年起在"线性代数""运筹学"等课程上进行推广。

表1　概念教学班与常规教学班的成绩对比

班级	考试	常规教学班			概念教学班			t-值
		N	M	SD	N	M	SD	
基地班	期中	119	76.70	12.62	59	81.58	7.68	−3.20*
	期末	119	71.86	14.70	59	75.42	11.76	−1.62
理工类	期中	113	66.12	17.82	119	76.19	11.51	−5.08**
	期末	113	59.69	15.52	119	70.40	14.29	−7.52**
经管类	期中	91	72.02	13.22	76	83.17	11.26	−5.33**
	期末	91	81.55	11.44	76	87.47	8.82	−3.70**

注:*$p<0.05$,**$p<0.01$。

同时,为满足时代发展需要,我们将概念教学模式的思想融入线上教育,从2015年10月开始构建高等数学在线开放课程群。课程群包含4门课程:"高等数学Ⅰ""高等数学Ⅱ""高等数学(全英文)Ⅰ""高等数学(全英文)Ⅱ"。高等数学中文课程及英文课程分别于2016年9月及2017年9月在浙江省精品在线开放课程平台上线。课程群由美国威斯康星大学斯蒂文分校、浙江工业大学、杭州电子科技大学、浙江科技学院、中国计量大学、杭州师范大学、湖州师范学院、浙江理工大学等学校共建共享。课程上线以来,来自12个国家,共计8000余名学生使用了该课程。

1. 尝试了以概念教学为核心的在线课程教学设计

改变传统的章节教学设计,将知识点碎片化,同时融入数学史、数学文化、直观案例、应用案例、概念图等内容,吸引学生注意力,加深学生对数学概念的理解,帮助学生构建有效的知识网络。

2. 探索了大规模基础课混合式教学的新模式

改变学生传统学习数学的纸笔模式。给学生自主学习任务单,指明学生应阅读教材相应章节,完成预习作业,观看指定视频材料,参与在线讨论,完成习题与测试题。学生可以通过平台随时下载资料,通过平台的手机APP随时随地看教师课件,与教师提问互动,解决不同背景的学生在高中升大学时的水平参差不齐的问题。同时,由于课下学习时间自由,可以充分利用碎片时间,课上的时间节省下来进行高效深入的研讨学习,大大提高教学效果。课堂讨论也专门设置概念讨论专题。如关于微分的概念,可以布置题目:"函数的微分与增量的关系是什么? 导数为何又叫微商? 为什么说函数的微分是函数的增量的主要部分? 微分的几何意义是什么? 微分与导数的关系?"等。

3. 设计了学生课下学习、课上展示自制视频的新方法

我们上传了教材资源、课件资源供学生参考、使用,鼓励学生自己选题进行深入探究,并制作视频展示、讨论。学生课下做小视频现场分享,不愿意做小视频的可以现场进行报告。我们在2017年进行了这个活动,效果很好。学生自愿参加,1~3人组队,选择以概念、习题、例题、思维导图等为出发点,自己进行总结、创造,制作小视频。学生的参与积极性很高,选择的主题多为课堂内容的延伸。

学生的课题举例(见图2):

(a)函数的连续性

(b)导数的定义

(c)微积分严格化的历史

(d)微积分概念图

图2 学生自制视频与现场报告

"最好的学习是教"。这些活动,使学生在自己梳理知识点、构思选题、对所学内容进行反思,在想办法组织通俗、直观又严谨的语言解释的过程中,加深了对数学概念、数学思想方法的理解。

四、成果成效与思考展望

1. 课堂教学效果好,学生数学素养得到提升

成果实施6年来,学生成绩普遍提高,浙江理工大学186人获数学建模竞赛国际级及国家级奖项、421人获省级奖项;231人获高等数学竞赛国家奖项,541人获省级奖项。奖项逐年提升,其中,2018年获美国数学建模竞赛特等奖1项(全球获奖率只有约千分之一)、一等奖2项。数学应用能力普遍提高,考研率稳步提升,2018届数学与应用数学专业学生程金华,成为西湖大学基础数学专业招收的首位直博生。概念教学模式受到学生的欢迎,调查显示93%的学生喜欢概念教学模式,概念教学班教师的学评教成绩名列前茅。学生们说:"老师从概念起源开始讲,再逐步深化,使我们来自不同国家的学生都能听懂。""我喜欢她的研究性项目,使我们每人都能参与其中。"

2. 教学水平与教研能力提高,建设了丰富的优质教学资源

我们出版了4部浙江省重点教材《线性代数》《运筹学》《数学与科学进步》《数学物理方程》,教材应用广泛,其中《线性代数》已发行3万余册。教学设计屡获大奖:教师以浙江省理科组第一名参加教育部与全国教育工会组织的"高校青年教师讲课比赛",完成20个概念教学设计,获得全国二等奖;微课、课件等多次获得"多媒体课件大赛""高校微课比赛""高校数学微课程教学设计竞赛"国家级奖项;团队中有2位教师获"省教学名师",1位教师获"浙江省五一劳动奖章",1位教师获"浙江省教坛新秀"。30余篇教学论文在核心期刊《数学教育学报》等发表,其中1篇获"全国数学教育研究会优秀论文"一等奖。

3. 成果国内外交流广泛,示范辐射作用显著

成果受国内外关注。在美国洛杉矶、圣地亚哥,德国汉堡,韩国首尔,日本东京等地的"国际数学教育大会""美国大学数学教育年会"等会议上作10余场衔接教育、概念教学等相关报告。成果推广示范辐射作用显著。上海财经大学、南京财经大学、东华理工大学、青岛大学、华南农业大学、浙江工业大学等50余所高校应用概念教学模式成果。美国《大学数学教育研究》杂志主编Rasmussen教授认为"概念教学模式解决了大学与高中衔接的国际难题""大学数学教学研究及教学实践皆有卓越成果,成为融合教学研究与实践的国际典范"。

五、总结与展望

"四方法一核心"的概念教学模式,不仅适合线下教学,也适合线上教学;不仅适用于大学数学课程,也适用于其他理工科基础课。线上教学是将知识点重新拆分、组合,一方面,以概念教学为核心,有助于帮助学生建立良好的知识结构;另一方面,直观教学法、概念图教学法、发生教学法、现实数学教学法有助于进行特别的教学设计,形成网络教学案例。尽管我们已经有了大学数学的很多教学设计,但是把它们形成微课、进一步建设新形态教材、新型网络课程,还需不断打磨,精益求精,形成"金课"。随着时代的发展,教学环境不断变化,我们一方面需设计符合数学学科特点的教学原则,另一方面要融入现有的信息技术,不断地在方法、形式上进行改进。

参考文献

[1]TALL D. The Transition to Formal Thinking in Mathematics[J]. Mathematics Education Research Journal,2008(2):5-24.

[2]高雪芬,汪晓勤.M·克莱因的HPM思想——以《微积分》为例[J].数学教育学报,2012(4):24-27.

作者简介

高雪芬:浙江理工大学理学院副教授,博士,浙江省五一劳动奖章获得者。研究方向为大学数学教育,主持省部级重点课题项目6项、浙江省高校教育科学规划办项目等8项,主编浙江省重点教材1部,发表教学、科研论文30余篇。获浙江省教学成果奖一等奖1项,国家级教学竞赛、微课竞赛奖4项。

精品在线开放课程建设与实践
——以杭州电子科技大学为例

陈建华

杭州电子科技大学

【摘要】我国在线开放课程采取"高校主体、政府支持、社会参与"的建设方式,经历了精品课程建设、精品开放课程建设与应用、在线开放课程全面建设应用与管理三个发展阶段,并在平台、联盟、课程和制度建设等方面取得了丰硕的成果。浙江省在精品在线开放课程建设上形成了具有浙江特色的课程共享联盟、课程管理中心、课程共享平台"三驾马车"格局的建设、管理与应用机制。杭州电子科技大学从 2014 年年初开始,在学校统一规划设计下,从平台、课程、教学模式、教师培训、制度保障等方面着手,全面推进信息技术与教育教学的深度融合,加快优质在线开放课程资源建设,积极探索信息化时代的课程教学模式改革。

【关键词】在线开放课程 平台建设 课程联盟 教学模式 制度保障

2012 年以来,随着大规模在线开放课程(massive open online course,MOOC,中文译为慕课)在全球的兴起,高等教育领域掀起了一股以降低教育成本、促进教育公平、提升教育质量、服务终身学习为宗旨的开放课程建设浪潮,为在线开放课程注入了新的活力。

一、我国在线开放课程发展历程

我国在线开放课程的建设与应用始于 2003 年的国家精品课程,经历了以下三个发展阶段。

1. 精品课程建设阶段

2003 年,教育部发布《关于启动高等学校教学质量与教学改革工程精品课程建设工作的通知》(教高〔2003〕1 号),正式启动精品课程建设工作。2007 年,教育部、财政部联合发布《关于实施高等学校本科教学质量与教学改革工程的意见》(教高〔2007〕1 号),继续推进国家精品课程建设。

2. 精品开放课程建设阶段

2011 年 7 月,教育部、财政部联合发布《关于"十二五"期间实施"高等学校本科教学质量与教学改革工程"的意见》(教高〔2011〕6 号),正式启动"国家精品开放课程建设与共享"项目。旨在建设以普及共享优质课程资源为目的、体现现代教育思想和教育教学规律、展示教师先进教学理念和方法、服务学习者自主学习、通过网络传播的开放课程。该项目包含三个组成部分:国家级精品视频公开课、国家级精品资源共享课、国家精品开放课程共享系统("爱课程"网)。

3. 在线开放课程全面建设阶段

在实施国家精品开放课程建设与共享项目的同时,为"大力推动信息技术与教育教学深度融合,促进优质教学资源建设与共享",教育部于 2015 年 4 月发布了《关于加强高等学校在线开放课程建设应用与管理的意见》(教高〔2015〕3 号,以下简称《意见》)。

《意见》旨在加快推进适合我国国情的在线开放课程和平台建设,促进课程应用,加强组织管理,明确提出7项重点任务:①建设一批以大规模在线开放课程为代表、课程应用与服务相融通的优质在线开放课程;②认定一批国家精品在线开放课程;③建设在线开放课程公共服务平台;④促进在线开放课程广泛应用;⑤规范在线开放课程的对外推广与引进;⑥加强在线开放课程建设应用的师资和技术人员培训;⑦推进在线开放课程学分认定和学分管理制度创新。

近年来,教育部积极推动、高校主动作为、社会各方踊跃参与,我国在线开放课程建设与应用蓬勃发展,成果丰硕,成效显著。具体表现在:一是已经建成了10多个全国性的慕课平台。二是以跨区域、跨校、跨专业等各种形式组建的慕课联盟覆盖面逐步扩大。截至2018年年底,已有600万人次大学生通过"东西部高校课程共享联盟""好大学在线联盟""地方高校优课联盟"等线上线下混合式教学模式获得慕课学分。三是极大地推动了教学改革,改变了传统课堂讲授的教学模式,丰富了教学内容、形式和环境。"以学生为中心"的混合式、探究式、合作式教学调动了学生学习的主动性和能动性。涌现出一大批善建慕课、善用慕课的教师。四是管理制度和推进措施逐步完善。各地区、各高校陆续出台政策举措,对现行的学籍管理、学分认定、课程管理、考评制度等进行修订,为在线开放课程建设与应用创造了良好的政策氛围,提供了有效的制度保障。

二、浙江省精品在线开放课程建设情况

2013年,浙江省教育厅开始着手谋划在线开放课程建设与应用,2014年出台《浙江省高校课堂教学创新行动计划(2014—2016年)》(浙教高教〔2014〕102号),着力引导高校优化课程体系和教学内容,深化教学方式方法改革,构建优质高效课堂,全面启动在线开放课程共享平台建设工作。2015年,在教育部出台《意见》后,省教育厅颁布了《关于组织开展省级精品在线开放课程建设工作的通知》(浙教办高教〔2015〕95号),将在线教育平台载体"浙江省高等学校在线开放课程共享平台"建设纳入浙江省教育厅的重点工作。2016年12月,成立浙江省高等学校在线开放课程共享联盟。2017年5月5日,成立了"浙江省高等学校在线开放课程管理中心",形成了具有浙江特色的课程共享联盟、课程管理中心、课程共享平台"三驾马车"格局的建设、管理与应用机制。制定了《浙江省高等学校精品在线开放课程立项与认定方法》《浙江省高等学校精品在线开放课程共享管理办法》《省级精品在线开放课程建设标准(试行)》等规范性文件,组建了由104名省内外专家组成的评审专家库,初步建立起齐抓共管、分工明确、责任到人的专业化及规范化的工作体制与机制。

浙江省近年来坚持应用驱动,建以致用,以用促建,提高课程建设质量。以"浙江省高等学校精品在线开放课程"项目为抓手,按照"先建设、后应用、再认定"的路径,着力推进课程建设。建设周期分立项前建设期、立项后应用期与认定后推广期。建设课程立项环节与认定环节,课程立项时着重考查内容质量,认定时着重考查共享应用效果。截至2018年年底,全省共申报课程2100多门,2016年立项建设200门首批省级精品在线开放课程,2018年立项建设第二批课程402门。2018年认定165门首批省级精品在线开放课程,未来3年,计划建成500门左右的省级精品在线开放课程,在省课程共享平台上实现资源较为富集的共建互选。据统计,截至2018年10月25日,平台进驻院校291所、教师9195人,开设课程1741门,课程开设3263期,导入学生100万余人,选课123万余人次。

2017年6月,浙江省第十四次党代会提出了全面实施高等教育强省战略和教育现代化战略,将在线开放教育纳入实施"两个战略"的重中之重,全力推动全省高校优质资源共享,全面打造浙江线上大学。2018年10月,浙江省教育厅同时下发了《关于加快建设高水平本科教育的实施意见》(浙教高教〔2018〕101号)、《关于加快推进普通高校"互联网＋教学"的指导意见》(浙教高教〔2018〕102号)和《关于推进高等学校精品在线开放课程学分认定和转换工作的实施意见》(浙教高教〔2018〕103号)三个文件,为推进高校"互联网＋教学"建设提供政策支持。

三、杭州电子科技大学精品在线开放课程建设实践

在国家"互联网＋"战略的支持和指导下,学校提出"学习无处不在、信息触手可得"的建设理念,积极探索"互联网＋教育"模式,大力促进教育信息技术与教学改革的深度融合,在2014年12月召开的本科教学工作大会上,明确提出推进本科教学信息化的规划,从平台、课程、教学模式、教师培训、制度保障等几方面着手,全面推进信息技术与教育教学的深度融合,加快优质在线开放课程资源建设,积极探索信息化时代的课程教学模式改革。

1. 做好规划是前提

学校领导高度重视通过教学信息化来推进教学改革,从2014年年初就确定了在线开放课程建设指导思想,坚持"建以致用,以用促建",服务学校自身课堂教学,提高课程教学效果。按照"请进来,走出去;试点先行,全面推进"的建设思路逐步推进。"请进来"就是通过引进爱课程网、智慧树等公共平台上的通识类选修课程,丰富学校优质通识课程资源。"走出去"就是主动加入校际或校企慕课联盟,通过联盟平台,促进优质课程资源共享。"试点先行"就是先行选择条件成熟的课程按MOOCs/SPOCs的要求进行建设。"全面推进"就是在试点建设的基础上,有步骤有计划地适当扩大MOOCs/SPOCs建设的数量,提高MOOCs/SPOCs使用的范围。建设分两个层级展开,即通过校内SPOC(小规模限制性在线课程)、爱课程网等公共平台上线的建设路径来推进在线开放课程建设。

2. 平台建设是基础

学校于2015年年初升级了网络教学平台,用于加强在线开放课程和教学数字资源建设和使用。网络教学平台能为学生提供网络辅助学习支持功能,为教师提供网上教学支持功能,为管理者提供网上教学评价的支持功能,并为教学活动提供全方位的资源和应用支撑服务,平台上已为老师建课提供了10万~14万个学术视频、200万册电子图书,师生通过移动端也可以学习使用这些资源。截至2018年11月,平台访问量达到2903多万人次,有1181名教师在平台上建课,有600多门课程在平台开展在线教学,教师自制视频资源23819个、音频资源1339个、教学辅助文档7310个,有425门课程使用"学习通"移动端用于课堂互动教学。

除学校建设的平台外,学院和教师还积极建设各自的平台服务于教学,如外国语学院的蓝鸽外语学习平台,它包含课堂教学系统、备课系统、资源系统、评估管理系统、考试系统、作业系统、自主学习系统七大模块,涵盖了外语教学的课前、课中、课后环节,每年为全校2万余名在校学生提供学习辅导服务,为7000余名学生提供自主学习服务。此外,学校教师自主开发的HDOJ在线程序测试平台,能支持程序设计基础、C语言程序设计等多门语言类课程的在线练习、作业提交等功能以及程序设计在线竞赛,目前注册用户数量达50多万人,平台题库数量超过5000道,系统总提交量超过2300万条。"校园阳光长跑智能化管理系统",实

现了学生阳光长跑的参与"自主化"、管理"自助化"、锻炼"科学化"和"课内外一体化"教学，形成了独具特色的体育信息化教学模式，并获得2016年度教育部在线教育奖励基金"优秀项目奖"。

近年来，学校顺应时代潮流，积极建设智慧教室环境，2017年建成智慧教室20余间，满足课程录制和翻转课堂教学用途，已有近百门课程在智慧教室开课；落成课程视频录播室1间，配置高清摄像机2台，实现广播级录播、高质量编辑。

此外学校积极将优秀的课程推向校外公共平台，有"计算机网络自学笔记"等5门MOOCs课程、"投资学"等8门SPOCs课程在爱课程上线，有"C语言程序设计"等14门课程在玩课网上线，还有"大学计算机基础"等13门课程在浙江省高等学校在线课程共享平台上线。

3. 课堂建设是核心

教育部部长陈宝生在"全国本科教育工作会议"上提出"我们要改革传统的教与学形态，高校教师要把育人水平高超、现代技术运用娴熟作为自我素质要求的一把标尺，广泛开展探究式、个性化、参与式教学，把沉默单向的课堂变成碰撞思想、混合式启迪智慧的互动场所。"学校从2014年年初开始推进教学信息化改革，始终牢记"课程建设是核心"，有组织地建设优势专业的核心课程和量大面广的公共基础课，实实在在地让MOOCs/SPOCs为我们校内教学所用、循序渐进地提升我们校内的师资水平、踏踏实实地服务于我们的学生。学校一方面积极支持建设校内优质的MOOCs/SPOCs，另一方面积极引进国内外的优质通识教育在线课程资源，推动教师"以学生为中心"开展翻转课堂、混合式教学改革，深化课堂教学改革，提高课堂教学效果。学校从2014年开始设立翻转课堂、校级精品在线开放课程和信息化课程等课程建设专项，到目前为止共立项建设近200多项，从校外平台引进"艺术与审美"等优质在线开放课程30多门，倡导学生"自主、合作、探究"的学习方式，培养学生的自主学习和团队学习能力，提高学生的创新意识与能力。

4. 加强培训是根本

针对教师的教学理念、MOOCs/SPOCs建设的课程设计、视频制作、学生考核等重点内容，通过召开系列研讨会，邀请于歆杰、韩建平等校内外MOOCs/SPOCs课程建设先行的课程主讲教师，与教师共同研讨，提升教师对MOOCs/SPOCs课程建设的认识，使教师清楚MOOCs课程与之前的国家精品课程和视频公开课的区别；清楚网上课程设计与传统课堂的区别；清晰混合式教学的学生考核改革等工作。校、院两级教师教学发展中心通过开设教学视频录制等信息技术的相关讲座、举办相关工作坊和研修班、提供教师校外学习的机会等多种方式来提升教师的信息化能力。

5. 政策引导是保障

通过制度政策解决影响学校推动信息技术与教育教学深度融合改革发展中的观念、评价标准和机制等关键问题，学校出台了《杭州电子科技大学精品在线开放课（MOOCs/SPOCs）建设管理办法（试行）》《杭州电子科技大学校外通识选修在线开放课程管理规定》等文件。由于建设和实施在线课程的工作量较大，学校建立了相应的激励机制，给予每门课程3万~5万元的建设经费，并对开设SPOCs课程的教师的教学工作予以量化认定，乘以2倍的系数。学校教学信息化氛围浓厚，教师积极推进课程信息化改革，成效显著，获得浙江省2016年教学成果奖一、二等奖各1项、浙江省高校网络信息化建设工作先进单位、教育部教育信息化试点单位验收优秀等一系列成绩。

四、思考与展望

建设 MOOCs 课程是提高教育质量、促进教育公平、加快教育现代化的重要手段。MOOCs 课程问世以来,给全国高等院校的教学变革带来了方向性的影响。教育部将实施本科教学的"变轨超车"计划,以 MOOCs 课程建设与应用为抓手,推进信息技术与教育教学深度融合。

杭州电子科技大学将进一步推进信息技术与教育教学、线上线下的深度融合,继续扩大在线开放课程的应用面;丰富教学资源、重塑教学流程;推进教学管理信息化,优化管理手段。把线上线下教育的深度融合变成一种真正的教学理念、教学方法、教学模式的变革,实现课堂的革命性变化。

参考文献

[1]陈根芳.聚焦质量抓特色 推动共享重创新——探索打造浙江线上大学[J].中国大学教学,2018(1):25-27.

[2]林蕙青.推动信息技术与教育教学深度融合 实现高等教育高质量内涵式发展[J].中国大学教学,2018(1):4-6.

[3]王友富.从"3号文件"看我国在线开放课程发展趋势[J].中国大学教学,2015(7):56-59.

作者简介

陈建华:副教授,硕士生导师,杭州电子科技大学教务处副处长,长期致力于教学管理工作,获国家和省教学成果奖多项。

基于4C营销理论的教材出版形态研究与实践*

金更达　童华章　寿勤文

浙江大学出版社

【摘要】教材是体现教学内容和教学方法的知识载体,是进行教学的基本工具,也是深化教育教学改革,全面推进素质教育,培养创新人才的重要保证。国家教育信息化的深入实施,加快了"互联网＋教学内容＋教学服务"的深度融合,而且有效推动形成了线上线下混合式教学模式生态环境,这对高校教学资源建设带来了新的挑战。本文认为,在高校教育教学模式创新的大背景下,高校教材从传统教材向"互联网＋教材＋教学"的新形态教材创新发展已成为必然趋势,并基于4C数字营销理论,结合浙江省新形态教材建设的探索和实践,提出新的教材出版形态及其构成,并对新形态教材出版生态系统进行了思考。

【关键词】教育信息化　线上线下　混合式教学　新形态教材

一、引言

综观我国教育信息化取得的成效,不仅仅体现在信息技术在教育领域的应用,更重要的是体现在推动了教育教学理念与模式的创新和变革,并由此形成了适应社会需求、满足高质量人才培养要求的新型教育教学生态环境。当前,我国教育信息化已迈入信息技术与教学模式、教学内容深度融合的态势。其中,信息技术与教育教学模式的融合率先取得突破,建构主义教学模式、翻转课堂、线上线下混合式教学、社区化学习、MOOC、SPOC等新型教学模式给现实课程教育带来了革命性变化。然而,教学内容资源的建设,及其与信息技术、教学模式的深度融合,显然滞后于前者,优质教育资源的开发模式和有效应用机制尚未形成,或将成为教育信息化成败之关键因素。教材这一作为"教学内容和教学方法的知识载体、教学的基本工具、培养创新人才的重要保证"的价值体现,在当前教育信息化深度融合的趋势下,传统纸质教材固有的稳定性、封闭性和静态性与当前课程教学的多样性、开放性、易获得性和动态性之间存在的必然矛盾日益显著,使教材面临巨大挑战和被课程替代的困境。因此,教材如何能够适应新环境并重新成为课程教学模式创新变革的基本工具和人才培养的重要保障,已成为"后教材时代"新型教材建设亟须思考和解决的难题。

二、建构主义学习理论对教材形态创新启示

1. 建构主义学习理论催生下的教学模式创新

教育信息化催生了教育教学理念研究与实践的热潮,其中对教学模式影响最深刻的理论之一,当属由皮亚杰和维果斯基在认知领域创立的,强调"以学生为中心、以学为中心"的建构主义学习理论。该理论认为:"学习是学生自己建构知识的过程。学生不是简单被动地接受信息,而是主动地建构知识的意义。学习是学习者根据自己的经验背景,对外部信息进

* 本文系财政部文化产业发展专项资金扶植项目《跨媒体数字出版系统研发与推广应用》研究成果。

行主动地选择、加工和处理。对所接受到的信息进行解释,生成了个人的意义或者说是自己的理解。"这就意味着"以教师为中心、强调知识传授"的传统教学模式的变革和扬弃,并由此形成了探究式教学、支架式教学、情景式(案例式)教学、合作式教学、随机进入式教学、自上而下式教学等新型教学模式,进而延伸出线上线下混合式教学、翻转课堂、社交化学习、移动化学习等教学模式,为学习者提供了终身学习和泛在学习的网络空间。

2. 教学模式创新对教材形态创新的启示

建构主义学习理论催生了教学理念、教学模式和教学方法的变革和创新,对课程建设和课程教学提出了更高要求。教材作为课程教学的基本工具,是教学理念、教学内容和教学方法的知识载体。而在课程教学模式日新月异的冲击下,传统教材形态单一、内容更新缓慢、学习互动性薄弱等弊端和缺陷日益凸显。尤其在教学模式从"以教为主"向"以学为主"转变、"以课堂教学为主"向"课内外结合"转变、"以结果评价为主"向"结果与过程评价结合"转变的趋势下,传统教材已不能满足教学模式转变的需求,亦不能适应未来教学发展的需求。然而建构主义学习理论融合互联网尤其是移动互联网,则给传统教材形态的转变带来了新的启示,使传统教材形态转变成为可能。

(1)体现教材内容的多样性、丰富性

多样性和丰富性不仅体现在知识的体系性上,还体现在知识的呈现上,知识的呈现应适应随机进入式、支架式、自上而下式、情境式等教学模式。与原有的文字、图像等静态内容相比,现在的知识表现形式更为丰富多样,一个知识点可以由文字、图像、视音频、3D、AR、VR、试题、拓展阅读等方式多样化展现。知识的展现形式更为全面、细致。

(2)体现教材内容的动态性、创造性

传统教材内容的知识体系往往结合教学内容、教学方法建构而成,一旦出版,更新较为缓慢。建构主义学习理论指导下的教材内容可以由学习者参加建构,学习者可能通过学习利用自己掌握的知识经验创造新知识,并成为教材内容建设的一种重要方式,教材内容的呈现不再是固定的,而是动态性的、实时互动更新的;更高层面则是自适应性教材,可根据学习者需求自动生成教材。

(3)体现教学过程的互动性、互联性

传统教材传递的主要以内容为主,学习者翻开教材,体现的是学习者与内容的互动互联。但信息技术则将教材演化成学习工具或学习软件。教材可以成为翻转课堂教学、探究式教学、情景式教学的入口,不仅体现学习者与内容的互动互联,更体现学习者与教师、学习者与学习者、课堂和课后、线上与线下的互动互联,体现学习目的、学术过程、学习评价的互动互联。

三、基于新 4C 营销理论的教材形态及其构成

有学者认为纸质教材走向电子教材(e-textbook)、交互式电子教材或增强型电子教材(enhanced e-textbook)、自适应电子教材(adaptive e-textbook)等是必然趋势,体现了信息技术推动教材发展的重要作用和教材发展适应于教学模式变化的自我演变能力。但却忽视了纸质教材的阅读优势、渠道优势,以及纸质教材在互联网技术下的自适应能力。浙江大学陆国栋教授在传统教材基础上提出了"课程型教材"概念,认为未来教材与课程是深度融合的,"互联网+教材出版+课程教学"或将成为教材创新发展的必由途径。因此,教材如何体现与课程教学一体化将成为其创新发展的根本。

1. 新4C营销理论

新4C营销理论区别传统4C营销理论,即在适合的场景(context)下,针对特定的社群(community),通过有传播力的内容(content)或话题,利用社群的网络结构进行人与人连接(connection)。其中:①场景是传播的环境及相关因素的总和,关注的是顾客在物理位置上的集中、需求的集中、群体的情绪及状态的集中;②社群就是一群志趣相投的人聚在一起的部落,关注的是人的共同价值观、共同目标、行为规范、组织结构等特征;③内容则是作为价值传递的主要载体,核心是内容的设计;④连接就是实现人与人之间的连接,在互联网下的人与人之间的传播显得更为精准有效。

2. 基于新4C营销理论的教材形态

新4C很好地搭建和诠释了移动互联网下的营销知识框架,也为教材形态的转变提供了思想借鉴。新4C营销理论应用于当前教材形态转变,以适应于未来教学模式的创新发展,具有良好的应用价值,其形态构成如图1所示。

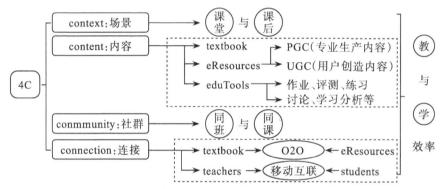

图1 基于新4C营销理论的教材形态

（1）场景

毋庸置疑,对于教材而言,场景着重体现教与学两个层面,且这两个层面又可以同时存在。传统教材主要以体现知识体系为主体,对于教与学的场景设置相关较少。而在移动互联网环境下,教与学这样的场景可以随时产生,随时切换。例如,你在课后自学时,可以看一段教师的讲课视频;你在课堂听老师讲课时,可以同步翻阅相关的知识点等。

（2）社群

教材的使用者构成了教材的社群,从小的层面讲社群可以是学习小组(如分组式学习),从中的层面讲可以是班级,从大的层面讲可以是学习同一门教材的人员的总和,他们具备共同的学习价值观、学习目标和行为规范。在这里,教材不再是知识的呈现,而是学习者学习的入口;对学习者而言,教材也不再是知识的输入,而是实现共同学习目标的知识输出的场所。

（3）内容

教材内容是课程教学知识(价值)传递的主要载体,教材内容首要满足的是课程教学需求,从建构主义学习理论的要求来看,教材的内容可以包括了教材(textbook,这时候的教材可以是主要知识点的展示)、线上的电子资源(eResources,可以包括视音频、3D、AR、VR、试题、拓展阅读等)、学习工具(如作业、评测、练习、讨论、评价分析等,而且教材的内容可以实现与教学场景的紧密结合。教材内容可以是专业生产内容(PGC),也可以是学习者(或使用者)创造的内容(UGC),最终形成共同实现学习目标的PUGC的内容集合。

（4）连接

连接是知识价值传递的关键，"互联网＋"使得人与人的连接得以实现，但显然在同一场景下的连接，其知识（价值）传播更为有效。链接不仅要实现教师与学习者、学习者之间的链接，同时也实现纸质教材与线上电子资源的知识关联，为学习者提供知识关联性学习，实现学习者与内容之间的连接，提升建构学习者知识体系的效率。

3. 基于教材新形态的产品构成

基于新4C营销理论的教材形态，很好地实现了建构主义学习理论对教材发展所带来的启示，既体现教材内容的多样性、丰富性，又体现教材内容的动态性、创造性，同时又满足教学过程的互动性、互联性。本质上与课程形态非常接近，可以称其为"课程型教材"，通过互联网、移动互联网技术，以嵌入"二维码"的纸质教材为载体，配套手机端应用、PC端平台，实现O2O、移动互联、UGC三位一体，将教材、课堂、教学资源三者融合，教材即课堂、教学服务、教学环境。具体如图2所示。

纸质教材　　　　手机端应用　　　　PC端平台

图2　新形态教材产品构成

（1）教材

这里的教材已跟传统的教材有本质的区别，以"二维码"为桥梁，运用移动互联、随时随地的特性，实现资源的无限动态拓展和线上线下的互动互联。资源类型可包含知识点、视频、音频、作业、试卷、拓展阅读、趣味测试、案例分析、主题讨论等，其实现模式如图3所示。

扫描章节二维码

章节二维码展示内容
在章节开始处放置一个可覆盖整个章节所有资源的二维码，起到一个总览作用。
■知识点
■视频
■音频
■作业
■试卷
■拓展资源
■趣味测试
■案例分析
■主题讨论

带有二维码的教材　　　手机端应用

图3　教材内容组织形式

（2）移动学习APP

为学习者提供了随时随地学习和课程互动教学的环境和工具，通过APP可扫描图书的二维码随时进行学习，二维码的设计可体现多种教学模式，如翻转课堂教学、案例式教学、自上而下式教学、情景式教学等。移动学习APP将教材变成了微课堂，允许授课教师利用教材内含的丰富多样的资源,结合自身课程教学需求开设微课堂,进行课堂和课后的混合式教学和线上线下教学。不同教师开设的微课堂在内容资源的版权允许下实现互通共享。微课堂功能模块如图4所示。

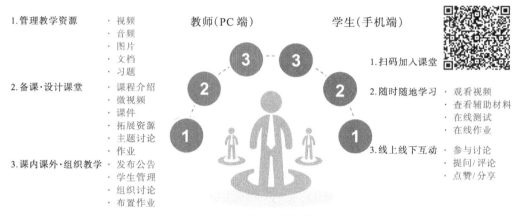

图4　微课堂功能模块

（3）PC端管理平台

PC端管理平台为出版社、作者乃至学习者提供了内容资源维护、用户创造价值、学习评价分析的环境。除了支撑出版社、作者开发新形态教材之外,还为教师提供开设微课堂和进行线上备课、组织教学和学习评价的管理功能。

四、浙江省高校新形态教材建设的实践

2015年在浙江省高教学会教材建设专业委员会(以下简称教材专委会)指导下,浙江大学出版社结合浙江大学课程型教材建设探索成果,研发推出课程型教材出版服务平台——"立方书"新形态教材,并得到较好应用,荣获第六届、第七届中国数字出版博览会数字出版创新作品奖和优秀品牌奖;作为浙江大学遴选的教育信息化优秀案例,分别在教育部"信息技术支持下的高等教育教学模式研究及试点项目"验收答辩会和第一批教育信息化试点单位抽查会上,汇报展出"立方书",获得与会专家一致好评,并推荐入选教育部优秀创新案例。

2017年4月8日,由省教材专委会主办,浙江工业大学与浙江大学出版社共同承办了"浙江省高校新形态教材建设研讨会",探讨新形势下高校教材发展新思路和新形式,吸引了各高校600余位一线教师参与,对互联网背景下教材出版的内涵理解、变革、生态、实践和操作等方面进行了交流和成果介绍。同时,2017年省高教学会教材建设专委会组织开展了"十三五"首批新形态教材建设项目遴选活动,共有324种新形态教材列入浙江省高校新形态教材建设项目。

为贯彻落实省教育厅《关于加快推进普通高校"互联网＋教学"的指导意见》,进一步推进新形态教材建设,2018年10月22日在杭州电子科技大学召开了"浙江省新形态教材建设推进会",并启动了第二批新形态教材建设项目的申报立项工作,为推进互联网时代的数字化学习和混合式教学改革奠定了良好的基础。

五、思考与展望:教材出版范式转变

教材形态创新不仅推动了教学方式方法改革,而且也将促使教材出版模式发生新的变

化,传统教材出版的生态范式一般是作者写稿、交稿,编辑审稿、校稿,教师选用教材,这已不能适应新时代对新形态教材生产的需要,教材出版范式正面临着新的典范模式的转变,并形成新的出版生态系统。这个生态系统最核心的部件是支撑作者创作、编辑审稿校稿的协同创编云平台,作者创作不再是简单的文字写作,而是教学活动的设计者,教材创新如同编写软件一般;这个生态系统最重要的一环是多形态出版引擎,可以出版生成PDF、EPUB等通用格式的电子教材,也可以生成新形态教材,亦可输出至排版系统,进行印前的精细化排版纸质印刷。因而,构建集创作工具、生产工具、出版工具、应用平台为一体的新形态教材出版应用生态系统,将作者、老师、学生、编辑融合为一体,将内容与教学活动、教学模式融合为一体,将是教学模式创新下教材出版产业转型升级和教材出版范式转变的关键。

参考文献

[1] Gartner Group. Hype Cycle for Education,2015[EB/OL].(2015-07-08)[2018-12-10] https://www.gartner.com/doc/3090218/.

[2] 龚朝花,陈桄.电子教材:产生、发展及其研究的关键问题[J].中国电化教育,2012(9):89-94.

[3] 何克抗.建构主义的教学模式、教学方法和教学设计[J].北京师范大学学报(社会科学版),1997(5):74-81.

[4] 教育部,财政部,国家发展改革委,工业和信息化部,中国人民银行.构建利用信息化手段扩大优质教育资源覆盖面有效机制的实施方案[EB/OL].(2014-11-24)[2018-12-10] http://www.cac.gov.cn/2014-11/24/c_1114112447.htm.

[5] 李林,王冬,覃文圣,等.论电子教材取代纸质教材发展趋势的必然性[J].中国信息化,2011(5):42-44.

[6] 陆国栋,张力跃,孙健.终结一本教科书统治下的教学补充[J].高等工程教育研究,2015(1):17-24.

[7] 唐兴通.引爆社群:移动互联网时代的新4C法则[M].机械工业出版社,2015.

[8] 温彭年,贾国英.建构主义理论与教学改革——建构主义学习理论综述[J].教育理论与实践,2002(5):17-22.

[9] 武法提,牟智佳.交互式电子教材写作工具的关键技术与基础技术框架[J].中国电化教育,2015(4):61-67.

[10] 徐丽芳,陆璐.增强型电子书的发展趋势[J].出版参考,2014(3):23-24.

[11] 中华人民共和国教育部.关于"十五"期间普通高等教育教材建设与改革的意见[EB/OL].(2001-02-06)[2018-12-10]http://www.moe.edu.cn/srcsite/A08/s7056/200102/t20010206_162632.html.

作者简介

金更达:编审,浙江大学出版社副社长,发表论文60余篇。

童华章:浙江大学出版社,工程师。

寿勤文:浙江大学出版社编辑。

教师教学发展与教学能力提升

来平凡

浙江中医药大学

【摘要】加强教师教学发展,提升教师教学能力,是加快建设高水平本科教育,全面提高人才培养质量的必然要求。本文分析了教师教学发展和教学能力的内涵外延,教师教学发展工作的现状和困境;回顾了浙江省高校在教师教学发展方面所开展的具有自身特色的探索实践;在此基础上,提出了引入教学学术、关注学生学业发展、重视教学档案袋的应用、推广中期学生反馈,创建教师专业学习社群等建议,以期进一步完善高校教师教学发展工作。

【关键词】教师教学发展　教学能力　现状分析　对策建议

梅贻琦先生说过:"大学者,非大楼之谓也,乃大师之谓也。"教师是一所高校赖以生存和发展的基础,是影响教学水平和质量的重要因素。百年大计,教育为本,教育大计,教师为本。没有高水平的教师队伍,就没有高水平的本科教育。建设一支师德高尚、业务精湛、结构合理、充满活力的高素质专业化教师队伍,是建设一流本科教育的重要保障。教育部《关于加快建设高水平本科教育全面提高人才培养能力的意见》(教高〔2018〕2号)把"提升教师教学能力"作为建设高水平本科教育的重要举措,并明确指出,要"加强高校教师教学发展中心建设,全面开展教师教学能力提升培训"。因此,加强教师教学发展,提升教师教学能力,是推动新时期高水平本科教育建设最重要的基础性工作,必须高度重视。

一、背景与现状

1. 教师教学发展的内涵外延

教师教学发展是高校教师发展的核心内容之一,是指帮助教师提高教学能力,最终有助于学生学习,提升教学质量的各种活动。教师教学发展与一般的教师培训,是两个有密切联系的不同概念。传统教师培训是一个通过训练实现外部目标的过程,往往采用整齐划一、整体推动的培训模式和行政命令式的运作方式,培训的活动形式也比较单一,主要以大规模的集体知识讲授方式为主,往往忽视了不同年龄阶段、不同职业发展阶段的教师的教学需要,忽视了高校教师作为学习主体的客观事实,因而容易使教师产生抗拒心理。教师教学发展则体现了以人为本的思想,强调根据教师需要制订培训计划,且内容丰富、形式灵活,不仅关注教师群体的发展,更重视教师个体的发展,因而能够激发教师的积极性。

《教育部 财政部关于"十二五"期间实施"高等学校本科教学质量与教学改革工程"的意见》(教高〔2011〕6号),文件指出,要"引导高等学校建立适合本校特色的教师教学发展中心,积极开展教师培训、教学改革、研究交流、质量评估、咨询服务等各项工作,提高本校中青年教师教学能力,满足教师个性化专业化发展和人才培养特色的需要"。2012年10月,厦门大学教师发展中心等30个国家级教师教学发展示范中心正式立项建设。在这样的背景下,教学发展中心、教师中心、教学能力发展中心、教学支持中心等教师教学发展机构,在我国各级各类大学里如雨后春笋般涌现。

教师教学能力是影响教学质量的重要因素,提高教师教学能力是教师教学发展的首要任务。对于教师教学能力的界定,存在着不同的诠释,学者们从教学任务完成、教学实施流程、心理学、教育学、教师专业发展、多学科、分层次等多个视角和立场上对教师教学能力进行概念的界定或阐述,各有侧重和偏向。所谓"能力",《汉语大词典》定义为"能胜任某项任务的条件,才能"。从岗位胜任的视角,高校教师教学能力结构包括:开展教学活动能力(教学设计、教学实施和教学评价)以及教学学术研究能力(反思教学、创新教学、分析教学和同行交流教学)。

2. 教师教学发展的现实意义

本科教育质量的提升关键在于教师教学能力的提高。大学教学是由多种要素构成的高度复杂性实践活动,仅凭良好的意愿和勤奋的工作不一定能够胜任。随着大量新人进入高等院校教师队伍从事教学工作,提高教师教学能力的任务已经迫在眉睫。根据教育部2016年统计数据,全国普通高校35岁以下专任教师占专任教师队伍总数的33.3%,青年教师已经成为本科教育教学的主体,他们中的大多数并非师范类毕业生,在研究生学习阶段也没有经过教师教育课程的系统学习和接受过专门的教师职业训练,他们的工作对教学质量产生了重要的影响。因教师教学能力欠缺导致教学质量下滑的问题在我国高校工作中逐步凸显,加强教师教学发展中心建设,促进教师的教学能力和水平的提升,已成为新时期高水平本科教育建设的一项教育发展战略。

3. 教师教学发展的现状与问题

教师教学发展对中国高校来说是新生事物,在本土化实践中正经历着从形似向神似蝶变的阵痛,主要的问题有:教师发展机构虚虚实实,挂靠者多,独立者少,功能定位边界模糊,人员配置偏少,缺乏专业化校本发展工作者(developer);教师管理的人事制度不完善,缺乏激励机制和保障制度,教师参与培训的积极性不高;培训模式单一,未能满足教师个性要求,培训内容陈旧,忽视教师实践能力的培养。

二、探索与实践

近年来,政府主管部门和高校都意识到教师教学发展的重要性,积极探索有利于教师学术发展与教学能力提升的运行机制和培养培训模式,初步实现了教师培养培训常态化、制度化。如浙江省教育厅印发了《关于在全省高等学校全面实施青年教师助讲培养制度的指导性意见》(浙教高教〔2012〕160号),并将青年教师培训培养工作纳入高校教学工作及业绩考核指标体系,极大地推动了高校青年教师的培训工作,对青年教师教学能力提升发挥了激励引导作用。自2010年以来,全省本科高校相继成立教师教学发展中心,开展了大量有益的探索和尝试,寻求行之有效的校本教师培训模式和运行机制。常见的培训方式有午餐沙龙、工作坊、暑期训练营、专题培训、咨询等,通常采用的"学分驱动"的管理机制,以激励教师的参与。2016年,在省教育厅的指导下,浙江省高校教师教学发展中心联盟成立,为高校间的资源共享和合作交流提供了很好的平台。

以浙江中医药大学为例,学校于2011年成立教师职业发展中心,2012年7月,在原教师职业发展中心教学培训部基础上成立"教师教学发展中心",突出教学能力提升在教师职业发展中的核心地位。2014年5月,学校机构调整,教师教学发展中心作为独立的处级直属单位设置,配备专职人员4名,进一步强化服务教师发展的能力。2016年,为满足不同学科专业教师教学发展的个性化需求,又以学院为单位成立了教师教学发展分中心。

中心自成立以来,遵循"以师为本、服务引导、研修交流、共同发展"的工作理念,围绕中心建设的三大任务,着力建设一支相对固定、专兼结合、校内外结合的专家指导队伍,积极探索引导教师主动寻求授课诊断、教学评价、教学培训的机制,不断完善适应不同职业生涯阶层教师的培养培训体系,对本校教师尤其是中青年教师教学能力的提升起到了很好的推动作用。

1. 加强条件建设,夯实中心运行基础

学校先后投入250多万元,建成教师教学发展中心活动场所400余平方米,其中教学沙龙活动室1间(130平方米)、大型培训室1间(200平方米)、中型培训室1间(53平方米)、咨询室1间(7平方米)、办公室3间,藏书500余册。近3年连续投入近29万元,用于采购教师在线学习平台及更新门户网站(http://zcmu.ctld.chaoxing.com),为开展培训活动奠定了良好的软、硬件基础。

2. 加强专家队伍建设,提升中心服务能力

2014年学校印发了《兼职教学发展培训师遴选和管理办法》,通过研修培训、项目资助等形式,建设了一支相对固定、专兼结合、校内外结合的专家指导队伍。目前已遴选出批判性、创新性思维培训师、PBL(problem-based learning,问题式学习法)培训师、混合式学习法培训师、翻转课堂培训师、云课堂培训师等共计24人,通过这种形式,将热爱教学、钻研教学的教师凝聚在一起,形成"火种",以期用星星之火点亮教学之光,并逐步形成燎原之势。

3. 加强制度建设,推动教师教学发展

学校以《促进教师职业发展实施办法》《教师教学发展中心工作实施意见》为指导,以《专业技术人员进修学习暂行规定》《新教师规范化培训实施办法》《教师职业发展学分认定办法》为配套,努力构建教师教学发展激励约束机制。同时,将教师在职培训与年度考核、职务评聘紧密挂钩,使教学能力的提升成为教师职业发展的自觉意识和必然追求。

4. 创新青年教师助讲培养模式,促进教师快速成长

学校高度重视青年教师助讲培养,着重以新教师规范化培训为载体,落实青年教师助讲制度。2013年颁布了《新教师规范化培训实施办法》,规定新教师规培周期2年,第一学年新教师不独立承担教学任务,在导师的指导下参与教学活动,熟悉教学方法与教学技能,并参加教师教学发展中心统一组织的规培项目。一学年后进行规培中期考核,考核合格者可获得教学上岗资格。第二学年对已获得教学上岗资格的教师,重点开展课程教学实践、专业理论、科研工作、教学能力及教育技术高级培训等,以"边行动、边反思"为研修模式,帮助新入职教师进一步提升教学能力。2014年,修订了《新教师(教学能力)规范化培训计划》,进一步明确了培养目标、课程体系、修读和考核办法;同时,制定了《青年教师导师制暂行办法》,编制了具有校本特色的《青年教师导师制工作手册》《青年教师导师制协议书》,通过规培和导师制相结合的培养方式,推动青年教师教学能力提升。2015年起,增加了教学档案袋考核要求,并实施在线教学与面对面教学相结合的混合式教师培训模式,走出一条适合学校新教师规范化培训的新路子,较好地化解了各高校普遍存在的课程资源和培训师资不足的困境。

5. 积极开发培训项目,助力课堂教学创新

为贯彻落实省教育厅高校课堂教学创新行动计划和学校开展课堂教学质量提升年活动,中心积极发挥指导、咨询和服务职能,以午间教学沙龙、工作坊、训练营、教与学讲坛、网络培训等多种形式举办教师教学发展活动,营造教学文化氛围。近3年,参加培训教师有5000余人次。同时,针对学校教师教学需求,自主开发了"BOPPPS有效教学设计"、"重视理解的课程设计"(UbD)、"逆向设计"(backward design)、"Mini-CEX操作实务"、"PBL学习法"、"大道至简——课堂教学创新的策略与思路"、"开学前三周的实用策略"、"形成性评价实施策略与操作实务"、"评价量表(Rubric)制作实务"、"课程思政的策略与路径"等10余个校本培训项目,取得初步成效,深受广大教师欢迎。工作绩效也得到同行的认同,在教育部审核评估专家组反馈意见中,专家们认为"教师教学发展中心开展了大量卓有成效的工作,学校教师的教学水平普遍较高"。

6. 坚持以赛促教,提升教学能力

中心每年为各类教学技能竞赛提供咨询和培训服务,制订了完善的训练计划,有针对性地对每位参赛选手从教学论文写作、教学设计、课件制作、教学演示、教学反思等方面进行一对一指导,使参赛教师在竞争性的比赛中,发掘自我潜力,反省问题缺陷,提升教学能力。在2015年第三届"中医药社杯"全国高等中医药院校教师发展论坛暨青年教师教学基本功竞赛中,获二等奖2个、三等奖1个。在2016年浙江省高等学校第九届青年教师教学技能竞赛中,获特等奖2个、二等奖1个;在第二届"中医药社杯"高等学校中药学类专业青年教师教学设计大赛中获三等奖3个。

7. 以共同发展为己任,发挥培训资源的共享效应

中心以服务区域高校和行业高校为己任,推动教师教学共同发展。近3年先后发起组织了浙江高校教师信息化与教学深度融合暑期训练营、移动信息化技术与课堂教学深度融合研讨会、基于学生学习的有效教学策略与实务培训班、临床教学骨干教师高级研修班等大型培训活动,有来自40余所高校的500余名老师前来参加培训,培训受到同行及专家的认可。同时,先后向省内外的40余所高校输出培训项目,发挥了培训资源的共享效应。

三、展望与建议

高校教师教学发展引入中国不足10年,尽管近年来各校开展了目的一致,做法各异的积极探索,但就水平而言,仍处于初级阶段,面对建设高水平本科教育的新需求,仍有许多值得关注提升的空间。

1. 引入教学学术,激发教师教学发展的内驱力

近年来,教学学术(the scholarship of teaching,SOT)的概念越来越为人所瞩目,它最早是由厄内斯特·博耶于1990年提出,其核心在于教学即学术,是教之术与学之术。将"教学学术"引入教师教学发展领域,不仅有利于提高大学课堂的教学质量,也为大学教师专业化发展提供了一个崭新的视角。更深层次的意义在于"教学学术"概念的提出,有利于处理好"教学学术"与专业科研、社会服务之间的关系,提高教师主动关注教学研究的自觉性。

2. 关注学生学业发展,转变教师教学发展范式

提升教师教学能力的终极目标是促进学生的学习。近年来,越来越多的高校将学生的学习纳入教师教学发展之中,提出大学教学应由教学范式变为求知范式,由以教师为中心的教学变为以学生为中心的教学,教师教学发展应从关注教师教学、关注教学内容、关注教学方法或策略上升为关注学生学习。

3. 重视教学档案袋的应用,培养教师的反思能力

教师个人知识是指教师个人在具体的教学实践中通过自己的体验、沉思而领会并总结出来的有别于"公共知识"的实效性知识。不少学者从教师个人知识观的视角,提出高校教师教学发展在理念上应实现由"技术性实践"向"反思性实践"转变,在内容上应强调教师个人知识的构建,在模式上应以校本培训为依托,强调教师的反思与体验。教学档案袋(teaching portfolios)收集的信息包括:教学理念、教学目标、教学计划、教师的自我评价、学生评价等,教学档案袋的应用可以促进教师不断反思自己的教学工作,积累教学经验。

4. 推广中期学生反馈,满足个性化指导需求

中期学生反馈(midterm student feedback,MSF)是美国密歇根大学设计的教师教学"检查诊断"方式,是教师教学发展中心为一线教师开发的用于改善课堂教学效果的专项服务。它通过教学咨询师参与教学活动,观察、收集、汇总、分析教师和学生多维度的表现和信息,形成改进教学工作的咨询意见,将其反馈给任课教师,以协助教师发现和解决教学问题,促进教师对课堂教学的反思,进而达到提高课堂教学水平,改善教学效果的目的。

5. 创建教师专业学习社群,培育教学文化

教师专业学习社群(professional learning community,PLC),是一种以教师共同合作的方式,来探究和学习如何促进学生学习成效提高的非正式团体,近年来已成为发达国家推动教师教学发展,促进学生学习,改变学校教学文化氛围,促进同行或朋辈间交流与帮扶的机制与平台。

总之,教师教学发展是提高人才培养质量尤其是课堂教学质量的必然要求,是体现高校"以学生为本"办学理念的重要方面。教师教学发展应作为一项长期性工作,坚持不懈推进。我国高校教师教学发展工作任重道远。

参考文献

[1]曹月新,张博伟.高校教师教学能力培养问题研究[J].东北师大学报(哲学社会科学版),2016(2):208-213.

[2]江萍,安建强.高校发展专业学习社群的法理性探究[J].哈尔滨师范大学社会科学学报,2013(5):214-218.

[3]刘冬梅.发达国家高校教师培训的经验及借鉴[J].河南师范大学学报(哲学社会科学版),2004(2):168-171.

[4]孙冬玲,李晓波,左选琴.我国高校教师教学发展中心的现状、问题及对策[J].高等理科教育,2017(6):50-58.

[5]吴立保,刘捷.教学学术视角下的高校教师教学发展中心建设研究[J].中国高教研究,2015(11):81-85.

作者简介

来平凡:教授,博士生导师,浙江中医药大学教师教学发展中心主任,高教研究所所长。研究方向为高等医学教育。

基于"学员中心"的全英文授课师资培训模式创新探索

郭江峰　李晓霞　王　森　丁海琴　陶炳增

浙江理工大学

【摘要】为解决专业教师使用英文讲授专业课能力不足的问题,浙江理工大学从2012年起对青年教师的全英文教学基本技能进行了强化培训。在全英文授课教师培训项目的设计、实施、评价过程中,充分考虑成人学习者的特点,坚持以学员为中心的培训理念,创新培训方法,实施分层次小班化培训,构建参与式培训模式,逐步形成以语言能力、教学能力、教学理念与策略为内容的全英文授课师资培训模式;并遵循PDCA原则建立了培训项目质量保障的闭环体系。

【关键词】全英文授课　师资培训　培训模式

当前,世界经济呈现全球化分工和布局的态势,随着生产要素在全球的流动,形成了"你中有我、我中有你"的人类命运共同体。在全球化进程中,高等教育起着基础和先导作用,当前各种形式的国际合作办学、教师互访、学生交换、国际学术会议、国际合作研发平台、国际校区等如火如荼,高校都积极参与到国际化进程中来,国际化已然成为世界高等教育发展的时代潮流。

一、全英文授课师资培训是加快高等教育国际化的必然选择

高等教育国际化是把跨国界和跨文化的视点和氛围的大学教学、科学研究和社会服务等主要功能相结合的过程。在经济全球化的背景下,越来越多的国家认识到必须在全球的视角下审视教育改革与发展,推进高等教育国际化是提升高等教育质量和文化软实力的重要途径,高等教育国际化已超越教育政策层面而上升为国家发展战略,世界主要国家纷纷立足本国实际,采取不同的策略和方式加快高等教育国际化步伐。

有学者认为高等教育国际化主要来自政治、经济、社会文化、学术等方面发展的驱动。改革开放40多年来,随着综合国力的快速增长,我国高等教育的国际化程度也在逐步提高,尤其是在2013年习近平总书记提出"一带一路"倡议以来,高等教育国际化进程换挡提速;据教育部最新统计数据,2017年共有48.92万名留学生来我国高校学习,其中"一带一路"沿线国家留学生31.72万人,占总人数的64.84%;我国已成为亚洲最大留学目的国。

浙江是我国经济大省,持续发展的经济态势、和谐稳定的社会环境,为浙江开展教育国际交流与合作奠定了良好的物质基础。然而,浙江高等教育的总体水平与全省经济社会发展状况相比,与欧美发达国家、国内其他发达地区的高等教育发展水平相比还有较大差距,高等教育国际化总体上还处于起步阶段,存在国际合作项目少、外国来浙留学生规模不大等问题;为此,浙江省专门制定了高等教育国际化发展规划(2010—2020年),来推进浙江省的高等教育国际化进程。

在高等教育国际化进程中,许多非英语国家都将专业和课程的国际化作为重要建设内

容之一,并积极推动全英文教学。为提高国际化办学水平,浙江理工大学从"十二五"起明确提出要建设若干全英文授课专业和一批全英文授课课程。以"英语为媒介的教学"(English as medium of instruction)不同于普通英语教学,对教师专业素养和教学能力的要求更高。在英语为媒介的教学模式下,教师的英语水平和专业能力、学生的英语水平和教学方法三者缺一不可,共同决定了教学和人才培养质量的高低。

当时学校在全英文授课师资方面主要存在以下问题:第一,多数教师不能较好地使用英语进行交流。全英文授课教师除应具有较高专业学术水平外,还应能以较流畅的英语把专业知识传授给学生;但由于存在语言和文化等障碍,致使专业教师使用英语讲授专业课的能力还不足,不能像用中文讲课那样旁征博引;第二,具有留学背景教师的全英文教学能力有待提高。这些教师虽然使用英语进行日常和学术交流都不存在问题,但在使用英语传授专业知识方面,大多未接受过系统训练和实践;第三,除教授英语口语的外籍教师外,长期聘任的、能够在校从事专业课教学的外籍教师极少,即使聘请的是专业知识和英语水平都很强的外教,也不能保证其能够长期稳定地从事教学任务。针对这种情况,学校从2012年起,以提高学校国际化办学水平为目标,以提高青年教师的全英文教学能力为手段,对青年教师的全英文教学基本技能进行了强化培训。

二、构建以学员为中心的全英文授课师资培训模式

教师作为成年人,其学习行为、方式等与学生不同,尤其是已具有教学经验的教师。一般说来,成人学习有以下特点:①具有很强的目的性;②在学习中喜欢运用过去的经验;③喜欢在做中学;④在非正式的环境中学习最有效;⑤需要借助不同的学习手段。为此,我们的中外培训教学团队经过调研和反复研讨,在全英文授课教师培训项目的设计、实施、评价过程中,充分考虑了成人学习者的特点,始终坚持以学员为中心的培训理念,并在实践中不断调整和完善培训模式、内容、方法和手段,逐步形成以语言能力、教学能力、教学理念与策略为内容的全英文授课师资培训模式。

1. 优化培训内容,构建以学员为中心的内容体系

学校举办全英文授课培训班的"阶段性目标"是为了"提升全英文授课专业教师的英语表达能力"。课程以此为目标,设置了教学模式、课堂话语、示范例析、能力拓展等四个模块的培训内容,帮助学员闯"三关"。一是闯"语言关"。设计了"控制学习"(controlled learning)、"引导学习"(guided learning)和"自由交流"(free talk)三个核心环节,中方教师负责前两个环节,注重语言的"输入";而外籍教师负责最后一个环节,重视学员语言的"输出"。同时,还侧重教授必要的学术教学词汇和全英文授课中常用的句型与短语,通过课堂口语短语、句型练习、命题演讲、即兴发言和问答等环节,提升学员的即兴沟通能力,逐渐养成用英语思维的习惯。二是闯"文化关"。通过课堂内外不断跟中外教学团队接触,逐步了解国外的多元文化、更好地掌握中西方在文化社交礼仪、风俗习惯和思维方式等方面的差异,尤其是留学生的文化背景和禁忌等,提升其在多元文化环境下的国际交流与合作能力,确保学员在实际教学中更加透彻地了解教学对象,尤其是外国留学生的"特殊"需求及特点。三是闯"心理关"。从建立融洽的师生关系入手,通过课堂内外多接触、多沟通、多给学员展示的机会,逐步帮助学员养成"一见学生就想说英语"的习惯,逐步克服在实际教学中"怕上讨论课"的心理障碍。

培训中还注重发挥教学培训团队中外籍教师的作用,向学员介绍和实践国外高校的多

种教学方法,组织学员观摩国外名校的网络视频公开课,研讨其教学方法及手段,如美国高校的讲授与小组讨论相结合的互动制,以及基于课题、任务探究的研究型教学方法等。在熟悉多种教学方法后,要求学员自选内容撰写教案,并创造条件让学员在培训课堂上实践这些教学方法,同时组织其他学员对试讲课进行讨论、提出改进建议,试讲的教师再根据大家的建议修改教案,实现共同进步。

2. 创新培训方法,构建参与式培训模式

实施全英文授课师资培训工作以来,前三期主要采取了基于课堂教学的培训模式;在培训过程中教学团队先后录制了"全英文授课直通车""最新流行英语口语"等教学视频,出版了《最新流行英语口语》配套教材;并借助全国高校教师网络培训中心和"百度云"网盘平台,上传教学视频、讲义、课件、听力和口语辅助资料等。从第四期开始,采取了基于翻转课堂的参与式培训模式,要求学员课前收看相关章节的视频;课上主要通过问题讨论、技能实践、答疑解惑等形式,快速提升学员的全英文授课能力。培训团队还走进学员的真实课堂,记录并帮助总结他们在全英文授课中的亮点与不足;定期组织"一对一"咨询活动,讨论遇到的问题,提出改进的方法。

通过翻转课堂,一是拓宽了自主学习渠道。学校学员参加培训最明显的特点是不脱产,所以难免会因工作等原因缺课,利用网络打造了全天候"不关门课堂",满足了学员个性化学习的需求。二是创造了课堂讨论机会。前三期培训中基本上是教师"讲",学员"听"。实施翻转课堂之后,学员课前的充分准备明显地增强了课堂教学中的互动交流。三是建立了合作学习模式。以往培训中学员课后相互交流的机会很少,采用了新的培训模式后,学员由于需要进行小组合作试讲,促进了彼此间的沟通与学习。

3. 注重学员差异,实施分层次小班化培训

培训前期采用统一标准的一刀切模式,但发现由于学员的培训基础差异较大,让部分学员产生"水土不服"的感觉,而部分学员感觉"吃不饱",从而影响了培训整体成效的提升。从第四期开始,在摸底测试的基础上,开设了初级班和高级班,根据学员的基础进行分层次小班化培训,每个班的人数控制在20人以内,做到了因材施教。后期根据学校教学改革和学员的需求调查,还开设了批判性思维和英语写作专题培训班。同时,培训工作还将"微论文"撰写纳入个别辅导中。新的举措推动了学员主动学习的积极性,使其从过去单纯的"听课者"变成了主动寻找新知识的"研究者";从只关注"课堂教学"到重视"教研相长",极大地促进了学员教学与科研"双向"能力的发展。

4. 加强信息反馈,创新师资培训评价与管理

在学员学习效果评价上,建立了形成性评价机制。注重对平时笔试和口试的评价,将其分散在整个培训过程中,并且将学员反思论文的撰写情况纳入评价体系。此外,评价还包括学员的教案撰写、在"模拟课堂"上的表现、主讲教师的点评,以及学员实际授课的跟踪情况等。健全的评估体系有效提高了学员的学习积极性,建立了全英文授课师资培训的长效机制。

在全英文授课项目的运行和管理上,我们严格遵循"计划(plan)—执行(do)—检查(check)—优化(action)"的PDCA管理思想与原则,建立培训项目质量保障的闭环体系,就是说在每一期培训项目结束后都针对发现的问题制订整改计划(plan)并实施(do)、检查(check)实施效果,然后将成功的经验和做法程序化,不成功的留待下一循环去优化

（action），由此不断提高培训质量。

三、全英文授课师资培训成效显著

通过持续几年的努力,新型培训模式在提升学员的全英文授课能力、教学能力、辐射示范等方面成效显著,推动了学校全英文授课教学质量的提高。

2014年6月,浙江省高等学校双语(全英文)教学教师教学能力培训研讨会在浙江理工大学召开,会议由浙江省高等教育学会教学管理专业委员会和浙江理工大学共同主办,全省近30所高校,共120余名教师教学发展中心和教务处的工作人员、双语(全英文)授课教师参加,浙江理工大学做了《基于三个"结合"的全英文授课师资培训》的报告。

截至2018年年底,浙江理工大学共举办全英文授课师资培训班10期,900多人次的教师参加培训。从第九期开始,学校安排部分培训名额接受其他高校教师参训,已有来自杭州电子科技大学、浙江中医药大学、浙江财经大学、浙江传媒学院、杭州医学院、湖州师范学院、浙江水利水电学院等院校的教师参加了浙江理工大学的全英文授课师资培训。

目前学校开设全英文授课专业7个,开设全英文授课课程341门,双语授课课程122门。最初因留学生数量较少,全英文授课专业多采取中外学生混合编班的形式,随着教师全英文授课能力的提高和全英文授课课程数量的增加,学校接收留学生的能力也不断提高,目前国际经济与贸易、工商管理、机械设计制造及其自动化和计算机科学与技术等4个全英文授课专业招收的留学生已可单独编班开课。在2018年举办的校青年教师讲课比赛中,17位选手中有3位教师选择用全英文授课方式参赛,并分别获得一、二、三等奖的好成绩。

出版培训教材《最新流行英语口语》,有两部教学视频公开上线;其中潘月明教授主讲的"全英语授课直通车"课程于2014年6月在全国高校教师网络培训中心网站上线,并受到全国高校教师的欢迎,潘月明教授被全国高校教师网络培训中心聘为培训师;潘月明教授主讲的"英语口语直通车"被认定为国家首批精品在线开放课程。

四、思考与展望

2017年2月,中共中央、国务院印发了《关于加强和改进新形势下高校思想政治工作的意见》,明确提出国际交流与合作是大学的"第五项职能",对提高我国高等教育发展水平,增强国家核心竞争力,具有重要指导意义。随着中国政治社会经济发展全面进入新时代,对高等教育国际化也提出了新要求。为此,为提高学校教师的国际交流与合作的能力与水平,学校需要进一步优化和完善全英文授课师资培训内容和体系。

在教师英语口语水平评估上,拟引进由英国文化教育协会开发的创新型国际英语测评工具——Aptis普思考试,来甄别与测评教师的英语水平。评估结果可以帮助我们摸清学员现有水平,进一步明确培训需求,更加有效地开展项目学员选拔和培训工作。

在培训项目评价机制的建立上,引入世界上应用最广泛的培训评估工具——柯氏四级培训评估模式,从学员反应、学习成果、行为改变、成果应用等4个方面对项目培训效果进行评价。

在培训受益面上,目前每期培训实施周期长,不太适合面向其他高校教师开展培训。可以在现行项目的基础上,优化培训项目的课程体系和培训方法,开发出周期为4~5天的培训项目,面向省内外其他高校教师开展培训,扩大培训项目的受益面。

参考文献

[1]ALTBACH P G. India Higher Education Internationalization：Problems and Possibilities[J].Current Science,2018(3):425-425.

[2]HASHIMOTO K."English-only",but not a Medium-of-instruction Policy：the Japanese Way of Internationalising Education for both Domestic and Overseas Students[J].Current Issues in Language Planning,2013(1):16-33.

[3]MACARO E,CURLE S,PUN J,et al.A Systematic Review of English Medium Instruction in Higher Education[J].Language Teaching,2018(1):36-76.

[4]MELIKYAN A V.International Educational Activities of Russian Universities[J].Journal University Management：Practice and Analysis,2017(1):52-62.

[5]ROSE H,MCKINLEY J. Japan's English-medium Instruction Initiatives and the Globalization of Higher Education[J].Higher Education,2018(1):111-129.

[6]ZHANG Z. English-medium Instruction Policies in China：Internationalisation of Higher Education[J].Journal of Multilingual and Multicultural Development,2018(6):542-555.

[7]郭德红,李论,兰芸.高等教育国际化的发展趋势及经验借鉴[J].北京教育(高教),2018(6):8-11.

[9]罗学科,谢丹."一带一路"背景下高等教育国际化的思考与探索[J].北京教育(高教),2017(12):14-17.

[8]刘俊霞.中亚国家高等教育国际化发展现状及趋势分析[J].教育教学论坛,2017(9):1-3.

作者简介

郭江峰：教授,博士,浙江理工大学教师教学发展中心、本科教学评价与指导中心主任。

李晓霞：浙江理工大学教师教学发展中心职员。

王　森：副研究员,硕士,浙江理工大学教师教学发展中心、本科教学评价与指导中心副主任。

丁海琴：浙江理工大学本科教学评价与指导中心职员。

陶炳增：浙江理工大学教师教学发展中心、本科教学评价与指导中心科长。

系统化学习任务驱动的研究性教学改革与实践

钱国英

浙江万里学院

【摘要】本研究针对知识传授型教学方法难以适应创新能力培养等问题,以教学内容与教学方法的系统改革为突破口,探索贯穿于本科4年全过程的创新意识与综合能力培养的研究性教学方法,确立了以质疑精神和批判性思维为核心的本科专业教育理念,将学习过程设计为基于问题解决的团队合作式综合探究过程,形成了能力导向、问题引导、任务驱动、合作研学、多元评价、课内外一体、研学做结合的研究性教学模式,取得了一定的实践成效。

【关键词】系统化学习　任务驱动　研究性教学

社会经济的快速发展,产业的转型升级对高校人才培养提出了新的挑战,社会发展越来越需要创新意识、创新能力,具备多学科知识、综合素质过硬的交叉复合型人才。传统的知识传授型教学方法难以适应创新能力、综合素质的培养。浙江万里学院围绕"基础实、能力强、具有创新意识和创业能力,具有国际视野的高素质应用型人才"培养目标,依托教育部人才培养模式创新实验区,以教学内容与教学方法的系统改革为突破口,探索贯穿于本科四年全过程的创新意识与综合能力培养的研究性教学方法。经10多年的边研究、边总结、边优化、边示范、边培训推广,确立了以质疑精神和批判性思维为核心的本科专业教育理念,将学习过程设计为基于问题解决的团队合作式综合探究过程,形成了能力导向、问题引导、任务驱动、合作研学、多元评价、课内外一体、研学做结合的研究性教学模式,实现了从讲授向导学、被动理解向主动研学、知识量评价向知识应用与创新的三大转变,产生了知识与能力共同发展的人才培养比较优势。

一、问题分析

浙江万里学院理学、工学专业学生人数总占比为41.47%,学生大多通过普通高考二批录取,也有通过"三位一体"综合评价、面向中职招收本科生、"专升本"、中西部协作、新疆阿克苏与和田两个地区的定向招生、浙江地方专项招生等招生类型录取。学校学生大多文化知识基础较为薄弱,但人际交往能力、实践动手能力强。传统的课堂教学采用大班教学,以学科知识为体系、以知识传授为目的,教学方式大都以教师为中心,教师讲授,学生被动学习,师生间缺乏有效互动,导致学生学习积极性不高,学习效率低下。单纯知识性学习或非系统设计的简单讨论、个别项目的科研活动难以全面有效地训练学生批判性思维能力、自主学习能力、合作研究能力、社会综合能力、团队合作能力。传统的教育教学方式难以适应学校学生学习特点以及新形势下社会对创新能力强,综合素质高的人才需求。

系统化学习任务驱动的研究性教学改革,试图改变以学科知识、教师为中心的教学内容与方法,将教学目标从重知识传授向批判性思维能力与专业学习能力培养转变,教学方式从以讲授为主向引导学生专业学习研究活动转变,教学评价从重知识向重知识应用与创新转变。

二、改革举措

1. 问题引导、项目驱动的教学内容设计

内容设计的核心思路:突破传统的专业知识单向传授方式,转变为以问题化、项目型的研究任务方式引导学生自主学习与应用,促进学生在知识学习中提高质疑精神、批判性思维能力与专业学习研究能力。基于任务解决的内容设计把学习置于复杂的、有意义的问题情境中,通过让学生以团队合作的形式共同解决实际的或真实性的问题,来学习隐含于问题背后的知识,促进学生解决问题和自主学习能力的发展。

内容设计的基本流程:依据教学目标和学科逻辑系统,将课程的知识点、技能点,设计成知识树;以核心知识群为基点设计知识单元所对应的项目或问题;以解决问题为学习任务,驱动阶段性学习;随着按学科系统逐级深化设置的阶段性学习任务的完成,循序渐进地完成与课程教学相关知识学习与研究的训练任务,将学习与研究相结合,在学生学习学科知识的同时,训练其研究与解决问题的能力。

多样化的设计方法:教学设计因学科与知识的特点而异。对于比较容易理解的知识,采用综合性问题的方式引导学生对学科知识的综合运用。以问题的形式提出带有积极而有指导意义的学习内容,不仅训练了学生的学习与思维方式,而且有效激发了学生对专业学习的兴趣。对于理解难度较大的内容,以某些知识点为核心提出阶段性系列化研究任务,构成课程的整体教学任务,学生通过逐级完成这些研究任务来掌握学科基本理论与知识。对于集知识学习与技能训练为一体的课程内容,通过一个综合性的大项目将课程所有知识点贯穿起来,学生通过项目实践,掌握整个课程教学内容。对于前后关联性很强、又可分阶段独立完成研究任务的课程,通常是把传统的章节内容通过系列化的项目任务,将教学目标隐含在相连的任务之中,学生通过问题引导、教师导学与引导、小组研讨与合作,来掌握基本理论和知识点。对于实践性训练环节,选取前沿性的研究课题或生产中的实际问题作为研学内容。以行业能力为核心,创建集基本技能、综合设计、自主研发为一体的渐进式、模块化、研究性实践项目内容。

2. 合作式、开放性、能力为要的研究性教学过程设计

培养学生对社会生活本质的探究和反思能力,课程首先需要开放的讨论氛围,其次要把假设作为探究的核心,最后以事实为根据提出解决办法。

①教学过程构成:研究性教学以学习任务驱动来组织教学,围绕学习能力的提升,教学活动组织一般由教师导学、学生自主学习与小组合作性学习构成。首先,教师理论导学与布置学习任务。围绕学科核心知识,教师给出研究问题与相关知识,提供研究、思考的切入点与路径等相关提示,提供学习资料与资料获取的途径,提出学习目标与学习业绩评价标准;组织学生开展自学与研究活动。然后,学生自主学习、团队合作研究、师生共同讨论,寻找解决问题的理论依据,得出推论或解决问题的方案与建议,以文字或其他形式表述学习成果;师生共同对学习成果进行讨论与深化,完成研学任务。学习研究成果总结与业绩评价在学习活动过程中不断给予,以激励学生学习兴趣,鼓励学生养成良好的学习习惯。根据课程性质和内容要求,增加实验与实习等其他环节,训练实践能力。

②教师团队构架:研究性教学对教师的知识结构、工作经验和工作能力都提出了比传统

教学方法更高的要求,因此课程教学任务由主讲教师与指导教师组成的课程教学团队负责。一个有效的研究性教学团队,要求成员分工负责,配合默契,主讲教师负责课程体系设计与理论导学,指导教师参与课程设计,共同探讨课程内容、构架研究问题,并负责小组活动与项目化指导。

③学习环境营造:研究性的"学"以自主学习与合作研究为基本形式,即以自主探究、小组研讨、成果展示、辩论评价为学习过程,在老师的引导和研究任务的驱动下,学生通过自主学习或小组互相讨论的方式,开展课题设计、任务分解、实施操作、结果集成、得出结论或结果等。团队活动对学习与研究能力的提高非常有效,教师要帮助建立学生学习小组。学生每6~8人一组,人人在小组活动中分工合作,轮值担任不同的组织工作。通过这种合作研究式学习,逐渐训练改变学生的被动式学习方式,养成学术思考与合作。

3. 过程性、多元化、激励导向的学习评价设计

学校制订了《研究性学习课程评价指导性意见》,各课程教学团队又根据课程教学设计的不同方式与要求,设计课程学习的评价指标体系。这些指标要与教学设计紧密相连,评价标准设计要与学生能力培养目标紧密相连,引导学生学会学习与提高研究能力,养成交流与合作的行为方式,引导学生主动配合教师的教学方案的设计。如"生化实验技术"的教学设计,是以四人为实验小组,以自主实验方案设计、实验与结果分析、课程论文及交流等过程组成,每一过程都有评价内容与标准作为学生学习方向。因此课程评价由"实验设计占20%、实验研讨表现占30%、实验小论文占30%、实验原理理论与操作测评占20%"构成,此外还设立10~50分奖励分数,引导与激励学生的创新性贡献。这种目标导向、过程性、多元化的评价激励机制的科学运用,促进了学习习惯的养成和对知识运用与解决问题的实践能力的关注。

4. 质量保障的条件与制度建设

改善教学条件。学校重视教学硬件条件的配套建设,重视教室、实验室,特别是研讨教室的改建,先后对1号教学楼、3号教学楼进行改造,建设研讨教室、智慧教室、多媒体互动教室、多媒体观摩教室,为研究性教学开展提供开放灵活的空间;96%的课程利用 Moodle 平台开课,促进了信息技术与课堂教学深度融合,为学生自由学习、讨论搭建平台;所有实验室均实行全天候开放,接纳学生自主开放性实验。

改革人事制度。为鼓励教师的教学投入,学校出台了一系列激励政策,在教师岗级聘任条件中引入教学量与质的基本要求,把教学业绩考核作为聘岗的主要依据;将教学研究业绩纳入教师教学工作评价体系,实行优绩、优酬、优奖、优聘的人事制度;设立教学建设特别贡献奖、教学成果奖、优质示范课程奖、优秀教学设计奖等,营造良好的改革氛围与政策保障。

创新教学管理。出台了《浙江万里学院研究性教学改革指导性意见》《浙江万里学院研究性教学课程规范(试行方案)》《浙江万里学院合作研讨式优质示范性课程管理办法》等23个文件,保证了研究性课程教学改革的实施质量。

经过10余年的探索,学校在人才培养上取得了一些成效。研究性教学改革激发了学生的学习兴趣,转变了学生的学习方式,形成了良好的校风和学风,培养了学生独特的品质。浙江省教育评估院调查反映:学校毕业生在人际沟通、实践动手和合作与协调等方面的能力表现优异,逐渐显露出万里学子的特质;学生职业发展后劲足,毕业后3年就业率达97.18%、工资水平在5137.17元/月,明显高出全省同类高校。近3年,毕业生创业率超过5%以上,用

人单位满意度达到90%左右,均稳居全省前列。学校办学业绩也得到了政府、社会和市场的认可,社会美誉度不断提升:先后入选"浙江省应用型建设试点示范学校""全国第二批深化创新创业教育改革示范高校",在2015年、2016年全省31所教学为主型本科高校排名中位列第二和三名,2016年综合评价第一名,获得浙江省财政奖励经费4400万元。浙江万里学院组建的研究性课程改革讲师团成员应邀赴33所高校作辅导报告与课程示范,在教育部等各类培训班中作报告40余场,承担教育部研究性教学专题培训班4次;浙江省仅有的2次本科高校人才培养模式暨课程教学改革现场会均在浙江万里学院召开。近5年,共有22个省市87所高校组团1450人次参加浙江万里学院的专题学习培训、深入课堂观摩。

三、思考与展望

提高课程教学质量。深化研究性教学改革,要从课程上下功夫。一方面,健全课程质量标准,打造金课。更新课程内容、增加课程难度、拓展课程深度,打造具有高阶性、创新性、挑战度的课程;每一门课程制定课程质量标准,将毕业要求融入课程质量标准,加强课程教学质量监控,切实提高课程质量。另一方面,完善三层次课程体系,形成特色课程。要进一步加强三层次课程体系建设,做实基础课、做强核心课、做精模块课,打造地方应用型高校特色课程;鼓励引入校外高水平课程,跨校、跨院、跨学科建设急需课程。

推进课堂教学创新。充分利用好已建成的智慧教室,持续实施课堂教学创新计划,建立以学生为主体、教师为主导的课堂组织模式。根据课程特点和要求,采取大班、中班和小班,长课和短课有机结合的方式开展课堂教学。增加教学互动,倡导启发式、探究式、讨论式、参与式教学。深化"线上线下混合式教学、BOPPPS有效教学设计、对分课堂、翻转课堂"等多种形式的研究性教学改革。加强"互联网+"教学能力培训及教学观摩,提高教师运用现代信息技术的教学素养和能力,促进教育技术与课堂教学深度融合。

完善学业考核评价。落实《关于进一步规范课程学习评价的有关规定》,强化综合素质和能力培养的成绩评价导向,实行多形式学习成效的考核,科学设计课程考核内容和方式,形成性评价与终结性评价相结合,增加课堂表现、阶段性考核、学习笔记等过程性学习评价在总成绩中的比重,期末成绩占比原则上不大于50%。为推进基础理论课和大类专业基础课的教考分离,探索非标准答案考试等多形式的评价方式。

营造勤学乐学学风。进一步完善留级制度、转专业制度、辅修专业制度,规范课程学习评价,给学生合理"增负";严把出口关,改变学生轻轻松松就能毕业的情况,引导学生刻苦学习。落实优秀毕业生荣誉学位制度,增强学生学习的荣誉感和主动性;开展"学生优秀课程学习笔记"评比,优秀作业作品展出等活动,增强学生学习的获得感;建立学习成绩、学分绩点与评优评奖、学位授予挂钩的制度,营造勤学乐学的良好学风。

四、结语

本科生是高素质专门人才培养的最大群体,本科教育是高等教育的根本,提高本科人才培养质量,要以学生为主体,不断深化教学改革,从根本上激发学生的学习兴趣。"开展研究性教学改革是教学理论演进、提升教学质量以及知识经济发展的必然要求",它能够满足复合型、创新型、实践型人才培养需求。为贯彻落实《教育部关于加快建设高水平本科教育全面提高人才培养能力的意见》文件精神,学校将继续深化研究性教学改革,探索在教学内容、教学方法、评价方式等方面的创新,不断丰富研究性教学改革的理论成果和实践成效,培养掌握多学科知识,具备创新学习能力、实践应用能力的高水平应用型人才,打造人才培养特色,为社会主义强国建设培养优秀人才。

参考文献

[1]乔伊斯,韦尔.当代西方教学模式[M].丁证霖,赵中建,乔晓冬等,编译.太原:山西教育出版社,1991.

[2]赵洪.研究性教学与大学教学方法改革[J].高等教育研究,2006(2):75-79.

[3]王务均,王洪才.高校研究性教学改革的逻辑源起与深化路径——基于知识生产模式转型的推进框架[J].教育发展研究,2018(1):61-68.

作者简介

钱国英:教授,博士,硕士生导师,浙江万里学院副校长。

规模化推进翻转课堂教学改革的探索与实践

李继芳

宁波财经学院

【摘要】本文概述了翻转课堂教学改革实施的背景、条件,聚焦应用型人才的能力培养核心要求,从问题、环境、方法、评价、保障等方面全面总结了翻转课堂教学改革实践经验,同时分析了课堂创新和规模化推进对创新创业人才培养的重要意义。

【关键词】规模化 翻转课堂 协同推进 学习任务单

自从《教育信息化十年发展规划(2011—2020年)》发布以来,信息化学习环境下的教学方式改革和创新的浪潮在高校此起彼伏,其中,"翻转课堂"(the flipped classroom)受到越来越多学者的关注,被越来越多教师运用,成为我国教学方式改革和创新的一大亮点。翻转课堂是对基于印刷术的传统课堂教学主体、教学结构和教学流程的彻底颠覆,由此将引发教师角色、课程模式、管理模式等的一系列变革。宁波财经学院实施本科教育10年来,紧跟信息技术和互联网快速发展趋势,针对新生代大学生重体验、爱交互、高度依赖网络的特点,聚焦应用型人才核心素养和关键能力培养,以"为大学生提供满意的课堂教学"为目标,以信息技术与教育教学深度融合为教学模式方法改革的突破口,出政策、引资源、建平台、创环境,在同类高校中率先规模化实施翻转课堂教学改革,探索更适应应用型人才培养本质特征的课堂教学新模式。

一、问题分析

课堂是人才培养的核心落脚点,是专业建设与课程实施的主战场,也是教育教学改革的难点与深水区,课堂改革是一项系统工程,如果校长不是"将主要精力放在育人上",学校没有系统的顶层设计,单凭一个部门、一个分院或一个课程组是无法全面实施的。纵观国内外改革实践成功者,无一不是领导重视、举全校之力、持之以恒实现的。目前,国内高校实施课堂改革创新普遍存在着以下几方面问题:

1. 环境与条件落后,师生认同度低

信息技术的快速发展,彻底改变了人们的学习与生活方式,固定不变的课桌椅子、传统的学习空间、不变的教学方式越来越难以满足网络原驻民们的学习需求,造成学生学习兴趣低下,教师投入教学热情不高,教学质量难以提升。

2. 教学方法陈旧,规模化推进难

不少学校趁着改革试点热,教师自发推进改革,由于每个学校的课程教学目标、课程特征、资源类型等不同,大多为"单打独斗"式或局部式改革,团队式、系统化、大范围深入推进实施难。

3. 保障机制不健全,持续性推进难

课堂改革的关键在教师,教师教学理念转变、信息技术素养培养、教学热情及教学能力

提升是关系着改革能否团队式、系统化、大范围、持续性实施的要素,单纯地提要求、推考核,难以实施。

二、改革举措

宁波财经学院坚持发挥课堂教学的主阵地作用,将推进课堂教学创新作为"校长工程",进行整体规划,系统设计,在全国同类高校中率先规模化开展翻转课堂教学改革,取得了明显的育人成效,获得了2016年浙江省高校教学成果二等奖。

1. 改造学习空间,统筹资源与空间一体化

近20年来,以美、英、加、澳等为代表的发达国家高校对学习空间的改造实践如雨后春笋般迅速成长。ALCs项目、SCALE-UP项目、TEAL项目等都是代表性的空间改革实践。为摆脱传统教室结构对合作、研讨、分享等教学活动开展的制约,打破学生课外自主、合作学习的环境与资源局限,学校投资1200多万元,创建了新型教室96间,去中心化的教室布局让教师走进学生,信息技术的无缝对接支持师生合作学习、高效投屏分享;改建校内食堂、教学楼廊厅等非正式学习空间80余处,全覆盖无线网络、互动式空间布局、舒适化环境条件,满足学生课外学习、研讨交流的需求;搭建在线学习平台,引进优质MOOCs,建设数字教学资源500余门,丰富的学习资源激发学生学习兴趣,满足学生时时学习、处处讨论的需要。

2. 转变教与学方式,实现课内课外有机融合

现代教育教学理念强调学生独自学习向强调师生协作转变、由单一的书本学习向线上线下混合式学习转变、教师课堂指导学生向线上线下实时互动转变、教师教学生知识到师生成为学习共同体等教学形态转变。为强化学生学习责任,促进学生深度学习,学校积极探索融"线上线下、课内课外"为一体、以学为主的教学基本范式,各门改革课程按照"教学内容微课化、知识结构化"的课程设计思想和"学习任务导学单"的教学活动设计思路,以项目、任务、问题为载体,遵循深度学习路线,将课程教学目标转化成学生学习过程参与和学习成果完成的明确要求。课前,学生在线自主学习、练习测试、师生交流,教师根据学生的学习状况进行课堂活动再设计;课中,教师引导、问题牵引,通过师生互动、生生互动,开展多样化学习活动;课后,开展学习目标达成度评价,促进学生学习反思与拓展。

5年来,学生学习主动性不断增强,学习投入明显增加,课内外学时比平均达到1:2.58,课前学习任务完成率达90%以上;课堂活动多样化,课内3/4学时用于研讨、汇报、测评等活动,课堂参与度平均在80%以上;探索形成了成果汇报式课堂、项目实践式课堂、主题研讨式课堂、情景模拟式课堂、测评式课堂、答疑解惑式课堂、仿真实验式课堂、远程互动式课堂等8种课堂组织新形态。学生学习不局限于课堂与教室,学生线上自学、线下合作讨论,带着问题进课堂,训练设备随身携带,实验室、教室、寝室功能不分的状况逐步成为学习新常态。主动发问、乐于尝试解决复杂问题的同学不断增加,学生认为改革"(使得自己)能自由掌控学习进度了""课堂学习像是一场思维大爆炸""全程思想高度集中、感觉整个身体被掏空了""课堂时间过得更快了"……

3. 重构课堂评价标准,关注教学双向达成度

相对于传统的单一性、结果性课程教学评价方式,学校更关注学生学习过程的有效性和目标的达成度,构建了翻转课堂教学评价指标体系,通过测评学生的学习目标清晰度、课前学习投入度、课堂活动参与度、学习目标达成度、学习体验满意度,来评价课程教学效果,实现从

"关注教师教的单一评价"到"关注双向达成度"的转变,促进教师更加重视学生学习效果和成长性,实时调整教学策略,提高教学实施有效性,将"以学生为中心"的理念真正落到课堂。

改革促进了新型师生关系的建立,师生互动热度更高,参与线上互动学生数平均在70%以上,教师回复率100%;学生学习自信心和学习体验感明显增强,翻转课堂教学满意度在90%以上。

4. 探索联动保障机制,加大教学创新激励

学校成立由主管教学副校长任主任的"翻转课堂教学促进中心",教务处、现教中心、教师发展中心、学生处、教学质量评估处、信息与网络中心等多部门协同推进,按照"统筹设计、条件支撑、示范推广、机制推动"的工作思路,统筹在线资源、支持技术、学习环境、改革模式等要素,搭建整体支撑平台。

学校实施教师提升系统工程,开设各级各类研讨学习班,系列"翻转课堂教学改革研讨班",实施培训学时认证准入制度,常态开展教学设计大赛、微课大赛、公开课、沙龙等活动,促进教师教育教学理念转变,帮助教师信息化教学理论认知与翻转课堂实施能力提升;学校开设"学会学习"课程,组建学生学习社团、研讨小组,每学期开展学生课程体验调查、学习状态交流活动,引导学生开展"互联网+"时代的学习方式探索;此外,还采取了课堂实时评价、每学期开展专题立项、检查、评优,每年50万元专项奖励等措施,通过教师提升、学习支持、项目推进、政策激励以及反馈评价等有效联动,协同推进翻转课堂教学改革从局部探索走向常态实施、多样化探索。目前,基于翻转课堂的课程教学改革已经覆盖全校所有专业,每学年有130余门课程、400余个教学班、近200名教师参与。

三、思考与展望

为落实《教育信息化2.0行动计划》《教育部关于加快建设高水平本科教育 全面提高人才培养能力的意见》和《浙江省教育厅关于加快推进普通高校"互联网+教学"的指导意见》等文件要求,推动"智慧学习环境建设、教育教学形态重塑、新技术支持下教育的模式变革和生态重构"。随着学生学习文化的转变和"教学新常态"的重新探寻,我们将持续加强研究探索,下一步的改革重点如下。

1. 融空间、技术、资源为一体,支持学生泛在学习

将现有翻转课堂示范区的空间升级、延伸,使功能更多样、场景更开放、空间更舒适;实时记录教学过程数据,自动识别和感知学习主体行为,自动推送服务信息和资源,让教与学更便捷、更智慧;进一步融合非正式学习空间,满足学生课外学习、研讨交流的需求,营造乐学的学习氛围。

统筹规划建设全校一体化在线学习平台,依托平台,建设具有富媒体、立体交互、学习行为跟踪的智能教学资源体,并通过多终端、多角色、多维度积累相对完整的教学大数据,实现教、学、管一体化应用。鼓励学院和教师利用微课、慕课等在线开放课程资源创新课堂教学,利用在线资源创新课堂,通过"互联网+"改造课堂,打造有深度、有难度、有挑战度的"金课"。

2. 加大规模化推进力度,打造课堂教学新生态

继续落实翻转课堂专项奖励与优秀评选工作,不断加大规模化推进力度,从目前10%的改革课程规模,力争5年达到20%改革课程规模,建设形成50门以上翻转课堂优质示范课程。紧跟新兴技术发展及应用趋势,积极推进移动智能终端在课堂教学的深入应用,推动教

师通过创新教学设计,通过"学习任务导学单"引导,实现线上线下有机融合、课堂"正式学习"与课外"非正式学习"互相连接,探索形成各类技术无缝对接、有效支持课堂教学高效展开的课堂教学设计方案,打造融资源、技术、空间、教学法为一体的教学新生态。

3. 积极探索大数据应用,推动课堂教学持续改进

按照"弹性自调,持续助力,生态迭代"的数据应用思维,着眼教与学的过程,加强师生教学行为大数据分析,发布课堂教学活跃度指数使新技术成为教师进行课程教学反思与创新的助推器。建设课堂教学状态数据实时大屏,将学生课堂状态、课堂活动参与、师生互动、教学场地安排等方面,实时呈现丰富、精准的教情、学情数据,加强学生学习过程管理,探索形成基于实时数据的、多样化的过程性评价模式,通过智能分析与数据推送,促进教师实时把握课堂教学状态,加强教学反思与改进,提高教学实施有效性。

四、结语

继往开来,砥砺前行,为深入贯彻落实全国教育大会和新时代本科教学工作会议精神,学校召开了升本以来的第二届教学工作会议,出台了《关于加快高水平应用型本科教育建设 全面提高人才培养能力的实施意见》,继续坚持"校长把主要精力放在育人上,学校把主要经费用在学生上,教师把主要投入放在课堂上",进一步深化翻转课堂教学改革的总结、反思与改进工作,不断提升"以学生为中心"的教学变革成效。

参考文献

[1]DORI Y D, BELCHER J. How Does Technology-Enabled Active Learning Affect Undergraduate Students' Understanding of Electromagnetism Concepts?[J].Journal of the Learning Sciences, 2005(2):243-279.

[2]范斐,陆洲.以学习者为中心的跨学科创新学习空间营造研究[J].高等工程教育研究, 2016(2):63-68.

[3]倪珊珊,肖昊.基于教学价值取向的翻转课堂教学模式研究[J].学术探索,2018(1): 134-141.

[4]孙惠敏,李晓文.翻转课堂,我们在路上[M].杭州:浙江大学出版社,2018.

[5]许亚锋.技术支持的学习空间的设计与实践[D].上海:华东师范大学,2015.

作者简介

李继芳:教授,宁波财经学院教务处处长,浙江省高校教学名师,浙江省计算机类专业教学指导委员会委员(2014—2017年),浙江省计算机应用与教育学会会员,浙江省物联网委员会常务委员,中国计算机学会会员等。

四、实践教学改革与创新创业教育

国家级实验教学示范中心建设和可持续发展
—— 以浙江大学为例

雷群芳

浙江大学

【摘要】本文以浙江大学11个国家级实验教学示范中心的建设与发展为基础,总结10多年来浙江大学国家级实验教学示范中心建设的成功经验,剖析建设过程中存在的问题和面临的挑战,从教育理念、投入产出、设施建设和队伍建设等方面对国家级实验教学示范中心的可持续发展提出建议。

【关键词】实验教学　国家级示范中心　教育理念　运营机制

为加强高等学校实验室建设,加快实验教学改革,促进优质教学资源整合与共享,提升高等学校办学水平,加强学生动手能力、实践能力和创新能力的培养,提高高等教育质量,教育部于2005年5月启动了高等学校实验教学示范中心(以下简称示范中心)建设工作。至2015年,全国共设立了901个示范中心,分布在全国32个省(自治区、直辖市)以及军队和新疆建设兵团,涵盖了理、工、农、医、文等20个学科组。浙江省共建设了39个示范中心,其中浙江大学11个,2012年和2013年共有9个经过了教育部的验收。

浙江大学在10余年的示范中心建设过程中,取得了良好的成绩,积累了一些经验,但也面临一些新的挑战和困惑。如何保持这些示范中心可持续、高质量地发展,依然是一个严峻的课题。

一、示范中心承担的任务

浙江大学建设的11个国家级实验教学示范中心,分别为化学、力学、生物、电工电子、机械工程、工程训练、农业生物学、能源与动力、机电类专业、计算机技术与工程和环境与资源示范中心,覆盖面很广,承担了诸多量大面广的基础实验教学任务。比如:2017年度,独立开设了173门实验课程,实验项目2599个,实验资源数4690个,服务126个专业,受益学生40874人次,实验人时数达1764720。这些示范中心拥有价值61576万元的教学仪器设备,共31870台套,具体见表1。

高水平示范中心的建设和健康运行,为学校的高素质人才培养起到了极其重要的支撑作用。

表1　浙江大学国家级实验教学示范中心基础数据

序号	中心名称	入选年份	依托院系	设备总值/万元	设备数/台套	2017年实验人时数	独立实验课程数/门
1	化学	2005年	化学系	2274	3106	261168	15
2	力学	2006年	生科院	4650	1572	27469	6
3	生物	2006年	航空航天建工学院	2705	2774	163504	13

续　表

序号	中心名称	入选年份	依托院系	设备总值/万元	设备数/台套	2017年实验人时数	独立实验课程数/门
4	电工电子	2007年	电气学院	1460	3058	206256	11
5	机械工程	2007年	机械学院	6650	1315	92408	16
6	工程训练	2008年	机械学院信电学院	4285	3727	263509	23
7	农业生物学	2008年	农学院	2600	1150	10650	28
8	能源与动力	2009年	能源学院	13062	6326	104756	16
9	浙江大学机电类专业	2012年	电气学院机械学院	19669	6250	117448	12
10	计算机技术与工程	2012年	计算机学院	1381	1518	483392	5
11	环境与资源	2015年	环资学院	2840	1074	34160	28
合计				61576	31870	1764720	173

二、示范中心建设的业绩和经验

1. 实验教学业绩持续提升

各示范中心的实验教学体系不断优化,建立了具有浙江大学特色的"基本技能训练—综合应用—研究创新"的阶梯式递进的实验教学体系和创新人才培养模式,在实践"KAQ2.0"培养路径中融合"一二三四课堂",充分彰显了浙江大学的教育理念和人才培养目标。

在进一步加强学生基本实验技能培养的同时,不断增加综合性、设计性实验数量,鼓励教师将科研项目转化为探究性实验,让学生接触科技前沿,及时了解学科最新发展方向,提高学生的科研意识和实践创新能力。各示范中心开展实验教学研究蔚然成风,实验教学方法和技术手段不断改善;持续开展实验教学设备研究并进行改进,积极发挥示范辐射作用;承担的省部级以上实验教学改革项目、教学改革成果和实验教学研究论文逐年增加。比如,2016年,各示范中心获得浙江省优秀教学成果一等奖5项,二等奖1项。2017年,各示范中心承担的省部级以上实验教学改革项目63项,发表实验教学研究论文80余篇,出版"十二五"国家级规划教材3本,承办各级各类大学生学科竞赛12次,主持21门国家级精品资源共享课程,2门国家精品在线开放课程。机械工程示范中心获得2017年度国家级示范性虚拟仿真实验教学项目:盾构推进液压系统虚拟仿真实验。2018年机械工程示范中心的"时空融合、知行耦合、师生多维互动的机械大类课程教学新范式"获国家级优秀教学成果一等奖。

学生经过在示范中心的实验课程学习,实验基本技能、团队协作能力得到强化,实践创新能力得到提升。同时,通过开展内容丰富、不同种类和层次的大学生学科竞赛活动,让学生在竞赛中充分发挥主观能动性。浙江大学在不同种类和层次的大学生学科竞赛活动取得优秀成绩的学生数量,以及相关成果数目明显增加。2017年共有387名本科生获各类学科竞赛奖,发表学术论文166篇,获专利107项。

2. 实验条件和环境有效改善

学校在中央高校改善基本办学条件专项资金中专门为各示范中心提供经费支持。

2016—2018年浙江大学共获得9895.96万元资助,用于更新各示范中心的实验教学仪器设备。新添置的仪器设备具有一定的前瞻性,品质精良,较好地满足综合性、设计性、创新性等现代实验教学的要求。同时,学校投入专门的教学设备费、教学设备维修经费和实验教学经常费,这三项经费按每年10%的比例递增。2017年,学校投入838.75万元教学设备费、120万元教学设备维修费和1000万元实验教学经常费,全部用于实验教学中心设备的更新维修和日常运行,以保证实验教学的正常开展和同步发展。

学校高度重视各实验中心的教学改革,专门设立实验教学改革项目,激发教师开发探究性实验的积极性和创造性,鼓励开展实验教学自制设备研制和改造,以应用自制教学仪器设备创新性地解决实验教学过程中难以用常规商业仪器设备解决的重点、难点问题,从而有效促进实验教学的改革与创新。近年来,各中心的自制实验设备数量不断增加,有的在中国高等教学学会举办的全国高校教师自制实验教学仪器设备创新大赛中获奖,比如:力学中心的"流体力学远近程实验共享平台"获第四届全国高等学校自制实验教学仪器设备评选活动一等奖(2016年),计算机中心的"面向系统能力培养的软硬件贯通教学实验系统"获第四届全国高等学校自制实验教学仪器设备评选活动二等奖(2016年)。

学校极其重视实验室安全与环境建设。浙江大学成立实验室技术安全工作委员会,按照"谁使用、谁负责,谁主管、谁负责"原则,确立了各级、各实验中心的安全责任人,形成一级抓一级,一级对一级负责的工作体制。制定了一系列针对性和可操作性强的实验室安全规章制度;建设了实验室安全管理信息系统,动态维护校—院—实验室三级责任体系,实现了网格化管理,明确每间实验室的安全信息,形成了具有浙大特色的实验室安全管理长效机制。

各示范中心根据学校相关规定要求,及时采取措施,改进实验室安全软硬件设施,实验室的设计、室内设施和环境体现了"以人为本,安全第一"的原则,其应急措施、特殊技术安全、环境卫生符合国家标准,实验室面积、空间、布局科学合理,大部分示范中心实现智能化管理,有利于学生在示范中心进行高质量的实验课程学习。

3. 示范辐射作用明显

示范中心不仅在学校内做好人才培养工作,还把自己的成果经验推广到其他高校;同时,积极学习其他高校的先进经验,推进学校实验教学改革上新高度。示范中心积极参加各专业教学指导委员会会议、示范中心主任联席会议、教学研讨会、多种形式的校企联盟大会,并积极在各类大会上交流,年均200余次;每年接待来自全国各地的院校教师1000余人次参观实验室、示范教学,进行广泛的学术交流。每年发表相关教学论文100余篇,推广介绍示范中心在实验教学改革方面的成果经验。组织接待各类学生科技实践活动,年均接待数量超过5000人次;开展"实验室开放日"活动,带领青少年走进实验示范中心,让学生动手实验,体验现代科学技术的魅力所在。

4. 信息化建设成果显著

示范中心开展各具特色的信息化建设工作,取得显著成果。比如:电工电子示范中心建设了新的网络化测量平台,具有完备的门禁、监控、电源管理,可进行实验的过程管理、智能化预约开放、程控和数据管理,能够提升学生设计测量方案的能力。基于这套系统,可以实现24小时在线的透明化教学,鼓励学生自己动手,自行设计验证型和设计型实验内容,充分发掘学生潜能,最大化激发学生的实验兴趣。

又比如:化学示范中心,建设了比较完善的实验预习、实验预约系统,还特别建设了"实验室在线签入—签出系统",该系统在化学实验中心大楼进行定位,学生进入实验大楼即可通过微信公众号签入,实验结束离开实验室后再通过微信公众号签出,可以极大地强化实验室的安全管理。同时,建设了"化学实验安全测试系统""在线实验数据输入与评定系统",可以加强实验课程的过程管理。

三、示范中心面临的困难与挑战

1. 教师从事本科实验教学的积极性不够高

教师对本科实验教学的重视程度仍然不够,部分教师在对实验教学的定位、作用等认识上存在明显偏颇。教师在实验教学和实验室建设方面精力投入不足,申报教改项目、发表教学论文的主动性和积极性还不够高。

学校激励实验教学的措施也不够多。如何有效保护和提升教师从事本科实验教学改革和研究的主动性和积极性是示范中心建设面临的主要问题之一。

2. 高水平后备实验师资队伍缺乏

目前,绝大部分示范中心已经形成了一支相对稳定、结构合理、以实验开发能力强为特色的研究型实验教学师资队伍,但实验教师后备队伍的培养与建设仍是示范中心亟待考虑的问题。受历史原因、编制紧缺等因素影响,高学历、高层次的实验教学和实验技术人员仍然比较缺乏。随着科学技术的快速发展,先进的大型精密仪器越来越多,对实验教学人员的专业技能要求也越来越高,需要实验技术人员加强终身学习,不断提高专业技术水平。

3. 实验室开放水平不够高

随着"一二三四课堂"的深度融合和发展,对实验室开放水平、国际化程度提出了相当高的要求。自主开放实验教学需要有足够的实验室空间、齐全的实验仪器设备比以及足够的经费投入,同时涉及实验室管理、安全、人力投入等问题。许多本科生希望在示范中心做一些自己选择的研究,这些研究需要有合适的技术方法和仪器设备来支撑,凭现有的实验条件和经费水平还难以满足进行大量开放实验的要求。与一个科研项目的投入相比,本科生开放实验项目的投入实在太少,通常只有几百元至几千元,这就限制了不少有一定深度的实验项目的开展。

4. 实验教学信息化建设有待加强

部分示范中心利用网络化信息平台来实现网络化的管理以及资源共享,以及进行网络实验教学的实验程度不够。随着移动互联网的迅猛发展以及国际交流的日益扩大,实验课程建设如何与国际一流大学接轨,教学方式与信息技术如何与学生移动学习模式相适应,是示范中心后续需要努力的方向。

四、示范中心可持续发展展望

1. 进一步加强以生为本的教学理念

示范中心的实验教学理念、实验教学体系、实验教学方法与手段是示范中心落实人才培养,提升本科学生实践能力和创新意识的基石。示范中心需要进一步加强以学生为本的思想,确立实验教学的主体地位,做好实验教学的顶层设计规划,有效培养学生实践动手能力。继续探索多元化、多层次的实验教学体系,将综合性、创新性、设计性实验深度融合进实验课程教学中,将实验教学内容与科研进展、导师科研项目密切联系,以自主式、合作式学习方法奠定学生的基础实验技能和团队协作能力,启迪学生科学思维和创新意识,引导学生参与创新性实验设计。也就是说,只有让实验教学的目标和内容及时、主动地适应学校人才培养目标的定位,才能使得学生通过在示范中心的实验课程学习,促进其知识、能力、素质和人格的协同发展。

2. 进一步重视示范中心的投入产出

示范中心建设成果最直接的体现是教师和学生的各项成果产出,包括新实验项目、教学论文、精品课程、优秀教材、竞赛获奖等。如何真正提升实验教学质量和学生实验实践能力,并保持持续性的优秀成果产出仍是示范中心发展中面临的核心问题之一。建议各示范中心要有更高站位,加强目标导向和过程管理,逐步提升实验教学队伍的水平,注重成果产出时间上的持续性,强化教学成果的质量。

经费投入是示范中心正常运行的重要保障,是激发示范中心自我造血功能的重要源泉,稳定和持续的建设经费有利于中心进行系统规划,保证日常运行所需的各项运行经费,可以进一步加大示范中心的开放程度,实施更多吸引学生的自主式、探究性的实验项目。因此,示范中心除了依赖学校投入,还可探索社会捐赠、企业赞助、设备仪器有偿使用等多种经费筹措渠道,为中心的可持续发展提供保障。

3. 进一步完善示范中心的设施

示范中心的硬件设施包括仪器设备和安全环保设施两部分。在仪器设备方面,示范中心由于其政策制度方面的优势和建设理念的先进,优质资源较为丰富,无论是大型高精尖设备还是普通仪器设备,基本能满足实验教学要求,但如何提高设备的运行管理效率仍值得探讨。各示范中心可进一步加强落实和完善设备共享机制,推进设备开放和共享的合理化、规范化,这不仅能最大限度地共享优质资源,还能在社会上形成示范辐射效应。

示范中心的环境与安全是实验教学顺利进行的重要外部条件,建设以人为本、高标准和符合学科特色要求的实验室,有利于保障学生自主学习、合作学习和研究性学习的顺利进行。在目前实验室管理制度相对完善的情况下,如何让规章制度真正落实到位,有效保证示范中心环境质量与安全,需要加大实施力度,重视开设实验室安全课程,建设更好的安全监控系统,建立更健全的实验室安全准入制度。

4. 进一步加强示范中心队伍建设

实验教学改革的关键是人才。实验中心的硬件设施再好、教学理念再先进,没有教师去实施,实验教学改革就无法进行。所以,必须进一步加强示范中心实验教学队伍建设。要制定合理政策,吸引优秀的年轻教师参与到实验教学中来,实施青年教师实验教学能力提升培养计划;要加强组织各种不同层面的实验教学研讨和调研,不断提高教师的实验教学能力和水平,形成实验教学的优良生态;要通过改革研究生助教制度,吸引优秀研究生参与到实验教学中,形成对实验教学队伍的有益补充。

五、结语

教学理念影响示范中心改革的方向,教学体系是人才培养的总方案,教学方法和手段是培养学生的具体实施路径。科学的建设计划、明确的管理机构、完善的运行机制、完备的实验室开放共享机制是示范中心运行的前提和基础。实验教学和技术队伍是示范中心的主力军,实验基本技能的提升和相关成果的展示是对人才培养的最好诠释。示范中心要保持长期活力和可持续发展,尚需要我们不忘初心,扎实工作,齐心努力。

参考文献

[1]吴朝晖.为未来而学习:面向21世纪的通识教育[J].中国高等教育,2018(15):29-31.

[2]张新祥,黄凯,周勇义,等.国家级实验教学示范中心建设成果与展望[J].实验技术与管理,2017(1):1-4,9.

[3]浙江大学电工电子国家级实验教学示范中心.浙江大学电工电子国家级实验教学示范中心年度考核报告[R].浙江大学:2017.

[4]浙江大学工程训练国家级实验教学示范中心.浙江大学工程训练国家级实验教学示范中心年度考核报告[R].浙江大学:2017.

[5]浙江大学化学国家级实验教学示范中心.浙江大学化学国家级实验教学示范中心年度考核报告[R].浙江大学:2017.

[6]浙江大学环境与资源国家级实验教学示范中心.浙江大学环境与资源国家级实验教学示范中心年度考核报告[R].浙江大学:2017.

[7]浙江大学机电类专业国家级实验教学示范中心.浙江大学机电类专业国家级实验教学示范中心年度考核报告[R].浙江大学:2017.

[8]浙江大学机械工程国家级实验教学示范中心.浙江大学机械工程国家级实验教学示范中心年度考核报告[R].浙江大学:2017.

[9]浙江大学计算机技术与工程国家级实验教学示范中心.浙江大学计算机技术与工程国家级实验教学示范中心年度考核报告[R].浙江大学:2017.

[10]浙江大学力学国家级实验教学示范中心.浙江大学力学国家级实验教学示范中心年度考核报告[R].浙江大学:2017.

[11]浙江大学能源与动力国家级实验教学示范中心.浙江大学能源与动力国家级实验教学示范中心年度考核报告[R].浙江大学:2017.

[12]浙江大学农业生物学国家级实验教学示范中心.浙江大学农业生物学国家级实验教学示范中心年度考核报告[R].浙江大学:2017.

[13]浙江大学生物国家级实验教学示范中心.浙江大学生物国家级实验教学示范中心年度考核报告[R].浙江大学:2017.

作者简介

雷群芳:工学博士,研究员,浙江大学实验室与设备管理处副处长,曾任浙江大学本科生院教务处副处长、浙江大学化学国家级实验教学中心副主任。

全国高校光电专业国家级学科竞赛平台建设的探索与实践

刘向东　林远芳　郑晓东

浙江大学

【摘要】学科竞赛是高校专业建设和课程改革的有力抓手,是培养学生创新实践能力和团队协作精神的有效途径。"光电信息科学与工程"是2012年教育部颁布的本科专业目录中的基本专业(以下简称光电专业)。目前,全国具有光电专业的高校近260所,在校学生约5万人。全国大学生光电设计竞赛(以下简称全国光电竞赛)是面向全国光电专业学生唯一的国家级学科竞赛平台。本文从建设历程、赛事发展、对人才培养的作用、竞赛影响与辐射等方面介绍10年来开展全国光电竞赛的探索与实践。

【关键词】学科竞赛　大学生实践平台　全国光电竞赛　浙江大学

一、建设历程

2008年7月,为给大学生搭建一个依托专业开展创新实践的国家级平台,强化全国高校光学工程学科和光电类专业大学生之间的交流学习,同时齐集全国光学工程学科和专家优势,促进光电知识普及、学科建设、课程和实践教学体系改革,推动高校创新人才培养和高等教育发展,浙江大学光电科学与工程学院率先倡导创设了"全国大学生光电设计竞赛"。2009年5月,由中国光学学会主办、浙江大学牵头组织的首届全国光电竞赛在杭州成功举行。

2009年7月,中国光学学会的分支机构——光学教育专业委员会(以下简称光学专委会)成立。此后,竞赛主办单位中国光学学会授权光学专委会作为2010年第二届和2012年第三届全国光电竞赛的授权委托主办机构。

2013年4月,教育部发布了《关于成立2013—2017年教育部高等学校教学指导委员会的通知》。此后,2013—2017年教育部高等学校光电信息科学与工程专业教学指导分委员会(以下简称光电教指分委)与光学专委会一起成为2014年第四届全国光电竞赛的联合主办机构。

2015年3月,中国光学学会和2013—2017年教育部高等学校电子信息类专业教学指导委员会发布《关于联合主办全国大学生光电设计竞赛的通知》。通知指出,根据教育部有关精神,全国光电竞赛将自2016年第五届开始由他们共同主办,为进一步突出该竞赛的专业性和承继性,特全权委托光学专委会和光电教指分委合作承担具体主办事项。

2015年4月,光学专委会和光电教指分委发文公布全国光电竞赛整体组织架构安排,内容主要涉及:①竞赛名称、主办单位、主办单位授权委托主办机构的规范称谓。②成立全国光电竞赛委员会(以下简称竞委会),负责竞赛宏观管理、竞赛题目确定、竞赛网站运维、竞赛可持续发展等重要事项;设立秘书处处理日常事务,秘书处挂靠浙江大学。③竞赛原则上每两年举办一届,偶数年举行实物决赛,每届竞赛确定1个承办城市、若干承办单位;承办单位由竞委会与意向承办单位协商决定,也可由竞委会审核意向承办单位的承办申请,通过投票决定。④每届竞赛承办单位筹备成立当届"全国光电竞赛组织委员会",具体负责当届竞赛的组织和实施;组织委员会的组成由竞委会秘书处与承办单位协商后另行公布。

此后,全国光电竞赛的具体组织事项由竞委会及其秘书处负责。

二、赛事发展

全国光电竞赛面向高等院校在校全日制本科生、留学生及研究生。鼓励学生跨校、跨专业、跨学科组合参赛,每支参赛队由3名学生组成,其中至少包括2名本科生,每个学生只能参加1支参赛队。竞赛官网(http://opt.zju.edu.cn/gdjs/)挂靠浙江大学,由其委派专人负责日常运营管理,同时为每届竞赛承办单位开通新的管理员账号,以便在网站上及时公布该届竞赛的组织机构、竞赛题目、评判标准和竞赛结果等,做到公开透明。2008年至2018年10年间,依托于全国高校光电专业国家级学科竞赛平台共举办了六届赛事,历届竞赛主题、赛题名称、承办单位和实物竞赛时间如表1所示,历届竞赛标识和承办城市如表2所示。参赛高校、参赛队伍和参赛人数逐届增加,历届实物决赛规模如图1所示[此处仅列出各校实际派出、各省(区、市)按10%推荐参与国赛实物决赛阶段的队伍和学生数,不含外围的队伍和学生数]。

表1　2008年—2018年10年间举办的六届全国光电竞赛相关信息

届次	竞赛主题	赛题名称	承办单位	实物决赛时间
1	光与能源	太阳能动力赛车	浙江大学	2009-05-29 至 2009-05-30
		太阳能驱动的电光源		
2	光与生活	基于太阳能的光电导航搬运车	长春理工大学	2010-08-06 至 2010-08-09
		光电智能导盲器		
3	光与信息	基于光电导航的无人驾驶智能车	福建师范大学	2012-08-10 至 2012-08-12
		激光发射法音频声源定位与语音内容解析		
4	光与测量	基于光电导航的智能移动测量小车	国防科学技术大学	2014-08-04 至 2014-08-06
		复杂表面物体体积的非接触光学测量		
5	智能之光	基于光电目标识别的空投救援无人飞行器	电子科技大学	2016-07-27 至 2016-07-29
		单透镜构建的最佳成像系统		
6	探寻之光	穿透毛玻璃的可见光成像系统	北京理工大学	2018-07-26 至 2018-07-28
		光电"寻的"竞技车		

表2　2008年—2018年10年间举办的六届全国光电竞赛历届标识和承办城市

届次	举办城市	承办单位	标识
1	杭州	浙江大学	
2	长春	长春理工大学	
3	福州	福建师范大学	

续　表

届次	举办城市	承办单位	标识
4	合肥	国防科技大学	
5	成都	电子科技大学	
6	北京	北京理工大学	

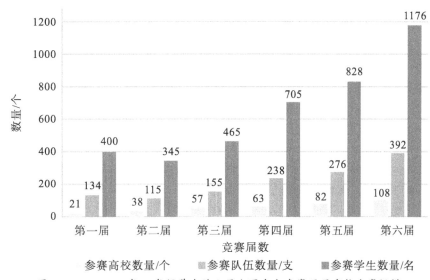

图1　2008—2018年10年间举办的六届全国光电竞赛历届实物决赛规模

　　六届竞赛的主题明确,赛题充分考虑当前人类面临的共同问题或需求,兼顾光学与光电信息类专业教学内容和新技术应用的特征,具有实际意义和应用背景,能考察参赛者在光电信息学科与跨学科研究和开发能力,累计吸引了来自教育部直属高校、省属本科高校、独立学院和高职院校的几万人次师生参与其中;六届竞赛的承办地分布东西南北中,规划合理,参赛高校所在地包括云南和西藏在内的全国28个省、自治区和直辖市,充分发挥了区域辐射的带动作用;竞赛包括命题、报名(学校选拔或省赛、区域赛选拔推荐)、实物模型制作、技术报告提交、现场展示评审、实物竞技决赛、答辩、颁奖等环节,组织实施流程完整、规范。

三、对人才培养的促进

　　平台为各类专业学生提供了一个了解和运用光电知识解决实际问题、激发创意思维、领略光电魅力的机会,竞赛的专业属性提供了光、机、电、算一体化系统设计与开发能力的实训交流平台,加强了光学工程学科与其他学科的交叉与融合。赛题内容注重实用性、挑战性和多学科融合,致力于培养学生的综合能力。依托竞赛内容可以进行课程化(赛题改编后作为教学案例,推动教学模式的改革)、实验化(对赛题进行精简和综合,为实践教学增加设计性实验和挑战性实验)、教材化(汇编竞赛设计方案及专家点评,并出版相关的竞赛指导丛书)、平台化(基于赛题设计跨学科实践平台,如智能小车、无人机等,契合"新工科"设计思想)的"四化"建设,拓宽人才培养渠道。竞赛对参赛学生的专业技术、心理素质和协作精神等都有极大的锻炼,激发他们勇于创新、敢于挑战;以健康向上的良好心态对待比赛,正确处理好专业学习和学科竞赛之间的关系;比赛的历练也有利于学生的后续发展和职业生涯。许多参赛学生后续在"创青春"全国大学生创业大赛、创新创业方面也都有非常出色的表现。

四、竞赛影响与辐射

竞赛吸引了各级赞助商企业参与人才培养。2012年至2028年第三至第十届全国光电竞赛均已与主赞助企业签约。参赛和选拔机制不断完善,各省(区、市)纷纷自行举办选拔赛,逐步形成了校、省(区、市)、国家三层次并行体系。2008年第一届仅1个省办赛,2018年第六届已有9个省(区、市)报备办赛。竞赛得到了多个省份教育厅高教处的承认,被列入省级常设竞赛,同时也有多所高校将光电竞赛列入国家级学科竞赛项目。部分省份还邀请中学生参赛,在竞赛期间举行科普讲座,向中学生辐射。竞赛吸引了众多媒体关注。光明日报、科技日报(中国科技网)、中国青年报(中青在线)、团中央新闻中心(中国青年网)、中国光学学会等都对赛事进行了采访和报道。

继《全国大学生光电设计竞赛赛题及作品解析(2008—2012)》出版后,2017年竞委会秘书处在第十四届光学与光子学教育与培训国际会议上做了竞赛进展口头报告(相应的英文文章发表在SPIE上并被EI收录),竞赛所取得的成绩给国际同行留下了深刻印象。竞委会后续与国外多所高校就参赛资格和参赛方式等进行了多次讨论,商定在后续竞赛中开放接纳国际学生参赛。

五、结语

经过十年建设与探索,全国高校光电专业国家级学科竞赛平台取得了长足的进步,全国光电竞赛已发展成为目前全国光电专业领域规模最大、影响力最大的学科竞赛。在竞赛策略方面,一是围绕学科专业确定竞赛主题、按主题命题、按命题组织竞赛;二是形成了以专委会常委和教指分委委员为主体的稳定的专家服务队伍;三是固化了两年一届、与全国大学生电子设计竞赛错年举办、在校高年级专业学生至少有一次参赛机会的竞赛模式。在竞赛组织方面,建立了从产生承办单位、竞赛命题到筹集经费、实施竞赛等一整套完整的流程和模式,有效保障了全国大学生光电设计竞赛的参与度、规范性和影响力。在竞赛规模上,参赛队伍逐届扩大。在竞赛可持续发展上,确立了全国大学生光电设计竞赛的整体组织架构,除成立了独立组织机构和执行机构外,还确定了举办分级区域外围赛、引入长期合作支持伙伴、邀请海外大学生组队参赛、建设国家级学科竞赛品牌等未来战略目标。有理由相信,全国大学生光电设计竞赛将会越办越好。也希望我们在竞赛平台建设和组织实施过程中所积累的经验对其他专业学科竞赛有一定的参考和借鉴意义。

作者简介

刘向东:教授,浙江大学光电科学与工程学院院长,原浙江大学教务处处长。现任2018—2022年教育部高等学校电子信息类专业教学指导委员会光电信息科学与工程专业教学指导分委员会秘书长、全国大学生光电设计竞赛秘书长。

研究型大学创新创业教育路径分析

邬小撑

浙江大学

【摘要】研究型大学创新创业教育的发展经过多年探索,存在着课程融合、技术转化、资源汇聚和成功率提升等方面的痛点。长期以来,浙江大学以"基于创新的创业"教育为导向,推进高质量双创教育课程建设,注重高价值双创文化引领,推进研究型大学双创教育全链条建设。在创新思政工作理念、融合专业教育与创业教育、促进成果转化推广、坚持全球高端引领等方面,逐步探索出研究型大学创新创业教育的发展路径。

【关键词】研究型大学 创新创业教育 路径

1989年联合国教科文组织召开的"面向21世纪教育国际研讨会"中正式提出,创业教育是学生的第三本"教育护照",创业能力是继学术能力、职业能力之后的第三能力。2015年《国务院办公厅关于深化高等学校创新创业教育改革的实施意见》中明确指出深化高等学校创新创业教育改革,是国家实施创新驱动发展战略、推进高等教育综合改革的重要举措。高等学校是全社会科技知识创新的主源头和主阵地,创新驱动的时代背景赋予了研究型大学新的使命,互联网、大数据、人工智能和实体经济的深度融合则对创新型人才培养提出了新要求。当前高等学校尤其是研究型大学在创新思维、教学科研、成果转化与人才培养等方面具有一定的优势和成果,但未来在实现双创教育实践水平与理论水平的双向提升、进一步服务国家创新驱动发展战略、推动全方位社会经济发展以及建设科技创新强国的道路上,仍存在亟待解决的问题。

一、探索与挑战

研究型大学是研究密集型、研究主导型大学的简称。研究型大学以学术研究为本位,注重知识生产,强调学术至上,基于学术发挥育人功能,是传统教学组织向教育与研究并重组织的重要转型。20世纪90年代"985工程"的实施,被学界普遍视为我国研究型大学正式建立的重要标志,这些研究型大学是国内最具有发展成为世界高水平研究型大学潜力的一批高校。

当今全球新一轮科技革命正孕育兴起,产业变革方兴未艾,创新发展越来越呈现全球化、协同化、网络化的格局,创新范式向着以生态系统为特征的创新3.0转型。未来以一流大学为中心的创新生态系统,将进一步促进知识大融通下的学科交叉汇聚和跨领域创新,形成共生共享、协同联动的创新生态圈。中国研究型大学肩负着时代变革和国家发展赋予的新的历史使命,将成为引领中国经济社会创新发展的动力之源。研究型大学的创新创业教育在提升我国高等教育综合实力、推动产业结构转型升级、实施国家创新驱动发展战略、促进创新型国家和世界科技强国建设的过程中起着重要的支撑和引领作用,但多年来研究型大学在双创教育探索过程中存在的一些问题逐渐凸显。

1. 双创课程建设难

自2012年以来,教育部发文要求本科院校将创业基础教育类课程纳入必修课,各高校开始加强创业教育课程建设。我国研究型大学的创新创业教育尚处于起步阶段,与国外高校40余年课程建设的积累相比,一是课程体系不够完善,尚未建立起以通识性课程、核心专业课程及实践锻炼课程为主体的科学立体课程体系;二是学术研究的内容过于宽泛,课程建设、师资建设等细分内容不够专业和精细;三是教师队伍水平有待提高,缺乏专门有效的教师队伍支撑,即使有些院校已经建立起一支相对独立的教师队伍,由于缺乏相应的评价与激励机制,很难持续推动课程建设的质量提升。

2. 技术成果转化难

研究型大学创新创业与技术商业化耦合是推动我国产业转型升级的关键。然而,从我国目前实践过程看,创新创业教育与技术成果转化耦合的接口尚未建立或有待成熟,双创教育缺乏依托技术创新的大学生创业项目,学生创新创业与教师科研成果转化缺乏耦合的机会。同时,国内高校普遍存在教育与实践脱节的问题,缺乏具有一定实战经验的创业导师的指导,缺乏耦合的有效机制或模式等一系列问题。

3. 双创资源汇聚难

目前研究型大学中创新创业教育的开展相对孤立,一定程度上带来创业教育资源的严重分散和整合困难。同时在一些拥有大量科研资源、专业教师队伍和丰硕技术成果的研究型大学中,对创新创业有兴趣的学生在寻找初始项目之时,通常只局限于自身专业领域。如何为学生开拓创业眼界、联动最新产业趋势,把更多专业学术成果定期向师生发布,目前仍缺乏有效落实的机制。

4. 创业成功率提升难

近年来,政府与高校为学生创新创业提供了一系列政策支持和帮助,全国大学生创业率逐渐提升到3%左右,相关研究报告显示,大学生创业者认为学校创新创业教育对自己帮助较为显著的比例不到20%。大学生创业成功率依然不到1%。创新创业实践与学业之间依然存在冲突,决定"先学业,后创业",还是"重创业,轻学业",对青年大学生是一道艰难的选择题。

二、开拓与实践

1. 坚持高水平的"基于创新的创业"教育导向

在研究型大学中,创新创业教育工作是高等教育在教学理念方法上的革新。例如,浙江大学在20年的创新创业教育实践中,将其目标定位于强化创新、创业、专业三者融通,始终在人才培养全过程中强调创新创业教育,率先提出"基于创新的创业(innovation-based entrepreneurship,IBE)",以企业家精神培育创新创业人才,开展以技术创新为基础的创业行动。当前,创新创业教育作为人才培养的重要内容,应该把科教兴国的责任担当与世界一流大学的建设紧密结合,把创新精神、创造能力和社会责任的培养贯穿教育全过程,着力于创新创业认知和价值塑造、素质与能力培养、实习与实践教育、实训与孵化服务环环相扣的拔尖创新创业人才培养。

2. 拓宽高质量的双创教育课程渠道

研究型大学的创新创业教育课程体系,在全校统一的办学理念下,充分调动不同学院和学科共同来打破教学局限,为创新创业课程提供"高质量的供给"和"跨学科的视野"。因此创新创业教育的课程体系应通过"专创结合"的顶层设计,促成创业教育中"有心无力"与专业教育内"有心无利"的有机融合。浙江大学自1999年开设创新与创业管理强化班以来,借鉴斯坦福大学、剑桥大学经验,跨专业选拔优秀学生,进行创业知识与能力的系统课程培养,打造了具有中国特色的创新创业教育模式,成为国内系统化创新创业教育的先行者。因此坚持"课程主导",构建通识教育、学位教育、专业教育、辅修教育等多层次递进、全方位普及的第一课堂教学体系是当前加强创新创业教育课程建设的重要方向。

3. 提升高标准的双创资源汇聚能力

研究型大学要坚持开放、开环的理念,通过创新创业教育中的实践教育和创业孵化两大环节汇聚校内外资源,为创新创业教育构筑支撑体系。一是要整合校内资源,将学校的学科实力、高端人才与科学研究作为创新创业教育的坚实基础。二是要凝聚校友力量,一大批正在创业并逐步成长的校友企业家,在资金扶持、技术指导以及创业经验等方面,可以成为学校创新创业教育的重要支撑。三是汇聚社会资源,加强与企业的有效对接,打造创新创业教育的校外实践基地。四是构建孵化体系,整合校内、校友以及社会的资源,与创新创业学院联动,与地方政府和社会企业共同构建完整的产学研一体化实战孵化体系。以浙江大学为例,在20年的探索与实践中,按照学校科技服务全国、走向世界的战略布局,重点规划建设覆盖全国20余个省市的9个工业技术研究院、98个技术转移中心分支机构,以及与全球40余家机构的合作关系,共同打造学生的创新创业实践体系与科教服务体系共同体。

4. 推进高效率的双创科技成果转化建设

研究型大学应建立科技创新协同发展体制,加强和促进校内外相关机构和部门间的协调合作,优化科研工作管理机制,完善科研领导或咨询机构的统筹协调、战略谋划和宏观指导的职能,做到"机构、人员、场地、经费"四到位,保障科技成果的孵化落地,建立具有特色品牌、优劣互补、融通作战的产学研体制和机制。同时应出台有利于师生转化科技成果的建设性政策和鼓励性机制:一是要改革成果转化收益分配机制、完善企业孵化的利益分享制度;二是要健全人才双向流动机制,进一步促进创新创业教师队伍建设和人才汇聚流动;三是要建立教师多通道发展机制,如增设主要承担创新创业活动的岗位,建立"市场价值与社会效益相结合"的评价模式、倡导创业反哺人才培养等。

5. 开展高价值的文化引领双创实践

研究型大学的创新创业教育要强调价值引领,将自身大学的文化优势与国家的战略发展相结合,将大学生的创新精神与企业家的创新精神有机结合,以校友和在校生为主要人才储备,以研究型大学的科研实力和校友社会资源为核心资源储备,广泛辐射带动周边互联互通、动态系统的创业环境和企业家队伍,形成高价值的创新创业文化。一直以来,浙江大学把创新创业教育作为培养"时代高才"的重要内容,有效推动了社会、高校、政府之间创新创业服务资源的开放共享和衔接,形成以"自发成长的创业精神、勇于担当的家国情怀"为核心的独特的创新创业文化。

6. 促进高站位的双创教育全链条发展

研究型大学的创新创业教育应当做到全链条式的整体推进,打通创新创业的"任督二脉",整合校内外所有资源,合力解决创新创业教育过程中的重点和难点,为大学生接受创新创业教育提供全方位的服务。完整的创新创业教育应该包括四个阶段:意识激发、机会识别、创意孵化以及公司创建阶段。其中,前两个阶段以校内课程教育为主,是典型的创新意识、创新思维、企业家精神和创业素质教育的阶段,第三阶段以众创空间、大学生创业园和大学科技园的实践孵化为主,第四阶段则是实战教育,通过市场的摸爬滚打来验证创业项目的可行性。四个阶段是一个完整的系统,在双创教育中应该有整体的设计。

三、突破与展望

1. 推进专业与创业融合,聚焦双创人才培养

结合研究型学校办学特色和专业学科特点,进一步凝练创新创业育人机制,促进专业教育与创业教育的融合。落实院系主体责任,通过政策措施、顶层设计,激发各院(系)、部门、单位积极参与创新创业教育的积极性和主动性,加快推进高水平创新创业教材建设,打造创新创业教育的金课,联合共建校院创客实验室项目,扶持学生创新创业实践项目,开展系列创新创业主题活动。坚持基于创新的创业,强调创业以创新为基础和支撑,以技术创新为创业教育核心导向,提升创业项目的技术支撑和内涵。

2. 促进成果转化推广,协同发展科技创新

研究型大学应形成品牌鲜明、优势互补、协同作战、系统化、一体化的产学研体制机制,更好地服务科技成果孵化落地;同时支持师生科技成果转化,支持已有可供转化科研成果的社会服务,支持技术推广岗教师全职或兼职到学校成果转化和高水平产业化平台直接从事技术成果转化和创业,发挥科技成果的经济和社会效益,服务地方经济社会发展。

3. 坚持全球高端引领,对接服务国家战略

聚焦培养德智体美全面发展、具有全球竞争力的高素质创新人才和领导者,继续优化全球战略布局,实施一系列提升学校国际竞争力的重大举措。一是持续推进深化与世界顶尖大学、学术机构和国际组织的战略合作,搭建高端国际合作平台,构建完善国际化产学研合作网络。二是优化全球战略基地布局,发挥海外办事机构的资源链接作用,推动学术成果走出去。三是主动对接国家人才战略和"一带一路"倡议,培养具有国际竞争力、适应全球化的高水平创新创业领军人物,在全球经济治理和社会发展中贡献中国力量和智慧,产生重要影响。

4. 创新思政工作理念,实现育人工作全程化

创新创业教育是思想政治教育工作的新方法、新载体、新途径,应该融入学校思想政治教育工作的全过程。学校要根据学生自身成长的需求,主动设计面向学生不同成长阶段的创业教育内容。从低年级学生的创业教育启蒙和创业意识激发,直至高年级学生和研究生的创业项目培育和创业历程护航,都要充分强调学生的主体地位,注重发挥学生在创业过程中的主体作用,整合知识、能力、素质等各方面元素,最终在创新创业实践活动中培育出学生的"创业人格",提升他们的社会责任感、创新精神、创业意识和创业能力。

四、结语

创新创业教育是新时代高等教育改革的突破口。面向2035年跻身创新型国家前列的战略目标和宏伟蓝图,研究型大学的创新创业教育应坚持"基于创新的创业"的方向引领,与思政教育融合,深挖教育资源汇聚点;与专业教育融合,提升专业知识与能力水平,加强智育教育;与体育教育融合,塑造大学生团队合作精神与勇于争先品质;与美育融合,培养学生欣

赏创业壮美的艺术感知与审美情商;与劳育融合,培育崇尚劳动光荣与精益求精的企业家精神和工匠精神。应着力建成引领大学生体察社会、关注民情、增长才干、服务国家的研究型大学创新创业教育新平台,实现知识教育、能力培养、素质养成的有机结合,培育德智体美劳全面发展、具有全球竞争力的高素质创新人才和领导者,服务国家高等教育改革事业,为全球教育贡献新智慧和新方案。

参考文献

[1]国家教委国家教育发展研究中心,中国教科文组织全委会秘书处.未来教育面临的困惑与挑战面向21世纪教育国际研讨会论文集[C].北京:人民教育出版社,1991.

[2]侯光明.中国研究型大学理论探索与发展创新[M].北京:清华大学出版社,2005.

[3]教育部.普通本科学校创业教育教学基本要求(试行)[N].中国教育报,2012-08-18(1).

[4]吕春燕,孟浩,何建坤.研究型大学在国家自主创新体系中的作用分析[J].清华大学教育研究,2005(5):1-7.

[5]吕旭峰,吴伟.面向创新创业集成发展的研究型大学学科体系重构[J].现代教育管理,2015(1):73-77.

[6]孙伟.创新型国家目标下大学生创业发展新思路[J].继续教育研究,2017(6):22-24.

[7]王占仁,刘志,刘海滨,等.创新创业教育评价的现状、问题与趋势[J].思想理论教育,2016(8):89-94.

[8]王战军.什么是研究型大学——中国研究型大学建设基本问题研究(一)[J].学位与研究生教育,2003(1):9-11.

[9]邬小撑,吕成祯.走出大学创业教育实践体系构建的困境——以浙江大学为例[J].复旦教育论坛,2015(5):37-41.

[10]徐小洲,刘敏.众创时代下高校创业教育转型发展之道——兼《众创时代高校创业教育新探索》[J].大学教育科学,2017(3):130-131.

[11]徐小洲,梅伟惠,倪好.大学生创业困境与制度创新[J].中国高教研究,2015(1):45-48.

[12]杨婷,尹向毅,孟莹,等.国际大学创新能力建设(观点摘编)[J].中国高教研究,2017(5):34-38.

[13]中国共产党中央委员会.国务院办公厅关于深化高等学校创新创业教育改革的实施意见[N].人民日报,2015-05-14(1).

作者简介

邬小撑:研究员,浙江大学党委副书记,主要从事高等教育管理和创新创业研究。

"虚实融合"的创新创业教学模式改革与实践

王卫红

浙江工业大学

【摘要】本文针对当前创新创业教学中的教学形式单一、理论与实践脱节、教育资源不足等现实问题,构建多维并进"虚实融合"的课程体系,注重教学内容针对性;开发多元递进"虚实融合"的教学软件,丰富教学方法多样性;共建多向覆盖"虚实融合"的实践载体,提升过程衔接有效性;创建"校政企"多方协同的保障机制,提高成果转化可行性。

【关键词】虚实融合 创新创业 教学模式 改革 实践

培养高素质的创新创业型人才是当前我国社会发展的大势所趋。中国高校创新创业教育经过多年的发展,已经取得了重要成绩,但是在创新创业教学过程中还存在一些教学形式单一、资源不足和衔接不畅等问题,这些现实问题随着创新创业教育的深入开展而变得极为突出。浙江工业大学充分依托自身优势,始终坚持"以浙江精神办学,与区域经济互动"的办学宗旨,扎根区域创业热土,逐渐探索出一条具有工大特色的创新创业型人才培养新途径。

一、现实问题:教学形式单一、理论与实践脱节、教育资源不足成为提高创新创业教学成效的主要障碍

高校创新创业教育在实施过程中,还存在课程设置单一,理论教学与实践脱节;教师创业实践经验欠缺,教学方法单一,针对性和实效性不强;实践平台短缺,指导帮扶不到位,创新创业教育资源亟待健全等问题。这些问题不是某个学校面对的"个性"问题,而是整个中国高校在创新创业教育实践中所要面临的"共性"问题。这些问题既是当前提高创新创业教学成效的主要障碍,也是深化创新创业教育教学改革的重要方向。通过对这些问题的归纳与提炼,当前创新创业教学中需要着重解决以下问题:

①如何构建新机制丰富创新创业教育资源?

②如何探索新方法促进创新创业教学形式多样化?

③如何创建新载体实现创新创业理论与实践深度融合?

浙江工业大学从创新创业教育的范式和机制方面进行创新性探索,在课程体系、教学方法、教学手段、教学资源、实践平台等方面开展大量的实践,逐渐形成"虚实融合"的创新创业教学新模式。

二、改革举措:构建"虚实融合"创新创业教学新模式,创建"校政企"多方协同新机制

1. 教学改革之方法

(1)构建多维并进"虚实融合"的课程体系,注重教学内容针对性

在课程形式上,推进线下课程与线上课程有效融合,开设创新创业基础通识必修课程、

创新创业专业选修课程和创业实战课程,分别注重培养学生创新创业意识、提升创新创业能力、提高创业综合素质;在课程内容上,自编120个校本真实案例,融入教学全过程,通过案例教学和现场体验,增强课程内容真实感;在教学环节上,设置理论教学2个必修学分与实践教学2个必修学分,通过创业学分的认定和置换,满足学生创新创业个性化需求。

(2)开发多元递进"虚实融合"的教学软件,丰富教学方法多样性

基于《加强非经管类专业大学生经济管理素质教育的研究》的改革经验,以"虚拟创业环境、仿真模拟对抗、真实创业流程、真实行业数据"深度融合的理念,与杭州贝腾科技有限公司联合研发全真模拟实训平台"创业总动员",通过创业认知实践(面向大一、大二学生,在线学习为主,激发兴趣)、创业基础实践(面向大二、大三学生,基础实践为主,训练能力)、初创企业管理(面向大二、大三学生,模拟实践为主,提升技能)、创业综合管理(面向大三、大四学生,管理模拟为主,培养素质),实现创新创业教育线上线下融合。

(3)共建多向覆盖"虚实融合"的实践载体,提升过程衔接有效性

构建"创新工坊+学科竞赛"的创新实践载体,采用实践训练法和任务驱动法,实现创新知识的获取和创新思维的培养,强化理论教学与创新实践的衔接性;创建"模拟企业+实验创咖"虚拟创业训练载体,突出"真实需求、真实项目、真实流程"的全真特色,实现从创新实践能力到创业综合素养的培养,强化创新实践到模拟创业的衔接性;建立"众创空间+地方研究院+大学科技园"的创业实战载体,通过师生共创模式实现从创业能力到实际创业运营的转变,强化创业训练到创业实战的衔接性。

(4)创建"校政企"多方协同的保障机制,提高成果转化可行性

建成导师库,聘任企业、政府和社会专业人员作为创新创业导师,推行校内教师企业挂职,鼓励教师离岗创业,通过外聘和内培建设"双能型、双创型、双师型"师资队伍。"学校、政府、企业"三位一体合作共建12家实体化运行的地方创新创业研究院,打造"协同创新、成果转移、创业孵化、产业化支撑"的创新创业平台。"校友接力、全员参与"众筹浙江省首支校友创业基金(10亿元),已向12家师生企业投资1.2亿元。通过校政企共同推进,实现创新成果的产业化。

2. 教学改革之创新

(1)新模式:虚实融合的创新创业教学模式

以课程为基础,以实践为抓手,以案例为补充,融合"实践教学法、互动教学法、案例教学法",通过"线下教学与线上学习相结合、案例教学与仿真实训相结合"的理论教学和"虚拟创新训练与全真模拟创业实践相结合"的实践训练,实现创新创业教育融入人才培养的全过程和全覆盖。打破现有教学"理论知识"与"实践经验"结合难的束缚,解决"普适性教育"与"差异性需求"的对接困难,走出"全覆盖"与"师资队伍紧缺"的两难困境。

(2)新工具:多领域全真模拟实训软件

与企业联合研发《创业之星》和《创业总动员》实训软件,以"浸入式教学,仿真式体验,递进式实践"的思路,创建了创业认知实践模块(创新创业讲堂、政策达人、兴趣能力评估)、创业基础实践模块(团队组建、商机筛选、商业模式、资源整合和企业开办)、初创企业管理模块(财务、营销、人资、连锁和物流模拟实践)、创业综合管理模块(消费群体、市场机会、设计研发、生产制造、市场营销、人力资源、财务管理和市场竞争模拟),融入八大行业的创业经营、业务管理的流程与数据,形成了"一站式、层次化、递进式"的全真模拟实践过程,实现了知识

学习与实践训练有效融合。实训软件被教育部选为"昆山杯"全国大学生优秀创业团队大赛唯一平台;连续3届被"挑战杯"中国大学生创业计划竞赛——"创业之星"网络虚拟运营竞赛采用。

(3)新机制:创建"校政企"协同多方共赢的长效机制

建设"政校企"三方共建的独立法人的地方创新创业研究院,通过"创新要素、资源要素、市场要素"的有机融合,推行"项目、教师、学生"三位一体师生协同创新创业机制,让学生在深度参与教师科研创新的同时,鼓励师生结对开展创业实践,从而实现师生在创新创业教育与专业教育的融合中教学相长、科研相生和实践相促。仅2017年12个研究院共吸引政府、企业资金投入7224万元,空间投入3万平方米,培育孵化师生创业企业62家。

三、实践成效:创新创业教学改革受益显著、辐射面广、认同度高

1. 直接受益显著

创新创业课程2016年开始实现在校生全覆盖,参与创新创业竞赛达到人均1.3次/年,近5年共获省级以上奖项1552项,在近5届"挑战杯""互联网+"竞赛中获全国金奖4项、银奖13项;本科生公开发表论文1256篇,获专利授权1178项;在浙江省高校教学业绩考核中的"学生创新活动"分项绩效历年列省属高校第一,在教育部2013—2017年全国普通高校竞赛评估排名第19名(地方高校排名第2名)。

近5年,99个创业团队入驻创业平台孵化,获得风投近1.4亿元。王健创立的杭州哲信获2014年"创青春"全国银奖,2015年公司作价29亿元被上市公司并购;在校学生邓建波创立的"青团社"获2016年"创青春"创业大赛全国金奖、"互联网+"竞赛全国银奖,2017年实现融资1.2亿元。2016年大学造富排行榜,学校位居全国高校第25位。学校有效发明专利量排名全国第10名,专利金奖数排名全国第6名,成为学校创新成果转化的扎实基础。

2. 辐射面广

自主开发的《创业之星》《创业总动员》被全国700多所高校采用,实现销售额1.1亿元,受益学生人数达30多万。

"工程经济"入选国家资源共享课程,被教育部列入高校骨干教师研修班示范课程。

出版教材6部,其中《技术经济学概论》被列入"十二五"普通高等教育本科国家级规划教材,共发行60多万册,被多所985、211高校采用;《创新创业基础:理论与实践》被列入浙江省普通高校"十三五"省新形态教材,被全国60多所高校使用;《创业基础》列入浙江省高校创业学院联盟重点推广教材。

3. 社会认同度高

学校被评为全国创新创业改革示范高校、全国高校实践育人创新创业基地、浙江省首批创新创业示范基地,60多所高校来校交流取经。中央电视台、《中国教育报》、新华社、《浙江日报》、新浪网等30多家媒体对学校创新创业教育开展相关报道,总计达120余篇。

教学团队成员获浙江省教学成果奖一等奖3项,浙江省哲学社会科学优秀成果奖一等奖2项,浙江省自然科学一等奖1项;发表论文26篇,被引用428次,下载20241次,其中13篇在《中国高教研究》《高等工程教育研究》《科研管理》《科学学研究》等高水平研究期刊上发表。

成果产出了创新实验室系列产品。浙江工业大学师生共创的"智慧生态"中小学创新实

验室产品已被浙江、江苏40多所中小学采用,实现年产值近600万元,受益学生2万多人。

四、结语

创新创业教学改革与探索是当前高等教育人才培养模式改革的一个重要领域。深化创新创业教学改革,提高创新创业人才培养质量,促进大学生全面发展是高校人才培养功能的具体体现。浙江工业大学通过多年的探索与实践,取得了一定的成果,形成了可普及、易推广的创新创业型人才培养新模式,为中国高校创新创业教育的发展提供了生动实践。但是,创新创业教育本身就是一个比较复杂的体系,在专业教育与创业教育深度耦合、创业教育质量评价、创业教育生态系统构建等方面还有很远的路要走,这就要求创新创业教育领域的实践者、研究者继续立足新阶段,面对新问题,利用新技术,把握新常态,攻克新难题,推动创新创业教育教学向更高水平发展,为一流本科教育的建设添砖加瓦,做出自身应有的贡献。

参考文献

[1]王卫红,金伟林,何伏林.创业基础[M].杭州:杭州出版社,2017.

[2]王占仁."广谱式"创新创业教育导论[M].北京:人民出版社,2012.

[3]吴金秋.中国高校"融入式"创新创业教育[M].哈尔滨:黑龙江人民出版社,2013.

[4]徐小洲,梅伟惠.高校创业教育体系建设战略研究[M].杭州:浙江教育出版社,2015.

[5]张昊民,马君.高校创业教育研究——全球视角与本土实践[M].北京:中国人民大学出版社,2012.

作者简介

王卫红:浙江工业大学教授,硕士生导师,浙江工业大学创业学院执行院长,浙江省高校创业学院联盟理事长。

地方高校创业人才培养探索与实践

施永川

温州大学

【摘要】本文以温州大学为例,立足"大众创业、万众创新"新时代地方高校应用型人才培养的基本定位,以岗位创业能力和自主创业能力发展为导向,以专业教育与创业教育融合为路径,实施分类分层的创业人才培养;融合区域创业文化,构建深度融合的创业教育教学体系;整合区域创业资源,构筑互动递进的创业教育平台;打通创业教育生态链,形成多维协同的创业人才培养合作机制,为地方高校创业人才培养探索了新路径。

【关键词】地方高校 创业教育 人才培养 专业融合

一、问题分析

创业教育目的在于培养具有企业家精神的创新型人才。对于地方高校而言,创业教育更应是应用型人才培养的重要内涵与路径,绝非商业技能传授。从当前的创业教育实践来看,存在以下几个亟待解决的问题。

1. 地方高校创业人才培养目标定位模糊、模式单一

无视不同学生的创业学习差异化需求,将创业教育目标泛化或者窄化,甚至把创业实践简单化为"办企业、做生意";大部分高校实施的创业教育仍倾向于鼓励少数大学生参与创业实践,不能满足不同地域、不同专业学生的需求;未能形成一种兼顾不同创业学习需求的创业教育模式。

2. 创业教育与专业教育融合路线偏差,无法支撑学生综合能力发展

不同学科专业背景的学生接受的基本是同质化的创业教育;创业教育要素没有深度介入教学流程;创业教育与专业教育依然是"两张皮"现象较为突出,无法满足市场对应用型人才既懂专业又懂管理的综合能力素质要求。

3. 创业教育缺乏开放协同的运行保障机制,缺少丰富的创业实践平台支撑

部分高校创业教育的实施依托于某个教学单位(如商学院)或行政部门(如团委),组织机构游离于教学系统之外;缺乏开放协同的校内外运行保障机制;校地、校企对接不够紧密,未能形成一套系统长效的创业人才培养合作与互动机制。

二、改革举措

作为地方高校,温州大学始终把"创新精神、创业能力和社会责任感"作为人才培养目标的重要维度,始终把温州创业文化基因和温州人创业精神深深嵌入学校应用型人才培养体系之中。学校立足"重实践、强创新、能创业、懂管理、敢担当"的应用型人才培养的基本定位,进一步推进专业教育与创业教育深度融合,经过多年的探索,形成了分类分层、深度融合的创业人才培养新体系。当前,高校创新创业教育改革备受瞩目,在大学生就业受国内外经济社会发展形势的负面冲击日趋严峻的情况下,创业人才培养更加凸显其积极作用和重要价值。

温州大学立足"大众创业、万众创新"新时代地方高校应用型人才培养的基本定位,以岗位创业(强调岗位创新创业)能力和自主创业(强调自主创办企业)能力发展为导向,以专业教育与创业教育融合为路径,突显创业精神培植和创业实务能力发展,实施分类分层的创业人才培养;融合区域创业文化,构建深度融合的创业教育教学体系;整合区域创业资源,构筑互动递进的创业教育平台;打通创业教育生态链,形成多维协同的创业人才培养合作机制;学生的创业意识和能力明显增强,毕业生的岗位胜任和发展能力明显提高,创业人才培养质量与效益明显提升,既有效突破了地方高校应用型人才培养的瓶颈,又为地方本科高校改革发展提供了有益借鉴。

1. 理性把握创业教育的内涵,构建地方高校创业人才培养新框架

创业教育核心要义是企业家精神的培植,目的在于培养创新型人才。作为地方高校应用型人才培养的重要途径,创业教育需要兼顾短期诉求与长远价值,即在短期的就业创业诉求和长远的人才培养质量上有所体现,否则将使创业教育落入"成功学""商业秘籍"的窠臼。基于学校应用型人才目标定位,考量大学生创业学习的差异化需求,以岗位创业和自主创业为导向,以专业教育与创业教育融合为路径,突显创业精神培植和创业实务能力培养,构建了"分类分层、深度融合"的创业人才培养新框架(见图1)。

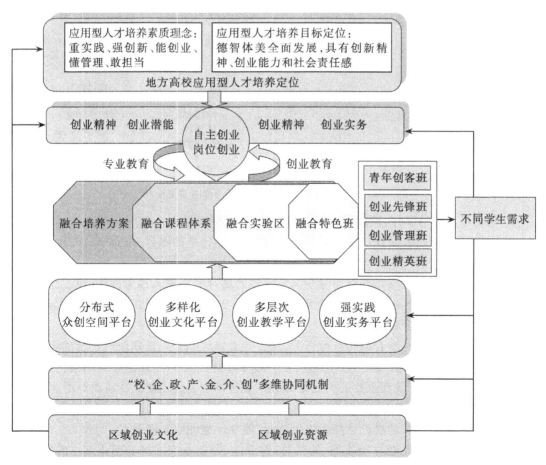

图1 "分类分层、深度融合"的创业人才培养新框架

2. 回应创业教育的差异化诉求,实施分类分层的创业人才培养模式

创业教育的开展应该基于高等教育的"选择性机制",需要充分考虑个体学习诉求,根据学生对创业教育的差异化需求,实施分层分类的创业人才培养(见图2)。

一是通过通识教育、创业文化传播培育全体学生的创业意识与创业精神,二是通过创业苗圃、众创空间等挖掘兴趣学生的创业潜能,三是通过创业课程、特色班级等发展意向学生的创业知能,四是通过孵化区、创业园区等提升学生的创业实务。

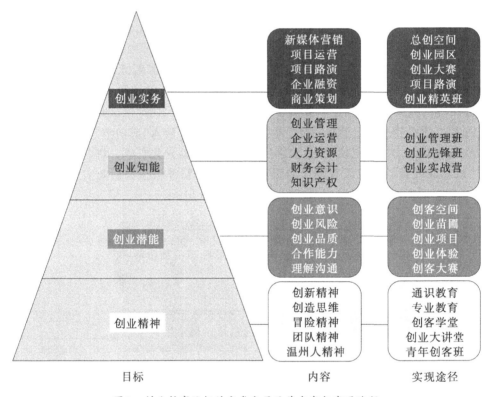

图2 创业教育目标的分类分层及其内容与实现途径

3. 融合区域创业文化,构建深度融合的创业教育教学体系

以专业教育为载体,实现培养方案的融合,课程内容体系的融合、培养模式的融合、培养体系的融合。

一是培养方案层面:以培养既懂专业又懂管理的复合型应用人才为目标,通过开设全校性"大学生创业基础"公共必修课,设置创业实践项目2个学分,跨学院、跨专业选修课10个学分,实现了创业教育全覆盖。

二是通识课程层面:结合温州区域资源,从公共必修课和公共选修课两个维度切入构建了融合创业教育的通识课程体系。开发了公共必修课程《大学生创业基础》及通识课程教材;开发了50多门创业教育全校公共选修课,如"创业学""企业管理"等基础类创业选修课程,"温州模式与温州企业家精神""中小企业创业实务"等具有温州区域特色的创业类选修课程和"商业音乐管理""动漫设计与大学生创业"等专业类创业选修课程。

三是专业教育层面:建立跨院系、跨学科、跨专业、跨行业交叉培养创业人才的新机制,设立汽车服务工程、鞋靴设计、服装设计、经济、法学等专业教育与创业教育融合的人才培养模式实验区。具体做法有:①加大实践教学比重,将创业教育内容纳入专业课程体系,新增《中小企业创业实务》《鞋类产品市场营销》《汽车服务经营与管理》等18门专业类创业教育选修课。②试点"一团队、一课程群、一岗位"的创业教育模式,采取"企业孵化式"教学法。③推进专业教师在专业课程教学过程中渗透创业理念和知识,注重从应用的角度增选主干专业课程的教学内容,改革教学方法,增加现场教学环节和案例分析的比重。④通过校企合作,改善专业课程的师资结构,部分课程的1/5课时由企业师资授课。⑤推进专业实践教学环节的改革,实验区改革专业的实践环节,在不削弱专业实习的同时,新增管理岗位实习。

四是创业特色班层面:全国首开专业教育与创业教育深度融合的3+1创业精英班,在3年专业学习的基础上,通过1年集中到创业人才培养学院或者专业学院进行创业学习和创业项目孵化,培养既懂专业又懂经营管理的创业型人才,目前精英班学生100%真实运营创业项目,并且70%左右毕业后选择了自主创业。

4. 整合区域创业资源,构筑互动递进的创业教育平台

通过整合区域创业资源,构建功能集约、资源优化、开放充分、内外融通、运行高效的校内外创业教育平台。

一是打造1+X分布式创客平台,加快创新创意创业转化。打造创新与创业、线上与线下、孵化与投资相结合的一站式服务的众创空间,建立了18个分布式创客空间学院,定期举办以创意、创客、创业为主题的"创客学堂"活动。

二是构筑多样化的创业文化平台,构建全程化的学生创业帮扶体系。成立未来企业家俱乐部、大学生创新创业联盟、KAB创业俱乐部等社团,自主举办创业学子论坛、校友创业论坛,开展创业诊断、创业咨询、创业创意大赛、创业工作坊、模拟实训等形式多样、类型丰富的社团活动。每年举办创业文化节和创客嘉年华两大赛事。

三是打造多层次的创业教学平台,推进深度融合的创业人才培养模式改革。常年开设青年创客班、创业先锋班、创业管理班、创业精英班等,对接创业热点举办跨境电商班、企业家接班人班、大学生村官创业班等;开发"大学生创业基础"精品在线开放课程,出版同名新形态教材,系统推进"企业孵化式教育"教学改革,加强特色化的创业教育课程体系建设。

四是做强实践导向的创业实务平台,提升创业项目孵化的质量与效果。建有深度合作的校外创业实践基地35家;聘请创业实务导师77人,对每个创业团队实施二对一的创业辅导;构建专业创业工作室—学院创业中心—学校创业园区-社会创业平台四级孵化机制,近年来共成功孵化出120余支大学生创业团队,孵化存活率达80%以上,提供就业岗位(含在校生实习岗位数)1800余个,大学生创业企业营业总收入近1.2亿元。

5. 打通创业教育生态链,形成多维协同的创业人才培养合作机制

协同校内外创业教育资源,打通专业课内外、创业园内外、校内外创业教育生态链,满足不同学生的创业学习需求,支撑复合型、应用型人才培养。

一是健全组织机构和制度保障。学校成立了以校长为组长的学校创新创业教育工作领导小组;建成了国内最早一批的处级建制、实体运作的创业人才培养学院,设立了6000余平方米的大学生创业园和众创空间;出台了《温州大学创业教育创新行动计划》《温州大学创业教育与专业教育深度融合实验班项目管理办法》等文件,建立健全了创业成果和学分转化教学管理制度,在国内高校较早落实了创业计划书充抵毕业设计、创业项目实践充抵专业实习实践等创业成果认定机制。

二是实施创业导师培养"双百计划"。实施创新创业教育教师培养计划,建设了一支结构合理、专业行业均衡、实务导向的双百校内外创业导师队伍;建立了创新创业教育专职教师到行业企业挂职锻炼制度;同时充分利用创业园等校外师资,吸引更多相关行业企业优秀经营管理人才、企业家到学校兼职或挂职任教。

三是落实创业项目资本对接常态化。成立了大学生创投机构联盟;设立了新湖创业教育基金、奥康创业基金、掌上大学梦想基金等,总金额达4000万元;每年举办大学生创业项目资本对接会,为10个大学生创业团队对接总额为800万元以上的创投资本。

四是共建共享优化创业教育生态圈。强化多维协同,分别与政府、企业、金融机构、创业服务中介等合作优化高校创业教育生态圈:①与地方政府合作,共建浙南科技城大学生创业实践基地、雁荡山创客空间等,拓展大学生创业孵化空间。②引入创业服务中介机构,设立海西青年创业服务中心、温州青年创业就业服务中心。③积极承接政府服务购买,举办全市大学生创业大赛、创业项目资本对接会、大学生村官创业培训、海峡两岸创业实战营等;全方位拓展大学生创业教育生态圈,真正实现了创业人才培养的"校、企、政、产、金、介、创"多维协同与合作(见图3)。

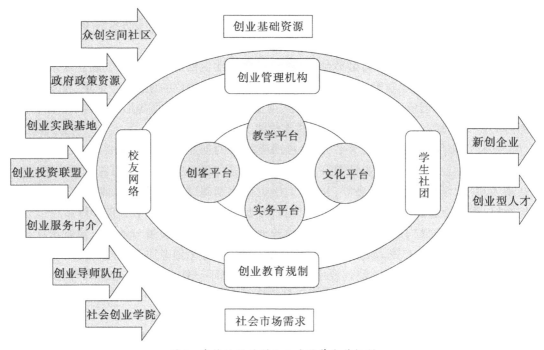

图3 多维协同的创业人才培养合作机制

三、应用效果

1. 学生的创业意识和创业能力明显增强,毕业生的岗位胜任和发展能力明显提高

温州大学自2011年起在汽车服务工程、鞋靴设计、法学、经济学、服装设计等5个专业600名同学中试点,目前已在7个学院27个专业中实施。通过布局5个创业人才培养模式改革试验区、4类创业特色班和18个创客空间,分层分类推进专业教育与创业教育深度融合,满足不同学生的创业学习需求,培养具有较强创新创业能力、较高综合素质的应用型人才,目前总受益人数超过2万人。

试点专业学生的就业创业能力和岗位适应能力得到极大提升。根据对曾在创业特色班就读或者创业园从事过创业实践的306名毕业生的抽样跟踪调查,毕业生工作第1年的平均年薪约6.51万元,年薪10万以上的占17%,最高位31万元,平均起薪是同届毕业生的1.6倍。其中,约1/3的毕业生进入国内外知名企业或者直接受聘为企业中层。2016届服装设计专业毕业生吴佳丽同学,凭借出色的专业和创业能力,通过知名电视求职节目《非你莫属》,现场获得20万年薪的岗位,更是引发麦肯锡、福能集团等公司老总的现场"抢人大战"。学生的创业实践能力及创新能力受到行业、社会的高度关注,涌现出如荣获2015年第九届"全国农村青年致富带头人"十大标兵并受到国务院汪洋副总理接见的傅智建、荣获全国"挑战杯"创业计划大赛金奖并被评为"福布斯30位30岁以下精英"的张良玉、获得团中央"大学生创业英雄十强"的郑兴伟等一大批创业精英。

2. 创新创业教育体系完整,教学改革研究成果丰富,对地方院校开展创新创业教育具有积极借鉴意义

通过多年的探索和实践,项目的理论和实践成果丰富。近5年,本成果核心内容获省部级奖3项,国家社科基金7项,省部级项目10多项,在《教育研究》《高等教育研究》等CSSCI期刊发表论文80余篇,取得了较大反响。在实践中形成了系列教研教改成果。主持浙江省教育教学改革项目3项,获省级精品课程和精品在线开放课程2门,省级重点教材1项,高等教育出版社出版的《大学生创业基础》新形态教材为国内最早的同类型教材,被青海大学、广东商学院等多所高校选为校本教材。建成了含"大学生创业基础""温州模式与温州企业家精神"等50余门课程的创新创业教育课程群。

3. 创新创业教育教学成果深受认同,特色鲜明,影响广泛

学校创业人才培养模式和经验得到上级部门及兄弟院校的认可。先后荣获国家级教学成果一、二等奖,连续3届荣获浙江省教学成果一等奖,并获得首批全国创新创业典型经验50强高校、首批全国深化创新创业教育改革示范高校、国家级众创空间等多项荣誉。同时,应邀在联合国教科文组织、教育部、科技部、团中央、国家教育行政学院、清华大学、北京大学等主办的会议上做典型发言与经验介绍60多次。

四、思考展望

温州大学多年探索总结的创业人才培养模式对于地方高校双创教育的发展具有启示意义。

1. 要重视创业人才培养模式的创新——建构了分类分层、深度融合的创业人才培养模式

地方高校要立足区域创业文化和创业资源,关照不同群体对创业学习的差异化需求,从人才培养方案设计与实施入手,把创业要素融入人才培养教育体系;以创业教育人才培养模式区为基础,通过创客班、先锋班、管理班、精英班,分类分层推进创业教育与专业教育深度融合,凸显"重实践、强创新、能创业、懂管理、敢担当"的应用型人才特质。

2. 要重视创业人才培养体系的创新——构筑了互动递进的创业教育平台

地方高校要整合、提炼和转化丰富的区域创业资源,构筑互动递进的创客空间平台、创业文化平台、创业教学平台和创业实务平台;构建专业创业工作室—学院创业中心—学校创业园区—社会创业平台四级孵化机制,在创业教育教学内容、教学方式和实践教学环境等各环节强化创业精神和创业实务能力培养。

3. 要重视创业人才培养合作机制的创新——形成了多维协同的创业人才培养合作机制

地方高校要强调创业人才培养合作的开放性、系统性、连贯性、紧密性和稳定性,从组织、机制、教师、资金和孵化多个层面与区域创业资源对接,实现创业人才培养、社会服务与区域转型升级双向多层全方位的有机联动,真正实现了创业人才培养的"校、企、政、产、金、介、创"多维互动与合作。

参考文献

[1]蔡袁强.地方大学的使命:服务区域经济社会发展——以温州大学为例[J].教育研究,2012(2):89-94.

[2]施永川.高校创业教育师资发展面临的困境及对策[J].化工高等教育,2016(3):5-9.

[3]朱健.高校创业教育应着力构建创业生态体系[J].中国高等教育,2015(17):14-17.

作者简介

施永川:副教授,硕士生导师,温州大学创业人才培养学院副院长,主要研究方向为创新创业教育。在《中国高教研究》《中国高等教育》等核心期刊上发表创业教育论文20余篇。主持或参与国家社科基金、教育部人文社科基金等10多项课题。

商科类高校大学生创业教育与实践

江　辛　黄立芳

浙江工商大学

【摘要】文章概述了当前高校大学生创业教育面临的挑战,聚焦商科类高校在创业教育中的特点,从课程体系、师资队伍、实践平台和服务指导等方面系统总结了商科类高校进行大学生创业教育的实践经验,指出将专业教育与创业教育深度融合是可供商科类高校选择的创业教育路径之一。

【关键词】大商科　创业教育　创业实践

《国务院办公厅关于深化高等学校创新创业教育改革的实施意见》(国办发〔2015〕36号)明确指出:"深化高等学校创新创业教育改革,是国家实施创新驱动发展战略、促进经济提质增效升级的迫切需要,是推进高等教育综合改革、促进高校毕业生更高质量创业就业的重要举措。"大学生创业教育是致力于培养学生的创新创业意识和创业就业能力,创造性地开展工作和生活,最终实现自己的价值。

在新时代、新经济、新商科的时代背景下,商科教育正面临着重大变革,新技术的不断涌现、新商业环境的变化、新产业的变革,要求商科教育要与新时代、新技术、新产业进行不断融合。未来的大学教育将从"专业教育＋通识教育"走向"专业教育＋创业教育＋通识教育"。

商科类高校在管理、财会、金融、经济、营销等学科和专业上具有明显优势,将自己的学科专业特点转化为创业教育的优势资源,将专业教育与创业教育相融合,是商科类高校进行大学生创业教育的可选路径之一。

一、当前高校大学生创业教育面临的挑战

1. 创业教育培养理念不清晰、培养模式缺乏特色

表现在:①新时代背景下社会经济发展快速,创业教育与创业人才培养进度明显滞后,尤其是多数地方高校的创业教育存在千校一面的状况,培养模式趋同,缺乏层次性和差异性;②创业教育多停留在表面,很多高校的创业教育主要是在个别课程中加入部分创业教育的内容,如在"大学生就业指导"课程中添加部分创业内容,将课程名称改为"大学生创业就业指导",甚至只是将创业教育添加到思政课程中,就算是完成了创业教育的培养要求;③创业型人才培养迫在眉睫,但是何为创业型人才,创业型人才具有何种内涵结构、存在何种外延表征,理念上亟待破解。

2. 创业教育培养体系缺乏系统性和整合性

表现在:①学校、企业、校友等多元主体在创业教育过程中缺乏联结和相互联动;②专业教育、通识教育和创业教育各说自话、相互分立,多元学科与创业教育之间缺乏交融和相互契合,缺乏系统的创业教育课程体系;③大学生创业教育培养手段缺乏协同机制,专业教育与创业教育需要无法相互匹配。

3. 创业教育师资队伍人才不足、学生成才受限

表现在：①高校创业教育师资紧缺，为应付教育部门要求开展创业教育，高校往往安排缺乏创业实际经验的普通任课老师上课，传授给学生的大多为理论知识，当学生真正面临创业困难时，仍然存在不知从何下手的问题；②创业教育课程开发机制缺位，因创业教育师资不足，高校的创业教育课程也必然受到限制，创业教育课程单一，缺乏适应社会经济发展的实效性；③高校现有的大学生创业教育课程设置与学生的多样化需求还存在较大差距。

当前，商科类高校在大学生创业教育中也存在创业人才培养理念不适应新时代要求的问题，培养目标模糊、特色不明，滞后于社会经济快速发展，难以满足新商业环境对高层次创业人才的需求；创业人才培养体系不完善、路径不明确，商科类专业与创业教育相互孤立、融合不够，只是物理叠加，缺乏化学反应，导致商科类创业人才培养整体成效不显著；创业人才培养课堂低效，传统创业教育课堂教学形式单一，重知识传授轻能力与素质培养，学生参与度低、自主性不高，第一课堂与其他课堂相脱节，导致创业教育课堂教学效果不佳。

二、商科类高校的创业教育如何凸显特色

商科类高校在经济、金融、会计、管理等专业和学科上优势明显，与其他类别高校相比，其师资关注的领域距离创业市场更近，因此，在商机意识教育和商机把握技能教育中有着独特的优势。同时，在创业氛围营造和创业网络搭建上，其拥有的经管类专业和学科群决定了其在师资、校友、在校学生家长群体以及实习合作单位方面具有众多可利用资源。因此，商科类高校可在创业教育课程设置、师资队伍建设、创业实践平台和创业指导服务上凸显自己的特色。

在"大众创业，万众创新"的大背景下，提升全校学生的创新创业意识和能力是高校创业教育的使命，商科类高校更应该在创业教育中注重创业教育的效率和品质，发挥出自己的专业优势。相比理工科院校和其他高校，商科类高校除了需要重视创业教育必修课的质量，还应在其他创业类课程的品种多样化和内容深度化上做更多探索。商科类高校在创业教育课程体系的构建上可进行"商创＋X"课程设置，将创业指导的内容叠加到具体的专业课程体系中去，如"金融创业管理""食品创业管理""IT创业""艺术创业管理""创业财务管理"等，将专业教育与创业教育相融合，通过专业教师将创业知识有机融入专业课程中，创业教育的内容将更加生动，学生的学习兴趣也会更高。同时，由于"商创＋X"课程的教学需要，相关专业教师也会更加关注本专业、本行业的最新发展动态，专业教育的应用性以及教师自身的创业意识和素养也会得到更大的提升，由此，高校的创业教育师资队伍质量将会不断提高。

商科类高校除了在课程设置、师资培育上发挥优势外，还应在创业教育实践平台的搭建和创业教育指导服务上下功夫。创业教育不仅是让学生在课堂上学习创业知识，更需要在实践中不断尝试和体验创业过程，这样才能培养出真正具有创业思维、创新精神和创造能力的创业人才。商科类高校有着丰富的商业校友资源，学校要积极发掘可供学生实践和发展的社会资源，搭建可供学生"在做中学"的实践平台。此外，学校要关注大学生在创业实践中遇到的问题与挑战，建设创业导师工作室和导师团队，加强创业教育指导服务体系建设。

三、浙江工商大学在创业教育上的实践探索和成效

浙江工商大学提出的"大商科"创业人才培养模式，是将专业教育与创业教育、通识教育

进行深度融合,构建了一条可供商科类高校选择的创业教育路径。

1. 点面结合的创业教育课程体系

所谓"大商科"创业型人才培养并非是指商科类高校的经管类专业在数量上做大,而是指充分利用商科类高校在经管类专业方面的优势。在点上做精,使高校内外的初始创业者均能受益;在面上做强,扩大全校学生的受益总量。

"点",是指重点培养和重点突破。从2014年开始,学校选拔学生组建创业实验班,培养创业人才,推出约25个学分的创业教育课程,形成每个学生自己个性化的课表。同时,学校积极推进创新创业教育与信息技术相融合,于2015年创建了"4211"创业教育系列 MOOC 课程体系,包括4门核心课程("精益创业实务""项目分析与商业计划书""创业企业财务管理""商务沟通与谈判")、2门特色课程("互联网思维与创业""互联网金融")、1个系列创业沙龙(创业案例分享与交流)和1个创业实践环节(创业模拟/创业竞赛/创办企业)。基于该系列MOOC,学校于2016年推出"创业管理微专业",以微专业认证的形式面向校内外开放,实现了形式创新、学分浓缩、跨界融合、O2O认证。

"面",即"全面覆盖"。学校通过商科微专业、双创通识课与任选课、各类创业讲坛等,全面推进全校性的创新创业教育。在培养方案上,要求全校学生必修"大学生就业创业指导"课程,必选1个创新创业学分、2个素质拓展学分。在专业培养方案中,增加专业教育与创业教育融合的专业选修课,使之能够服务于具体专业领域的创业活动,如"外贸企业创业与运作""创新与创业管理""创新创业与专利"等课程。以商道精神与商业思维为主线,打造商科特色的通识教育,推出"创新·创意·创业"通识选课模块,包含"创业企业品牌战略""创业领导力与团队管理""创业中各种合同纠纷的预防和处理"等10多门课程。

2. 协同育人,建设高水平创业教育师资队伍

高校创业教育课程质量的提升需要有大批高质量的创业教育师资,而当前高校教师创业意识与能力普遍缺乏,这使创业教育师资力量紧缺成为目前高校急需解决的问题。相对而言,浙江工商大学充分利用校友、地区商会等资源,实施"请进来"和"走出去"策略,建立了一套创业教育教师锻炼成长、专业发展和能力提升的长效机制,打造了一支实践教学经验强、创业能力强的专兼结合的师资队伍,培育了一批年龄结构合理、知识结构优化、创新创业氛围浓厚的教学团队。

学校选聘90余位校内教师担任创业导师,大力推动创业教育与第一课堂有机融合,鼓励开展创新创业课题研究。近2年,学校教师承担国家自然科学基金、教育部等省级以上双创教育研究课题15个。近3年,教师公开发表双创教育研究相关论文119篇。

高校在创业教育中要强化协同育人,邀请创业成功人士、企业家、风险投资专家等各界精英共同设计、完善双创教育模式,并走进第一课堂为学生答疑解惑。每年学校安排专项经费,实施"实务精英进课堂",每年活动达100多次,累计受益学生约2万人。

在"请进来"的同时,实施"走出去"制度。学校大力推进"大地计划",划拨专项经费资助教师全职在校外企业或单位锻炼,丰富实务经验,近2年就选派27位教师分赴校外参加合作研发、技术服务、企业管理等实践锻炼。

3. 整合校内外资源,打造高满意度的创业实践平台

对于高校创业教育的实践教学而言,平台载体是高校创业教育体现可实践性的重要保证。开展大学生创业实践教育的重要平台一般包括创业孵化基地、创客实验室、实验实训中

心等。因此,这类平台载体的打造情况是衡量高校创业教育实践教学开展的重要指标。

高校在创业教育实施过程中,应对接政府、行业企业需求,开展面向社会的创业人才培训、创业项目孵化等服务,共建一批校企政创业教育协同育人实践基地。浙江工商大学利用教工路校区约3.2万平方米的校产资源,联合12位知名校友、企业和杭州市西湖区政府共建"浙商大创业园",同时,设立"浙商大资本"创投基金,成立了"浙江工商大学创客商学院",打造"创业园区+创投基金+创客商学院"三位一体创业孵化链,进一步推动学校建设、师生创业和校友企业发展。学校盘活下沙校区近万平方米的校产资源,与校友企业共建"浙商大学生创业园";该创业园基于"一园多点、有核无边"的空间布局,建有创意空间、创客社区、众创空间、创客孵化器等多个功能区域,有效满足了在校师生及毕业5年以内校友创业和科技成果转化的需要。

4. 锻造多渠道、多媒介的创业指导服务体系

创业是一种实践性极强的活动,创业活动可能需要运用的知识具有极大的不确定性,这就决定了创业教育很难单凭口头讲授完成传递,只有辅之以"在做中学"的模式,使教育者和受教育者充分体验和互动,创业教育才能得以高效开展。学校整合校内外资源,积极推进创业导师工作室和导师团队建设,鼓励导师或导师团队与学生创业项目结对发展,强化贯通线上线下和全程化的指导服务工作形式。学校还定期举办创业指导讲座和沙龙,组织学生参访校外企业、众创空间、孵化器和产业园,并邀请校外创业导师在校内开设创业加油站、创业诊所、创业法务工作室等咨询单元,提供一站式指导。

经过近5年的实践,浙江工商大学"经管为主、工商融合、多科交叉、协调发展"的"大商科"创业人才培养体系已逐渐形成,受到教育行政主管部门的肯定和社会好评。近3年,在"创青春"全国大学生创业大赛中,学校获金奖2项,银奖1项,铜奖4项;在"创青春"浙江省大学生创业大赛中,获金奖6项,银奖15项、铜奖18项。在中国"互联网+"大学生创新创业大赛中,学校获银奖1项,铜奖1项;在浙江省"互联网+"大学生创新创业大赛中,获金奖4项、银奖10项、铜奖14项。2017年,学校被教育部认定为全国深化创新创业教育改革示范高校。2018年,学校入选教育部全国创新创业典型经验高校50强。同年,学校被浙江省发改委认定为"省级双创示范基地",学校创业学院获评浙江省普通高校示范性创业学院。

四、思考展望

2018年6月,教育部召开新时代全国高等学校本科教育工作会议,并印发了《关于加快建设高水平本科教育 全面提高人才培养能力的意见》,意见明确要求"把深化高校创新创业教育改革作为推进高等教育综合改革的突破口,面向全体、分类施教、结合专业、强化实践,促进学生全面发展",由此可见,将创业教育与专业教育深度融合,健全创业课程体系、深化教学方法、实践训练、师资队伍建设等是改革的关键领域。

高校的创业教育发展从对个体创业意识启蒙、鼓励自我探索为主的1.0时代,到高校成立创业学院、开设创业类课程、开展多种创业教育活动的2.0时代,再到高校将创业教育融入专业教育、提供创业实践平台的3.0时代。如何在新时代背景下,培育出适应新经济、新产业、新技术的创业型人才,顺利迈入创业教育的4.0时代,仍是我们值得思考的事情。

参考文献

[1]陈寿灿,严毛新.创业教育与专业教育融合的大商科创业型人才[J].中国高教研究,2017(8):96-100.

[2]胡一波.基于"商科教育+互联网+"的校政联动创新创业实践育人平台构建[J].山西青年,2015(24):7-10.

[3]刘海春,等.中外创新创业教育理论与实践[M].广州:广东高等教育出版社,2016.

[4]汪陈友.大学生创业实践教育与创业能力培养一体化研究——以商科类大学生为例[J].河北农业大学学报(农林教育版),2016(10):96-99.

[5]徐永其,孙会,任真礼.普通高校商科专业学生创业能力培养路径的研究[J].科教文汇,2017(11):41-43.

作者简介

江　辛:教授,硕士生导师,浙江工商大学章乃器学院、创业学院、创客商学院院长,入选教育部全国万名优秀创新创业导师人才库。研究方向为服务管理与创业管理。

黄立芳:浙江工商大学创业学院教务秘书。研究方向为创业管理、创业企业法律风险防范。

大学生创新教育与专利培育

——中国计量大学20年创新教育探索

孙卫红　潘　岚　徐文龙　赵春鱼　张　艳

中国计量大学

【摘要】高校创新教育是培养创新型人才的重要途径。研究从目前高校创新教育面临的创新动机激发、创新实践入门和创新行为持续3个问题破题,构建完善了以专利为牵引,螺旋阶梯式递进为特征的创新教育体系,通过平台建设、制度完善和文化浸染等措施保障该体系的有效运行。经过20年探索,学校创新教育成效显著。

【关键词】创新教育　专利　体系

党的十八大首次提出创新驱动战略,党的十九大进一步明确创新在引领经济社会发展中的重要地位,创新驱动正式成为一项基本国策。《国家中长期科学和技术发展规划纲要》明确指出:"鼓励本科生投入科研工作,在创新实践中培养他们的探索兴趣和科学精神,以造就建设'创新型国家'所必需的大批创新型人才",创新型人才培养成为高校责无旁贷的使命,创新教育是创新型人才培养的重要途径之一。所谓创新教育主要是指培养具有创新思维、创新能力以及创新人格等创新素质的人才的教育活动。本着"人人可创新,人人能创新,让每个创新意识茁壮成长"的创新教育理念,以1998年设立的"发明与专利申请"选修课为起点,历经20年,中国计量大学依托专利发明类师资的集聚优势,逐步建立和完善了以专利发明为引领、体系、平台、制度、文化四位一体融合递进的创新教育体系,有效激发学生创新激情、增强学生创新动力、带领学生创新入门、鼓励学生持续创新,最终帮助学生形成创新意识,提高创新能力。

一、目前高校创新教育主要面临:创新动机激发、创新实践入门和创新行为持续的问题

1. 创新动机激发难

受应试教育的长期影响,当前的大学新生考试能力强,动手能力相对较弱;听课能力强,提问能力相对较弱;关注知识意识强,关注创新意识相对较弱。尤其在对需要综合运用多学科知识,与来自不同学科同学互动、交流,取长补短解决现实问题时有一定的畏难情绪。由于不了解创新、不理解创新,忽略创新与生活的根本联系,创新动机激发较难。

2. 创新实践入门难

创新活动需要在一定的创新动力激发下,面对现实问题,重构知识体系,生发新的、有创造性的问题解决方案,是有别于传统学习活动的一种特殊的思维、能力建构活动。传统的知识教育并没有为大学生进行创新活动做好充分准备,大学生面临创新入门难的问题。

3. 创新持续发展难

创新活动是一项艰苦的探索活动,创新活动在开展过程中,教师和学生都会面临很多意想不到的问题,创新活动持续发展也会面临诸多不确定性和障碍。

二、改革举措:"体系""平台""制度""文化",四位一体系统推动创新教育出成效

专利申请是一种重要的大学生创新活动形式。相对于其他创新活动,来自于生活的小发明,在教师的指导下以专利形式呈现,适合激发低年级学生的创新热情;专利没有获奖比例限制,适合最大多数的学生培养;专利内容来源广,适合各专业和各教育层次的学生。以专利为牵引可能成为高校创新教育的一个路径。

1. 顶层设计,构建"以专利为牵引,螺旋阶梯式递进的创新教育体系"

不同的专利申请有不同的创新难度系数。学校根据学生专业教育进展、专利申请难度等级和创新能力发展规律,系统设计了从易到难的三阶段创新教育活动体系(见图1)。即由创新理论课程、课程竞赛和以生活来源为主要内容的简单专利发明申请等构成的创新入门阶段;由专业实践、科研项目训练、以课外科技中学术性成果为主的专利申请等活动构成的创新能力初步发展阶段;由综合性学科竞赛、学术论文发表、本—硕创新计划、发明专利和面向社会需求的专利申请等活动构成的创新能力持续发展阶段,三个阶段全程以专利申请为引领。通过专利与学科竞赛、学生科研训练项目结合,实现创新思维与创新实践的螺旋上升式发展,学生创新思维不断强化,创新实践能力不断提高,最终养成创新习惯。同时,在创新成果基础上,以学校国家级大学生创业园为平台,通过专利办公室的组织协调,对接资源,实现创新成果孵化。近年来,共转化专利68项,其中发明专利22项,实用新型专利39项,软件著作权7项。创业成功的毕业生,饮水思源积极反哺学校创新创业教育。

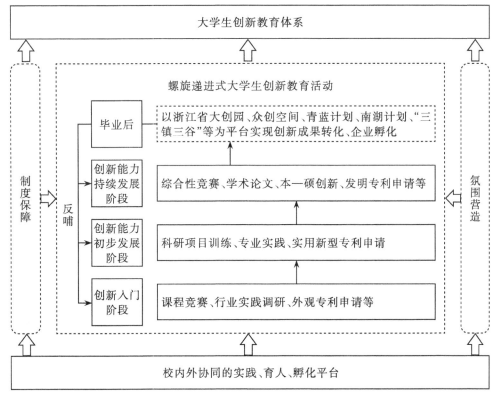

图1　大学生三阶段创新教育体系框架

为确保创新教育的有效实施,学校在经费、师资、管理等方面为学校创新创业教育体系的顺利运行提供制度保障。特别是通过2012年创新创业学分设置、2017年实施"一专一赛"大学生科技创新竞赛格局,构建"教、课、赛"一体化培育平台,以制度形式保证每个学生参与创新活动;通过设立"专利墙""大学生创新成果展示中心""实践育人节"等营造校园创新文化氛围;通过国际创新创业训练营、创客空间进校园等各类活动营造创新创业氛围,在潜移默化中培养学生创新意识。

2. 外拓内建,夯实创新实践支撑平台

不同于传统的专业教育,创新教育不仅强调"动脑",还必须辅以"动手";不仅强调"课内",也关注"课外";不仅强调本学科知识的掌握,更关注跨学科知识的融合。这些特点要求创新教育的开展必须有丰富的平台支撑。

(1)遵循育人规律,构建递进式创新教育课程体系

从2012年起,修订本科生培养方案指导意见,设立必修创新创业学分模块,构建"基础课程—竞赛指导—集中实践"递进式的课程体系(见图2),具体包括:①探索混合式教学,拓展创新创业教育基础课程库。目前共有创新创业类课程39门,总计56.5学分、1025学时。全校性创新创业通识类课程22门,其中9门课程实现线上线下混合式教学。在专业平台层面,根据专业特点开设若干创业教育选修课。②根据学校"一专一赛"的大学生科技创新竞赛格局,开发包括"发明专利申请"在内的竞赛指导课程13门,总计29.5学分。③在集中实践环节,开设为期2周的"创新创业实践"周,1.5学分。

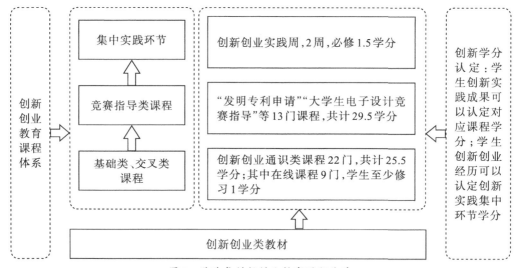

图2 递进式创新创业教育课程体系

(2)大力支持基于教师创新成果的创新教育教材建设

近年来先后立项、公开出版的创新类教材11部,其中包括学校梁嘉麟教授以自己的20多项发明专利为基础编著的公开出版教材《质检系统设计概论(方法)》、赵明岩副教授的以100多项学生参赛的获奖项目创新内容为基础编写的省重点建设教材《大学生机械设计竞赛指导》。将源于师生、贴近学生创新思维方式的获奖项目转化为在校学生的学识水平易于接受的创新教学内容,拉近了创新教育与在校生的现有水平,保证了创新教育的持续性。

（3）校内外兼顾，着力培育一支专兼结合、相对稳定、素质较高的创新教育指导团队

通过专利发明指导、学科竞赛、活动开发等教师团队建设，形成稳定的创新活动指导团队。如专利发明指导团队有包含7位正高职称领衔的50余位教师，指导教师中梁嘉麟教授21世纪以来以独立发明人身份获准发明专利的已超过100项，是中国高校教师中获准发明专利最多的教师之一；电子设计指导团队通过与五大学院合作，通过"海选创班，参加竞赛，后续跟进"方式探索了高水平电子设计创新人才培养实践；理学院数模团队以数学建模为载体探索了数学应用与创新能力培养方法等。

（4）依托知识产权专业和各级各类创新人才培养基地，构建大学生创新实践活动基地平台

学校于2005年在浙江省首批设立知识产权专业，2008年获批浙江省标准化与知识产权管理人文社科重点研究基地，2009年获批浙江省知识产权人才培养基地，2011年设立知识产权学院，2012年获批"国家知识产权培训基地"，为师生专利申请提供了扎实的平台基础；学校有省级以上实验教学示范中心11个，教学实验室289个；现有企业合作签约实践教育基地345个，可容纳学生9386人同时开展创新实践；从学科竞赛到综合科研项目立项，学校现有几十种类型的课外科技活动项目；2014年学校大学科技园正式被科技部、教育部认定为国家级大学科技园。这些实践活动基地平台为学生的创新活动开展提供了良好的支撑。

3. 完善制度，保障创新教育有效实施

制度能够有效固化创新教育的有效实践。学校制定了学生创新教育活动管理制度，实现了创新教育"有要求、有激励"的制度环境，每年学校投入学生创新教育的经费超过1300万元。具体的措施包括：

（1）学生层面

①探索灵活的创新学分认定制度：出台了《本科生创新创业实践成果认定为毕业设计（论文）的指导意见》《本科实践教学活动学分认定细则》《本科生创新实践活动实施办法》，规定学生创新实践成果可以认定对应课程学分或毕业设计；创新创业经历可以认定创新集中实践环节学分。近3年创新学分认定课程达到606门。②设立"研究与创新"奖学金。③设立弹性学制，学制延长至6年，学生在学制内可提出休学创业。④全面开放校级创新实践平台，为学生创新创业提供实践条件。各学院结合相关专业特色优势，设立创新创业实验室。

（2）教师层面

出台了鼓励教师参与学生创新活动指导的一系列政策，加大对教师的奖励力度，指导学生创新实践成果给予学时奖励，在职称评定时与相应的科研成果等效，如指导学生获得A类学科竞赛一等奖等同于教师本人的一篇核心中文期刊，指导本科生以第一作者获得的专利、发表的论文视同教师本人获得专利和发表的论文等。这些政策极大地调动了教师积极性。

4. 润物无声：营造创新文化，激发学生创新意识

利用科技文化节、学生创新社团、知识产权文化周、专题报告会等形式营造校园创新氛围，学校还设置了"专利墙"，展示学生专利；建立了"大学生创新成果展示中心"，集中展示学生创新优秀成果，并组织学生参观；设立每年一度的"实践育人节"，展示如何进行创新实践，达到了利用身边同学的创新过程、创新成果激发学生创新热情的目的。近5年学校组织参与各类省级以上学科竞赛60多项，立项校级以上学生科研训练项目795项，各类学生创新社团10多个，创新实践活动覆盖了全校所有专业学生，已经形成了人人参与创新的局面。

通过"体系""平台""制度""氛围"四位一体的创新教育的系统推进,学校创新教育成效显著,逐步形成了"人人参与"的创新氛围。在校生创新实践参与人次数从2006年的3691人次提高到目前在校生100%参与创新实践。将参观学校"专利墙"和"大学生创新成果展示中心"列入新生入学教育。2017年选修"发明与专利申请"等创新类课程的学生达2479人次。学生以独立发明人获得授权的专利数量从2006年的2项提高到2017年的154项,累计达3006项,位居浙江省高校第一,全国高校前列;累计148项学生专利为苏泊尔、鸿雁电器等知名企业采用。由于学生专利工作突出,学校近年来获得"国家专利工作和知识产权事业贡献奖"等多项荣誉,获批国家知识产权人才培养基地。

截至2018年年底,学校共立项国家级、省级大学生创新创业训练计划项目148个。近3年学生在各类学科竞赛中获国家奖271项、省奖1167项,其中"挑战杯"全国一等奖3项,2017年进入全国发起高校,2018年获得"挑战杯"一等奖1项,三等奖1项;数学建模竞赛全国一等奖21项,数学建模竞赛总成绩连续5年排名全省高校第一,2015年排名全国所有参赛高校第二,2017年排名全国第三;电子设计竞赛、生命竞赛等一批竞赛获奖达到省内前列;积极参加中国"互联网+"大学生创新创业大赛,累计获得国家级银奖1项,铜奖1项,省奖18项,特别是2018年浙江省"互联网+"大学生创新创业大赛中,学校推荐的8个项目中有6个获奖;在各类期刊发表学术论文410篇。

中国计量大学成为2017年唯一一所被评为全国创新创业50强的浙江高校;"以专利发明为引领的大学生创新教育体系构建与实践"获得浙江省教学成果一等奖;在中国高等教育学会公布的2013—2017年全国高校学科竞赛评估中,中国计量大学位列全国第63位,在2017年全国高校学科竞赛评估中位列全国第45位,在包含了省赛结果的浙江省2017年本科院校学科竞赛评估中位列全省第4位;中央电视台新闻频道、中央电视台国际频道、《光明日报》等国家、省级媒体对学校以专利为牵引进行创新创业教育进行了多次重点报道。

三、思考与展望:向创新教育2.0转型

以专利申请为牵引,构建的创新教育体系有效激发了学生的创新动力并提供学生持续创新的动力。同时,随着时代的变迁,这种侧重于技术创新的创新教育模式还有很大的发展空间,特别是"大众创业"时代的来临,创新成果的实践应用和经济转化价值成为高校创新教育发展需要思考的焦点,并可能成为高校双创教育新的增长点。在基本实现以技术发展为导向、学生科研为主体、实验室为载体的高校创新教育1.0模式的基础上,我们正打造以用户为中心、以社会实践为舞台、以共同创新、开放创新为特点的用户参与的创新教育2.0模式。

学校在原有以专利为牵引的创新教育模式基础上,进一步提出"以平台孵化创业火花"的后续发展步骤和思路,申请立项教育部新工科研究与实践项目《新工科人才的创新创业能力培养探索》,结合卓越工程师培养计划和国家创新创业项目,进一步更新教育理念、突破思想局限,进一步完善"以专利牵引创新活动 以平台孵化创业火花"的学校双创教育体系,立足办学特色,强化学科交叉,从真问题、真场景和真解决入手,加强国家级创业园等孵化平台对学生创新项目的孵化力度,实现学校创新教育2.0版本的转型升级。

参考文献

[1]李培根.创新教育的文化视角——工科之"新"的文化高度(三)[J].高等工程教育研究,2018(5):1-4.

[2]刘昕雨,刘男,宋宝萍.浅谈工科大学生的创新教育[J].高教探索,2016(S1):181-182.

[3]刘学军,徐建玲,付坤.高校创新教育的困境、成因及对策[J].现代教育管理,2017(10):74-78.

[4]宋明顺,孙卫红,赵春鱼,等.地方工科高校创新创业教育:困境与突破[J].中国大学教学,2017(12):31-36.

[5]郑清春,王娜.高校创新教育的内涵、问题及路径选择[J].黑龙江高教研究,2017(9):159-161.

作者简介

孙卫红:教授,中国计量大学教务处处长,高等教育研究所所长。

潘　岚:教授,中国计量大学图书馆馆长。

徐文龙:教授,中国计量大学现教中心主任。

赵春鱼:中国计量大学高教所副研究员。

张　艳:教授,中国计量大学教务处副处长。

基于"以技育道"的大学生
人文艺术素养养成体系构建与实践

施章清　王　锟　昝　辉
浙江师范大学

【摘要】浙江师范大学依托基础优厚的人文艺术学科,在国内率先提出并构建了"以技育道"大学生人文艺术素养养成体系,着力解决大学生人文艺术素养欠佳,学校人文艺术教育重理论、轻实践,重知识、轻能力以及人文艺术培养模式不完善、不系统等问题。"以技育道"的精髓是"做中学、学中行、行中养",知行合一,道技相融。经过多年的探索与实践,学校人文艺术氛围更加浓郁,人文艺术优秀成果相继涌现,人才培养质量、学生素养与社会满意度持续提升。

【关键词】实验　竞赛　社团　道技相融　体系构建

核心素养为当代世界所普遍重视,是国际组织和各国政府在进行教育改革、课程改革时密切关注的热点。虽表达方式各异,但思想相同,普遍认为核心素养可以帮助个人升学、就业、融入主流社会终生发展与自我实现;帮助个体与群体互动,促成社会经济繁荣、政治民主。教育部发布的《中国学生发展核心素养》要求,核心素养以培养"全面发展的人"为核心,特别强调个体在学习、理解、运用人文领域知识和技能等方面表现的情感态度、价值取向和动手操作能力。人文艺术素养教育是核心素养教育的重要内容,《教育部关于推进学校艺术教育发展的若干意见》要求学校引领学生树立正确的审美观念,陶冶高尚的道德情操,培养学生感受美、表现美、鉴赏美、创造美的能力。

近年来,大学生人文艺术素养普遍得到提升。但是,人文艺术教育依然是学校教育中的薄弱环节。一是人文艺术素养欠佳的问题。许多高校在人才培养过程中偏重于科学训练,偏重于专业知识和专业技能,忽视大学生的道德伦理、审美情趣和精神境界的养成,"立德树人"的教育目标难以达致,不利于大学生的全面发展和成长成才。二是人文艺术教育中重理论、轻实践与重知识、轻能力的问题。虽然许多高校推行通识教育和博雅教育,开设了人文艺术类通识课程,但实际教学与专业课程一样注重理论讲解与知识传授,轻视在实践中学习和熏陶,忽视情感、态度、价值观的养成,加之评价方式单一,造成了理论与实践、学与行的断裂,不利于人文艺术素养的真正养成。三是人文艺术培养模式不完善、不系统的问题。许多高校人文素养课程较为单一、零散,课程设置多为解决教师的课时量和学生的学分问题,难以形成合理的课程体系。同时,偏重第一课堂,没有形成第一、第二课堂联动整合的育人环境,不利于人文艺术素养养成的持久性、整合性和有效性。浙江师范大学经过多年实践与探索,形成了独特的大学生人文艺术素养养成体系。

一、凝练理念——"以技育道"大学生人文艺术素养养成理念

为充分发挥人文艺术教育独特的育人功能,浙江师范大学坚持"以技育道"的教育理念,整合全校资源,聚合全校力量,依托"国家级文科综合实验教学示范中心",面向全校学生开

展人文艺术教育,提升学生人文艺术素养。学校以基础优厚的人文艺术学科为依托,经过15年的探索和实践,在国内率先提出"以技育道"的教育理念。"技"是指人文艺术素养教育所凭借的技艺性、操作性的载体和手段;"道"是指人文艺术素养教育要达至的境界和目标,就是陶铸大学生的道德修养、审美情趣与思想境界。"以技育道"的精髓是:做中学、学中行、行中养,知行合一,道技相融。

二、构建体系——大学生人文艺术素养养成"133"体系

在以技育道理念的引领下,学校建构了人文艺术素养养成"133"体系(见图1)。"133"体系的"1"指一个平台;"3"分别指"三项内容"和"三条路径",具体说,就是以全国首批"国家级文科综合实验教学示范中心"为平台,以"礼仪""艺术""文学"为内容,以"社团""实验""竞赛"为路径,将"技"与"道"相融合,通过"礼仪"规范行为、协调人际;通过"艺术"陶冶性情、美化人生;通过"文学"抒发情志、纯洁心灵,进而提升学生的道德修养、审美情趣、思想境界,达到"立德树人"的教育目标。

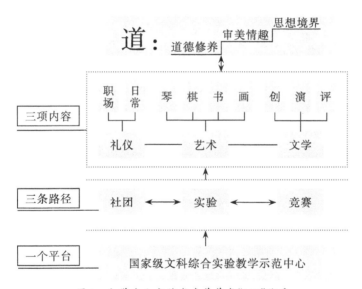

图1 大学生人文艺术素养养成"133"体系

1. 做优平台:夯实国家级文科综合实验教学示范中心

作为支撑平台的浙江师范大学文科综合实验教学中心,其前身可追溯到1979年成立的天文台和气象观测站,2009年被教育部批准为文科综合类国家级实验教学示范中心建设单位。中心按照"跨学院、跨专业、大中心、大平台"要求,搭建了国家级文科实验教学示范中心中唯一的实体化、紧密型公共实验教学平台。加大经费投入,配备13800多平方米的实验场地和4600余万元的通识课程实验教学设备,支撑人文艺术教育工作。2013年通过验收成为全国首批国家级实验教学示范中心。验收专家一致认为:"中心建设成效显著,发挥了示范辐射作用""学生得到多维度、多层次培养""有效地促进了大学生综合素养、多元技能、创新能力协同并进、全面发展。"

2. 做精实验:创设"礼""艺""文"实验课程群

以礼仪(职场、日常)、艺术(琴、棋、书、画)、文学(创、演、评)为内容,整合课程为课程包、

课程群,建构实验课程体系(见图2)。将"民族民间舞"等79门课程组成9个课程包。整合"职场礼仪""日常礼仪"2个课程包为礼仪课程群;整合琴、棋、书、画4个课程包为艺术课程群;整合创作、表演、影评3个课程包为文学课程群。以礼仪、艺术、文学3大课程群为依托建立人文艺术素养实验课程体系。强化课程梯度和模块化建设,构建组合式、订餐式课程模式,发挥"1＋1>2"的集群效应,满足学生多元需求。

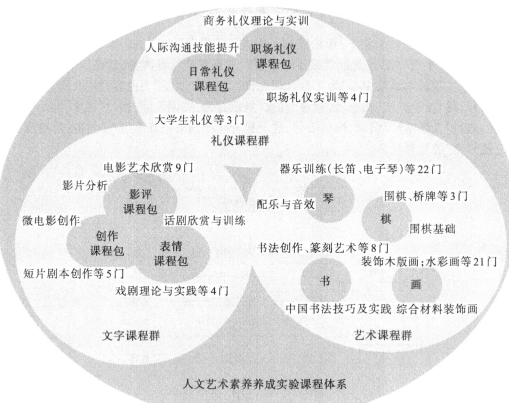

图2　人文艺术素养养成实验课程体系

2009年起面向全校学生开设了"话剧欣赏与排练"等实验课程79门,修读学生遍布全校各专业,近5年达2.88万人次。率先实施社团学分制。开发具有区域特色的地方校本教材,编撰出版了包括国内第一套高校文科综合实验教材《人文素养实验》《艺术素养实验(上)》《艺术素养实验(下)》在内的专著、教材48部。《音乐鉴赏导引》教材入选浙江省普通高校"十二五"优秀教材。"江南城市与文化传统"获评教育部第六批"精品视频公开课"。"声乐""中国戏曲欣赏与实践"被分别评为首批浙江省精品在线开放课程和浙江省高教学会艺术教育专业委员会精品课程。实施多元化、过程性学业评价方式,引导学生从"考试型"向"研究型、创新型"转变。

3. 做强竞赛:构建全员全覆盖全过程的六级竞赛机制

将学科竞赛内容和方法融入课堂教学与社团活动中,纳入学分管理,激发学生参赛热情,实现课上课下、校内校外良性互动;大一到大四全程贯穿,开展国际、国家、省、校、院系、班六级竞赛,发动、引导、组织学生参加各级各类竞赛,层层选拔,人人参赛,以赛促学,以学促知,以知促行。学校年均组织开展200余项人文艺术类社团与学科竞赛活动,营造浓厚的学习氛围,激发学生学习与工作热情,提升学生的人文艺术素养。

4. 做专社团:优化人文艺术教育组织

依托中心"通识课程、专业技能、创新创业"3个实验教学平台,设立学校公共艺术教育中心及17个实验室、19个社团、3个工作室、1个服务中心(见图3)。

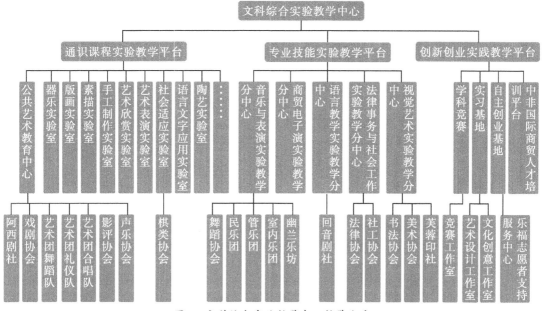

图3 文科综合实验教学中心教学体系

率先实施社团学分制,在2001年试点的基础上,学校于2003年全面实行学生社团活动学分制,将社团活动与通识教育课程相嫁接,制定相应管理办法,把社团活动课程纳入学校公共选修课程体系,全面实施学分制教学管理。设立学生能力建设项目,配备高水平指导教师,建立较完备的社团活动评价体系。学生通过社团开展有组织、有目的、有计划的理论技能学习和实践活动锻炼,经考核,合格者可获得学分。社团活动课程作为特殊的通识教育方式,丰富了学校课程资源,拓展了学校教育空间,促进了学生兴趣、才能、个性主动和全面发展,推进了社团精品化、专业化建设,提升了校园文化品质。

三、彰显特色——培育优秀人文艺术成果

1. 人文艺术成果丰硕

组织学生参与人文艺术创作和艺术表演活动,取得优异成绩。《文化中国-大明》《新山水图景二》《厚土》《天地之歌》《恶之果》《水绣天成》《悠然自得一山中》《回忆的信号》《规天矩地》等10件作品在2017年入选第二届全国综合材料绘画双年展;《莲》等6件作品于2014年入选第十二届全国美术作品展;《高原》《眼睛》分别入选第十一届全国水彩粉画展和上海世界特殊奥林匹克运动会招贴画(三幅之一)。《浦江乱弹》获全国第五届大学生艺术展演"微电影"二等奖。

原创话剧《沧海月明》《再见,彼得潘》分别在2009年、2011年获全国大学生戏剧节最高

奖"金刺猬"奖。原创舞蹈《婆魁》《畲山春》《跳魁星》分别获全国第三、第四、第五届大学生艺术展演活动艺术表演类一等奖;原创舞蹈《畲山春》《活着,1937》《跳魁星》分别入选2013年、2014年、2015年中国舞蹈"荷花奖"十佳作品。学生在全国普通高等学校音乐教育专业本科学生基本功展示中,获奖6项,获奖数在62所参赛学校中排名并列第9名;2013—2017年获浙江省大艺节一等奖19项,其中十佳歌手5项。陈小雨以总决赛第3名的成绩获第十一届"中国音乐金钟奖",全国高师院校首位获此殊荣。《落水天"不打伞》入选2016—2017年国家大剧院青年作曲家计划并在国家大剧院展演。声乐与舞蹈节目《雪》《跳魁星》获第十届浙江省音乐舞蹈节金奖。《婆韵》《茶山春谣》相继获第六届全国高校美育成果展评教师组一等奖、浙江省舞台舞蹈大赛创作金奖、表演金奖及第七届全国高校美育成果展评教师组优秀创作一等奖、综合评审一等奖、团体舞蹈表演一等奖。

17名学生在第七至第九届北京大学生电影节影评大赛中获奖,其中一等奖2项。高诗怡创作的剧本《触不可及》获第十二届广州电影节微电影剧本大赛一等奖。朱希同学的论文《爱情影像中的社会婚恋观》获浙江省"青春·电影·梦想"——"我心目中的好电影"影评征文一等奖。熊馨、王力成、龚一舟、刘颖等同学在《当代电影》杂志发表论文。

2. 凝练特色品牌文化

戏曲协会竞逐CCTV-11戏曲频道"一鸣惊人"荣膺全国12强。阿西剧社、戏曲协会分获全国高校校园文化建设优秀成果一、二等奖。

举办了32届大学生电影节、20届大学生美展、17届师范生教学技能竞赛、15届大学生音乐节、9届校园戏剧文化节、9届科普文化节等。学生参与率达95%以上。

3. 培养向上向善学生

财政部《社会散居孤儿社会工作帮扶示范项目》的实施,学校开创了"心家庭"散居孤儿救助新模式,乐福社会工作服务中心被评为全国社会工作服务示范单位。中心旨在解决养老与空巢老人问题的社会公益服务项目——"时间银行""周末家庭",历时3年多,累计2000多学生参加,"时间银行"活动获浙江省共青团工作、青年工作创新奖。受到《人民日报》《光明日报》等媒体关注。130余名师生参加中央电视台"心连心"艺术团嘉兴"七一"慰问14个节目的演出。组织学生参加G20杭州峰会、中非智库论坛等志愿服务,朱缘、张广花等同学获"优秀志愿者""杰出志愿者"称号。学校开办了"线上盲人电影院",收听量1万多次。吴鹤群、周晓娟同学分别被评为2011年浙江省青少年道德榜样和2013年"中国大学生自强之星"。吕林静在教育部首届全国学生"学宪法 讲宪法"活动中获高校组冠军、最佳应变奖。

四、示范辐射——提升社会影响力与美誉度

1. 研讨交流

依托全国实验教学示范中心建设研讨会等辐射全国,2011年承办了全国首届国家级文科综合类实验教学示范中心建设研讨会,北京大学等26所高校的近百位专家与会。教育部领导对示范中心建设给予充分肯定。师生先后在全国、全省高校国家级实验教学示范中心成果展示交流会上对成果进行汇报交流,得到与会者的高度评价。

2. 考察学习

北京大学、清华大学、华东师范大学等国内40余所高校教师和时任莫桑比克共和国总理艾雷斯·阿里、坦桑尼亚前总统姆卡帕、加纳前总统罗林斯、美国宾西法利亚大学等50多

个国家的320余名政府官员和大学校长莅校指导与考察交流。

3. 文化传播

师生应邀赴美国、加拿大、乌克兰、利比里亚等10国开展40余场"三巡"展演。当地民众盛赞艺术团是"传播中国文化的使者",艺术团所到之处掀起了"中国热"。美国加利福尼亚州圣迭戈郡郡长 Ron Roberts 宣布2012年2月3日为全圣迭戈郡"浙江师范大学日",《人民日报》、新华网等媒体作了报道。

参考文献

[1]昂晴.大学生人文素养教育刍议[J].教育发展研究,2007(05B):86-87.

[2]国务院.关于全面加强和改进学校美育工作的意见[Z].国办发[2015]71号.

[3]何晓琴.院校技能人才综合素养培养体系的构建[J].课程教育研究,2017(13):158-160.

[4]教育部.教育部关于推进学校艺术教育发展的若干意见[Z].教体艺[2014]1号.

[5]教育部.全国普通高等学校公共艺术课程指导方案[Z].教体艺[2006]3号.

[6]马妍,金东英.人文艺术教育与创新型人才培养[J].艺术百家,2013(A02):415-416.

[7]潘蕾.素能一体化文科实验教学体系的探索与实践[J].浙江师范大学学报(社会科学版),2012(4):112-115.

[8]徐平,杨玲.高等学校文科实验教学的探索与创新[M].辽宁:辽宁大学出版社,2011.

[9]叶朗."艺术与审美"系列人文通识网络共享课的追求[J].中国大学教学,2018(1):17.

[10]昝辉,施章清.基于模糊理论的文科综合实验教学质量评价体系的构建索[J].实验室技术与管理,2016(8):213-216.

[11]祝春兰.青年人文素养方法与演练[M].上海:华东理工大学出版社,2017.

作者简介

赵雷洪:教授,硕士生导师,浙江师范大学人事处处长,原本科教学部主任兼教务处处长,浙江省高校中青年学科带头人。

施章清:教授,硕士生导师,浙江师范大学本科教学部副主任兼国家级文科实验教学中心主任。

王　锟:教授,硕士生导师,浙江师范大学科学研究院副院长。

昝　辉:实验师,浙江师范大学国家级实验教学示范中心副主任。

经管类国家级实验教学示范中心建设与探索

——以嘉兴学院为例

李郁明　潘煜双　李　蕾

嘉兴学院

【摘要】经济管理专业实验室建设作为学科建设和教育改革的重要内容得到越来越多高校的重视。文章以经管类国家级实验教学示范中心（嘉兴学院）为例，从现状与问题、探索与实践、对策与建议三个方面，分析经管类国家级实验教学示范中心建设的成功经验，对新形势下经管类实验室建设与管理模式的改革进行了探索与研究。

【关键词】经济管理　实验教学　建设与探索

嘉兴学院位于中国共产党的诞生地——浙江省嘉兴市，是经国家教育部批准组建的省属普通本科院校，至今已有104年的办学历史。其中，经管类专业是学校的传统优势专业，办学历史悠久、特色鲜明。学校坚持以应用型人才培养为目标，全力打造经济管理实验教学中心，走出了地方本科院校经管实验室发展的特色之路。

一、现状与问题

1. 经济管理国家级实验教学示范中心（嘉兴学院）的发展历程、建设概况

2002年3月，学校调整实验室建制，将原分散在各院系的多个经管类实验室合并组建了校级经济管理实验中心（以下简称中心）。中心于2007年被教育部列为国家级实验教学示范中心建设单位，2013年通过国家示范中心验收，在全国同类院校中有较大影响，中心发展沿革图见图1。

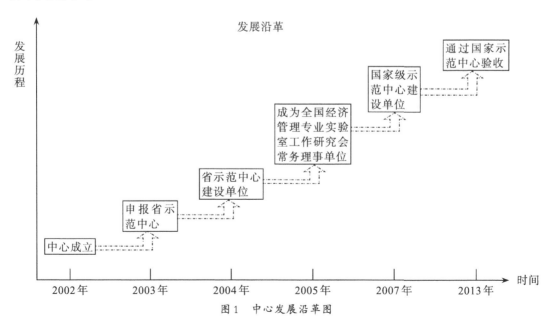

图 1　中心发展沿革图

目前,中心拥有一幢面积为6000多平方米的独立实验楼,下设经济综合实验室等4个二级实验室,20多个实验分室。中心面向学校9个学院的24个经管类及相关专业开设实验项目。中心于2016年11月作为秘书单位举办"浙江省大学生企业经营沙盘模拟竞赛",荣获2015—2016年度浙江省高校实验室工作先进集体,中心的建设成就得到了教育部领导及来我中心参观交流高校老师的一致好评。

2. 经济管理国家级实验教学示范中心(嘉兴学院)的特色与创新

中心在实验教学体系改革、人才能力培养路径、实验教学资源的开发与共享,实验教学管理模式与机制等方面不断创新,形成了面向应用型人才培养的鲜明特色。

(1)以岗位训练为点,跨专业协同为线,创业实战为面的实验教学体系创新

"点线面"实验教学一直是中心的突出特色,2005年就率先在会计学等专业中成功应用,并完成了同主题的浙江省新世纪教学改革项目,积累了大量教学成果并成功推广。中心组织出版了涵盖10个经管类专业的以"点线面"能力构架体系为特色的系列专业实验(实训)指导书,其中《市场营销专业实验(实训)指导教程》入选普通高等教育本科国家级"十二五"规划教材,受到评审专家们及同行的好评。

(2)以技能训练为点,能力发展为线,素质培育为面的人才实践能力培养路径创新

中心以专业能力解构为切入点,将经管类各专业的培养目标与能力规格进行了细致的分解,形成了从素质、能力到技能的层次化结构框架。中心依据实验教学项目化要求,进行虚拟仿真实验教学项目设计,将专业技能和实验项目相对应。以人力资源管理、会计学等专业为试点实施的能力评价体系,通过能力评测衡量实验教学效果。

(3)以项目研发为点,成果转化为线,联合培养为面的实验教学平台创新

中心积极探索专业岗位训练实验项目,自主研发专业沙盘及配套教具。鼓励专业教师将科研成果转化为实验教学项目,较好地解决了以往实验项目过于侧重验证、时效性不强、无法满足本地化需求等问题。探索校企共建、共管实验室的合作模式与机制,与用友软件、金蝶软件、五矿期货等企业开展多种形式的紧密合作,将企业员工招聘与甄选、生产运作、证券交易、商务谈判、财务管理等实时场景引入中心,供学生进行模拟实习。

3. 存在的主要问题

中心在建设和发展过程中还存在一些不足,需要逐步加以解决:

(1)随着企业管理的快速发展,对应用型人才创新实践能力的要求越来越高,尤其是对应用型复合人才的需求非常旺盛,相比之下,中心在综合性实验项目的设计与开设方面有待进一步增强。

(2)目前各经管类专业构建了能力框架体系,并补充完善了相应的实验实训项目,但创新实践能力评价标准体系尤其是专业核心能力的评价指标、评价标准、评价方法等尚需进一步完善。

(3)中心对企业真实经营环境的模拟、案例的设计等工作,都需要企业的支持和帮助。当前企业参与实验项目设计、考核等教学方面的深度不够,仍需要进一步加强。

二、探索与实践

1. 应用型人才培养模式创新

中心为国家特色专业和浙江省"十三五"特色专业(经济学、会计学)、浙江省"十二五"特

色专业(金融学、人力资源管理),及其他学校重点建设专业提供实验教学支撑与服务;为中国铝业、中金黄金会计班、五矿期货金融班等产教融合改革班的运行提供实验实训条件保障;配合"3+1"应用型人才培养模式改革,支撑温商学院、互联网金融学院等校企合作平台建设;基于中心平台展开的《专业·企业·行业:经管人才校企协同培养体系的探索与实践》获浙江省教学成果一等奖。

2. 实验教学内容、方法和手段创新

中心积极支持各经管类专业的教学内容、方法和手段改革与创新。与北京正保公司合作的"互联网+"会计教学一体化改革项目,推进课堂教学改革,取得明显成效;与阿里巴巴(中国)有限公司合作成立"阿里巴巴—嘉兴学院客户体验产学研基地",优化了理实一体教学设计;雅莹、沃尔玛等大学生校外实践教育基地完成建设。财税、审计大学生实习实训等项目入围教育部产学合作协同育人项目。

3. 学生学习效果的评价方式创新

中心积极探索学生学习效果的多元化评价,改变了实验课单一评价的传统方式,加强过程性考核,调动了学生学习积极性。构建了线上与线下授课相结合的"互联网+"课程综合评价体系,多数软件系统能自动进行实验成绩考核评价。创造性地实现了企业真实业务与中心场景相结合的阿里云客服实战评价方式。

4. 基于"产教研"结合的教学改革

中心教师承担了《基于"产教研"结合的经管类专业仿真模拟平台构建研究》等省级以上教改项目;"西方经济学"等课程立项建设省级精品在线课程,"基础会计"等课程被列为利用网络课程资源开展的混合式教学课程,《管理学》等教材入选浙江省普通高校"十三五"新形态教材。中心教师担任专家指导的浙江亚特电器有限公司案例在全省财政厅管理会计应用试点工作中位列优秀案例,先后得到省长、副省长批示。

5. 队伍建设的举措

中心根据实验课程和学科竞赛的需要构建跨学科专业的实验教学团队,外引内培实现高校和行业企业人员的互聘或兼职,组建双师队伍。会计学、财务管理、市场营销等专业实施校内外双导师制;"互联网+"会计利用全国名师共享资源实施混合式教学;阿里产学研基地由行业专家直接指导实验教学。

三、对策与建议

为适应教育部关于示范中心"教学为主、开放共享、定期评估、动态调整"的运行机制,进一步加强中心内涵建设,更好发挥中心的示范与引领作用,提出如下几点对策与建议。

1. 总体思路

中心坚持以学生为中心、学习成果为导向(OBE)和质量持续改进的教育理念及创新教育的思想,按照"强化内涵、资源优化、开放共享、教研互动、产学研协同"的思路,以"大平台、跨专业、跨学科、信息化"的实验室建设为理念。

2. 建设目标

中心将以培养具有创新精神、实践能力和社会责任感的高素质应用型、复合型人才为目标。至2020年努力把中心建设成为实验教学理念先进、实验教学体系科学、实验教材系列配套、师资队伍综合实力增强、实验装备精良高效、实验教学管理规范、实验教学资源共享、实验教学效果显著,集人才培养、社会服务、科学研究于一体,专业、学科建设与实验室建设协调发展,在国内同类高校中具有示范和辐射作用的特色鲜明的人才培养基地。

3. 建议与举措

(1)重构实验教学体系

在实验、实习、实训等三个环节的基础上,重新构建创意、创新、创业三个阶段为一体的"三创合一"实验教学体系(见图2)。该体系充分体现以创新创业课程体系培养学生创新创业意识;以跨专业综合实训体系培养学生创新创业能力;以产学研基地实现企业真实业务与中心场景相结合的实战体系,促进学生创新创业能力突破和转化。创新创业意识从初步形成到创新创业能力突破和转化的渐次推进,形成纵向覆盖基础实验、综合实验和综合应用能力实验三个层次,横向跨越创新创业理论课程、学科竞赛及创新创业科研项目、创新创业能力拓展训练三个类型,从而打破传统的课程实验、综合实验课程和综合应用能力实验实训环节等三种类型的实验教学体系构建模式。

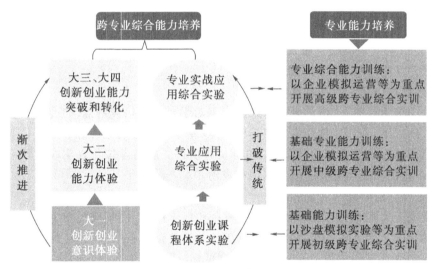

图2 "三创合一"实验教学体系能力结构

(2)推进实验教学改革

①创新实验教学内容。根据学校2018版人才培养方案制订要求,结合专业人才培养目标,对照经管类专业岗位群的能力要求,以企业活动流程去整合实验教学项目,精心设计三阶段综合实验课程和综合实训项目,创新各实验课程和实训环节的教学内容,以企业岗位能力链强化实验教学目标,保证学生创新精神和动手能力培养,同时打造学校商科人才复合型、跨专业的综合性特色。在创新实验教学内容的基础上,对经管类各专业实验教学指导书进行升级改编。

②加大专业综合型、创新研究型实验项目的建设力度。为提高实验项目建设质量,中心将逐步减少基础性、验证性实验项目的数量,提高专业综合型和创新研究型实验项目的比重,改变目前实验项目层次结构比例不尽合理的状况。鼓励教师将科研成果有效转换成实验项目内容,对能够大幅提升实验教学质量与效果的专业综合型和创新研究型实验项目进行立项资助,并投入教学使用。

③优化跨专业、跨学科综合实验课程。借助中心经济管理跨专业综合实训特色平台的

开发与建设,构建培养经济管理人才的综合实践能力与管理创新能力的跨专业、跨学科综合实验课程。继续研发"经济＋管理＋信息技术"多学科交叉融合模式的经济管理综合实习平台和包括创新创业实践课程在内的实验课程群。

④改革实验教学方法、手段和组织形式。适应信息技术的发展,逐步推广最新的智能虚拟仿真技术及VR技术与商科专业相结合的教学方法。建设精品在线实验课程,开展实验教学设计与技能竞赛,提升实验教学质量。改革传统的实验教学组织形式,逐步开展跨专业综合实训。借助互联网＋智慧教室,持续推进"互联网＋"会计教学一体化改革项目,并在其他经管类专业推广使用,力求利用先进的信息技术促进教学变革,努力实现教学环境及组织形式互联网化、教学形式多样化、教学管理信息化,以全面提升学校商科人才培养质量。

(3)建立企业、行业与专业多元协同培养经管人才的新特色

基于先前的有色金属行业、中国铝业、中国黄金、五矿期货、正保公司等企业、专业协同人才培养平台,进一步探索行业组织(及大型企业集团)深度参与的产教融合长效运行机制:一个以行业标准为主导、专业学会深度介入的教学资源建设与共享平台;一套高校、行业、企业深度合作,专业学会深度参与的产教融合组织方式;一条经管类专业人才培养产教融合的新路径;建立行业中介集成企业人才需求的新机制;创立多元协同人才培养的新形式;探索教学资源互动开发与利用的新模式。

(4)加强虚拟仿真实验项目建设

坚持以需求为导向,紧密结合经济社会发展对学校人才培养的需求、专业特色和行业产业发展的最新成果、专业定位和人才培养的特点,基于企业活动流程和企业岗位能力链中的关键环节,设计开发"虚实结合"的虚拟仿真实验项目。启动虚拟仿真实验教学项目的建设工作,争取申报国家级经管类虚拟仿真项目成功。

(5)推进学科竞赛和创新创业工作

中心要充分发挥自身在学科竞赛中的平台和载体作用,使其成为学生参与和投身学科竞赛活动的重要舞台。中心要持续做好浙江省大学生企业经营沙盘模拟竞赛的承办工作,同时增强与经管类其他学科竞赛的联系,以赛促学,强化学生综合实践能力的训练和培养,积极营造"月月办竞赛、天天有赛场、人人想竞赛"的良好氛围。

通过创新课程体系建设,会同创业学院,建设好中心的育成创客空间,积极开展创新创业实践活动,将创新创业教育融入人才培养全过程。进一步优化理实一体的教学设计,在市场营销等相关专业2018版人才培养方案中与阿里巴巴紧密结合,实现专业共建,开设阿里巴巴创新班,让更多学生在基地受益。

(6)平台建设

根据专业实验教学的需要,中心将进行一系列实验室平台和系统建设,主要包括:中心商科智能仿真与行为科学实验室、人力资源管理实验室、审计实验室、现代物流管理实验室、企业经营沙盘和专业沙盘实验室的建设。

4.保障措施

(1)体制机制保障

中心实施校、院两级管理。在本科院校中率先进行实验室"大中心"模式改革与实践,今后需要创新机制,出台配套政策措施:完善中心专职指导教师队伍的组建与激励机制,鼓励中心专兼职教师积极开展科研工作、指导学生学科竞赛和创新创业实践活动,引导和鼓励教

师积极开发实验教学资源,创新校企合作共建共享实验室的体制机制。

(2)中心经费保障

根据《国家级实验教学示范中心管理办法》实施细则的要求,中心要有经费的持续投入以及相应的条件保障机制。历年来,中心的实验教学运行经费来源渠道有两个部分,一部分来自学校财务,另一部分则来自跨学院结算及实验室自由开放创收。充足的经费为实验教学与研究、教学软件开发和实验室开放提供了有力的保障。

(3)信息化管理保障

中心在信息化建设中将积极引入计算机网络技术、云技术、物联网技术等实验软件系统,同时用制度和政策鼓励教师自主研发具有自身特色和示范效应的实验教学软件或仪器设备,建设好实验资源库平台、多媒体实验教学平台、自主学习平台、实验在线考核平台、中心数据存储平台、无线监控安全报警平台、信息化管理平台等网络化、智能化平台,不断提升实验室信息化的管理水平。

参考文献

[1]郭馨梅.国家级经济管理虚拟仿真实验教学中心建设的经验借鉴[J].实验技术与管理,2014(11):8-12.

[2]黄璐,王月,兰山,等.基于"真实环境"的经管开放式实验教学改革实践[J].实验技术与管理,2015(2):26-31.

[3]马昌忠.高校实验室管理及教学模式探究[J].教育教学论坛,2017(44):266-267.

[4]王学江.地方财经高校国家级经管实验教学示范中心的建设与发展[J].实验室研究与探索,2016(7):170-172.

作者简介

李郁明:副教授,嘉兴学院商学院副院长。

潘煜双:教授,嘉兴学院商学院院长,浙江省万人计划教学名师。

李 蕾:教授,嘉兴学院教务处处长。

海洋科学类专业国家级大学生校外实践基地建设与跨校联合实习模式探索

王健鑫

浙江海洋大学

【摘要】文章概述了长江口及邻近海域海洋生物与生态野外实践基地建设的背景、条件，并聚焦海洋科学专业人才的能力培养核心要求，从问题、方法、机制、成效等方面系统总结了校际联合实习模式的教学实践经验，同时就基地建设和联合实习模式对创新人才培养的重要意义进行了探讨。

【关键词】海洋科学　校外实践基地　联合实习　多维协同

2012年，党的十八大做出了建设海洋强国的重大部署；2017年，党的十九大更是明确要求"坚持陆海统筹，加快建设海洋强国"，为建设海洋强国再一次吹响了号角。培养造就宏大的海洋人才大军并形成合理的人才梯队，是发展海洋事业的基础，也是建设海洋强国的根本保证。浙江海洋大学作为一所国家海洋局与浙江省人民政府共建的教学研究型大学，有责任和义务为国家海洋事业培养更多高素质的海洋创新型人才。

海洋科学是一门以观测和实验为基础，实践性很强的学科，海洋创新人才培养质量在很大程度上取决于海上实习实训水平，而海上实践基地的建设和实践教学模式是决定海上实习水平的关键。为此，浙江海洋大学充分利用长江口及邻近海域的有力地理位置优势，联合中国海洋大学、厦门大学和上海海洋大学，总结前期合作经验，启动了长江口及邻近海域海洋生物与生态野外实践基地的建设，并依托基地建设，开展跨校联合实习项目，经过5年的探索与实践，基地成为国家教育部大学生校外实践教育基地和国家自然科学基金委海洋科学野外实践基地，联合海上实习项目在全国涉海类高校中影响力日益凸显，走出了一条校际协同实践育人的新路子，为海洋类学科的创新型人才培养提供路径参考。

一、问题分析

海上实践教学是海洋科学类专业人才培养的重要环节，相关高校也非常重视海上实践教学平台建设和实践教学模式探索，但目前国内多数设置海洋科学类专业的高校，在海上实践教学环节方面普遍存在以下问题。

1. 实践教育资源存在短板

一是海洋科学考察船资源有限，目前全国已有40余所高校开办海洋科学类专业，本科生人数超过25000名，然而拥有科考船的只有中国海洋大学、厦门大学、浙江海洋大学等5所高校，许多高校无法保证海洋科学类专业学生的海上实习实训环节；二是实习指导教师资源分布不均衡，国内开设海洋科学类专业的各个学校有自身的特色和优势，但对于综合海上实习而言，各高校又在有些领域缺乏优秀的实习指导教师。

2. 实践教学内容比较传统

海洋科学类专业是多学科交叉、渗透和综合的专业，出现了一系列边缘学科和新的分支学科,然而现有的学科专业结构仍没有从传统的二级学科分类中解脱出来,在野外实践教学方面也同样存在内容传统、缺乏跨学科交叉的弊端,不利于海洋科学高素质人才的培养。

3. 实践联合项目尚属空白

国内理科基地已经在生物学、地理学等专业开展了校际联合实习教学项目的探索与实践,然而尚未设立能体现海洋特色,满足海洋科学实践和创新人才培养需求的系统、规范和综合的野外实践基地,也未有大规模的海洋科学类专业校际联合实习教学项目的开展。

二、改革举措

1. 科学选址,建好海上实习实训基地

开展海洋科学校际联合野外实践教学,首要的关键是选择好合适的海域和基地,浙江海洋大学、厦门大学和中国海洋大学3所高校综合考量诸多因素之后,确定在长江口及邻近海域建立"海洋生物与生态野外实习基地"。其优势在于该基地所在海域集聚长江口、东海沿岸、岛屿、舟山渔场等多种典型海洋生态系统,海洋生物多样性及生态特征显著,符合区域海洋生态文明建设和基础研究需要,建设基础(包括海洋综合调查船等实验实训条件、后勤保障条件等)良好,同时基地刚好在全国海岸线的中部,方便全国涉海高校来基地实习。

2. 能力导向,优化海上实践教学内容

海洋生物与生态的调查观测和研究不仅需要掌握每个瞬时大范围的状态,也需要长时间序列观测,才能发现和认识海洋中各种现象及规律的重要认识。因此,海洋生物与生态学综合野外实践教学的内容包括海洋生物与生态综合调查、潮间带及近岸调查和海洋生物多样性调查3个有机组成部分。其中,海洋生物与生态综合调查重点锻炼学生综合开展海洋生物、物理海洋、海洋化学等现场调查的能力;潮间带及近岸调查则重点培养学生掌握海洋底栖生物的采样、鉴定技术和海洋沉积环境的监测技术,加深理解生物形态与功能高度统一的基本生物学理论;海洋生物多样性调查则是在体验各种渔业捕捞作业方式的基础上,了解生物学测定方法、多样性分析方法及渔业网具控制和渔业资源保护的重要性。

3. 创新方法,提高海上实践教学质量

为培养学生的综合野外实践能力和创新能力,需要综合运用多种教学方法来提高教学效果。

(1)基于科学问题导向的探究式教学法

海洋科学校际联合实习项目为学生提供在真实的科学考察状态下进行多学科调查研究的契机,同时基地所在海域一直是国家海洋生态环境监测的重点海域,多年来积累了宝贵的海洋、生物、环境等指标数据,通过比较数据变化会引发学生提出科学问题,基于科学问题提出,学生继续开展以科技创新项目为主要形式的课题研究,加强学生科研素养和能力的培养。

(2)基于合作学习导向的讨论式教学法

在联合野外实践教学过程中,首先,把不同院校学生6~8人编为一组,所有实践环节由组员自由分工合作;其次,3个实践环节轮流实施,不同专业和方向背景的学生之间相互指导共同促进;最后,小组成员需合作完成实习报告撰写、汇报PPT交流。上述过程可以有效促进学生合作式学习能力的培养。

（3）基于人文关怀导向的体验式教学法

校际联合实习项目在3个实践环节轮换之际，安排了学生参观中国台风博物馆、中国海洋渔业博物馆等特色地方博物馆，增强学生保护海洋环境、促进海洋生态文明建设的意识。

（4）基于实践技能导向的强化训练教学法

在实施专业的野外实践教学环节开始之前，所有学生都要参加浙江海洋大学海岛野外生存训练拓展基地（全国唯一的国家级海岛野外生存实验基地）的集中训练，锻炼学生的身心素质，提高学生适应海上实践活动的基本能力。另外所有学生在经历"晕船"的洗礼之后，绝大多数学生能靠着坚强的毅力坚持下来，这种高强度训练不仅提高了学生海上生存的能力，而且坚定了学生献身海洋科学的信心，有助于学生形成艰苦奋斗的工作作风。

4. 完善机制，提高海上实践管理水平

海上实习基地的共建和联合实习项目的开展涉及建设方案论证、实习方案研究，海上实践准备，实习组别轮换、师生交通食宿等方面，组织协调工作如果没有一个高效的管理机制是难以想象的，这其中首要的任务是完善组织架构。浙江海洋大学与厦门大学、中国海洋大学、上海海洋大学等高校各派一名核心成员共同组成野外实践教学工作领导小组，负责联合实践的组织工作，同时每个高校各委派一位联络员和若干核心成员分别组成秘书组和项目执行小组，基地还为校际联合野外实习配备了数量充足的、学术能力强的联合指导教师团队；上述3个组和1个团队形成了联合实习项目运行的基本组织架构。其次是要保障信息平台通畅。基地建立了专门的网站，对基地的概况、联合实习环节教学内容、实习路线和要求等进行了详细的介绍，并具有开放预约、资料下载、留言交流等功能；基地每年在联合实习之前有一个执行小组及指导教师团队的联席会议，讨论基地建设、实习安排等具体事宜；每年实习结束后有一个实习成果交流会，在基地参与高校之间轮流进行，分享学生实习结果分析报告和体会，进一步完善野外实践教学内容和方法。

5. 多维协同，整合海上实践教育资源

联合海上实践活动的实施需要建设优良的平台基地条件保障，为此，基地建设充分利用区域优势，与参与高校加强校际协同，整合优质实习指导教师资源，共享中国海洋大学海洋学国家实验教学示范中心和厦门大学海洋环境科学国家级实验教学示范中心的仪器设备；选择舟山市嵊泗县泗礁山本岛作为海上调查的轮换点，与嵊泗县人民政府加强校地协同，为共建嵊泗列岛海洋与渔业科教协同创新中心奠定基础；与舟山市博物馆、舟山海洋科技馆、中国台风博物馆、中国海洋渔业博物馆、中国盐业博物馆、中国灯塔博物馆等多个地方博物馆签订了共建协议，注重学生海洋知识普及和海洋人文熏陶；与浙江海洋生态环境监测站、舟山海洋水产研究所等加强校所协同，培养学生科研素养和创新精神，依托上述校际、校地、校所、校企等多维协同共建，拓展了海上实践教学的空间资源、硬件资源和人力资源。

经过5年的建设，长江口及邻近海域海洋生物与生态实践基地和跨校联合实习项目逐渐形成了具有自身特色和优势，并得到了国内涉海高校的认可和社会的关注。海洋生物与生态野外实践项目从2014年的3所高校150名师生（全部为内地高校师生），到2015年7所高校300名师生（有港澳台地区学生加入），到2016年15所高校400余名师生（有德国莱布尼兹海洋研究所学生加入），到2017年北京大学、华东师范大学等高校新增加入；整体教学的对象呈现出参与高校和师生人数越来越多的态势，同时世界一流大学建设高校逐年增加，至2017年已经达到10所，并从单纯的国内高校拓展上升到了国际知名海洋研究所。实践证明,参与联合实习的学生在综合实践能力和科研能力方面都有了明显的提高,尤其是通过与海洋的搏击,增强了学生投身海洋事业的决心。据不完全统计,2014—2017年,厦门大学、中国海洋大学和浙江海洋大学3所高校参与联合实习的学生承担了大学生创新创业训练计划项目121项,其中国家级项目15项、省级项目30项、校级项目76项;在国内外核心刊物上发表学术论文(包括SCI检索)27篇;在省级及以上学科竞赛(如海洋知识竞赛、生命科学竞赛等)中获国际奖1项、国家奖20项、省级奖34项;281名本科生选择继续在国内外高等院校和科研院所继续深造,将逐步成为我国海洋科学拔尖创新人才的重要组成部分。通过基地建设和实践项目,学校新增国家级大学生校外实践教育基地、国家自然科学基金委野外实践教育基地、国家科普教育基地、国家海洋科普教育基地、国家水产科普教育示范基地等各类平台6个;海洋科学专业、海洋资源与环境专业入选浙江省“十二五”新兴特色(国际化)专业,海洋技术专业入选浙江省“十三五”优势专业;学校成功获批海洋科学浙江省“十二五”省级实验教学示范中心重点建设项目,为海洋科学获批浙江省“一流学科”建设(A类)提供支撑。

三、思考展望

2018年6月,教育部召开新时代全国高等学校本科教育工作会议,并印发了《关于加快建设高水平本科教育 全面提高人才培养能力的意见》,将“构建全方位全过程深度融合的协同育人新机制”作为10项重点工作之一,并将完善协同育人机制、加强实践育人平台建设、强化科教协同育人等作为主要举措,由此可见,“科教融合、协同创新、实践育人”作为高校创新人才培养过程中的主要路径,是今后一段时间高校教学改革和人才培养能力提升的关键环节和重点领域。

教育部、科技部、财政部等6部门随后出台了《关于实施基础学科拔尖学生培养计划2.0的意见》,明确基础学科拔尖人才培养计划2.0在数学、物理学、化学、生物科学、计算机科学的基础上,增加天文学、地理科学、大气科学、海洋科学、地球物理学、地质学、心理学、基础医学、哲学、经济学、中国语言文学、历史学。因此,开展海洋类专业人才协同培养、提高学生实践创新能力也是满足国家关于海洋创新人才需求的主动作为。

在总结海洋科学类专业国家大学生校外实践基地建设与跨校联合实习模式的经验基础上,如何对接基础学科拔尖学生培养计划2.0和理学类专业认证标准,提高海洋科学类专业人才培养能力,将是未来教学改革的重点领域。浙江海洋大学将以实施“十三五”转型发展重点项目为抓手,以体制机制优化和体系方法创新为路径,进一步扩大基地开放、资源共享、科教融合、协同培养,开启实践育人改革的奋进新篇章。

四、结语

基础学科是国家创新发展的源泉、先导和后盾,培养基础学科拔尖人才是高等教育强国建设的重大战略任务。高校联合野外实践教学是基础科学人才培养的一种新模式,其积极有效的成果已经在地理学、生物学、地质学等学科领域得到了实践验证。我们将认真学习和贯彻落实全国本科教育大会精神,在高教40条和基础学科拔尖学生培养计划2.0的指导下,吸纳“一制三化”(导师制、小班化、个性化、国际化)成功经验,深入实施科教结合协同育人计划,为实现海洋强国战略提供有力的海洋创新人才支撑。

参考文献

[1] 陈省平,宁曦,韩墨香,等.分层次、多学科海洋科学实验教学体系的实践与探索[J].实验室研究与探索,2015(12):185-188.

[2] 何翔,华洪,赖绍聪,等.秦岭多学科综合性野外实习基地建设的探索与实践[J].中国地质教育,2012(1):44-46.

[3] 王国强,蒋德安,乔守怡,等.生物学野外实习的探索与实践[J].中国大学教学,2010(6):81-82.

[4] 吴德星.以建设海洋强国为己任 培养高素质创新型人才[J].中国高等教育,2013(21):7-11.

[5] 杨世民.海洋生物学海上实习教学模式的改进与研究[J].实验技术与管理,2010,27(5):140-143.

[6] 郑爱榕,刘丽华,郭立梅,等.海洋环境科学国家级实验教学示范中心建设的实践[J].实验室科学,2011(6):328-332.

[7] 郑祥民,周立旻,王辉,等.试行高校联合野外实践教学 探索地理学人才培养新模式[J].中国大学教学,2013(5):86-88.

作者简介

王健鑫:浙江海洋大学教授,硕士生导师,浙江省高校中青年学科带头人。主持和参与国家大学生校外实践教育基地、教育部产学合作协同育人项目和省级实验教学示范中心等建设;兼任中国高等教育学会教学研究分会理事,全国普通高等学校理学类专业认证标准研制课题组成员,厦门大学海洋环境科学国家级实验教学示范中心和中国海洋大学海洋学国家级实验教学示范中心教指委委员等。

基于应用型人才能力培养，创新传媒特色实践教学模式

肖国飞　陈佩芬

浙江传媒学院

【摘要】文章分析了制约高校实践教学成效的相关因素，聚焦应用型人才能力培养，对构建实践教学体系、发挥国家级实践教学基地典型示范作用、创新传媒特色实践教学模式等，进行了积极探索和经验总结，同时对如何深化实践教学改革提出思考，并进行展望。

【关键词】应用型人才　能力培养　实践教学模式　创新

高等教育的任务是培养具有创新精神和实践能力的高级专门人才。"着力提高教育质量，培养学生社会责任感、创新精神、实践能力"是党中央在新时代对高等院校提出的新要求。浙江传媒学院作为一所行业特色鲜明的本科院校，一贯重视学生创新精神和实践能力培养，基于应用型人才目标定位，聚焦专业核心能力培养，构建了"四四结合"的实践教学体系，建立了集中实践的"短学期"学制，发挥了国家级实践教学基地示范引领作用，探索创新了体系化、制度化、基地化、协同化、联合化、标准化"六化一体"的实践教学模式，着力培养了理实相融，知行合一的高素质传媒人才。

一、问题分析：制约高校实践教学成效的几个因素

实践教学是培养应用型人才，提高学生创新意识和实践能力的基本途径。但在具体的实施过程中，高校的实践教学在不同程度上或多或少地存在一些问题，我们认为，至少有以下几个方面制约实践教学的成效。

1. 实践教学组织管理松散

表现在学校层面，是缺乏系统化、科学化的顶层设计和体系构建，对实践教学没有形成统一的规划指导和规范管理，实践教学存在粗放性、"自由式"现象；表现在作为实施主体的二级学院层面，则是缺乏具体化、个性化的操作安排，对实践教学没有形成基于专业能力和特点的教学方案，实践教学存在随意性、"放羊式"现象。

2. 实践教学基地资源不足

实践教学离不开教学资源条件的保障，包括校内外实习实训基地等教学平台和载体的支撑。在高等教育从大众化进入普及化的背景下，随着招生规模的不断扩大，许多高校包括传媒类院校都不同程度地存在实践教学资源，特别是校外教学基地"僧多粥少"的现象，不能满足实际需要。受市场经济条件下等价交换及互利共赢的规则的影响，高校因为缺乏与行业企业互利互补的资源，所以存在校外实践教学基地设立难，或不可持续等问题。

3. 实践教学指导力量薄弱

实践教学需要既有专业理论知识又有一线行业经验的"双师双能型"教师指导。但实际存在的问题是，校内专业课老师缺乏行业一线经验，或因为有其他教学任务不能外出指导实习实践；实践基地由于人力不足，不能为实习学生有针对性地提供、配备指导教师，直接影响

实习实践效果。所以,校内"双师双能型"教师、行业指导教师队伍建设亟待加强。

4. 实践教学考评体系不全

实践教学活动的有效开展,还需建立科学规范的考评体系,即质量保障体系。例如,需要有关于实践教学的规范管理制度,开展课程实践、专业实践、毕业实践的教学计划、教学大纲、实施方案、成绩考核、成果总结、作品展示等质量标准和文档规范等。但事实上许多学校并没有形成或健全实践教学管理制度、质量标准等考评体系,实践教学缺乏科学规范的质量监控和评价机制。

二、改革举措:探索创新传媒特色的实践教学模式

基于以上问题,浙江传媒学院通过优化顶层设计,构建实践教学体系,加强实践基地和指导教师队伍建设,积极创新实践教学模式,以不断提高实践教学的保障度和有效度。

1. 体系化:构建"四四结合"的实践教学体系

根据培养"基础实,素质高,能力强,具个性的应用型、创新型、复合型传媒人才"目标,学校在修订2009版人才培养方案时就建立了由理论教学、实践教学、创新创业教育构成的"三大教学体系",突出应用型传媒人才的实践能力和创新创业能力培养。顺应传媒技术和传媒业态变革要求,学校在修订2013版、2017版人才培养方案时进一步完善了课程设置和教学环节,逐步形成了"四四结合"的实践教学体系:一是课程实验实训、第二课堂实践、短学期集中实践、毕业实践"四个环节"环环相扣;二是基础实践、学科实践、专业实践、创新实践"四个层次"层层递进;三是专业实验室、导师工作室、创新教育中心、校外实践基地"四大平台"相互贯通;四是把实践教学贯穿本科教育全过程"四年不断线"。由此形成了"横向互动、纵向递进"的传媒特色实践体系,使实践教学实现了在知识和能力、内容和形式、资源和平台、时间和空间等要素的系统规划与有机整合。

2. 制度化:建立"短学期"实践教学制度

以往的实践教学一般为2周时间,由各学院分别在不同的时间段组织开展。这种安排有几个弊端:一是时间短,不能满足一些专业综合性实践项目的完整实施;二是时间分散,对公共课教学构成不断的冲突,影响全校教学秩序;三是不能统筹校内外教学资源,包括校内外实习实训场所调配,特别是校外实习基地的综合利用、带队(指导)的合理配备。因此,从2013年开始,学校实行了"两长一短"的三学期制,即在传统的春、秋两学期制的基础上,设立了为期3周的"夏学期"即"短学期"制,用于开展集中性实践教学。各学院根据不同专业、不同年级特点和学习进程,分层次、分类型、分项目设置实践教学课程,制定教学计划,在短学期集中开展教学活动。6年的实践证明,短学期实践在教学内容优化、教学形式创新、教学资源利用、指导教师配备等方面都取得了比分散式实践更加明显的成效。例如,新闻与传播学院的媒体仿真实训,播音主持艺术学院的"多岗位走岗式"实习,设计艺术学院的集体采风实践,电子信息学院和新媒体学院等理工科专业的综合设计实践,国际文化传播学院和动画学院的海外访学实践等短学期教学项目,都颇具专业特色,深受学生欢迎。

3. 基地化:发挥国家级基地典型示范作用

学校秉持"联手行业,联合培养应用型传媒人才"的办学理念,落实进教育部关于"按照工学结合、知行合一的要求,根据生产、服务的真实技术和流程,构建知识教育体系、技术技能训练体系和实验实训实习环境"要求,先后与全国广电系统和传媒机构合作,建立了340

多家产学研创一体化实践教学基地,既保证了实习实践活动的开展,又深入推进了校企合作、产教融合,构建起"实践即实战"的育人场景。学校与杭州文化广播电视集团(以下简称杭州文广)共建的国家级大学生校外实践基地(2013年5月建立)就是一个典型范例。

杭州文广是一个综合性现代文化传媒集团,拥有杭州电视台5个频道,杭州人民广播电台3个频率和广播影视周报等10家媒体,8家艺术院团和杭州文广投资控股有限公司、华数数字电视有限公司、杭州中国国际动漫节会展有限公司、杭州文物公司、杭州电影公司等30家控股、参股、全资公司,以及杭州大剧院、西泠书画院、杭州市文化中心等文化事业单位,拥有以数字化10信道大型转播车为代表的一大批先进技术装备。杭州文广丰富的文化传媒资源,为学校开展学生专业见习、短学期实践、毕业实习、联合创作、师资培训等提供了广阔的实践平台。

6年多来,基地双方通过共建机制、共享资源、联合指导、协同培养,累计完成了2000余名学生实习实训任务,形成了"专业见习—课程实训—顶岗实习—定岗就业"分层分类,多专业联合、多岗位训练的基地教学模式。合作双方建立了统一及分设的组织管理机构、年会协商和工作沟通机制;集团成立了由20多名专家组成的指导教师团队,在指导学生实习的同时,定期或不定期进校为学生开设实践课程或专业讲座;学校先后选送30名教师到基地参加挂职锻炼,接受业务培训,加强"双师双能型"师资队伍建设;双方合作建设有精品实践课程11门,开发了"陶乐、慕蓉加速度——主持人的一天""新闻60分——一档新闻节目的全记录"等特色课程;双方共同选题、共同指导的《都是我的儿子》《梦寄和氏璧》《雷雨》等学生实践作品在杭州大剧院成功演出;G20峰会期间,20名学生组成的B20景泰蓝志愿者队出色完成了杭州大剧院为B20峰会提供的多语种服务,成为本次G20、B20国际峰会上一道亮丽的风景线。学校还开展了与杭州电视台电影频道合作拍摄贺岁短片等联合创作活动。2016年12月,学校与杭州文广集团共建国家级校外实践基地的典型经验在"浙江省大学生校外实践基地建设会议"上做了交流分享,得到兄弟院校的高度评价。

4. 协同化:建设"双师双能型"师资团队

指导教师是实践教学的重要保障。《教育部关于开展"本科教学工程"大学生校外实践教育基地建设工作的通知》指出:"实践基地的指导教师队伍,应由高校教师和企事业单位的专业技术人员、管理人员共同组成,实践基地应采取有效措施,调动指导教师的积极性,不断提高指导教师队伍的整体水平。"为此,一方面学校根据应用型人才能力培养和实践教学要求,着力打造一支"双师双能型"师资队伍。学校于2009年制定出台了《教职工赴行业一线专业实践管理办法》,全面实施"送教师到行业一线实践锻炼、送教师到著名高校访学深造"的"双送"工程,每年派出20名左右教师赴中央电视台、浙江广电集团、湖南广电集团、浙江日报社、浙江影视集团、新华社浙江分社、杭州文广集团等单位挂职实践。学校同时出台制度,将教师参与行业实践与绩效考核、岗位聘用、专业技术职务评聘挂钩。2011年以来,学校先后选派170多名教师赴行业一线实践锻炼,有效提升了教师专业水平和实践教学能力。另一方面,在长期的合作过程中,学校以实践教学基地为纽带,建立了一支相对稳定的业界指导教师队伍。聘请合作单位的专业技术人员、管理人员作为兼职(客座)教授或业界导师,平时来校担任实践性强的课程教学,在基地实践教学中担任指导教师。在2018年度学校短学期实践中,有465名校内教师、153名业界教师参与指导,充分发挥了"双师双能型"教师和基地指导教师的作用。

5. 联合化:开展毕业联合创作改革

毕业设计(创作)是培养和锻炼学生知识运用能力、实践创新能力的重要环节。在长期的办学实践中,学校紧密对接媒体技术和传媒产业发展需求,逐步形成了以传媒类和艺术类专业为主干,影视传媒和文化创意两大专业群为两翼的"一体两翼"学科专业体系。这种专业生态结构为我们组织开展集中性毕业实习、联合性毕业创作提供了便利条件。为此,学校自2016年就开始了毕业联合创作改革尝试。毕业联合创作是打破专业壁垒,开展跨专业、跨学院、跨校区合作,实现指导教师、教学设备等资源共享的创新举措。联合创作以项目制的形式,结合专业实践、毕业实习,在校内外"双师双能型"教师的指导下组建创作团队,完成影视、动画、表演等作品创作。自2016年以来,共立项校级毕业联合创作项目30余项,除学院投入、社会赞助、师生自筹经费以外,学校专项资助金额达300多万元。因此涌现了一批联合创作优秀作品,如毕业大戏——毕业造型秀"出壳",历时5个多月,跨2个校区6个学院和10多个专业,300余名师生参与其中,设计展示人物服装造型120多套,在杭州大剧院公演,其视频在杭州武林广场国大电子屏放映;联合创作动画片《OCD》入围法国昂西国际动画电影节,获得洛杉矶电影节声音奖、北京电影学院第十八届动画奖最佳视觉效果奖;剧情片《带我一程》获中国金鸡百花电影节第三届国际微电影展映优秀作品奖;剧情片《佯冰之嬉》获第五届浙江省微电影大赛一等奖;剧情片《风吹过的日子》入围第一届全球大学生电影节最佳华语电影;表演类《雷雨》等话剧作品连续几年在杭州大剧院公演,产生了广泛的社会影响。

6. 标准化:健全实践教学质量保障机制

为保证实践教学的有效开展,学校不断健全各项管理制度,完善质量保障体系和考评机制。先后制定了《学生实习管理办法》《实践教学基地管理办法》《短学期教学实施方案》《毕业联合创作管理暂行办法》等一系列管理文件;二级学院根据各专业特点开设短学期实践教学课程、项目,并列入人才培养方案;编制实践教学课程(项目)教学大纲,落实年度教学计划、课表(任务表);建立实践教学校院两级巡查(检查)制度;开展实践教学成果(作品)汇报、展示、交流、总结,并汇编成册存档。这些管理制度和考核机制的建立,保证了实践教学活动规范有序、优质高效地组织实施。

三、思考和展望:与时俱进推进实践教学改革

在智能化时代,随着大数据、云计算、物联网、融媒体等新技术的迅猛发展和广泛运用,传媒业态和传媒产业发生了翻天覆地、日新月异的深刻变革。应用型传媒人才的能力培养和实践教学面临新的挑战和机遇,要求我们在教育理念上和教学实践中必然要与时俱进,顺势而为。一是教育思想观念要因时而变。思想是行动的先导。全国教育大会、新时代本科教育工作会议发出了新一轮教育改革的动员令。坚持校企合作、产教融合、协同育人既是应用型高校建设的重要内涵,也是学校一贯坚持的办学传统和特色。我们要在继续保持和巩固传统办学特色的同时,进一步强化人才培养的时代性、适应性、发展性理念,把以学生为中心、产出导向、持续改进的基本理念贯穿到教育教学活动的全过程。二是教学改革举措要因时而新。坚持需求导向,能力为本,进一步完善理论教学、实践教学、创新创业教育体系,不断推进实践教学改革。要积极响应教育部要求,把实践教学基地作为建设重点,继续"推动与行业部门、企业共同建设实践教育基地,切实加强实习过程管理,健全合作共赢、开放共享

的实践育人机制"，切实提高应用型人才的实践能力。

四、结语

人才培养是个系统工程，实践教学改革、实践基地建设也是系统工程。在确保"四个投入"的基本前提下，有效整合校内和校外两种资源，调动学校和行业（企业）两个积极性，发挥教师和学生两个主体作用，特别是要在拓展基地建设和产教融合的广度、深度及有效度上，在基地资源综合利用和可持续发展上，进一步健全机制、创新举措。以上是需要我们不断努力的方向。

参考文献

[1]胡锦涛.坚定不移沿着中国特色社会主义道路前进 为全面建成小康社会而奋斗[M].北京:人民出版社,2012.

[2]教育部,国家发展改革委,财政部.教育部、国家发展改革委、财政部关于引导部分地方普通本科高校向应用型转变的指导意见(教发〔2015〕7号)[EB/OL].(2015-10-23)[2018-12-13].http://www.moe.gov.cn/srcsite/A03/moe_1892/moe_630/201511/t20/51113_218942.html.

[3]中华人民共和国高等教育法(最新修正版)[M].北京:法律出版社,2016.

[4]中华人民共和国教育部.教育部关于加快建设高水平本科教育全面提高人才培养能力的意见(教高〔2018〕2号)[EB/OL].(2018-10-08)[2018-12-13].http://www.moe.gov.cn/srcsite/A08/s7056/201810/t20181017_351887.html.

[5]中华人民共和国教育部.教育部关于开展"本科教学工程"大学生校外实践教育基地建设工作的通知(教高函〔2012〕7号)[EB/OL].(2012-03-02)[2018-12-13].http://www.moe.gov.cn/srcsite/A08/s7056/201203/t20120302_166878.html.

作者简介

肖国飞：教授，浙江传媒学院原教务处长、招生办主任、教师发展中心主任，现负责教学督导工作。长期从事高校教学管理与研究，省政府兼职督学。曾获全国优秀教师，全省高校中青年骨干教师、先进教务工作者等荣誉称号。

陈佩芬：高级实验师，浙江传媒学院原教务处副处长，现任学校人事处副处长。长期负责学校实验与实践教学管理工作，参与国家级大学生校外实践教育基地、教育部产学合作协同育人项目建设，曾获浙江省"三育人"先进个人。

基于产教融合的经管类专业仿真综合实训的改革与实践

沃　健　张　静

浙江财经大学东方学院

【摘要】本文介绍了东方学院跨专业仿真综合实训的改革背景与过程,围绕人才培养目标定位,聚焦能力培养这个核心,从问题、思路、机制、方法、成效等方面系统总结了基于产教深度融合基础上的经管类专业仿真综合实训模式改革探索经验及实践成果。

【关键词】产教融合　经管类专业　模拟仿真　综合实训

我国经济已由高速增长阶段转向高质量发展阶段,为优化经济结构,建设现代化经济体系需要多元化的高素质应用型人才作支撑,而应用型本科院校为高素质应用型人才的培养与输送提供了主渠道。实践教学是培养应用型人才的必经之路,是有效衔接学生所学与社会所需的桥梁。作为一所经管类独立学院,浙江财经大学东方学院在应用型人才培养的实践教学改革中进行了诸多的探索,并积累了一定的经验和心得。

一、问题分析

经管类专业的专业口径宽、理论基础厚、应用性强的学科特点,一直是困扰高校如何开展经管类专业实践教学的一大难题。随着教育部关于地方高校转型发展战略的推动,很多地方高校在经管类专业对传统实践教学环节和形式的改革做了许多有益的探索,其改革的背景是基于经管类专业实践教学长期以来存在的普遍问题。

1. 实践课程体系的设置不能满足社会对毕业生能力的需求

随着企业对人才质量需求的变化,各高校,尤其是应用型高校,在教学内容、课程设置、教学方法等方面进行了一系列改革与创新,但课程教学仍偏重理论,理论与实践脱节现象较为严重,主要问题是实践课程体系定位不够清晰,设置不够合理,实践课程的单一性较为突出,缺少能激发学生学习兴趣、训练其综合能力的实践类课程,严重影响学生的积极性、主动性和创新性的发挥,以至于学生毕业后走向工作岗位出现上手慢、适应性差等现象,自然不能满足社会需求。

2. 校外实习接触实际内容的专业性和系统性不强,实习效果不佳

据我们了解,一方面,在大部分高校经管类专业实践教学体系中,校外实习环节质量比较难把控,一般是学生分散到企业或校外基地实践,但因企业感觉自己没有义务接收实习生,也担忧实习生会对其生产经营造成一定干扰,一般不会把实习生纳入正常运转的体系中,因此无法同时吸纳大量学生进行实习工作,学生实习亦无法接触核心岗位,且实习期间基本在单一岗位工作,缺乏对整个行业的认知和了解,不利于学生全局观能力的培养。另一方面,学校对分散的实习生也缺乏有效的管理手段。

3. 实践教学体系中综合实训意识不强,平台欠缺

在过去相当长的时间里,国内高校经管类专业实践教学手段单一,大部分经管类专业的

实验室,基本是单一课程的电脑加软件的形式,而经管类专业学生实践能力的培养,主要是通过实训,而非实验。但实际情况是,综合性、仿真性实践教学平台缺失是普遍现象,单调的实践教学环境很难激发其学习兴趣,严重影响了学生参与实践教学的积极性和有效性,不利于培养其在复杂多变的商业社会环境中对知识的融会贯通和应变能力。尤其现在的"95后""00后"大学生,从小在新技术熏陶下成长起来的"新人类",更喜欢基于现代信息技术的混合式学习方式,而高校现有的实践教学平台难以支撑混合式学习的开展,直接影响实践教学效果。

二、改革思路与实践

1. 改革思路

(1)以市场需求为导向,培养学生职业能力

在互联网+时代,企业的经济活动趋于复杂化、综合化,对经管类人才的素质和能力提出了更高的要求。面对现代企业对人才专业性、复合性和创新性的要求,学校组织相关部门深入企业、就业市场调研,了解、分析行业发展及相关领域的就业前沿信息,结合自身办学条件和人才培养目标定位,构建以能力为导向的实践教学体系,其中包括以职业岗位能力为主线,培养学生综合执行能力、综合决策能力和创新创业能力。

(2)以产教融合为途径,实施应用性教学

围绕社会经济、产业发展,以产教融合为途径,培养适应产业转型升级的应用型人才。学校将人才培养环节融合于产业链、公共服务链和价值创造链,主动与地方政府、行业、企业建立密切的合作关系,掌握产业发展动向,了解产业需求,将产教融合、校企合作体现到学校人才培养模式、培养方案和教学体系的各个环节,尤其是校内的实训教学体系和教学内容的构建,从顶层设计、模式构建与运行等方面实施改革与创新,把与企业合作融合作为校内实训拓展和质量提升的主要路径,为实现应用型人才培养目标奠定扎实基础。

(3)以虚拟商业环境为平台,解决实战困境

根据我校经管类专业特点和现实社会环境,在校内搭建高度仿真的企业经营模拟场所,激发学生学习兴趣,开展基于真实情景的沉浸式学习,使学生不出校门也可体验企业经营全过程,并开展业务运行和操作。为此,构建虚拟商业环境平台,学生完全打破班级的限制,自行招聘、应聘入岗,引入企业的真实数据,在虚拟公司里,进行顶岗实训,解决学生实习单位对接和实习内容不够核心等问题。沉浸式的、超现实的真实体验,为实训教学带来了前所未有的颠覆性变革,基于虚拟现实技术的仿真教学环境营造的企业环境,使仿真企业实践真正走进教学。虚拟环境与实际教学环境相互支撑,让虚拟环境照进现实,让现实环境映射到虚拟环境空间,使学生真正感受沉浸式的教学实训体验,解决学生缺少实战机会的困境。

(4)以专业综合实训为支撑,培养综合实践能力

根据培养目标,将通用能力和经管专业职业素养的校内仿真综合实训项目,设计综合专业实训课程,学生通过仿真综合实训,模拟公司运营的全过程,在虚拟商业环境中,实现与现实工作几乎完全吻合的仿真经营和业务运作,形成自然的、符合现实经济活动要求的行为方式、智力活动方式和职业行为能力,达到全面体验岗位职位要求,胜任岗位工作的初级目标。通过在不同职业岗位上"工作",感悟复杂市场环境下的企业经营,突出训练学生从事经济管理的实用性、针对性和应用性,有利于学校高素质应用技术型人才培养。

2. 探索与实践

基于经管类高校实践性课程(环节)的教学现状,依据跨专业模拟仿真实训课程的复杂性、综合性、实战性的特点,学校积极探索实践经管类实训课程的改革,主要包括以下几个方面。

(1)创新产教融合模式

早在2010年,学校就启动经管类跨专业模拟仿真实训教学的调研和探索。2011年,学院开展校企深度合作,与具有企业信息化丰富经验的管理软件、企业互联网服务提供商用友集团、新道用友签订协议,进行"高校—教育技术企业—产业"三方合作,成立了研发团队,把体现教学规律的教学需求与技术实现,把教学内容与行业发展趋势很好地结合起来,共同进行专业化、商业化开发与推广实训平台与课程。建立由学校专业和实验教师、企业骨干构成的双师型队伍进行课程教学的维护。2012年9月,正式面向全院所有经管专业学生开设"企业综合专业实训"课程。2016年10月,学校成为新道跨专业综合实训示范基地和新道师资研修基地。2017年,成立了新道创业学院,开发了实验班系列创新创业课程。2018年,参加"企业综合专业实训"课程的学生超过2000人。学校作为共同开发这个项目的原创用户,已经协助新道公司教学平台和软件推广几百所高校,项目实现了较大的商业价值,真正做到了融合双赢。这种合作很好地解决了高校缺技术,企业缺教学经验的难题,这样综合校内外资源,实现优势互补。在"互联网+"的大环境下,实践教学的开展,需要依托企业的技术支持和服务,企业亦离不开高校对实践平台的设计、实践内容的研发及实践教学的实施。同时,通过外引内培的方式组建双师型师资团队,不仅吸引企业优秀人才到课堂,同时选派教师到企业锻炼学习,加快推进双师型师资队伍建设。

(2)创新实训教学模式

跨专业模拟仿真实训的目标是强化学生在多主体的商业社会中团队实岗、协同实战的能力。通过在校内搭建包括制造企业、物流公司、商贸公司、广告公司、人力资源服务公司、会计事务所、银行、工商、税务、社保等众业态所构成的商业社会场景及其真实岗位,创建虚拟的市场、商务、政务和公共服务环境,选用具有海宁地方特色的皮衣制造为教学案例,用真实数据和业务,结合软件,仿真工作内容和工作任务,从综合实训中体验企业整体运行方方面面的真实感,实现了"虚实结合""专创融合""线上线下相结合"的校内多专业混合式仿真综合实训,同时构建了"多维度、多点位、系统化"的实训教学评价机制,实现了任务驱动下"以学生为主、教师为辅"的创新创业实训教学模式。

(3)创新仿真实训平台

运用系统仿真技术建立商业社会模型,以制造业产业链为中心,建立包括企业、政府管理机构和其他服务性机构等多个虚拟主体,建立由多个行业、多类业务整合的信息管理系统,提供实训的仿真业务流程,按照真实业务规则和管理规范处理人、财、物信息。建立实训教学指挥系统,运用任务驱动、要素联动、绩效评价等方法调控实训教学过程,并提供网络学习资源、师生互动空间等功能。建设场景模拟环境,包括市场环境、商务环境、政务环境和公共服务环境等多种业态的工作场景及其真实岗位。开发仿真教具模板,包括各类业务单据、办公用品、企业文化宣传材料和职业培训资料等。

(4)创新在线教学资源

2017年,校企专兼职教师通力合作,建设了1门省级精品在线开放课程,并利用精品在线开放课程平台,创新课程考核模式,改变依靠教师人工考核评价手段和形式,让评价数据准确、透明,评价反馈及时、高效。考核结果的及时反馈,为过程性考核评价提供依据,提高了课程教学管理水平,提升了实训教学效率。仿真实训采用课堂教学和网上教学互动相结合的混合式学习方法,学生可以通过精品课程在线开放平台的视频资源、课程PPT、业务流程图完成网上预习、复习以及实训内容的学习。

（5）创新运行管理机制

基于对综合实训在提升经管类专业实践能力上的作用,学院认识高度统一,将包括"企业仿真综合实训"课程在内的多门实训课程作为经管类专业学生创新创业必修课,纳入人才培养方案,并在创业学院专门成立教研室,教研室的教学团队是由学院与企业业务骨干构成。学院出台了一系列相应的政策和制度,保障了综合实训类课程顺利有效地开展。

3. 实践成效

（1）有效激发学生学习兴趣,全面提升教学满意度

"企业仿真综合实训"自2012年9月开始面向全院经管类专业学生正式开设以来,已进行了53轮教学,受训学生达到1万余人,得到了学生的高度评价,学生们普遍认为这是"大学最有意思的一门课"。这门课程的教学也大大激发了学生参与科技竞赛的积极性,每年都有超过40%的在校生参加各类学科竞赛和创新创业竞赛,取得一大批国家级、省级奖项。实训项目的开展为兄弟院校校内仿真综合实训课程的建设和推进起到了积极的示范性作用。截至2018年年底,全国已有400多所院校来校参观考察,并且得到《人民日报》《中国教育报》《浙江日报》等多家媒体的报道,学校校内仿真综合实训课程的示范效应和受益面正不断扩大。

（2）稳步提升实验实训教师的教学水平和科研能力

经过6年的探索与实践,学校搭建起了实训平台,设计完成了与教学目标相适应的教学方案和教学案例,建设了一支理论知识全面、精通实际操作且专业梯度合理的实训教学团队,形成了一整套具有独特性和创新性的经管类跨专业综合实训教学方案。与企业合作编写并出版了3本教材,其中《企业仿真综合实训》入选浙江省普通高校"十三五"新形态教材。实训师资团队成员在不断推进实践教学模式改革的同时,形成了一系列论著、论文等科研成果,完成了一系列省级和院级教学改革课题。2016年,"经管类校内仿真综合实训的探索与实践"荣获高等学校虚拟仿真实验教学资源建设成果三等奖。

（3）获批省级虚拟仿真示范中心

2015年,实训平台荣获省级虚拟仿真实验教学示范中心重点建设项目,也是浙江省首个经济管理类省级虚拟仿真示范中心。

三、思考与展望

作为一所独立学院类型的新办本科院校,找准应用型人才培养定位是关键,而能力导向是关键的核心。学校多年的仿真综合实训改革实践证明,跨专业仿真综合实训平台和模式为活跃学生创新思维,提升学生实践能力,完善学校高素质应用技术型人才培养提供了有力的抓手,取得了明显的成效。同时,这种产教融合的成功经验,为拓展产教融合新模式,推动应用型教学改革和应用型学科建设,提升创新创业内涵提供了有效途径。2018年6月,教育部召开了新时代全国高等学校本科教育工作会议,并印发了《关于加快建设高水平本科教

育 全面提高人才培养能力的意见》。该文件中多处提到大力推进虚拟仿真实验实训,把综合运用校内外资源,建设满足实践教学需要的实验、实习、实训平台,大力推动与行业部门、企业共同建设实践教育基地,健全合作共赢、开放共享的实践育人机制作为实践能力培养的重要举措。协同育人、实践育人作为一种育人理念,将对高校应用型人才培养的全过程起到积极的指导作用,产教融合将是实现应用型人才培养目标的主要路径。

四、结语

经管类专业的实践能力培养一直是一个让高校比较困惑的问题,我们只是从与企业融合在校学生实践能力训练方面做了一些有效的尝试。除了前面讲的以实体企业为主的仿真综合实训外,还有各种金融工具综合实训、文创类专业跨专业综合实训等。我们将遵照"新时代高教40条"的精神,按照新经管的定位,更加坚定校内实验实训改革和建设的方向,继续探索完善实训平台的内涵发展,加强实践教学体系内涵建设。同时以实践能力培养为目标传导教学各个方面的改革,实现人才培养目标,为地方社会经济发展提供高素质应用型人才支撑。

参考文献

[1]付启敏,罗纯军.经管类专业实践教学体系的构建与实践[J].科学咨询(科技·管理),2018(1):124-125.

[2]谢睿萍.独立学院经管类专业实践教学体系改革探究[J].知识经济,2017(12):138.

作者简介

沃健:教授,浙江财经大学东方学院院长,曾多次获国家和省教学成果奖,浙江省高校教学名师。

张静:讲师,浙江财经大学东方学院企业管理仿真实训教研室主任。

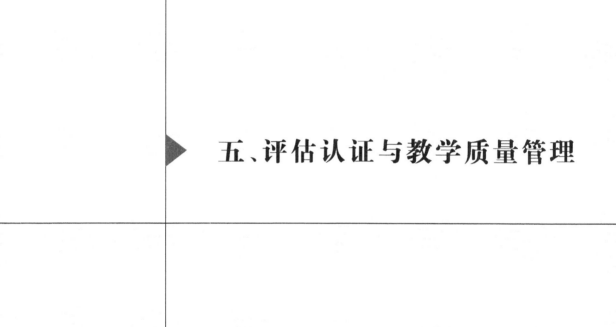

五、评估认证与教学质量管理

以评估为牵引的高校竞赛治理探索与实践

陆国栋

浙江大学

【摘要】竞赛成果具备明确的边界和可评价性,是高校人才培养质量的重要表征,对高校竞赛进行评估是对高校人才培养质量进行检验的一个有效途径。竞赛是激活学生学习的重要途径,也是人才培养的重要抓手。本文梳理了我国高校竞赛发展的历史脉络,提出了我国高校竞赛治理的现实困惑和基本思路,具体开展了2012—2016年和2013—2017年两轮评估实践,并取得了初步成效,进一步提出推进高校竞赛治理优化的若干举措。

【关键词】评估 竞赛 治理 高校 人才培养

一、竞赛评估是高校人才培养质量检验的一个有效途径

习近平新时代中国特色社会主义思想强调,高等学校的根本任务是培养人,高等学校的根本标准是立德树人的成效,人才培养的质量和效果是高校检验一切工作的根本标准。纵观国内外一流大学,无不将本科人才培养和教育教学质量放在学校发展的重要战略地位。然而,由于人才培养质量和学习结果的影响因素众多,如何检验人才培养质量也是当前世界高等教育质量评价所面临的重点和难点。毋庸讳言,高校排行榜成为高校声誉的一个重要组成部分,广受高校关注,但也备受质疑。其中最大的一个质疑是,由于数据的可得性和可操作性等因素的影响,这些排行榜侧重于科研维度,往往缺乏对高等教育本质职能——人才培养质量和大学生学习成果的有效评价。新时代全国高等学校本科教育工作会议提出的"以本为本,四个回归"吹响了新时代高等教育自我革命的号角,基于大学生获得感和实际学习成效的评估评价应成为当前我国高等教育评估亟须解决的问题之一。

古希腊学者普罗塔戈曾说:"学生的头脑不是用来填充知识的容器,而是一支需要被点燃的火把",我们认为竞赛就是点燃火把的"火种",是激活学生学习的有效手段。竞赛已经成为目前大学生自愿夜以继日投入其中的为数不多的学习活动之一,引导学生投入竞赛、接受挑战、学出精彩、赛出水平也是改变"玩命的中学,快乐的大学"悖论的有效途径之一,更是中学减负、大学增负、淘汰"水课"、打造"金课",激活学生学习兴趣的有效手段之一。

从评估的角度而言,竞赛成果具备明确的边界和可评价性,是高校人才培养质量的重要表征。因此,我们认为对高校竞赛进行评估是对高校人才培养质量进行检验的一个有效途径。

二、学科竞赛是人才培养的重要抓手

在众多学习成果中,竞赛成果是大学生的重要学习成果,是高校的重要产出;竞赛也是人才培养的重要抓手。具体表现为:

其一,大学生竞赛是专业高阶思维能力训练的重要载体。不同于课堂教学,在竞赛中学生需要综合运用知识和能力解决复杂问题,需要在有限的时间内进行分析、综合、推理、演绎

等一系列高阶思维活动,给出理想的解决方案。

其二,竞赛是大学生进行专业实战化训练的重要载体。很多竞赛需要进行实际操作,在理论方案不断修正的基础上做出实物,竞赛是比常规性的实践教学更加贴近实战化的训练。

其三,竞赛是大学生沟通协作能力培养的重要载体。许多竞赛是团队形式的,合作程度高低成为竞赛是否成功的关键因素,在团队中,每个人都要有合作意识,每个人都需要顾全大局。

其四,竞赛是大学生抗压能力训练的重要载体。竞赛的激烈性、排他性、不确定性对于每个学生来说都是一种抗压训练,投入竞赛的每一位学生都在其中品味酸甜苦辣,体验成功的喜悦和失败的痛苦。

其五,竞赛是大学生诚信训练的重要载体。竞赛就要分三六九等,有竞争就会有"作弊"的引诱,就会滋生"不诚信"风险。通过竞赛可以教育学生不可作弊,养成诚信的理念和行为。

三、我国高校竞赛发展的历史脉络梳理

竞赛活动与我国高等教育发展相伴相生,经历了从零星到繁荣的发展历史。结合相关调查,可以将我国高校大学生竞赛发展的脉络划分为四个阶段:萌芽期、初兴期、发展期和深化期。

萌芽期(1980—1990年):1985年,中共中央做出了《关于教育体制改革的决定》,高等教育自主权开始释放,高等教育办学活力开始激发,特别是1989年,由共青团中央、中国科协、教育部、全国学联组织的"挑战杯"中国大学生课外学术科技作品竞赛拉开了高校大学生竞赛的序幕,所以将这段时间命名为大学生竞赛的"萌芽期"。自此,大学生竞赛开始进入缓慢的发展期。

初兴期(1991—2006年):接下来的15年间,大学生竞赛缓慢发展,陆陆续续有全国性大赛出现,但总体而言数量不多。据不完全统计,共产生全国性学科竞赛34项,不少竞赛至今仍欣欣向荣,呈现旺盛的生命力,如全国大学生数学建模竞赛(首届年份为1992年,下同)、全国大学生电子设计竞赛(1994年)、"挑战杯"中国大学生创业计划大赛(1999年)、全国大学生机械创新设计大赛(2004年)、全国大学生结构设计竞赛(2005年)、"飞思卡尔"杯全国大学生智能汽车竞赛(2006年)等。在相关研究方面,2000年以前没有研究者关注这个现象,之后的相关研究也不多。

发展期(2007—2017年):2007年1月,教育部、财政部联合发文决定实施"质量工程",同年印发《关于进一步深化本科教学改革 全面提高教学质量的若干意见》,高等教育进入巩固发展,深化改革时期。大学生竞赛作为创新人才培养的重要手段日益得到重视,竞赛项目数量和研究论文数量均呈现急剧增长态势。据不完全统计,仅2006—2010年这5年间,新增全国性大学生竞赛数量达到85项,包括全国三维数字化创新设计大赛(2007年)、全国大学生先进成图技术与产品信息建模创新大赛(2008年)、全国大学生节能减排社会实践与科技竞赛(2008年)、全国大学生工程训练综合能力竞赛(2009年)、全国大学生机器人大赛(亚太赛,2009年)、全国计算机仿真大赛(2010年)等。伴随着大学生竞赛项目数量的突飞猛进,竞赛相关研究也一并出现井喷趋势,10年间共公开发表与竞赛有关的研究论文1547篇,是前20年的25倍左右。作者较早即开展了学科竞赛的实践与研究工作。

深化期(2018年开始):2017年8月,经民政部和教育部审核通过,中国高等教育学会业务范围增加了行业监测的职能,这标志着学会正式迈入建设高等教育治理体系和治理能力现代化领域,高校竞赛治理也成为学会的重要职责之一。以中国高等教育学会推出学科竞

赛排行榜为标志,可以认为学科竞赛进入了深化发展阶段。

四、我国高校竞赛治理的现实困惑和基本思路

当下,教育管理部门、社会和企业对组织举办大学生竞赛兴致勃勃,每年都有不同层次的大学生竞赛项目出现,竞赛在培养大学生综合解决问题方面发挥了巨大作用……但在竞赛表面繁荣的背后,问题的苗头日渐呈现,如部分竞赛的表演化趋势渐长,商业意味渐浓,教育功能渐微;部分竞赛片面追求量大面广,内涵乏力;个别竞赛管理不规范等。由于高校对竞赛实际质量缺乏充分了解而产生选择困惑,竞赛主办方也由于缺乏来自高校的反馈机制而无法通过竞赛的改革来切实提升竞赛在创新人才培养中的作用。竞赛治理正处于十字路口。

信息的不对称性是造成市场混乱的主要原因之一,由于市场各主体缺乏对有关信息的了解,各主体之间的沟通不畅、政府治理费时费力且成效甚微。高校竞赛治理也是如此。因此,提高大学生竞赛在全社会中的信息透明度或许是解决竞赛组织失范和高校选择困惑的有效途径。为此,我们尝试提出以向社会公布高校竞赛评估结果的方式,实现对竞赛项目的优化和对高校参赛的引导。

基本思路如下(概念图见图1):

①优化竞赛:在对当前全国性学科竞赛的组织及开展现状进行全面摸排的基础上,根据一定的原则筛选纳入评估的竞赛项目,并赋予相应的权重,以此倒逼竞赛规范赛事、提高质量。

②引导学校:为了更好地鼓励高校参加和组织竞赛活动,在评估中引入"组织贡献"指标,将竞赛项目的秘书处单位(高校)、每年竞赛的承办高校、竞赛活动的优秀组织单位和优秀指导教师等项目都纳入评估指标,以此引导各个高校提高自身对竞赛活动的组织贡献。

③进一步将考虑由竞赛延伸的教学成果奖、教育教学改革论文等显性研究成果纳入评估指标,引导高校在现有基础上进一步探索竞赛活动在人才培养中的作用机理,深化创新人才培养改革。

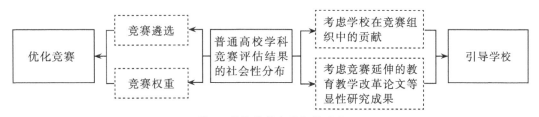

图1 高校学科竞赛评估思路

五、以评估为手段推进高校竞赛治理的具体实践

基于以上的认识和思考,中国高等教育学会在2017年2月启动"高校竞赛评估与管理体系研究"项目,组建专家委员会,对我国高校学科竞赛的开展、组织和实施情况进行调研、分析,并构建评估体系。同年12月,经过充分准备,中国高等教育学会"高校竞赛评估与管理体系研究"专家工作组在杭州向社会发布"2012—2016年中国高校创新人才培养暨学科竞赛评估结果"和2014年、2015年、2016年单年评估结果。2018年2月2日,专家工作组在北京召开"中国高校创新人才培养暨学科竞赛评估结果"新闻发布会,正式发布"2013—2017年中国高校创新人才培养暨学科竞赛评估结果"和2017年单年评估结果。2018年4月26日,专家

工作组在首届中国高等教育博览会上举行了《全国普通高校大学生竞赛白皮书(2012—2017年》的首发式。

1. 评估的对象选择

2017年,本项目在全国范围内实施了第一次普通高校学科竞赛评估。本次评估以2017年教育部公布的全国高等学校名单为评估对象选择的高校基本范围,选取其中的普通高等学校2631所(含独立学院265所,不含成人高等学校283所)作为评估对象。

2. 评估遴选的竞赛项目

以教育部2007年、2008年和2010年发布的大学生竞赛资助项目为主要依据,根据权威性、影响力和国际性为原则遴选纳入评估的竞赛项目,增加"互联网＋"和"挑战杯"竞赛,以及影响力广泛且具有国际性的ACM-ICPC国际大学生程序设计竞赛,同时,考虑到人文社科类竞赛数量不多和国际化要素,增加"外研社杯"全国英语演讲大赛,共筛选了18个竞赛项目纳入排行。此外,还在高职排行榜中选入"高职技能大赛"项目。

3. 评估采取的指标体系

为谨慎起见,第一次评估只选取了"获奖贡献"和"组织贡献"两个指标纳入评估模型。获奖贡献主要指各高校参加各级各类竞赛的获奖结果,获奖等级按照一定极差赋以一定的权重,结合竞赛项目权重形成获奖贡献子模型。其中,竞赛项目权重考虑项目等级、项目类型、项目历史和获奖数量四个要素,采用层次分析法,经过多轮专家背靠背意见征询形成竞赛项目权重。组织贡献指高校对学科竞赛健康发展的贡献,包括秘书处单位、竞赛承办单位、优秀组织奖等,结合竞赛项目权重形成组织贡献子模型。在后续的竞赛评估中,还将考虑学科竞赛拓展、延伸的内容,包括高校学科竞赛类教学成果奖、学科竞赛类教学改革论文等。

4. 评估结果的呈现方式

目前评估结果的呈现方式包括:省级层面的排行榜,以竞赛地图和数据表形式呈现;学校层面的排行榜,包含获奖次数和获奖总分;学校查询,平台提供单个学校的竞赛信息查询以及分析图表;学校对比信息查询,提供任意选择两所学校对任意年份的学科竞赛成绩进行对比查询。

六、推进高校竞赛治理的初步成效

以上一系列工作在高等教育领域引起了较大反响:

①中国高等教育学会微信平台推出的"中国高校创新人才培养暨学科竞赛评估结果预发布"的消息阅读量超过了11万人次;

②人民网、新华网、光明网、中国社会科学网、《中国日报》等国家级主流媒体纷纷做了相关报道;

③部分高校纷纷把评价结果在学校官网和微信公众号上转载转发;

④部分高校根据评价结果及时调整校内竞赛奖励政策;

⑤部分竞赛组织单位主动跟中国高等教育学会联系,积极提供相关数据,申请加入评估等。

这一系列工作是中国高等教育学会贯彻党的十九大精神,践行党的教育方针,落实立德树人根本任务,充分履行学会行业监测职能的重要举措。这一系列工作填补了我国高校竞赛评估与管理体系研究的空白,初步形成了我国第一个专注高校创新人才培养暨学科竞赛成果的排行榜。据检索,尚未见以一个国家的学科竞赛对所在国家的高校人才培养进行评估的相关报道。

七、进一步推进高校竞赛治理优化

高校竞赛治理优化是一个长期而艰巨的过程,初步可归纳为以下几个方面:

1. 引强扶弱

引导重点高校参与世界级高质量竞赛,地方政府形成鼓励高校以学科竞赛为牵引促进人才培养的体制机制,强化对口支援计划提升西部高校学科竞赛软实力。

2. 优化结构

充分发挥专业教学指导委员会作用,增加部分专业类竞赛项目供给,适当增加创意类竞赛项目供给,进一步探索竞赛项目分层评价改革。

3. 强化管理

加强竞赛内涵式建设,强化竞赛育人功能;加强竞赛规范性,引导竞赛健康发展。

我国高等教育的区域不平衡、类型不平衡在高校学科竞赛中同样存在,面对这种不平衡,我们认为竞赛治理的要点不是削峰填谷、拉平差距,而是多样评估支持多元发展,丰富竞赛类型、优化竞赛布局,为多样化的大学生提供多样化的竞赛供给,让所有大学生在全国性学科竞赛中有展现自己的机会,提高竞赛的牵引性和辐射度。

八、结语

当然,评估只是对高校竞赛治理的一个初步尝试,高校学科竞赛排行榜只是手段而非目的。后续还将扩大竞赛项目覆盖面,继续优化评估体系和评估模型,丰富评估类型,强化倒逼机制,每年发布学科竞赛五年评估结果和当年评估结果,同时每年发布我国普通高校竞赛白皮书,加强竞赛评估对于优化竞赛和引导高校的导向作用,切实提高竞赛在高校人才培养中的成效,为我国创新驱动发展国家战略和高等教育强国战略贡献力量!

参考文献

[1]陆国栋,陈临强,何钦铭,等.高校学科竞赛评估:思路、方法和探索[J],中国高教研究,2018(2):63-68.

[2]陆国栋,魏志渊,毛一平,等.基于主题、时间、空间和模式分类的学科竞赛研究与实践[J].中国大学教学,2012(10):74-76.

[3]赵春鱼,吴英策,魏志渊,等.高校学科竞赛:现状、问题与治理优化——基于2012—2016年本科院校学科竞赛评估的数据分析[J],中国高教研究,2018(2):69-74.

作者简介

陆国栋:浙江大学求是特聘学者,工学硕士,理学博士,浙江大学机器人研究院常务副院长,教育部工科基础课程教学指导委员会副主任,教育部工程图学课程教学指导分委员会主任,中国高等教育学会工程教育专业委员会秘书长,《高等工程教育研究》杂志副主编。曾任浙江大学教务处副处长、竺可桢学院副院长,本科生院教研处处长、副院长、常务副院长,浙江大学教师教学发展中心主任等。

后审核评估时代高校构建内部质量保障体系的理念与思路

施建祥

浙江省教育评估院

【摘要】随着全国教育大会和新时代全国高等学校本科教育工作的召开,"以本为本""四个回归"深入人心,高等教育质量问题受到全社会广泛关注。如何加强大学质量文化建设,建立有效的质量保障与持续改进机制,促进高校从数量扩张转向质量立校,是提高人才培养质量的关键所在。本文从宏观和微观视角分析我国高等教育质量保障体系建设存在的问题,并从"以学生为中心、产出导向、持续改进"的核心理念阐述构建高校内部质量保障体系的必要性,从而提出后审核评估时代高校构建质量保障体系的基本思路。

【关键词】质量保障　核心理念　具体思路

在全国教育大会和新时代全国高等学校本科教育工作会议召开之后,教育部出台了《关于加快建设高水平本科教育全面提高人才培养能力的意见》(简称高教40条),浙江省教育厅也出台了《关于加快建设高水平本科教育的实施意见》(简称高教18条),其中都专门就高等教育教学质量问题提出了明确要求。高教40条中有4条专门谈如何加强大学质量文化建设,即完善质量评价保障体系、强化高校质量保障主体意识、强化质量督导评估、发挥专家组织和社会机构在质量评价中的作用。而高教18条中也明确要求建立质量保障和持续改进机制,把人才培养水平和质量作为评价大学的首要指标,突出以学生为中心、产出导向、持续改进,激发高等学校追求卓越。可见,高校内部质量保障体系建设已迫在眉睫,高校必须从数量扩张转向质量立校,着力建设大学质量文化,讲究质量成为大学的自觉行动。本文结合全国教育大会精神谈谈高校内部质量保障体系构建的理念与要求。

一、问题分析

2004—2008年本科教学工作水平评估主要强调高校外部对办学条件的支持和质量监督,而本轮本科教学工作审核评估是以高校建设内部教学质量保障体系建设为核心进行的由外向内的评估模式转变,这主要是基于两个原因:一是高校办学自主权的进一步扩大与扩展;二是高等教育竞争的外在压力与高校内涵式发展的驱动交叉作用。因此,本轮审核评估突出办学定位和人才培养目标的适应度、教师与教学资源的保障度、教学和质量保障体系运行的有效度、学生和社会用人单位的满意度等,实质上都可以归结为如何建立健全高校内部教学质量保障体系建设这一核心问题。那么,高校内部教学质量保障体系建设存在哪些问题呢?

从宏观来看,主要有以下两个问题。一是高校的主动性、创造性没有激发出来,高校的质量主体意识尚未觉醒,习惯于依赖政府政策的推动。我国高校内部教学质量保障体系建设的各个方面,不论是办学条件建设还是教学改革,事无巨细,几乎都是围绕政策的"指挥棒"转,这种现象背后有很多由历史原因造成的"无奈",但最核心的原因是教育资源配置的权力长期掌握在政府部门手中,没有形成高等教育公共治理体系以及由社会和市场决定高等教育资源配置的格局。而高等教育大众化发展决定了高校办学一定会走向多元办学、特色办学、市场化办学和自主发展,高等教育管理也一定会走向分权和公共治理。高等教育的质量是一种公共责任,不是政府部门或高等学校哪一方可以单独承担得起的。我国高等教育发展目前却形成这样一个恶性逻辑链:政府事无巨细都要操心管理,劳心劳力,还吃力不讨好;高校时时刻刻都要跟随政策"指挥棒"去争资源,无心无力抓内部质量保障体系建设,还要背负社会对"高等教育质量不高"的责问;而作为高等教育质量的真正受益方和评判方,学生和社会监督力量却没有发挥出来。二是高校内部教学质量保障体系建设的系统性、科学性不足,尚未形成一套科学完整、操作性强的监控体系。目前在认识上还存在不少误区,如片面认为高校办学质量仅指教学质量,而没有认识到高校办学质量是指高校整体运行的全面质量;片面认为只要办学条件改善、师资水平提高就是教学质量高,而忽视资源优化配置和制度建设的重要性,忽视了教育理念转变的重要性;片面认为教学评估只是外界检查评估高校,学校应付了事,而没有认识到高校自我评估、自觉接受社会监督才是提升教学质量的关键所在。因而没有基于大学自主办学的历史传统、围绕大学章程而形成的大学自我管理、自我评估、自我监督的质量管理体系,高校内外部质量保障体系又无法连成一个整体。

从微观来看,主要存在以下3个问题。一是校内各部门配合度较低。内部教学质量保障体系是一个系统工程,需要校内相关部门配合运行,学校任何一个部门都要为本科教学、为质量提升贡献智慧。但目前高校内部教学质量保障体系相对应的各个部门,不能做到协调配合,不能共同制定质量标准,不能共同为实现学校的人才培养目标而集中力量。例如,学生管理部门、教学督导部门没有与教务管理部门联合在一起,造成评价工作流于形式,同时制约着内部教学质量保障体系的发展。二是质量标准不完善。教学质量标准包括专业质量标准、课程质量标准、课堂教学标准和实践教学标准,且具有较高的层次性。但目前普遍存在专业培养方案代替专业质量标准,课程教学大纲代替课程质量标准,毕业实习方案代替实践教学标准,导致质量标准不完善。三是监控体系不全面。高校内部教学过程监控目前只集中于课堂教学,而没有认识到教学各环节的重要性,特别是对毕业论文和毕业实习几乎是处于失控状态。从监控对象看,目前大多集中在教师身上,而没有认识到对学生学习效果监控的重要性,而监控学生又过多关注学生的期终考试成绩,对学生的过程考核较少,对学生素质考核就更少了。

二、核心理念

自20世纪50年代以来,西方各国高等教育发展的经验和教训表明:高等教育质量危机是高等教育由精英教育阶段进入大众化发展阶段以后遇到的普遍问题,大众化高等教育与精英化高等教育在价值理念、质量观念和办学行为等方面有很大不同,我们只有在充分认识大众化高等教育发展规律的基础上,构建一套全新的高校内部教学质量保障体系,形成大众化高等教育质量评价与资源配置的新机制,该质量保障体系应该保障每一个学生在其兴趣与能力范围内自主选择和充分发展的权利。因此,高校内部质量保障体系建设必须遵循"学生中心、产出导向、持续改进"的核心理念。所谓学生中心,就是把全体学生的学习效果作为关注的焦点,必须做出两个转向:一是从关注教师教得好不好转向关注学生学得好不好,要将评教与评学相结合,更要建立一套科学的评学指标体系;二是从关注学校办学资源条件好不好转向关注毕业生在社会上发展得好不好,要加强对毕业生职业发展状况的跟踪调查,根据毕业生的职业发展需求来完善专业培养方案和人才培养模式。所谓产出导向,就是教学过程的实施必须保证学生取得特定的学习效果,即OBE(outcomes-based education)理念,这本来是工程教育的理念,现在已成为整个高等教育的理念,也就是在教学过程中始终要回答四个问题,即我们想让学生取得什么样的学习成果?为什么要让学生取得这样的学习成果?如何有效地帮助学生取得这些学习成果?如何测量学生已经取得了这些学习成果?只有实际取得了这些学习成果,学生才能达到毕业要求。所谓持续改进,是指建立"执行—评价—反馈—改进"的质量保障体系闭环,形成持续改进机制。但我们目前的状况是,只关注老师教得如何,不关注学生学得如何;只关注办学资源条件如何,不关注毕业生在社会上发展得如何;只关注课程开设了没有,不关注学生学到了没有;只关注教学质量标准有没有,不关注质量标准实际执行了没有;只关注评价了没有,不关注改进了没有。这些都是导致人才培养质量不高的主要原因。因此,要提升人才培养质量,必须遵循"学生中心、产出导向、持续改进"的理念来构建校内质量保障体系。

三、具体思路

高等学校的中心工作是为谁培养人、培养什么样的人和怎样培养人的问题。这就首先要确立人才培养目标,根据培养目标来确定学生的毕业要求,再根据毕业要求进行课程体系设计和课程目标的确定。然后通过组织课程教学来达成毕业要求,通过毕业要求达成来支撑学生毕业5年左右培养目标的实现,这就是所谓的"反向设计,正向施工",从而确保人才培养质量的持续提升。从我国高等教育质量体系建设现状来看,还存在以下不足:教学环节质量标准不够完善,教师执行标准的随意性较大,专职评估监控力量严重不足,教学质量监测评价专业化程度不够,监控评价尚不能覆盖到教学所有环节,评价后的信息反馈不充分、不及时,反馈后跟踪并帮助改进的机制尚未形成,持续改进成效不尽如人意。因此,要保证人才培养质量,必须加强大学的质量文化建设,变外在推动为内在自觉,让提高质量成为大学的自觉行动,内化为教师的自觉行动。

教学质量保障体系是指以保证和提高教学质量为目标,运用系统方法,依靠必要的组织结构,把学校各部门、各环节的教学质量管理活动严密组织起来,将教学环节与信息反馈的整个过程中影响教学质量的一切因素控制起来,形成一个有明确任务、职责、权限且相互协调、相互促进的质量管理有机整体。基本思路是:以高校自身为出发点,根据学校确定的办学定位和人才培养总目标,按照教育教学基本规律和人才培养规模要求,设计课程体系和安排教学活动,确保人才培养达到既定的质量标准而采取的各种措施和机制的总和。该体系具有全员、全面、全程性的特点,遵循全面质量管理程序,进行多层次协调、多因素耦合,按系统论思路进行构建,从而形成"标准执行—独立评价—信息反馈—持续改进"的闭环持续改进机制。具体来说,高校内部教学质量保障体系一般可包括教学质量目标系统、教学质量标准系统、具体执行系统、评价反馈系统、跟踪改进系统等,突出强调对教学工作目标和标准、资源配置、组织实施、评价反馈、改进提高等全环节和全过程的质量监测,从而构成一个纵横交错、点面结合的控制矩阵,力图使每一个"按制点"都置于这个控制矩阵的"结点"上。同时,一个具有完善功能的内部质量保障体系应该具备"闭环"特征,即通过监督功能发现偏差,通过调控功能纠正这些偏差,再通过改进功能分析产生这些偏差的原因,并对高校内部教学质量保障体系进行持续改进。

基于以上认识,高校内部质量保障系统应建构以顶层指挥决策系统为基础,以教学质量保障系统为核心,以教学辅助条件保障系统为补充,以教学质量评估和监测系统为抓手,利用教学质量反馈和改进系统形成闭路回环,形成符合高等教育理论与实践的内部质量保障体系,具体如图1所示。

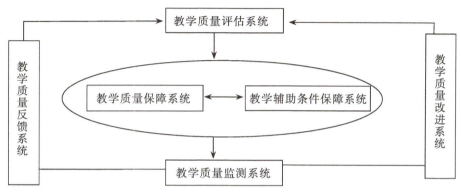

图1　高校内部质量保障体系框架

建立质量保障运行系统,未必能自动发挥质量监督与提升作用,高校必须同时采取以下具体措施:一是成立专门的质量监测评估机构,机构必须独立于教务管理部门,以独立身份执行评估监测功能,既评估监测教师、学生,也评估监测教学管理部门。二是组建一支专业的评估监测队伍,既要有经验丰富的退休老教师,又要有开发评估测量工具和大数据处理能力的年轻技术人员,形成一支老中青结合的专业队伍,以提高评估监测人员的专业化水平。三是制定科学合理、可操作性强的质量评价标准,包括专业质量标准、课程质量标准、课堂教学标准和实践教学标准,标准的制定和执行是保证质量的前提。四是开展周期性评估与常态化监测相结合,评估监测的主体是学校,学校要定期开展专业评估、课程评估和实践教学评估,同时经常性地开展对在校生、毕业生的跟踪调查,及时了解教育教学质量,进行常态监测。五是将评估监测结果及时反馈给一线教师,并跟踪帮助其改进教学质量。六是构建"执行—评价—反馈—改进"的质量保障闭环机制,不断提高人才培养质量。

四、思考与展望

不断提高本科教学质量是本轮本科教学工作审核评估的根本目的,通过审核评估,推动高校营造重视人才培养和教学工作的文化氛围,进一步明确人才培养是学校的根本任务,教学工作是学校的经常性中心工作,人才培养质量是高等教育质量的核心内容。我们通过审核评估来搭建平台,通过评估来营造政府监督质量、学校重视质量、专家检查质量、师生关注质量的良好氛围,真正搭建起政府、学校、专家、师生共同探讨人才培养质量、共同提升人才培养质量的平台。本轮审核评估即将结束,高等教育教学质量提升却永远在路上。我们进入后审核评估时代,要更加关注质量问题,真正构建起培养目标、毕业要求和课程目标三者的内在逻辑关系与支撑关系,确保课程目标支撑毕业要求,毕业要求支撑培养目标,确保人才培养目标的高达成度。

另外,高校内部质量保障体系建设除了体系设计与制度安排外,还必须形成良好的内部质量文化氛围。文化传承创新是大学的一项重要使命和职能,文化自觉是大学的骄傲和自豪。目前我们的大学普遍缺失对自身质量、特别是人才培养质量深刻反省的制度文化,往往将质量问题归于社会支持不够、政府投入不足等外部原因,没有深刻反思自身的不足与问题。因此,高校在内部质量保障制度建构中呈现的价值取向、思维方式与行为模式,必须表现为育人文化、学术文化和质量文化,让自我保障、自我评估、自我监测成为一种大学的自觉行为,凝练成为一种质量文化,升华为一种大学文化。

参考文献

[1]昌庆钟.审核评估与高校内部质量保障体系建设的四个转变[J].中国大学教学,2013 (7):76-77.

[2]申天恩,勾维民.普通高等学校本科教学工作审核评估展思[J].高教发展与评估,2014 (7):16-17.

[3]施建祥.构建质量保障体系是提升人才培养质量的必经之路[N].浙江教育报,2018- 11-26(03).

[4]史国栋,袁益民.审核评估的理论与实践[M].北京:高等教育出版社,2013.

[5]肖芬.审核评估背景下高校内部质量保障体系的重构[J].黑龙江教育(高教研究与评估) 2015(11):62-63.

作者简介

施建祥:教授,博士,浙江省教育评估院院长,浙江省教学名师,浙江工商大学硕士生导师,曾担任浙江工商大学教务处处长,长期从事金融保险教学研究和高等教育评估管理工作。在《金融研究》《保险研究》《上海教育评估研究》等期刊上发表论文50多篇。

工程教育专业认证之体会与展望

刘向东

浙江大学

【摘要】工程教育专业认证是指专业认证机构针对高等教育机构开设的工程类专业教育实施的专门性认证。自2006年教育部启动工程教育专业认证试点工作以来,我国高等工程教育专业认证发展迅速。本文简要介绍了我国高等工程教育专业认证的相关理念和实践情况;基于多年参加工程教育专业认证的心得体会,提出了发展中可能存在的问题,展望了发展前景;通过分析浙江省内高校参加认证的总体情况,提出了对浙江省开展工程教育专业认证的几点建议。

【关键词】工程教育　专业认证　浙江省高等教育　工科专业建设

截至2017年年底,教育部高等教育教学评估中心和中国工程教育专业认证协会共认证全国198所高校的846个工科专业。通过专业认证,标志着这些专业的培养质量实现了国际实质等效,进入全球工程教育"第一方阵"。2006年,教育部启动工程教育专业认证试点工作。10多年来,我国以申请加入《华盛顿协议》组织为契机,以推进工程教育认证为抓手,全面深化工程教育改革,实施了"卓越工程师教育培养计划"等一系列改革举措。2016年我国正式加入国际工程教育《华盛顿协议》组织,成为《华盛顿协议》组织正式成员。2017年教育部启动"新工科"建设,加快发展新兴工科专业,改造升级传统工科专业。

通过认证专业的毕业生在《华盛顿协议》组织相关国家和地区申请工程师执业资格或申请研究生学位时,将享有当地毕业生同等待遇。工程教育专业认证为中国工科学生走向世界提供了国际统一的"通行证",同时认证结果在行业及企业内有较高权威性,在部分行业工程师资格考试或能力评价中享有不同程度的减免和优惠。笔者自2008年起参加了中国工程教育专业认证协会电子信息与电气工程类专业认证分委员会的认证试点工作,曾先后参加了多个专业点的现场考查,积累了一定的心得和体会。

一、工程教育专业认证的相关理念

目前,中国开设工科专业的本科高校有1000多所,占本科高校总数的90%以上;本科高校共开设工科专业点15000多个,占专业点总数的34%;工科在校本科生430万余人、研究生60万人,占高校在校生总数的32%。中国要从"制造大国"走向"制造强国",要实现从"制造型"向"创造型"转变,工程人才培养是根本,因此也必须实现从"高等工程教育大国"向"高等工程教育强国"的转变。2016年6月,国际工程联盟在马来西亚召开《华盛顿协议》全会,全票通过了中国的转正申请,中国成为《华盛顿协议》组织第18个正式成员。这标志着中国工程教育国际化迈出了重要的一步。

《华盛顿协议》是世界最具影响的国际本科工程学位互认协议,其宗旨是通过双边或多边互认工程教育资格及工程师执业资格,促进工程师跨国执业。该协议提出的工程专业教育标准、工程师职业能力标准以及实质等效性原则,是国际工程界公认的对工科毕业生和工程师职业能力的权威要求。该协议由来自美国、英国、加拿大、澳大利亚、韩国、俄罗斯、日本、中国等正式成员和若干预备成员发起和签署。中国的加入在一定程度上表明我国工程教育及其质量保障体系得到国际社会的初步认可,是中国工程教育界多年努力的结果。

开展工程教育专业认证的目标是:构建中国工程教育质量监控体系,推进中国工程教育改革,进一步提高工程教育质量;建立与工程师制度相衔接的工程教育认证体系,促进工程教育与企业界的联系,增强工程教育人才培养对产业发展的适应性;促进中国工程教育的国际互认,提升国际竞争力。工程教育专业认证是对我国传统高等工程教育的深刻改革,改革重点就是学校要加强与工业界联合,营造更好的工程教育氛围;强化教师的工程化背景,提高学生工程实践、创新创业、职业发展的能力,培养具有国际竞争力、能跨国就业的工程人才。在专业质量方面,《华盛顿协议》注重的"以学生为中心""产出导向""持续改进"三大理念,对提高我国工程教育质量起到了积极作用。通过工科专业在参与认证的过程,对标《华盛顿协议》和中国工程教育认证标准要求,修订培养目标,重组课程体系,深化课堂改革,明晰教师责任,健全评价机制,完善条件保障,人才培养质量得以明显提升。

二、工程教育专业认证的实践分析

早在1993年,教育部就与城建部合作开展土建类专业的评估工作。2006年教育部启动工程教育专业认证工作,率先在机械工程与自动化、电气工程及自动化、化学工程与工艺、计算机科学与技术四个专业开展试点。截至2017年年底,全国共有198所高校846个工科专业通过了认证,获得不同的认证有效期。从专业类别上看,工程教育专业认证覆盖了机械、仪器、材料、电气、电子信息、自动化、计算机、土木、水利、测绘、化工与制药、地质、矿业、纺织、交通运输、核工程、农业工程、环境科学与工程、食品科学与工程、安全科学与工程、生物工程共21个专业类,约占我国高校工科本科专业类别数的2/3;从专业点上看,已通过认证的专业点仅占全国高校工科专业点的5%~6%。教育部计划在2020年左右实现工程教育认证对所有工科专业类别的覆盖。

从浙江省内高校参与工程教育认证的情况来看,截至2017年年底,浙江省共有8所高校35个工科专业通过了认证,获得不同的认证有效期。从专业类别上看,浙江省内高校通过认证的专业仅覆盖了21个专业类中的12个,覆盖类别数占已开展认证专业类别的57%;从专业点上看,已通过认证专业点仅占全国高校已通过认证专业点的4.14%,其中机械、化工与制药、计算机和土木4个专业类通过认证的专业点较多。这个状况与浙江省高等教育的规模占比是基本吻合的。省内高校2018年的专业认证拓展了认证专业类别,专业点申请认证数和参加认证数都有较大提升,表明省内高校专业点参与工程认证的积极性有所提高。

浙江省内高校工程教育认证起步较早、基础较好。省内高校的土建类专业较早通过了城建部的专业评估;浙江大学机械工程与自动化专业是2006年通过认证的第一批试点专业点,电子科学与技术专业也是全国高校第一个通过认证的专业点;浙江工业大学后来居上,已有11个专业点通过认证,占省内高校已通过认证专业点的近1/3。省内高校通过认证专业点数量情况如表1所示,对各专业类别的覆盖情况如表2所示。

表1　浙江省内高校通过认证专业点数量情况

序号	高校名称	已通过认证专业数
1	浙江工业大学	11
2	浙江大学	6
3	中国计量大学	5
4	浙江科技学院	5
5	杭州电子科技大学	3
6	宁波大学	2
7	宁波工程学院	2
8	浙江理工大学	1
合计		35

表2　浙江省内高校通过认证专业点覆盖专业类别情况

序号	类别名称	已通过认证专业数
1	机械类专业	7
2	化工与制药类专业	5
3	计算机类专业	5
4	土木类专业	5
5	电子信息类专业	3
6	电气类专业	2
7	仪器类专业	2
8	安全科学与工程类专业	2
9	材料类专业	1
10	环境科学与工程类专业	1
11	食品科学与工程类专业	1
12	生物工程类专业	1
合计		35

从浙江省内高校电子信息类专业参与工程教育认证的情况来看,全省共有43所高校(其中含教育部、公安部直属高校各1所)开设电子信息工程080701、电子科学与技术080702、通信工程080703、微电子科学与工程080704、光电信息科学与工程080705、信息工程080706共6个电子信息类基本专业,专业点总数73个。截至2017年年底,只有3个专业点通过工程认证(浙江大学电子科学与技术专业、中国计量大学电子科学与技术专业及电子信息工程专业),占专业点总数的4.11%,低于全国已通过认证专业点占全国高校工科专业点的比例。

三、工程教育专业认证可能存在的问题

我国工程教育专业认证经多年发展,虽然在体系上我国已经成为《华盛顿协议》组织的正式成员,认证专业也已能在《华盛顿协议》组织成员之间实现实质等效,但应该看到,我国的高等工程教育发展还处在一个起步阶段,工程教育专业认证的规模相对于工程教育规模还非常之小,发展也很不平衡。笔者根据10多年来参与工程教育专业认证的经验,提出我国工程教育专业认证可能存在的如下若干问题。

1. 理念方面存在认识上的不平衡

2015版《工程教育认证标准》的发布,标志着我国专业认证从形式和内容上由课程导向开始向成果导向转化。我国专业认证开始坚持基于学习产出的教育模式(outcomes-based education,OBE),并将其体现于认证全过程。可以说,专业认证带给我国工程教育的新理念以及由此引领的工程教育改革,比专业认证本身意义更大、影响更深。但现实是,我国高校的工科专业普遍对教学设计和教学实施目标的OBE理念知之甚少、理解甚浅,更鲜有一线任课教师在教学中予以落实。社会上甚至高校本身往往把通过工程教育专业认证作为一个教学改革的突出成就,更多的关注认证的结论,没有把通过认证作为工科专业教育的基本门槛,忽略了其持续改进的要求。这与OBE理念引入时间不长有关,但会对深化工程教育认证工作产生不利影响。

2. 实践方面存在三个维度的不平衡

工程教育认证历经10多年的发展,还存在着3个维度的不平衡:一是认证高校的不平衡,虽然各类高校都有参加认证试点,但从实践上看,"985"高校专业点参与认证的积极性不如其他类型高校,表现出分类高校分类培养的目标具有差异性;二是认证专业点的不平衡,在已开展工程教育认证的专业类别中,各基本专业的认证进度差别比较大,且呈现出马太效应,这与专业专家组织和行业协会介入程度有关,会成为工程教育认证未来发展的重点问题;三是专家队伍的不平衡,主要体现在数量严重不足、水平参差不齐以及兼职属性,是制约工程教育认证发展的瓶颈问题之一。

3. 发展方面存在优化重构体系的可能

这主要是由我国的人才培养体系和工程教育大国属性所决定的,可从以下几方面来看:一是目前基于工科本科的专业认证体系尚不能有效衔接高等教育中高学历工科教育,比如工程硕士、工程博士的教育阶段,这在一定程度上不能与大部分本科毕业生不直接进入工程职场的专业点工科人才培养需求完全匹配;二是现有的工程教育认证体系受限于专家队伍规模和单一的认证标准,很难提高认证的覆盖率,需要将工程教育认证与非工程专业的专业评估纳入国家"五位一体"新时期评估方案来统筹规划;三是现有的工程教育认证体系缺乏来自行业产业的体制支撑,目前在产业责任、协会定位、税收政策、产学结合等方面尚没有相对完善的社会机制,影响了工程教育认证的深化发展。

上述问题是我国发展工程教育应该面对的问题。为适应经济社会发展,我国对工科专业结构进行优化调整,加大在战略新兴产业和国计民生重点领域的人才培养力度。自2017年2月以来,为主动应对新一轮科技革命与产业变革,支撑服务创新驱动发展、"中国制造2025"等一系列国家战略,教育部积极推进新工科建设,先后形成"复旦共识""天大行动"和"北京指南",发布《关于开展新工科研究与实践的通知》,全力探索形成领跑全球工程教育的

中国模式、中国经验,助力高等教育强国建设。尤其是在学习新时代全国高等学校本科教育工作会议精神的大背景下,"新时代高教40条"中明确写入了"推进高等学校本科专业认证工作,开展'保合格、上水平、追卓越'的三级专业认证",为工程教育认证的下一步发展指明了方向。

四、促进省内高校工程教育专业认证的几点建议

1. 加强规划体系建设

建议省级教育主管部门根据我国工程教育专业认证10多年的发展现状,基于浙江省内高校工科专业布局和认证实践,制定省内高校工科专业参加工程教育专业认证的中长期规划,将建设基础好、毕业出口宽、与国民经济联系紧密的工科专业纳入参与专业认证的指导范畴,有计划、有步骤地参与国家工科专业三级认证新体系,整体提升省内高校工科专业的培养质量和教育水平。

2. 加强专家队伍建设

建议省级教育主管部门注重建立和培育省内高校工程教育专业认证的专家队伍。一是充分动员现已通过认证的专业点和所属高校向中国工程教育专业认证协会推荐认证专家;二是向中国工程教育专业认证协会申请在杭州建立工程教育专业认证培训基地;三是省级教育主管部门和专家所属高校为省内认证专家创造良好的工作条件,保证他们参与专业认证的时间,充分发挥他们在省内高校工科专业建设中的作用。

3. 加强指导体系建设

建议省级教育主管部门注重构建省内高校工科专业参与工程教育认证的指导体系。一是发挥浙江大学、浙江工业大学在省内高校下一轮工程认证中的引领作用,起到以点带面的示范和辐射作用;二是完善构建新一届省内高校工科专业类教学指导委员会,充分依托省内高校工科专业类教指委,在2018—2022年教育部高等学校工科专业类教学指导委员会指导下,有序推进和落实省内高校工科专业工程教育专业认证中长期规划;三是调动省内高校及工科专业所属院系的积极性,将参与国家工科专业三级认证新体系纳入省内高校通过开展专业评估提高专业培养质量的总体进程中。

五、结语

实践表明,工程教育专业认证作为我国工程教育近10年来的一项重要改革举措,直接面向工程教育强国建设中的教育理念、标准、模式、评价等核心问题,是我国工程教育改革的主要着力点。通过践行工程教育专业认证"学生中心、产出导向、持续改革"三大理念,可以全面促进专业内涵建设,推动人才培养质量观的转变,切实提高我国工程教育的人才培养质量。浙江省高校工科相关专业积极参与工程教育专业认证,取得了较好成效,奠定了发展基础,将对我省高校的工程人才培养和工科专业建设产生积极的促进作用。

参考文献

[1]李志义.对我国工程教育专业认证十年的回顾与反思之一:我们应该坚持和强化什么[J]. 中国大学教学,2016(11):10-16.

[2]孙娜.我国高等工程教育专业认证发展现状分析及其展望[J].创新与创业教育,2016 (2):29-34.

[3]王孙禺,赵自强,雷环.中国工程教育认证制度的构建与完善——国际实质等效的认证制度建设十年回望[J].高等工程教育研究,2014(5):23-34.

[4]央广网百家号.我国近千专业进入全球工程教育"第一方阵"[EB/OL].(2018-09-27) [2019-08-04].http://www.xinhuanet.com/politics/2018-09-27/c-1123488088.html.

[5]中华人民共和国教育部.我国工程教育迈入全球"第一方阵"与发达国家"比肩而行"[EB/ OL].(2018-06-12)[2019-08-04].http://www.moe.gov.cn/jyb-xwfb/gzdt/s5987/201806/ t20180612.339209.html.

作者简介

刘向东：教授，浙江大学光电科学与工程学院院长，原浙江大学教务处处长。现任 2018—2022年教育部高等学校电子信息类专业教学指导委员会光电信息科学与工程专业教学指导分委员会秘书长、中国工程教育专业认证协会电子信息与电气工程类专业认证分委员会委员。

以专业认证为抓手，培养工程创新人才
——以浙江工业大学为例

计伟荣　张建勇

浙江工业大学

【摘要】工程教育专业认证制度是推动高等教育改革、提高教育教学质量的重要手段，以专业认证为抓手，构建产出导向的工程创新人才培养体系，是破解人才培养与行业产业互动不够和工程人才培养能力不足等难题的有效途径，通过认证有助于健全以需求为导向的专业建设机制、强化学生工程实践能力培养、完善质量保障机制。

【关键词】工程教育　专业认证　创新人才

面对经济全球化和新一轮科技革命与产业变革，对照科教兴国、人才强国、创新型国家建设等国家战略和《中国制造2025》要求，如何为区域经济社会快速发展提供有力的人才支撑，是地方高校工程人才培养面临的重大挑战。针对人才培养与行业产业互动不够和工程人才培养能力不足等问题，地方高校应主动面向行业发展、国际竞争和向应用型转变新需求，以工程教育专业认证为抓手，全面推进产出（成果）导向教育（outcome-based education，OBE）改革，建设高质量工程教育人才培养体系，才能有效提高人才培养质量，更好地满足经济社会发展的需求。

一、当前高等工程教育存在的主要问题

自改革开放以来，我国的工程教育有了跨越式发展，在招生数量、教学改革、国际合作、教育质量等方面，均取得了长足进步。然毋庸讳言，我国的工程教育仍存在不少问题和不足之处。例如：①工程设计和实践教育严重不足；②课程体系陈旧，与产业结构调整不适应；③教师队伍缺乏工程经历，影响工程教育质量；④创新创业教育重视不够等。2014年教育部高等教育教学评估中心会同北京航空航天大学、清华大学两所高校研究机构，深入调研了100多所高校和有关行业协会组织、企事业单位，对改革开放30多年、特别是近年来我国工程教育质量状况进行了第一次全面的梳理和"体检"，研制了《中国工程教育质量报告》。该报告用大量数据和事实客观呈现了一些我国工程教育深层次问题，问题集中反映在"校企深度融合、工程实践能力培养、质量保障体系有效运行"等方面存在的不足和差距。2017年，教育部先后组织高校两次召开高校工程教育发展战略研讨会，会议形成了"复旦共识"和"天大行动"路线，会议再次聚焦工程教育中存在的问题，并提出进行"新工科"建设行动路线。综合各方面的研究结果和数据统计，不难发现，当前工程教育存在的问题突出表现在以下几方面。

1. 工程人才培养不能很好地适应经济社会快速发展

人才的供给和需求之间，存在规模和结构、数量和质量的矛盾，尤其是创新型人才的缺乏已经成为工程科技领域十分突出的问题。

2. 工程教育弱化，学生工程实践能力培养严重不足

《中国工程教育质量报告》（2016年版）显示，工程教育"科学化"倾向仍较为严重，教师缺

乏工程实践经验,学生弱于实践动手能力,行业企业对人才培养过程参与不够深入等问题仍普遍存在。

3. 教学质量监而不控、持续改进落而不实

"持续改进"的质量观仍未牢固树立,质量保障的体制机制不够完善,在质量监控、反馈和改进方面,还没形成完整的闭环系统,评估和监控碎片化、随意化现象较为普遍。

二、专业认证是推进工程教育改革的重要抓手

我国于2005年5月启动实施工程师制度改革和工程教育认证工作,并于2016年正式加入《华盛顿协议》,开始从高等工程教育发展趋势的跟随者向领跑者转变。我国的工程教育专业认证采用了国际通用的以学生学习产出为导向的教育理念和认证标准。

1. 专业认证可以推动人才培养理念革新

工程教育专业认证有3个核心理念:一是以学生为中心。教育目标围绕学生培养,教学内容和教学管理聚焦学生能力培养,师资与教育资源支撑学生学习效果的达成。二是产出导向的教学设计。从人才培养目标反向设计教学过程,教学的出发点不是"教",而是要达成人才培养目标。三是持续改进的质量保障机制。建立常态性评价机制并不断改进,对培养目标、毕业要求、教学环节、课程体系、师资队伍都要进行评价,持续改进的效果通过学生学习表现来体现。

2. 专业认证可以促进质量保障体系建设

专业认证最基本的作用就是保证和提高专业教育质量,构建工程教育的质量保障体系,从而提高工程教育的质量。一是通过专业认证,建立起人才培养的标准体系;二是通过认证建立起质量保障的运行机制;三是通过认证实现与国际工程教育接轨与实质等效。专业认证对质量体系建设最大的改变是"以往的教学工作水平评估所重视的是静态的、封闭的质量保证体系建设,而专业认证的持续改进理念则是在推进动态的、开放的质量保证体系建设"。

3. 专业认证可以促进人才培养机制改革

工程教育专业认证的原则是以学生为中心,通过课程体系、师资队伍和支持条件确保毕业要求的达成,最终实现培养目标,并通过各环节的反馈对学生培养过程持续改进。在进行专业认证时,认证专家不仅要考察一个专业"做"了什么,而且会重点关注是否有相应的运行机制去落实,有助于建立培养目标改进机制、校企合作机制、质量监控机制等。

4. 专业认证可以促进建立多元协同的育人模式

通过专业认证,可以构建起"引企入教、引教入企"的机制,推动企业深度参与高校人才培养,通过成立校企合作委员会,让企业人员参与人才培养方案制定和课程体系优化;通过建立校企研发项目合作机制,促进教学内容更新等;通过共建共享,打造教师工程能力培养和学生实践能力培养平台等,建立多元协同的育人模式。

5. 专业认证可以拓展产教融合的工程实践教育资源

产教融合是工程教育内涵式发展的必由之路。解决人才培养和社会需求不匹配的矛盾,须聚焦于人才供给侧改革,建立起以需求为导向的人才培养模式。通过专业认证,建立起紧密对接产业链、创新链的学科专业体系,根据人才的需求情况,动态调整所举办的专业,及时更新教学内容以适应产业的发展趋势,提升教师工程实践能力,争取更多的教育资源,建设学生实践实习平台和创新创业平台,提高学生的工程实践能力和创新创业能力。

三、浙江工业大学工程教育综合改革实践

浙江工业大学是国家首批"卓越工程师教育培养计划"试点单位和"2011协同创新中心"建设高校。2007年开始专业认证评估试点,2008年土木工程专业顺利通过住建部专业评估,同年针对人才培养与行业产业互动不够和工程人才培养能力不足等问题,全面铺开产出(成果)导向教育改革。10多年来,浙江工业大学已有14个专业通过工程教育专业认证,是浙江省通过认证专业最多的省属高校。学校以工程教育专业认证为抓手,有力推动了人才培养质量和办学水平不断提高。

1. 通过认证,建立起以需求为导向的专业建设机制

一是建立专业动态调整机制,对接经济转型升级。与1600余家规上企业建立毕业生就业和市场需求双向信息反馈机制,建立五年一轮校内专业评估制度,制定《专业设置与动态调整实施办法》,根据专业认证评估、招生就业、毕业生和用人单位满意度,进行专业预警,对预警专业实行减招、停招直至撤销专业。

二是建立专业内涵提升机制,应对技术快速发展。以产业需求为出发点和最终目标,按照反向设计、正向评价理念,设计专业内涵提升路径和方法(见图1),问产业需求建专业,问技术发展改内容,构建质量标准、课程体系和教学内容持续改进机制。

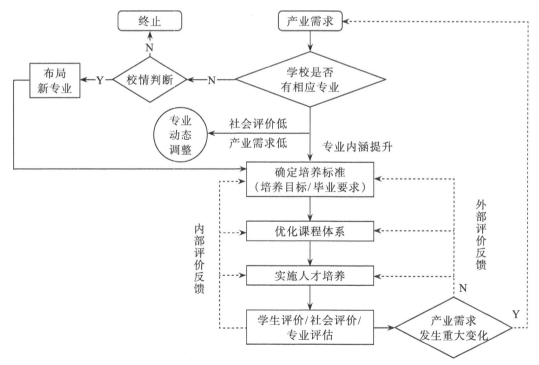

图1 基于OBE的专业内涵提升路径和方法

三是实施分类型个性化培养,满足多样化人才需求。实施"两段制"+"三通道"培养:前期宽口径培养与后期个性化、专业化培养相结合,设置工程应用型、"工程+X"一体化复合型和拔尖创新型(健行实验班、协同创新中心)三类工程人才培养路径。

2. 促进通专结合、多元协同、三个融合,强化学生工程创新实践能力培养

(1)打造"三化"课程体系,促进通专结合、交叉复合教育

通识教育模块化:每个学生须完成4类通识必修模块(社会责任、人文情怀、创新思维、国际视野),满足现代工程人才综合素养需要。大类课程平台化:32个工科专业按5类设置大类平台和专业基础课程,适应学生多样化发展需要。专业教育工程化:推行案例式、项目式教学,强化实践环节,实践环节总学分(学时)占比30%以上。毕业环节真题真做,毕业设计比例超70%。

(2)打造五大平台,促进多元协同育人

校校合作:共同发起成立"长三角工程教育联盟""全国化工行业卓越工程师培养联盟",与浙江大学、北京航空航天大学等高校建立紧密合作关系,强化教学资源共享。校企合作:与168家企业建立联合研发中心,建立近500个校外实践教育基地,强化实习实训。校地合作:与全国65个县市区签订全面合作协议,成立15个地方工业研究院(含创业研究院),强化创新创业训练。国际合作:与国外近80所高校和机构建立校际协作关系,合作办学、访学、游学、暑期国际化短学期相结合,强化国际化培养。协同中心:打造国家—省—校三级协同创新中心体系,强化交叉复合培养。

(3)打造三个融合,促进产学研合作培养

科教融合:构建以"学科、学位点和专业/课程"三位一体负责人制度为核心的学科专业融合机制,实施本科生全员导师制,强化寓学寓教于研。产教融合:实体企业进校园、行业企业专家进专业建设委员会、校友"捐课"进课堂,引企入教,深度参与人才培养。校地、校企共建产学研合作基地,引教入企,为教师实践锻炼、学生实习实训提供机制、平台和保障。育教融合:一体化设计"一二三课堂",搭建40个学科竞赛平台,建设国家—省—校—院四级科技立项体系,创新创业教育四年不断线全员覆盖,建立课内与课外、社会实践与科技创新、专业教育与人格养成三对接的育人机制。

3. 改革体制、创新机制、完善体系,做强做实做细教学质量保障

(1)改革体制,质量保障做强

设立学校质量评估中心、学院评估办两级机构,实施校—院—基层教学组织的三级质量管理。构建常态化专业认证评估、校院两级教学评估、教学基本状态数据常态监测"三位一体"质量评估体系。

(2)创新机制,质量保障做实

第一,为强化激励机制,学校出台了《教书育人贡献奖评选办法》和《优课优酬奖励实施办法》,重奖产出导向教育改革者;第二,强化倒逼,放开转专业,引入专业动态调整机制,倒逼专业提升内涵、转型升级;第三,强化问责,建立教学质量一把手负责制和考核一票否决制。

(3)完善体系,质量保障做精

构建课内、校内、校外三循环持续改进机制。建立学生、同行、专家、校友多维评教评学和质量反馈机制,持续改进教学环节;建立校内专业评估、学院教学业绩考核、教学质量年报制度,持续改进毕业要求;建立毕业生跟踪调查、第三方评价、专业认证评估制度,持续改进培养目标,确保学生学习成效和培养质量,形成"全过程、全方位、全员参与"的教学质量保障体系。

参考文献

[1]陈平.专业认证理念推进工科专业建设内涵式发展[J].中国大学教学,2014(4):42-47.

[2]吴启迪.中国工程教育的改革与发展[J].中国高等教育评估,2007(4):3-7.

[3]中国高等教育质量报告(摘要)[N].中国教育报.2016-04-08(E5).

[4]朱高峰.中国工程教育的现状和展望[J].清华大学教育研究,2015(1):13-19.

[5]朱高峰.中国工程教育发展改革的成效和问题[J].高等工程教育研究,2018(1):10-31

作者简介

计伟荣:教授,博士生导师,浙江工业大学教务处处长,主要从事生物质能源转化、高等教育管理研究。

张建勇:博士,浙江工业大学助理研究员,从事高等教育管理研究。

以工程教育认证为抓手，提升应用型人才培养质量

罗朝盛

浙江科技学院

【摘要】 浙江科技学院是一所以"应用型国际化"为办学特色的地方本科高校。本文主要介绍学校近10年来，围绕建设一流本科教学，全面深化教育教学改革，以推进工程教育专业认证为抓手，加强专业内涵建设，不断提升应用型工程技术人才培养质量等方面的一些做法及取得的成绩。实践表明"学生中心、产出导向、持续改革"的工程教育专业认证理念，能有效地推动学校人才培养质量观的转变，促进专业内涵建设，提高人才培养质量。

【关键词】 工程教育　专业认证　应用型人才培养　教育教学改革

为服务国家创新发展战略，培养一批创新能力强，适应经济社会发展需要的各类创新型工程技术人才，我国主动对标《华盛顿协议》和工程教育认证标准要求，于2016年6月正式成为《华盛顿协议》成员，这是我国高等教育领域的一项重大突破，标志着中国工程教育已站在新的历史起点上，有力支撑了"中国制造2025""网络强国""一带一路"等国家战略和倡议，提升国家硬实力和国际竞争力。地方高校如何对接适应社会的新需求，建设高质量工程教育人才培养体系，实现更好更快发展，这成为各地方高校需要努力的方向。浙江科技学院近10年来在致力建设特色鲜明应用型大学中，提出创建一流本科教学，培养高素质本科应用型人才。全面深化本科教育教学改革，坚持以工程教育专业认证为抓手，不断推进专业内涵建设，提高应用型人才培养质量，截至2019年5月，学校共有电气工程及其自动化、化学工程与工艺、计算机科学与技术、机械设计制造及其自动化、土木工程等5个专业通过中国工程教育专业认证协会认证，并进入全球工程教育"第一方阵"。最近生物工程专业也已完成认证专家进校考察。电气工程及其自动化、土木工程等2个专业还通过了德国权威工程教育认证机构ACQUIN的专业认证。学校工程教育改革在省内外产生了广泛影响。

一、按照工程专业认证理念，全面修订人才培养方案

2009年，学校成为教育部首批"卓越工程师教育计划"实施高校，6个专业进入试点专业，结合学习德国应用科技大学人才模式，制定"3＋1"卓越计划人才培养方案，采用目标导向理念，各试点专业都明确了专业培养目标和毕业要求，同时制定出专业目标实现矩阵，使得所有的目标要求都能够落实到对应的教学环节上，由此开始了卓越工程人才培养新的探索和实践。2012年，土木工程专业通过国家住建部组织的土建类专业评估，2013年开始组织具备条件的专业申请国际工程教育专业认证，按照专业认证的要求，对相关专业人才培养方案进行了修订。2015年、2016年及2017年先后有化学工程与工艺、电气工程及其自动化、计算机科学与技术、机械设计制造及其自动化等4个专业通过工程教育专业认证。

为推广工程教育专业认证成果，2017年学校决定全面修订人才培养方案，制订了人才培养方案修订的原则意见，将工程教育专业认证的基于产出导向的教育理念（OBE）及做法在

全校推广,明确构建与之相适应的人才培养体系。树立以学生为中心、以学生学习产出为导向的教育理念,依据社会对人才培养的需求,确定培养目标和毕业要求,系统设计知识结构和课程体系,加强课程整合,明晰课程逻辑关系,做出课程地图,确保课程设置的科学性及合理性。调整各专业培养方案框架,以"毕业要求"代替"培养标准",以"毕业要求达成矩阵"代替"知识能力素质矩阵",把12条毕业要求细分为指标点,将其对应相关课程、教学活动及考核方式,教学大纲明确该课程对毕业要求指标点的支撑关系。理工科专业按工程教育专业认证要求,文经管艺等专业参照工程教育专业认证标准制定专业人才培养方案。对本专业毕业生应具备的毕业要求做出可教、可测、可评的科学描述,并将其落实到教学的各个环节中。依据社会对人才培养需求,校企共同确定培养目标和毕业要求,使企业深度参与专业人才培养方案制定。

2017版人才培养方案中理论教学体系由通识教育课程、学科专业基础课程、专业核心课程、拓展复合课程等4个课程模块组成。实践教学体系主要包括认识实习、社会实践、军事训练、金工实习、电工电子实习、工程技术实习、课程设计、专业大实验、毕业设计(论文)、学科竞赛、创新创业实践等实践教学环节。理工科、艺术类专业实践学分不少于总学分的30%,文科类专业实践学分不少于总学分的25%。在独立设置的实践教学环节中,理工类专业4年中至少安排2个综合性的课程设计或大型综合实验;文学类、经济学类、管理学类专业应设置"学年论文"环节,至少完成1篇论文或调查报告;艺术类专业应设置跨学科专业综合性设计环节。

二、制定学校专业认证评估方案,开证校内专业认证评估

为推进专业内涵建设,学校先后制定出台了《专业建设规划》《专业认证评估管理办法》等文件,将专业认证纳入专业建设规划,根据国家工科专业工程教育认证规模及学校专业现状,要求全校40%左右的工科专业需通过工程教育专业认证。目前已经有5个专业通过了专业评估或认证,在"十三五"期间,学校要完成10个以上的工科专业工程教育专业认证(含复评)工作,并具体落实到具备条件的专业,确定专业认证时间表。

按照《专业认证评估管理办法》规定,从2015年度起每年开展专业数字化评估,为年度招生计划和专业调整提供了依据。2017年10月开展了全校所有专业和11个学院的校内认证评估,聘请省内30位专家来校考察,为专业结构调整和优化提供建议。对评估优秀和参加国家认证的专业优先保障建设经费,不断改善教学条件,确保参加认证的专业教学支持条件达到要求。学校为鼓励二级学院积极申报专业认证,制定了一系列政策,如专业认证申请获中国工程教育专业认证协会受理,学校给予10万元的专业认证准备工作经费,通过论证专业每年给予5万元专业持续改进工作经费。学校将专业认证工作作为考核二级学院年度教学工作业绩的重要指标(A类),通过工程认证的专业,其招生指标只增不减,在当年的年终分配上获得20万元的工作业绩奖励,专业负责人得到一个相当于省部级科研项目计算的教研分,评职称时认同为省部级教改项目。

三、按工程教育专业认证理念,不断推进教育教学改革

为贯彻工程教育专业认证的"学生中心、产出导向、持续改进"的理念,学校主动调研行业企业人才需求状况及用人标准,并按照国际标准构建与工程师制度紧密衔接、每个专业人

才的培养目标和毕业要求符合学校定位的培养标准和毕业要求,强化工程技术与人文、社会、法律以及环境等相融合的全人培养。同时,学习国际工程教育先进经验,以新质量观为指导,构建与工程师制度紧密衔接的质量保障和改进机制,提高学生解决"复杂工程问题"的能力。

1. 构建工科人才培养新模式,培养高素质工程技术人才

学校从建校初期,就学习借鉴德国应用科技大学办学经验,探索应用型人才培养模式,2009年学校成为教育实施"卓越计划"首批高校,结合工程教育理念及"卓越计划"实施的要求,面向社会需求进行卓越工程师人才培养模式改革。构建工程教育专业认证体系,从卓越工程师知识、素质和能力多个维度,严格对照并遵循教育部教指委制定的专业规范和工程教育专业认证标准,进一步细化人才培养目标,重构课程体系和教学内容,校企合作共同制订专业人才培养方案、课程体系和教学大纲,加强学生工程意识和工程素养的培养,将德国工程教育"2个实践学期"与卓越计划"3+1"人才培养模式相结合,以浙江省产业转型升级及战略新兴产业发展需求为导向,坚持"应用型"办学定位和"学以致用、全面发展"育人思路。按照基于学习产出的教育理念,借鉴"工程教育专业认证"要求,遵循"优化基础、强化能力、提高素质、发展个性、推进创新"的教学改革要求,深化教学改革,深度推进产教融合、校企协同育人,创新应用型人才培养模式,促进学生的知识、能力、素质全面、综合、协调发展,培养具有社会责任感、创新创业能力、应用实践能力、可持续发展能力及国际视野的高素质应用型人才。

2. 构建"三个协同"工程人才协同培养机制

学校通过强化校地协同、校企协同、校校协同的"三个协同"工程人才培养机制,强化工程人才实践能力的培养,学校成立了产教融合、校企合作工作领导小组,成立校企合作处,与科技处合署办公,与杭州、衢州等地县签订了校地合作协议;与德国20余所应用科学大学签订了校校合作协议,融合德国FH(Fachhochschule,应用技术大学)培养理念、教学法和实践模式;建立了"校企合作理事会",各试点专业成立校企合作专业指导委员会,从组织和政策上保障校地、校企、校校协同育人的实施。通过专业课程、暑期短学期实训、专业实习、毕业设计(论文)等课内外教学环节,以及学科竞赛、大学生科研创新计划等创新实践项目的覆盖,实现学生在工程实践创新训练活动中全员参与,着力培养具有工程实践能力和创新精神的高素质工程技术人才。

3. 推进"四个融合"教育教学改革,强化学生工程实践能力培养

学校全力推进专业培养标准与行业工程师认证标准的融合、理论教学与实践教学的融合、校内学习与企业学习的融合、教师队伍校内外融合的"四个融合"教育教学改革。

融合专业培养标准与行业工程师认证标准。参照行业工程师认证标准,与行业协会共同制定专业人才培养标准,确定一线工程师必备的知识、能力和素质培养矩阵,重构教学内容和要求,实现人才培养规格与产业行业发展和用人部门实际需求无缝对接。

实施理论与实践相融合的模块式教学。每个模块实现特定知识、能力和素质培养,改革学生学习的评价体系和方式;各专业建立校内开放性实践创新基地,加大实践教学比重,扩大学生在行业部门和企业的顶岗实习规模,构建了实验、认知实习、课程设计、课外科技创新、技术实践、毕业设计"六位一体"的工程实验和创新实践体系。

融合校内与校外学习,强化工程教育的实战性。学校加强校企合作,产教融合,构建合作育人新模式。与行业企业全面深度合作,协同发展。从战略高度和长远角度与企业建立合作机制,不断加强体系化、制度化、联合企业合作育人,构建起校企合作育人新模式和适应行业企业需要、与实践紧密结合的课程体系以及贴近企业和工程实际的培养环境,开展项目化教学,推进课程内容对接职业要求、教学过程对接生产过程,结合企业实际工程技术问题确定毕业设计课题,在学校和企业指导教师的共同指导下完成毕业设计。

融合校内外师资,强化教师队伍建设的实效性。改革基层教学组织,由校内教师、企业及国外兼职教师组建教学团队;组织教师到行业、企业实践锻炼,赴国外进修并引进课程,深化产教融合,拓展优化育人资源。大力引进企业优质资源搭建人才培养和科技服务平台。积极开展校企合作课程建设,把新技术、新工艺、新设备、新材料、新能源、新标准等融入课程教学中。支持加强"双师双能型"教师队伍和教学团队建设,积极开展合作教学、合作研究,服务地方产业升级,支撑教学改革和水平提高;吸纳先进的企业文化、管理理念,构建融多元文化于一体的育人体系。

四、建立持续改进质量保障机制

1. 以专业认证为引领,推进专业标准化、规范化建设

学校要求"卓越计划"试点专业原则上要通过专业认证,其他工科类专业应达到专业认证的标准,其他科类专业应按专业认证的要求做好建设工作。通过抓工程教育专业认证,使以学生为中心、以学习产出为导向的教育理念更加深入,专业建设的规范化、标准化进一步加强,应用型人才的培养与社会的需求对接度更加紧密。

学校实施专业动态调整制,以专业数字化评估结果为依据,实施专业结构调整和教学资源分配。对排名后5位的专业亮黄牌,对被亮黄牌的专业,将视情况缩减15%左右的招生人数。第二年评估后,专业如果不在后5位,取消黄牌,恢复正常招生;若依然在排名后5位中,将变为橙牌警告,缩减50%左右的招生人数。第三年评估后排名仍然在后5位的,将给予红牌警告,停止招生。

2. 强化质量理念,提升质量持续改进成效

学校深入贯彻工程教育专业认证和OBE理念,以工程教育认证实施为抓手加强专业数字化评估和非工程教育通识教育,促进专业建设规范化和课程建设标准化,强化应用型育人和质量立校理念,提升质量持续改进成效。比如2015年度专业评估排名靠后的数字媒体技术、市场营销及动画等3个专业,通过提高就业率、提高教学满意度、降低师生比等持续改进加强专业建设,在2016年度评估排名中已经摆脱后5位,尤其是数字媒体技术在参与排名的42个专业中排在了第17位。同时,学校建立了校领导集体听课、联系走访教学单位、校院二级教学督导、二级学院教学述职、平时每天教学巡查等的反馈和改进,有效地促进教学质量提升。

五、结语

浙江科技学院通过推进专业认证的实践表明,工程教育专业认证可以帮助我们发现问题,分析问题,解决问题,全面促进专业内涵建设,对学校教学工作最重要的影响,就是推动了人才培养质量观的转变。因此"以学生为中心、产出导向、持续改革"的工程教育专业认证理念既是一种高等教育办学规范,又是一种以评促建、促进专业内涵建设与教学改革的制

度,是可以推广的一种完备的人才培养体系,可应用到教育教学改革中,切实提高人才培养质量。

参考文献

[1]陈益林,何小其,马修水.应用型大学工程教育专业认证体系探索[J].中国高等教育评估,2010(4):50-53.

[2]冯军,路胜利,罗朝盛.浙江科技学院专业评估探索与实践[J].中国大学教学,2016(2):106-110.

[3]李涛,刘灵芝.我国高等工程教育专业认证的现状分析及对策研究[J].大学教育,2012(6):21-22.

[4]李志义.成果导向的教学设计[J].中国大学教学,2015(3):32-39.

[5]刘宝,任涛,李贞刚.面向工程教育专业认证的自动化国家特色专业改革与建设[J].高等工程教育研究,2016(5):48-52.

[6]任红卫,刘美.工程教育专业认证背景下培养目标和毕业要求的制定[J].教书育人,2016(5):20-21.

[7]王孙禺,赵自强,雷环.中国工程教育认证制度的构建与完善——国际实质等效的认证制度建设十年回望[J].高等工程教育研究,2014(5):23-34.

[8]周克宁,罗朝盛,康敏.植入"复杂工程问题"的教学体系改革探索[J].中国大学教学,2016(10):51-54.

作者简介

罗朝盛:浙江科技学院教授,校专职督察员,原理学院院长、教务处处长。

高校内部教学质量保障体系构建与实践

吴向明

浙江工业大学

【摘要】文章针对当前高校内部教学质量保障体系的现存问题,以浙江工业大学为例,从质量标准建设、保障模式及体系结构、保障体系的组织与制度建设等3个方面剖析了学校内部教学质量保障的内涵。并详细阐述了学校在"产出导向"理念的引导下,借鉴全面质量管理和戴明环理论,探讨高校内部教学质量保障体系的组织实施流程及其运行机制,逐步实现教学质量保障的全过程循环闭合与全方位持续改进。

【关键词】产出导向 内部质量保障 体系构建

20世纪80年代以来,高等教育质量和质量保障问题一直是国际关注的焦点。《国家中长期教育改革和发展规划纲要(2010—2020年)》明确提出了"建立健全教育质量保障体系"的要求。教育部及时发布了《关于普通高等学校本科教学评估工作的意见》(教高〔2011〕9号),明确新时期高校本科教学评估的5种形态,即自我评估、院校评估、专业认证与评估、教学基本状态数据常态监测和国际评估。在此背景与要求下,教育部对参加过水平评估(2003—2008年)的老本科院校开展了新一轮本科教学工作审核评估,旨在强化办学合理定位,强化人才培养中心地位,强化内部质量保障体系建设,不断提高人才培养质量。

一般认为,内部质量保障是指每所院校或每个专业/项目为确保完成自己制定的目标,并且达到高等教育的一般标准或是某些专业或学科的特定标准,而制定的政策和机制。根据这个定义,高校内部教学质量保障体系包括:质量标准建设、针对质量标准执行的效果进行的自查与监控,以及开展上述两项工作所建立的政策和机制。浙江工业大学在2003年以优秀的成绩通过了教育部本科教学工作水平评估,2015年作为浙江省首个试点高校又顺利通过了教育部本科教学工作审核评估,外部评估推动了学校内部教学质量保障体系的不断完善,教学质量标准不断明确,人才培养各主要环节质量监控不断加强,教学质量保障组织、制度和队伍建设不断增强,形成了教学质量保障的全过程循环闭合与全方位持续改进。

一、问题分析

新时期高等教育教学质量管理发展呈现出3个新的特点:一是以学生为中心、产出导向、持续改进的新理念;二是人才培养目标与培养效果的达成度、办学定位和人才培养目标与社会需求的适应度、教师与教学资源对人才培养的保障度、教学和质量保障体系运行的有效度、学生和用人单位的满意度等"五个度"的新标准;三是强调自我保障、自我评估、自我监测、追求卓越的质量新文化。与高等教育质量管理新的要求相比,当前我国高校内部教学质量保障体系仍存在诸多问题。

1. 保障体系建构主体单一

在质量保障体系建构过程中,缺乏多元利益相关者的参与。一方面,学生参与过少,学生支持服务不足,学生满意度调查不普遍,毕业生追踪调查缺乏长期性;另一方面,缺乏外部利益相关者的参与,社会用人单位在人才培养质量标准制定与教学评估中缺乏应有的代表。

2. 保障内容方面不够完善

在质量保障中,促进学生发展这一根本任务重视程度还不够,缺乏对学生学习成果的评估;学生学习过程性因素没有得到应有的重视,高校更多地重视"教学质量监控环节"。

3. 保障组织机构不够健全

高校内部教学质量保障缺乏独立的组织机构,专门从事此项工作的管理人员远不足以承担高校教学质量监控与保障的大量工作,这就导致了教学质量保障工作在提升高校教学质量以及人才培养质量这个根本目标上不能发挥有效的监管作用。

4. 保障制度执行不够到位

质量管理结构过度集中于学校层面,院系在教学质量监控与保障方面缺乏主动意识,从而使学校教学质量管理的政策制度由于缺乏院系层面的执行而流于形式,高校重制度轻建设、重监督轻落实的问题仍然存在。

5. 持续改进机制缺乏

我国当下的高校内部教学质量保障缺乏明确的使命与价值引领,缺乏针对学校自身定位和办学目标而开展的质量保障活动,所以难以建立起具有长效、常规性的内部质量保障机制。只是停留在评估、监控的阶段,缺乏对评估中质量问题的分析、反馈与改进,改进措施非常滞后。

二、高校内部教学质量保障体系构建

针对上述问题,与高校人才培养目标相适应的内部教学质量保障体系必须解决好:质量标准符合学校定位与培养目标,能够反映多元利益相关者的发展需求并充分调动其参与积极性,在体系内容中充分体现学生发展这一重要因素,逐步形成自组织行为政策与机制,实现教学质量的持续改进。

1. 质量标准建设

专业准入标准。学校以学科水平为依据、社会需求为导向,逐步建立健全专业设置标准与动态调整机制。新专业设置除满足《普通高等学校基本办学条件指标(试行)》外,还要求主动适应国家和区域经济社会发展需要,具有较好的学科基础,符合学科专业结构优化的条件。根据《浙江工业大学本科专业设置与动态调整实施办法》,专业的招生与就业、专业大类分流、学生转专业、本科专业评估结果、办学质量等都将作为专业预警与退出的标准。

专业培养计划。学校根据OBE教育理念,按照教育部与各专业教学指导委员会有关专业教学质量国家标准要求,参照中国工程教育专业认证通用标准与补充标准,结合毕业生就业状况、毕业生和用人单位反馈、课程教学评价与反馈意见等,认真做好专业人才培养方案制(修)订工作,努力使培养目标能反映学生毕业5年左右在社会与专业领域预期能够取得的成就,毕业要求有明确的培养规格,课程体系能支撑毕业要求达成。学校每四年开展一次人才培养方案修订工作,每两年做一次方案微调。

课程教学大纲。每门课程(含实验、实习、毕业设计或论文)能够根据专业培养标准的变化与要求,按照支撑毕业要求的地位、目的与作用,反向设计基本理论、基本知识和基本技能等内容,明确教学内容考核方式,定期开展课程教学大纲的制(修)订工作。新开课程的教学大纲,须由院系教学委员会审定。

教学质量管理规范。学校不断完善各教学环节的教学质量管理规范,修(制)订了关于课程开设、课堂教学、课程考核、毕业设计(论文)、实习、实验等教学过程及环节的质量标准。

2. 质量保障体系结构及运行模式

坚持以学生为本、产出导向和持续改进的教育教学理念,经过多年的探索和实践,浙江工业大学初步构建起"一中心"(以学生发展为中心),"二结合"(自我评估与外部评估相结合),"三循环"(课内循环、校内循环、校外循环),"四检查"(开学、期中、期末、日常教学检查)、"五评估"(评学、评课、评教、评管、评专项)、"六反馈"(向学生、教师、学院、部门、领导、社会反馈)的教学质量保障体系结构和运行模式,从理念落实、质量标准执行、质量监控和评估、组织和资源支持、信息收集反馈和利用,全方位形成持续改进的闭环体系(见图1)。

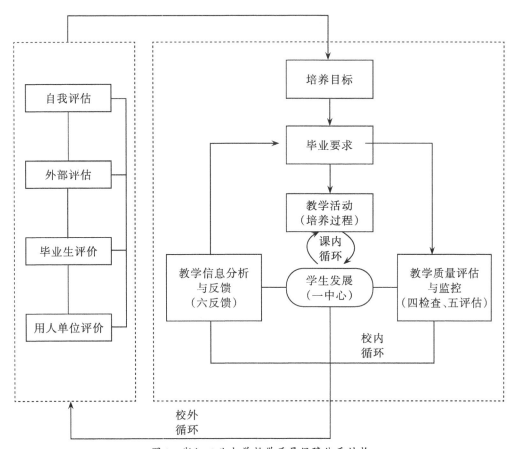

图1 浙江工业大学教学质量保障体系结构

3. 质量保障体系的组织与制度建设

(1)教学质量保障体系的组织建设

学校现有的教学质量保障体系组织从功能定位上可分为教学质量指导审核机构、行政管理机构、监督评估机构3类;从层次上可分为校级、院级、学科[专业、课程(群)]3级教学质量保障组织机构,各机构之间分工明确、各司其职,又相互协调配合,为教学工作的指导、监督、评价、反馈、改进等提供了有力的组织保障(见图2)。

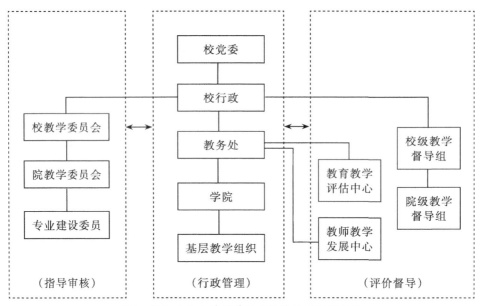

图2 浙江工业大学教学质量保障体系组织机构

（2）教学质量保障体系的制度建设

学校不断完善和健全教学质量保障制度,现行教学质量管理制度体系分3类:第一类是指导性制度,如加强与改进本科教育的若干意见、专业建设规划、课程建设规划、培养计划制订和执行规范等。第二类是规范性制度,如教学委员会工作条例、本科教学督导组工作条例、教师本科教学工作规范等。第三类是专项性制度,包括教学建设与管理方面、教学实践管理方面、学籍与教务管理方面等。管理制度覆盖从新生入学、教学过程到毕业所有环节,从领导、教师、学生到管理人员所有质量责任主体的所有教学活动和管理活动,确保有制可依,落实到位。

（3）教学质量管理队伍建设

教学质量管理队伍包括:校领导,教务处、教育教学评估中心、学院、教学督导组、教师教学发展中心等机构与部门管理人员。学校日常的教学运行和管理由校院两级教学行政管理人员负责。校院两级教学督导组负责本科教学秩序、人才培养质量及教学管理的监督、指导,以第三方独立身份参与学校的各类教学评估工作。学校教学督导组由专职和兼职教学督导人员构成,采取教学线和学生线联动的形式,充分发挥督导组的监督、指导、沟通与参谋作用。

三、教学质量保障的组织实施

学校内部教学质量保障在明确了核心环节的标准与保障模式,建立了组织实施制度与人员队伍后,关键是如何组织落实教学质量保障体系,并形成具有校本特色的运行机制。浙江工业大学紧紧围绕产出导向教育的3个理念(以学生为中心、产出导向、持续改进),借鉴全面质量管理4个核心理念(全员参与、消费者满意、质量的持续改善、依据事实进行管理)和戴明环四要素(决策、实施、改进、评估,PDCA)理论,逐步形成内部教学质量保障体系的组织实施流程及其运行机制(见图3)。

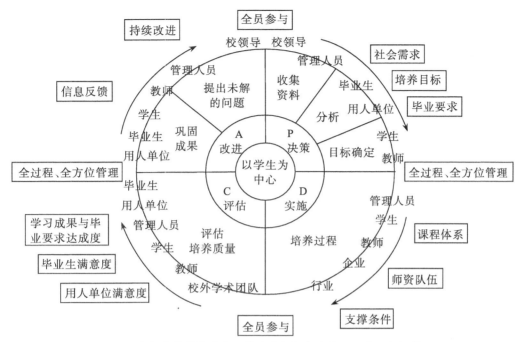

图3 高校本科教学质量保障体系组织实施流程及其运行机制

1.教学质量保障的实施流程

（1）决策阶段——目标保障

从学校层面来看，主要任务是面向国家、社会、市场、相关利益者的需求，以学生为中心，根据学校办学定位、方向以及质量观，合理确定本校办学目标、本科人才培养目标等。从院系层面来看，各院系需要以学校整体性的本科人才培养目标为引领，确定各专业人才培养质量标准以及各个教学环节的质量标准，确定学生毕业时应取得的学习产出。以教学委员会、专业委员会为依托，其组成人员中应包含基层教师、学生代表、用人单位代表、产业行业专家代表等相关利益者。

（2）实施阶段——资源和过程保障

该阶段包括本科教学投入保障和本科教学过程保障。本科教学投入保障，包括课程体系、师资队伍、支撑条件对培养目标达成的保障度。本科教学过程保障，围绕以学生为主体的课堂教学，以学生学习效果为导向，一方面对学生在整个学习过程中的表现进行跟踪与评估，并通过综合性评价保证学生毕业时达到毕业要求；另一方面通过课程教学质量监控来改进教师的教学过程，保证本科教学过程质量（见图4）。

（3）评估阶段——产出质量保障

该阶段的任务是通过专业评估、课程评估以及试卷与毕业设计（论文）抽查等制度，掌握教师质量标准执行情况。通过对学生学习的全过程评估，以及课程教学评价，收集学生学习成果的资料，获取学生学习效果的证据，以了解毕业要求的达成度。通过评教、评课等制度，了解学生对课程教学的满意度。通过调查问卷、访谈、座谈等形式听取师生以及教学管理人员对教学、教学管理方面的看法和建议。通过毕业生满意度以及毕业生质量跟踪调查，用人单位（含毕业生继续深造的高校或研究所）满意度调查，了解社会对学校本科教学的需要等。

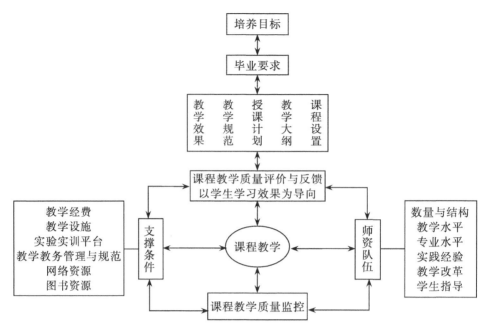

图4 实施阶段资源和教学过程保障循环

(4)改进阶段——质量信息反馈与持续提高

该阶段目的在于将实施与评估阶段中的教学质量监控信息、学生学习效果达成度情况,以及通过各种途径获得的质量评价信息,及时准确地反馈到本科教育教学改革的各个环节当中,各相关职能部门及院系需要根据反馈信息,制订相关改进方案与工作计划,明确责任,分解细化任务,确保持续改进工作落实到位。

2. 质量持续改进机制

(1)建立内外部驱动的质量标准改进机制

学校通过内外部驱动因素逐步建立培养目标、毕业要求、培养计划、课程大纲、教学过程等完整的教学质量标准持续改进闭环(见图5)。外部驱动因素主要来自毕业生跟踪反馈,以及企业顾问反馈与用人单位调研。内部驱动机制则通过教学评价子系统和教学质量监控系统获取的质量信息及反馈意见。

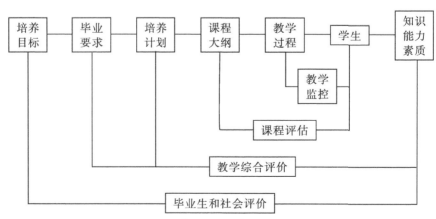

图5 教学质量标准持续改进闭环

教学质量标准持续改进的方法主要包括：

①根据毕业生和用人单位的反馈，提高人才培养定位和目标与经济社会发展需求相一致的认识度，从而促进培养目标与毕业要求的持续完善。

②根据各级领导、督导专家、学生评教、试卷评审、毕业设计（论文）抽检中发现的问题，进一步完善毕业要求与课程教学大纲等人才培养标准。

（2）建立以学生学习效果为导向的课程教学持续改进机制

学校应建立从招生、培养过程到就业的全过程教学质量保障体系，以学生学习效果为导向，加强课堂教学、实验实践教学与毕业设计（论文）等关键环节的教学活动持续改进。

面向课程教学建立两个方面的持续改进机制：一方面是通过实时的监督和评价机制，直接与授课教师、教学工作支持部门协调沟通，及时完成课程教学改进，确保良好的教学秩序和教学质量；另一方面建立长期的课程教学持续改进机制，通过课程教学的监督及评价机制，获取该课程教学中存在的一些主要问题，围绕培养目标与毕业要求及时完善课程设置及修订教学内容，改革教学方法与手段，改进课程考核方法，提高教学效果。

四、结语

我国高等教育已经转入以提高质量为核心的内涵式发展阶段，教育部"五位一体"的中国特色高等教育质量评估制度的目的，是推进高校建立内部教学质量保障体系。高校应建立校—院—系（专业）3级内部教学质量保障体系，做到制度落实、组织落实、责任落实、资源落实，建立起培养目标持续改进机制、毕业要求持续改进机制与课程教学持续改进机制。学校应专门成立组织机构负责质量监控与管理，建立常态化的校内本科专业评估制度，建立健全专业动态调整机制，实行招生培养就业的联动机制。加强校本特色的质量文化建设，建立起本科教学质量问责制度，以及本科教学激励机制，形成以院系为主体，各行政部门参与及协同监督，全过程综合保障教学质量，促进人才培养质量的不断提高。

参考文献

[1] 房海.高校本科教学全面质量管理体系的构建与实践[J].中国高教研究,2007(5):21-22.

[2] 华尔天,高云,吴向明.构建多元开放式本科教学质量保障体系的研究——基于产出导向教育理念的探索[J].中国高教研究,2018(1):64-68.

[3] 吕帅.基于审核评估的本科教学质量保障体系建构研究[D].大连:大连理工大学,2016.

[4] 吴岩.国际高等教育质量保障体系新视野[M].北京:教育科学出版社,2014:10.

[5] 杨彩霞,邹晓东.以学生为中心的高校教学质量保障:理念建构与改进策略[J].教育发展研究,2015(3):30-36.

作者简介

吴向明：浙江工业大学教务处副处长、教育教学评估中心主任,博士,研究员,硕士生导师。曾获4项国家级教学成果和浙江省教学成果奖。

本科院校教学激励制度的建设与实践

伍　蓓

浙江工商大学

【摘要】高素质、高水平的师资队伍是高校综合实力的重要指标之一,高等院校的激励制度对教学改革和教师管理至关重要。本文剖析了高等院校本科教学存在的问题,结合浙江省教育厅的调查问卷,分析了浙江省各高校教学激励制度的实施情况,提出了加大教学经费投入、实施教学型教授评定、设立各类教学奖项、推行教学与科研等效评价四大改革举措,对完善各类激励制度,提高学校的整体办学水平提供理论和实践指导。

【关键词】本科教学　激励制度　实践

高等教育的发展进入了一个新时期,其发展和科技创新能力成为衡量一个国家综合竞争能力的重要指标。高等学校作为一个生产知识、传播知识、培养人才的场所,是国家创新体系、科技兴国的主力军,需要一支稳定的、高素质的、科研水平高的、创新能力强的师资队伍。然而,目前我国教学激励制度的实施仍然不够完善,存在高校人事制度缺乏竞争激励、收入不能满足教师需求、培训力度不够、激励方式单一等问题,如何激发高校教师的积极性、创造能力,建立一整套行之有效的激励机制,是各高校当前以及今后研究的重要课题,也是高校改革的核心内容。

一、本科教学存在的问题

我国近年来对高等教育进行了全方位的改革,如管理体制改革、调整人才培养模式、改革招生制度等,使得高等教育实现跨越式的发展,并不断地深化内部管理体制改革,坚持以教师作为办学的主体,增加高层次人才和骨干教师队伍的培养。但从总体上看,高校教师的数量、质量仍不满足要求,尤其是新教师的整体水平有待提高,缺乏对新教师的培养、重视等,造成大量的青年教师人才的流失。高校师资队伍的建设远远不能满足高等教育改革发展的要求,面临着一系列的问题和困难,具体从以下几个方面体现。

1. 高等教育投资不足

我国已经成为高等教育大国,然而根据统计数据,中国的教育经费投入占GNP的比例一直处于低水平状态,阻碍了高等教育师资队伍的发展,高等教育的整体水平与社会发展目标差距较大。

2. 师资队伍的数量和结构不能适应高等教育发展的要求

由于各高校实施扩招的办学方式,招生人数不断地增加,现有的教师数量增长率相比高等教育规模的增长率偏小,在一定程度上影响了教学质量;并且教师队伍的学历水平结构不协调,专业结构不合理等,限制了对教师创新精神、创造能力的培养。高校教师队伍的整体综合能力有待提高。高校的扩招、高等教育的大众化等为经济发展奠定了基础,在校学生数的猛增,师生比例偏高,导致了教师队伍的数量供不应求。随着技术的发展,学科专业的调整,知识创新的需求,对教师的教学思想、方法和知识结构等提出了更高的综合素质要求,但目前教师的能力结构和这一要求差距较大。

3. 缺乏有效的教学激励机制

教师聘任制度、考核制度、奖惩制度等不到位,管理意识相对较差,众多的教师更多地把时间应用到社会兼职中,导致教学科研投入的时间较少,影响了教学科研的质量,骨干教师逐渐流失,教师资源共享力度不够。

4. 缺乏完整的科学培养培训体系

由于对中、青年骨干教师和学科带头人的培养不够重视,大量学科的中青年骨干教师和带头人不稳定,信息社会化的素质和能力缺乏,教师隐性流失问题逐渐突出,导致资源浪费、教学质量下降,阻碍了高等教育大众化目标的实现,阻碍了高等教育的进一步发展。

二、改革举措

1. 加大教学经费的投入,确保教学的正常运行

高等学校要调整经费支出结构,切实把教学工作作为经费投入的重点,加大对教学经费的投入力度,学校学费收入中用于日常教学的经费占比不得低于25%,用以保障教学业务、教学仪器设备修理、教学差旅、体育维持等教学开支。要大幅度增加实践教学专项经费,尽快改变实践教学经费严重不足的状况。同时,加大教学经费的投入,缩小教师薪酬差距,可以激励高校教师的积极性,为教师提供一种职业安全感,有利于教师专注于自己的教育工作。浙江省各高校已出台各种激励制度(见图1),大部分高校的激励制度项数集中在15项之内;从浙江省各高校的教学经费投入情况来看(见图2),每年投入专项经费400万元(含400万元)以内的高校有67所,400万~800万元(含800万元)的高校有7所,800万~1200万元(含1200万元)的高校有4所,2000万元以上的高校有5所,如中国计量大学、浙江万里学院、宁波工程学院、上海财经大学浙江学院、浙江广厦建设职业技术学院,值得其他高校参考学习。总体来看,教学经费投入大多集中在400万元之内,总体投入量较少,需要加强教学经费的大力投入,改善教学情况,调动教师教学的积极性,实现知识、资源的共享,提高教学的整体办学水平。

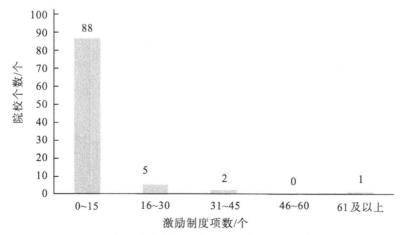

图1　浙江省各高校已出台的教学激励制度情况

数据来源:浙江省教育厅2018年调查问卷(96所高校)。

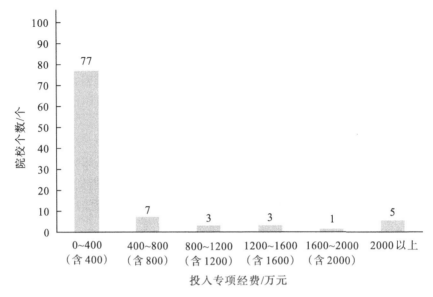

图2　浙江省各高校投入专项经费个数分布情况

数据来源：浙江省教育厅2018年调查问卷(96所高校)。

2. 实施教学型教授评定制度,让热爱教学教师专心教学

目前浙江省已有89所高校出台了教学型教授评定制度,6所高校没有出台教学型教授评定制度,其中出台教学型教授评定制度的高校中,已评教授或者副教授人数如图3所示,教授评定人数较低,副教授数量相对也偏低;而丽水学院、中国美术学院、浙江农业商贸职业学院等学校,其教授、副教授评定人数超过12人,相对较多。从浙江省各高校教授评定制度和评定数看,各高校需要加强对教授的评定,激励教师教学的积极性,发挥其个人价值,提升教学质量。因此,为教学业绩、教学质量突出的教师设置教授评定制度,既能够让擅长教学的人安于教学,专注于教学,也能够使得乐于教学的老师获得与其价值性匹配的职称待遇。

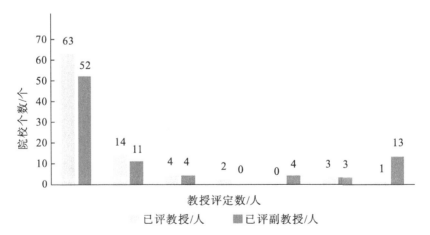

图3　浙江省各高校教授评定人数分布情况(已有评定制度)

数据来源：浙江省教育厅2018年调查问卷(96所高校)。

3. 设立各类教学奖项或荣誉,营造良好的教学氛围

高校教师的绩效评估时比较重视科研工作和其他成果绩效,忽略了教师本身的教学工作。浙江省各高校教学奖项较多,采取校级教学成果奖评审、学生科技(技能)竞赛指导教师奖励、优课优酬情况、教学卓越奖、教学科研等举措,制定了教学奖励制度(见图4)。部分高校建立了教学专项奖,如教学卓越奖、青年教师教学技能竞赛、教学质量优秀奖、优秀教研室及教研室主任、优秀导师教学名师、教坛新秀、新星奖等奖项。浙江工商大学设置了教学卓越、青年教师创新大赛、实干教师三大教学奖项,每年定期奖励教学平台、优秀教学秘书、混合式教学模式等教学项目,营造了良好的教学氛围。因此,高校需设立相应的教学奖励制度,切实加强教学成果的立项、宣传、培育和推广,缩短教学评奖的周期,有目的、有计划地设立具有创新性、科学性、实用性等的教学成果,建立健全教学奖励体系,从而整体推进教学改革、创新的深入。

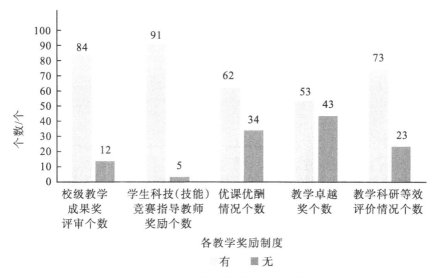

图4　浙江省各高校教学奖励制度情况

数据来源:浙江省教育厅2018年调查问卷(96所高校)。

4. 推行教学和科研等效评价,提升高校的整体教学质量

教学和科研已成为高校的两大重要任务,教学和科研并重有助于培养具有创新精神和创造力的人才,在高等院校中如何平衡教学和科研的关系,提高教学质量、科研成果的推广至关重要。根据浙江省教育厅2018年对省内96所高校的调查问卷分析,浙江省各高校实施教学等效评价制度的高校占73所(见图5)。根据浙江省各高校教学成果与科研成果奖励经费比例、教学项目与科研项目奖励经费比例的情况(见图6),教学和科研并重的高校并不多,说明了大部分高校重科研、轻教学的现象很严重,未能发挥好教学和科研均衡发展的机制,导致教学和科研发展不协调。因此,在各高等院校中教学和科研的发展需要一个均衡的策略:一是认清教学和科研的辩证关系,加强两者之间的互动;二是规划教师发展,构建教学和科研的均衡机制,实现两者之间的协同发展;三是根据各类教师的教学、科研能力情况,充分发挥其杠杆作用,促进分类培养,进行教学和科研的有机结合,提高应用型人才培养的质量,提高教师的教学水平和学术水平。

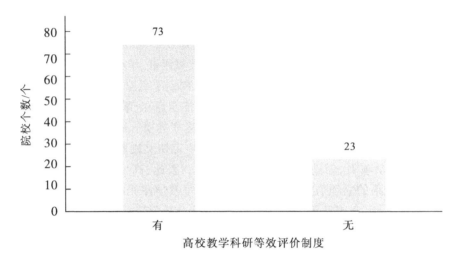

图5 浙江省各高校教学科研等效评价制度实施情况

数据来源:浙江省教育厅2018年调查问卷(96所高校)。

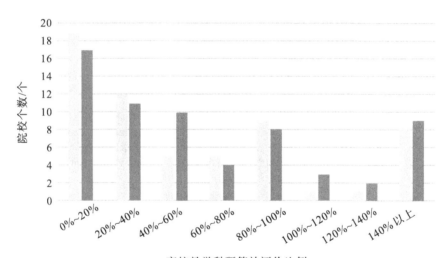

图6 浙江省各高校教学科研等效评价比例分布情况(已有评价制度)

数据来源:浙江省教育厅2018年调查问卷(96所高校)。

三、结语

大学的根本任务是培养人才,本科教育是大学的基石。高校本科教学激励是一个系统的、动态的过程,高校应结合自身实际发展情况,制定有效、科学的多样化激励制度,激发更多的教师热爱教学、专心教学。日本、加拿大等国对高校教师采取终身雇佣制、轻行政干预、激发教师的自我约束机制以及利用声誉激励高校教师等激励机制值得借鉴。因此,高校要坚定"人才培养为本、本科教育是根"办学理念,制定差异化的激励制度,保证激励制度的可持续性和可发展性,吸引高质量、优秀的教师投入教学,加强教学师资队伍建设,从而有效地提升高等院校的教学质量和教育水平。

参考文献

[1]康以越.我国研究型大学教师激励机制研究[D].哈尔滨:东北林业大学,2013.

[2]马跃如.高等学校教师激励研究[D].长沙:中南大学,2006.

[3]彭浩玮.高校师资队伍建设理论与案例研究[D].合肥:合肥工业大学,2004.

[4]佟博.高校教师激励型薪酬模式初探[J].现代经济信息,2018(15):69.

[5]田景荣,刘健.试论高校教学奖励制度建设与创新[J].东莞理工学院学报,2002(2):40-44.

[6]苏丹,王书武,何牧.新建本科院校教学科研协同发展策略研究[J].黑河学院学报,2018(5):73-74,77.

[7]张伟.我国高校教师激励机制研究[D].成都:西南财经大学,2008.

[8]张其志.设置教学型教授的合理性辩解——基于教学学术的视角[J].高校教育管理,2013(3):59-62.

作者简介

伍蓓:教授,博士,浙江工商大学教务处副处长。获全国教育科学优秀成果奖1项、参与国家教学成果奖二等奖1项,省级教学成果奖2项;主持多个省级教改项目和课程建设项目。

地方院校工程教育类专业建设与人才培养探索与实践

——以温州大学网络工程专业为例

施晓秋

温州大学

【摘要】就地方院校工程教育类专业如何实施有效的专业建设与人才培养这一问题,本文立足产教融合和工程教育专业认证共同驱动,以构建与实施符合学习者发展需要、满足社会需求的人才培养体系为重点,从培养定位与目标、课程体系、教学模式、教学条件与资源、质量保障机制等方面,介绍了温州大学网络工程专业的探索与实践,可为地方院校的工程教育类专业建设与人才培养提供借鉴。

【关键词】地方院校　工程教育专业　人才培养　产教融合　OBE理念

一、专业概况

温州大学网络工程专业于2008年2月经教育部批准设立,同年开始招生。作为地方院校的工程教育类专业,坚持以产教融合和工程教育专业认证共同驱动,实现了专业的快速发展与高质量的人才培养。先后入选教育部"卓工"试点、"十二五"国家专业综合改革试点和浙江省"十二五""十三五"优势建设专业。2018年6月,通过《华盛顿协议》工程教育专业认证,成为国内420多个网络工程专业点中,第三个也是地方院校中唯一一个通过认证的网络工程专业。本文将从人才培养体系的关键环节,分享该专业的人才培养探索与实践。

二、专业建设与人才培养的基本框架

1. 正确的专业建设与人才培养理念

坚持以专业认证基于学习产出教育(outcome-based education,OBE)理念引领专业建设与人才培养,体现产出导向、学生中心、持续改进,以构建与实施符合学习者发展需要、满足社会需求的人才培养自适应机制为核心,不断提高人才培养定位与社会需求的适应度、教师与教学资源的支撑度、质量保障体系的有效度、培养目标与培养效果的达成度、毕业生与用人单位的满意度。

2. 准确的培养定位与明确的培养目标

在确定培养定位与目标时坚持"三个面向"原则:面向经济社会发展,以人才需求为导向,符合技术与产业发展;面向学生发展,以学生为本,符合生源特点与学生的发展潜质;面向差异化发展,以特色求发展,符合学校办学定位与区域特色。在"三个面向"原则指导下,确立了网络工程应用型人才培养定位,将需求调研和有关培养要求与规范相结合,给出了明确的培养目标。依据的信息有:业界人才需求调研、毕业生与用人单位调查、工程教育专业认证基本要求、计算机类专业教学质量国家标准等。与培养目标相适应,结合工程教育专业认证通用标准与毕业要求,给出了既符合专业认证通用标准,又具有专业培养特色的毕业要求及其观测指标点,作为设计培养方案与课程教育教学体系的基本出发点。

3. 支撑培养目标与毕业要求达成的合理课程体系

根据OBE的理念,课程体系设计遵循了以下指导思想:坚持毕业要求达成框架下的课程设置,所有教育教学活动必须支撑毕业要求及其指标点的达成,课程体系所给出的所有课程或实践教育环节均以服务于培养目标的实现为导向,以支撑毕业要求及其指标点的达成为出发点与落脚点,做到:

①一门课程或实践教育环节支撑一个或多个毕业要求指标点的达成。

②一个毕业要求指标点依托一门或多门课程或实践教育环节的实现。

③所有必修课程所关联的指标点集合覆盖全部毕业要求及其指标点。

除了上述的基本设计原则外,根据网络工程专业特点,课程体系设计还体现了以下要求:

①关注通识教育,确立适合工科学生的通识教育(公共)课程群。

②夯实数理与学科基础,构建数理和学科基础平台课程群。

③注重专业特色,建立体现专业核心竞争力,响应主流技术发展的专业核心课程群。

④强化工程实践能力,建立体现复杂网络系统工程能力递进式培养的分级实践教学体系。

⑤鼓励个性发展,建立基于学生兴趣和网络新技术发展的专业扩展课程,鼓励学生在专业核心课程之外,以选修方式选择专业兴趣方向,形成专业特长。

在上述原则与要求下,形成了"3+1"培养方案和"五模块"课程体系,"3+1"是指3年校内教育加1年企业培养方案,"五模块"是指课程体系中包括通识教育、学科基础教育、专业教育、校企对接教育和企业学习五大模块,如图1所示。

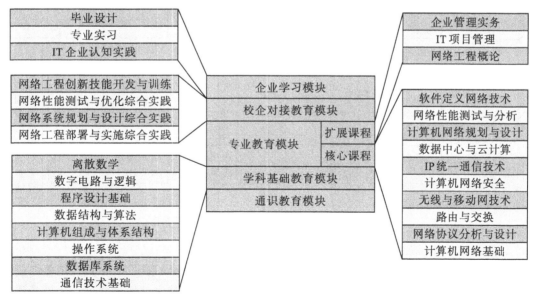

图1 五大课程模块及主要课程设置

4. 支撑毕业要求达成的教学模式

为确保通过课程教育教学活动实现毕业要求的渐进式达成,进行了重要环节的教学模式改革。

(1)"产学三级联动"工程能力分级培养模式

工程能力是一类面向复杂工程问题的系统能力,其培养应该是一个以工程原理与思想的认识为基础,以工程技术知识与方法的运用为手段,以学习解决复杂度逐渐提升的工程与技术问题为目的,由简单到复杂,由局部到全局,理论与实践不断碰撞、交替并螺旋上升,逐渐达到知行合一的演进过程,为此,我们设计实施了"产学三级联动"分级培养模式改革。如图2所示,其中:①一级产学"准"联动:以学生在学科基础教育阶段所获得的学科基本思维与实验能力为基础,以校内的专业实验室为平台,以专业领域技能若干不同技术分支领域的实践能力培养为目标,依托校内具有工程经历或背景的校内专业教师,配套实施问题与案例驱动的课内分级实践教学模式改革。②二级产学"内"联动:以学生在一级产学"准"联动阶段所获得的领域技术实践能力为基础,以产学合作的校内实践教学基地为平台,以涉及多个专业技术领域的综合技术实践能力培养为主要目标,以校企对接综合实践教学模块为载体,依托企业工程师与具有工程经历或背景的校内专业教师,配套实施工程师主导、项目驱动的综合实践教学模式改革。③三级产学"外"联动:以学生在二级产学"内"联动阶段所获得的多领域综合技术实践能力为基础,以面向复杂系统的工程能力和职业适应能力培养为目标,以企业培养基地为平台,以企业培养模块为载体,依托企业工程师及高级管理人员,配套实施基于企业真实项目的毕业设计模式改革。

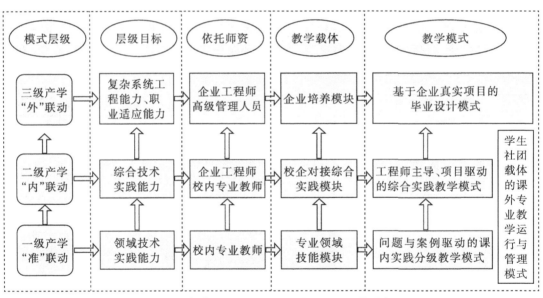

图2 "产学三级联动"的工程能力分级培养模式

(2)"三位一体"课堂教学模式

本专业毕业要求除了工程知识、问题分析、解决方案设计、问题研究、工具使用等专业性指标,还有沟通与表达、个体与团队、学习能力、社会责任等非技术性能力要求。为提升课堂教学的综合培养功效与产出效果,特别是在非技术性能力培养中的作用,进行了"三位一体"课堂教学模式改革实践,如图3所示。教学目标上,从知识为主向知识、能力、素质"三位一体"协同培养转变;教学理念上,从教师中心、教授中心、任务中心的旧式"三位一体"向学生中心、学习中心、问题中心的新型"三位一体"转变;教学时间上,从狭义课堂向课前、课堂与课后的"三位一体"的广义课堂转变;教学空间上,从教室向教室、网上学习空间与实验室"三位一体"的立体课堂转变;课堂教学形式上,从教师主讲为主要形式,向学生讲演、师生互动研讨、教师评讲"三位一体"形式转变;教学资源利用上,从以教材和参考书等书面资源为主要载体,向书面资源、网络数字资源和实验室资源的"三位一体"转变。

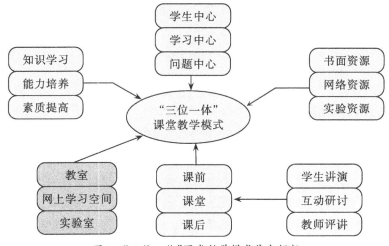

图3　"三位一体"课堂教学模式基本框架

5. 保障培养过程实施的教学条件与资源建设

支撑与保障教学模式的实施,进行了工程化师资队伍、专业课程教学资源、实践教学平台、课外专业教育载体等建设,并通过业界工程技术人员、主流技术与产品、工程思想与方法、工程管理规范、工程环境等工程元素的融入,实现了教学条件与资源建设的工程应用内涵与品质的提高。

(1)工程化师资队伍建设

依托校企互补,专兼结合,建立了工程化专业教学团队,包括校内专职教师和校外兼职工程师。就校外师资而言,他们主要是来自行业知名企业的资深工程师,不仅工程经历与经验丰富、工程能力强,而且具有较高的社会责任感与服务精神。他们与校内专业教师合作,承担了校企对接教育和企业学习模块的相关课程,部分还参与了课程与教材开发,专业实验室、校内实践与创新中心、企业培养基地的建设等工作,并为学生开设了新技术论坛和"对话资深工程师,畅享精彩职业生涯"系列讲座。在教学团队建设中,注重针对专业人才培养中的关键问题,持续开展教学建设与改革研究,并落到教学与人才培养实践中。自专业建立以来,团队主持各级教学质量工程项目合计30项,其中省部级以上(含)项目23项。师资队伍规模、结构,特别是工程能力与教育教学水平得到进一步提升,有效支撑了专业建设与人才培养。

(2)专业课程教学资源建设

以专业核心课程为对象,进行了包括教材、在线资源、工程案例库等在内的课程教学资源建设。校内教师与企业工程师联合,依据课程所要支撑的毕业要求指标点,借鉴主流技术标准和工程规范,从课程核心知识、关键技能、特定思维与方法、通用能力等维度确定课程教学目标,并从教学内容体系与教材、方法与手段、考核与评价、资源建设等方面进行教学建设。教材产学共建机制的基本流程,如图4所示。

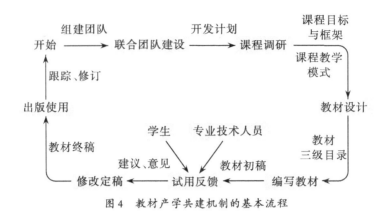

图4　教材产学共建机制的基本流程

(3)专业实验实践教学平台建设

为有效支撑"产学三级联动"工程能力培养模式的实施,学校依托产学合作,吸纳行业企业资源,贯穿工程能力分级培养主线,共同建设专业教学实验室、虚拟仿真实验教学平台、校企共建的校内实践教育基地和企业培养基地"四位一体"的专业实践教学平台。在虚拟仿真实验教学建设中,学校提出并实施了"学生发展为中心、工程应用为特色、能力培养为导向、多元协同为抓手、虚实互动增成效、开放共享促辐射"的建设思路——学生发展为中心,解决建设理念问题;工程应用为特色,解决建设内涵问题;能力培养为导向,解决建设主线问题;多元协同为抓手,解决建设方法与途径问题;虚实互动增成效,解决使用模式问题;开放共享促辐射,解决推广机制问题。其中,学校的网络工程虚拟仿真教学中心还被入选为国家级虚拟仿真教学中心。

(4)课外专业教育与服务载体建设

以学生社团为平台,面向本专业学生,学校成立了"温州大学学生网络工程实践与创新俱乐部"。以其为载体,一方面,通过课外专业教育内容的合理设计,以教师指导、学生自主管理、自主运作的模式,实施课外实践与创新教育,促进人才培养目标的达成。另一方面,覆盖招生与入学、在校学习、就业与毕业后追踪,以专业教师、校外工程师和优秀校友为指导师,建立了专业层面的学生专业学习指导与服务体系,形成了校—院—专业三级有机协同的服务育人体系。

6. 持续改进的教学质量保障机制建设

在学校教学过程管理与质量监控整体运行机制下,专业建立了两个基本的教学过程质量监控闭环运行机制。

(1)需求与产出导向的人才培养质量闭环调适机制

该机制有三个基本特征。

首先,体现基于培养目标的行业与社会需求导向、标准引领和协同设计、持续改进。确定培养目标与毕业要求时,基于行业与社会需求,对接专业认证要求与国家质量标准,符合学校本科人才培养与定位,并有行业企业参与;为强化培养目标的适应度,提高毕业生与用人单位对本专业人才培养的满意度,专业还通过校内外相结合的六大途径专业建设产学合作委员会、毕业生、用人单位、行业企业、学院教学指导委员会和专业自我评价对培养目标进行评价。以所确立的培养目标与毕业要求为基础,校内外协同、培养者与被培养者互动,进行培养方案编制。若在培养实施、培养过程、培养保障过程中发现了问题与不足,如发现培养目标某些描述不甚准确,或某项毕业要求的指标点分解或课程支撑存在问题,则将被反馈到培养目标的修订与优化中,见图5中"反馈与改进①"。

其次,体现基于培养目标与毕业要求达成的培养方案与培养过程持续改进。包括开展课程教学活动与教学管理,进行教学条件与保障建设,进行日常教学质量的监控,并依据日常教学质量监控及时进行教学过程与建设的改进。若培养实施过程发现的问题涉及培养方案与课程体系设置的合理性问题,将反馈到下一轮的培养目标或培养方案的优化与改进中,见图5中"反馈与改进②";同时,依据培养目标与毕业要求达成评价的相关反馈,包括基于课程教学的达成评价、基于学生学习产出与体验的达成评价、用人单位与毕业生的达成评价、招生生源质量变化等,进行培养过程和培养条件与保障建设的改进,见图5中"反馈与改进④"。

最后,实施基于多元载体的培养目标与毕业要求达成评价。开展基于课程教学的达成评价、基于应届毕业生学习产出与体验的达成评价、用人单位与毕业生的达成评价、招生生源质量分析评价等多种机制,进行培养目标与毕业要求的合理性和达成评价,并将相关结果反馈培养目标、培养方案与课程教学体系、培养过程与实施、培养条件与保障建设的改进中,见图5中"反馈与改进③"。

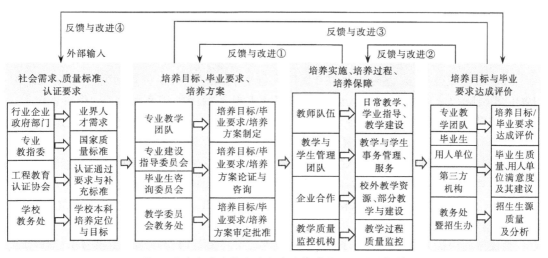

图5 需求与产出导向的人才培养质量闭环调适机制

(2)基于目标达成与持续改进的课程教学闭环运行体系

将OBE理念贯彻到课程教学层面,我们提出了"六环节""一机制"的课程教学运行体系。如图6所示,"六环节"包括课程教学定位与目标确定、教学策略与方案设计、教学条件与资源建设、教学策略与方案实施、教学产出数据获得、教学质量与效果评价,"一机制"指闭环运行的课程教学质量持续改进机制。闭环运行是指课程教学质量改进与迭代的持续特征,借助过程或终结性的学生学习成果评价,发现、诊断并反馈所存在的教学问题与不足,提出针对性的改进策略与方法作为输出,反馈落实于下一轮课程教学过程。

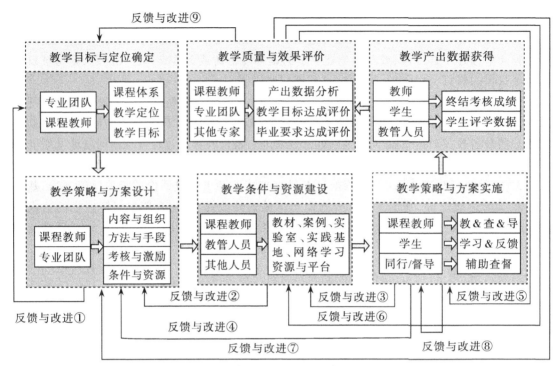

图6 课程教学主要环节与质量持续改进机制

三、人才培养成效与专业影响力

人才培养成效明显,迄今七届共321位毕业生中,373人次在校期间通过CCIE、CCNP、HWIE等国际权威职业工程师认证及工信部和人保部的网络工程师认证;获得省级以上(含)竞赛奖励150余项,其中包括思科亚太区NetRiders网络技术大赛亚太区冠、亚军,中国高校计算机大赛"网络技术挑战赛"一等奖等;浙江省教育评估院给出的毕业生就业调查数据表明,温州大学毕业生4项满意度位居全省同专业前列,2012届毕业生毕业3年后和2014届毕业生毕业1年的平均月薪位于全省同专业第一;用人单位对温州大学毕业生的认可度持续提升,30多名毕业生进入思科、百度、阿里巴巴、腾讯、微软、思博伦通信、H3C、DELL-EMC、网易等知名IT企业就业。

形成了在国内同专业的重要影响力。在《高等工程教育研究》《中国大学教学》等发表专业建设与改革相关的教学研究论文11篇,论文他引260多次;"产学深度联动的网络工程应用型人才培养探索与实践"获得第七届浙江省高等教育教学成果一等奖;受教育部计算机类专业教学指导委员会和全国高校计算机教育研究会共同委托,主持编写了14万字的《全国高校网络工程专业应用型人才培养指导意见》,并下发300多家院校的网络工程专业;主办或承办全国性的计算机类或网络工程教学会议4次,承担全国性的教师培训八期,先后有40余家兄弟院校同专业教师专程来校考察专业建设;担任中国高校计算机大赛之"网络技术挑战赛"组织委员会主任单位;作为全国信息技术新工科联盟网络工程工作委员会主任单位,正在以教育部新工科研究与实践项目为依托,牵头40多家院校与企业共同实施网络工程新工科人才培养共同体建设。

参考文献

[1]刘军,施晓秋.面向地方院校工程教育类专业的虚拟仿真实验教学中心建设[J].中国大学教学,2017(1):74-78.

[2]施晓秋,金可仲.卓越计划"3+1"模式下的课外专业教育体系[J].高等工程教育研究,2012(4):40-44.

[3]施晓秋,励龙昌,侯胜利.面向新经济的网络工程产教融合、多元协同育人模式构建与思考[J].中国大学教学,2017(9):39-44.

[4]施晓秋."产学三级联动"工程能力分级培养模式的构建与实践[J].高等工程教育研究,2017(5):72-77.

[5]施晓秋."三位一体"课堂教学模式改革实践[J].中国大学教学,2015(8):34-39.

[6]施晓秋.应用本科专业教材开发的产学合作探索[J].中国大学教学,2010(2):83-85.

[7]施晓秋.遵循专业认证OBE理念的课程教学设计与实施[J].高等工程教育研究,2018(5):154-160.

作者简介

施晓秋:教授,温州大学教师教学发展中心主任、网络工程专业负责人,浙江省万人计划教学名师,教育部计算机类专业教学指导委员会委员。

图书在版编目（CIP）数据

新时代一流本科教育改革的浙江实践 / 浙江省高等
教育学会教学管理分会主编. —杭州：浙江大学出版社，
2020.1(2021.7重印)

ISBN 978-7-308-19633-8

Ⅰ. ①新… Ⅱ. ①浙… Ⅲ. ①高等学校－教育改革－
研究－中国 Ⅳ. ①G649.21

中国版本图书馆 CIP 数据核字（2019）第 215037 号

新时代一流本科教育改革的浙江实践

浙江省高等教育学会教学管理分会 主编

策划编辑	黄娟琴
责任编辑	李 晨
责任校对	严 莹 许晓蝶
封面设计	春天书装
出版发行	浙江大学出版社
	（杭州市天目山路148号 邮政编码310007）
	（网址:http：//www.zjupress.com）
排 版	杭州朝曦图文设计有限公司
印 刷	浙江新华数码印务有限公司
开 本	787mm×1092mm 1/16
印 张	21.5
字 数	525千
版 印 次	2020年1月第1版 2021年7月第3次印刷
书 号	ISBN 978-7-308-19633-8
定 价	79.00元